KB057756

하늘땅을
열어라,
캥~마주쟁
놀아라

조춘영 지음

하늘땅을
열어라,
캥~마주쟁
놀아라

21세기 상쇠들의
풍물굿쟁이 인생

도서출판 모시는사람들

상쇠는 무당 곧 제사장이다. 본 뿌리를 잊은 듯했지만, 현장에서 만난 전국의 굿쟁이 상쇠들은 본분을 잊지 않고 꾸준히 굿을 일구고 있었다.

풍물굿은 바로 민중 자체요, 민중생활의 요체이며 한민족 서민대중문화의 원천이다. 전국의 마을 당산 앞에서, 동네 마당에서, 집집 처소에서 장구, 징, 쇠, 북들 풍물소리가 끊긴 적은 없었다. 바로 민중의 오락이요 온갖 신과 만나게 해 주는 매개다. 굿은 신이다. 신명이다. 신탁이다. 일상 속에 성스런 것들을 끌어들여 정성으로 놀리고 참 마음으로 풀어내어 현실의 어려움을 깨 나가는 도구다.

굿문화와 풍물굿이 진정 이 시대에 필요한가, 어찌하여 그러한가를 직접 묻고 싶었다. 어떠한 실천들이 있었고, 어떠한 지향이 있었고, 그래서 지금 우리 풍물굿은 어디로 가고 있는지 답을 듣고 싶었다.

2016~2017 박근혜 국정농단 촛불집회에서 풍물굿쟁이들은 매주 풍물굿판을 벌였고, 필자는 이를 동영상과 면담 구술집으로 기록했다. 1차 결과물로 『새나라로 가는 길굿- 촛불시민혁명 풍물굿에 대한 기록과 담론』(민속원)을 세상에 내놓았다. 박근혜 국정농단 촛불집회는 이미 과거지만 촛불시민혁명은 과거형, 완료형이 아닌 현재진행형이다. 이러한 시대적 흐름과 시대의식의 연장에서 '21세기 풍물굿 상쇠론' 프로젝트는 기획되었다. 이제 풍물굿쟁이도 당당하게, 풍물굿이라는 이름도 떳떳하게, 무시와 멸시와 천시의 프레임에서 벗어난 풍물굿판을 벌이자.

촛불시민혁명이 현재형이듯 풍물굿도 현재형이다. 과거, 역사, 전통이라는 옛것 프레임으로 한정할 수 없다. 왜? 전국의 수많은 풍물굿쟁이와 광장, 마당에서 벌인 풍물굿판이 증명한다. 박근혜 국정농단 촛불집회에서 새나라로 가는 길굿이 드러냈다. 2019년 3.1절 100주년 기념 만북울림 나라굿이 밝혀내었다. 그래서 '21세기 풍물굿 상쇠론'이다. 풍물굿을 농악이라는 20세기 무형문화재 제도 속 국가주의에 예속된 종목으로 잡아 놓을 수 없어서 21세기 미래 시점을 펼쳐내고자 했다.

전국 30여 명의 상쇠를 목표로 시작했지만 남녀노소, 지역과 영역을 고려하여 25명에서 그쳤다. 풍물굿을 주제로 해서는 아마도 최초로 전국이라는 범위에서 인물들을 만난 셈일 터이다. 한 명 한 명 주마등처럼 머리를 스친다. 두 번의 밤을 새고서야 면담이 이루어진 상쇠도 있고, 면담 후 이틀간 뒷풀이를 한 적도 있었다. 비오는 날 강화 들판을 보며 꽹매기 소리도 주고받고, 보존회장실에서 수시로 결재를 주고받는 가운데 진행된 수고로운 면담도 있었다. 이야기를 주고받으며 눈물을 흘린 일은 다반사요, 같은 동지로서 굿판을 지키는 일의 어려움에 공감의 눈시울이 번졌다. 왜 이 작업을 시작했을까? 꼭 했었어야만 했나? 버스를 타고 전국을 돌며 상쇠를 만날 기대와 설레임에 충분히 행복했으니, 이제 이 물음에 대한 답은 이 책을 읽는 당신, 굿쟁이들의 일이다.

이 작업의 결과물은 두 권의 책으로 엮인다. 25명 상쇠와의 진한 이야기를 담았으니 분량이 상당하다. 권 1 후반에 논문「21세기 풍물굿 현장의 역동성과 다양성」을 실어 풍물굿 현장의 다양한 활동을 체계적으로 분류하였다. 권 2에서는「21세기 풍물굿 상쇠 담론」을 통해 본 작업을 마무리하기로 기약한다.

기획 단계 초기부터 관심을 가지고 지난한 과정을 응원해 주시며 출판을 허락해 주신 도서출판 모시는사람들의 박길수 대표님께 고마움을 전한다. 상상키 어려운 후반 교정 작업에서 앞뒤 안 맞는 구어체 대화를 독자들이 이해할 수 있게 차분히 정리해 주셨다. 애정 없이는 할 수 없는 일이라 송구하고 또 감사하다. 더불어 편집, 교정을 맡아주신 출판사 선생님들께도 감사를 드린다.

　뭔가 잘못되거나 당황스러울 때 흔히 'Oh my god!'라고 하지만 나는 우리의 풍물굿이 세상을 바로잡아 나아갈 강력한 대안문화의 하나로 본다. 그래서 'Oh our good!' '그래 우리의 굿이야!'라고 상상과 기대를 해 본다.

　K-pop 한류가 이미 보편성의 지평에서 흐르는 가운데, 한민족의 풍물굿은 고유하면서도 보편적인 세계의 인류문화 콘텐츠다. 굿쟁이들의 마음은, 굿판의 인정은 여전히, 아니 앞으로도 오래 뜨끈하게 살아 있을 것이다. '군군신신(君君臣臣), 부부자자(父父子子)' 공자의 정명론처럼 사람다워야 사람이고 상쇠다워야 상쇠다. 풍물굿스러워야 풍물굿이고 굿스러워야 굿이다.

2019년 12월 16일
전주 칸타타 커피숍에서
굿쟁이 조춘영이 새기다

면담
녹취록

1. 구미 무을농악 애기상쇠 김영윤

일시: 2018년 3월 28일

장소: 구미시내 도량새마을금고 지하 연습실

면담자: 김영윤(남, 20대 후반, 구미). 경상북도 무형문화재 제40호 구미 무을농악 보존회원 / 무을농악 청년연합회장과 상쇠 / 영남대학교 음악대학 국악전공 학사 졸업 / 안동대학교 대학원 민속학과 석사과정 재학 중 / 메구재이 문땔데 대표 / 김천전국상모놀이대회 차상 수상

면담 목적과 배경: 2018년 1월 경상북도의 마을굿을 경험해 보고자 구미 무을농악보존회 전수에 참여하였다. 새파랗게 젊은 풍물굿쟁이들이 이끄는 전수는 진지하고 열정적이었다. 특히 김영윤 상쇠가 지도하는 상쇠반에서 수업을 들으며 옛 무을마을의 사람들과 마을굿 풍경을 떠올릴 수 있었다. 그의 몸짓과 가락은 마을 토박이 할아버지, 할아버지의 할아버지의 맛과 멋을 그대로 간직하고 있었다. 이 애기 상쇠는 무을마을의 농악이 경상북도 무형문화재로 지정되고 보존회가 새로이 활기를 띠는 데 핵심적인 역할을 하고 있었다. 마을 어르신들을 두루 찾아다니며 음원을 담아 내고 인터뷰를 통해 구술 자료까지 정리하고 있었다. 전수를 마치고 '이 젊은 굿쟁이들에게 어떤 전망을 제시할 수 있을까?' '풍물굿 선배로서 내가 할 수 있는 일은 무엇일까?' 숙연히 고민에 빠졌다. 거기서 전국 풍물굿쟁이들이 걸어온 길을 정리하고 소개해 보자는 생각을 하게 되었다. 그중에서도 상쇠들이 바로 풍물굿판의 중심축이며 굿판의 살아온 역사가 아닐까? 상쇠의 증언을 통해 풍물굿의 과거와 미래에 대한 담론을 만들어 가자는 뜻을 세웠다. 바로 '21세기 풍물굿 상쇠론'이다. 그런데 역설적이게도 첫 번째 면담자로 가장 젊은 김영윤 상쇠를 지정하였다. 구미 무을농악의 애기 상쇠로 문화재 복원, 지정의 과정과 옛 구미 무을농악의 실제와 미래 풍물굿 이야기를 담고 싶었다. 갑작스런 섭외와 인터뷰에도 김영윤 상쇠는 반갑게 맞이해 주었다. 구미시 도량동 새마을금고 지하에서 그 어려운 경상도 꽹과리 가락을 배우려는 분들이 스무 분이 넘었다. 강사보다 훨씬 나이든 어르신들도 크고 날랜 동작을 잘도 따라 하신다. 강습이 끝나고 사무실 한쪽에서 밤늦게까지 '쌩쌩한' 이야기가 오고갔다. 젊은 풍물굿쟁이의 기운으로 힘차게 21세기 풍물굿 상쇠론 프로젝트를 시작했다.

어린 상쇠 대행, 풍물패를 책임지다

춘영 김영윤 상쇠님과 저는 오늘이 첫 만남이 아니죠? 지난겨울(2018.1) 전수 때 저도 참여했잖아요? 그때 보니까 상쇠님도 젊고, 젊은 전수조교들도 에너지가 넘치고 생기발랄해서 이제 막 시작하는 기운을 느꼈어요. 무을농악이 지금 실제로 그런 상황이잖아요. 그러면서도 전통 마을굿의 느낌이 많았거든요. 그래서 함께 가꿔 나가고 싶은 마음, 어떤 판을 벌릴 것인지, 풍물굿이 어떤 내용을 가지고 가야 하는지 함께 얘기하고 싶었어요. 이야기를 듣기만 하는 게 아니라 적극적으로 여러 가지 질문을 할 겁니다. 21세기 풍물굿 상쇠론 인터뷰는 김영윤 상쇠가 처음입니다. 21세기 상쇠론은 미래지향적으로 이야기를 풀어 가려고 합니다. 그래서 김영윤 상쇠가 나이가 어리지만 밝은 기운과 힘찬 느낌이 있어서 처음으로 모시게 되었습니다. 편안하게 말씀을 해 주세요. 사실관계부터 확인하자면 지금 상쇠가 맞나요?

영윤 상쇠가 아니고 종쇠입니다. 구미 무을농악보존회의 상쇠 어르신이 계시고 저는 그 후계자로 보시면 됩니다. 그런데 어르신이 몸이 편찮으셔서 제가 상쇠 대행을 한 지 어느덧 6년 가까이 되었습니다. 게다가 후계자가 저밖에 없고 어르신은 몸이 다시 좋아질 수가 없어서 공연이나 교육을 못 하십니다. 그래서 앞으로도 제가 상쇠 대행을 계속하지 않을까 싶습니다.

춘영 지금 상쇠님의 성함과 연세는 어떻게 되세요?

영윤 박원용 선생님이시고 연세는 일흔을 넘기셨습니다.

2014년 수다사공연 중 상쇠 가락넘김

춘영   상쇠 역할은 연행과 교육이 핵심인데, 지금 김영윤 상쇠는 그 외에 다른 역할을 하시는 게 있나요?

영윤   보존회에서 공식 직함은 전수교육국장이고, 전수뿐만 아니라 사무도 같이 보고 있습니다. 사무국장이 따로 있긴 한데 이쪽 전문인이 아니라서 제가 사무까지 보는 경우가 많습니다. 여러 사업 신청도 제가 하고….

춘영   김영윤 치배가 상쇠 대행을 하게 된 것은 역량과 기량을 인정받고, 판제를 다 알기 때문이라고 보면 될까요?

영윤   무을에서나 대외적으로는 전부 저를 상쇠로 알고 있습니다. 실제로는 대행인데, 오래하다 보니 사실상의 상쇠가 되어서 그렇습니다.

춘영   상쇠 대행은 얼마나 했나요?

영윤   이제 6년 정도 했습니다. 지금 상쇠 어르신은 앞으로도 다시 쇠를 못 잡으실 형편이지만 그래도 살아 계시는 동안 저는 대행이라고 생각합니다. 지금도 현장에서는 다 저를 상쇠라고 말하고 어르신도 저한테 상쇠를 넘겼다고 하는데, 제가 죄송스러워서 다른 분들한테는 "제가 상쇠가 아니다. 상쇠는 따로 계신다."고, 상쇠님이 저의 스승님이시니까 예우를 위해서 그렇게 정확하게 말씀을 드리고 있습니다.

춘영 예, 정확하게 말씀을 해 주셔서 고맙습니다. 그러면 구미 무을농악 계보상으로 박원용 선생님 이전의 상쇠는 어떤 분이셨죠?

영윤 최병화 상쇠님. 호적명은 최무웅입니다. 옛날 분들은 이름이 두 개인 분이 많습니다.

춘영 그분 연세는 어떻게 되세요?

영윤 살아 계셨으면 한 80세 정도 되세요.

춘영 돌아가신 지 얼마 안 되셨나 봐요?

영윤 아니에요. 사고로 일찍 돌아가셨어요.

춘영 언제요?

영윤 2000년이요. 별로 나이 안 많으실 때 돌아가셔서….

춘영 구미 무을농악보존회 혹은 구미 무을농악은 상쇠 계보가 비교적 명확한가요?

영윤 예.

춘영 그럼 지금 현 김영윤 상쇠님 이전의 계보를 이야기한다면?

영윤 그 전에는 지창식 상쇠. 지창식, 최병화 두 분은 제가 뵌 적이 없어요. 아니 뵌 적은 있는데 제가 다섯 살, 여섯 살 때쯤에 뵈었을 겁니다. 저는 기억이 없는데, 저희 어머니가 그 무렵에 이분들에게 쇠를 배웠습니다. 주부 농악단에서요. 그래서 그때 저희 집의 지신을 밟은 기억이 있는데 그때 상쇠시니까 당연히 오셨겠죠. 저는 너무 어려서 기억은 안 나지만….

춘영 그러면 김영윤 상쇠님을 상쇠로 이해하고 이야기를 이어 가겠습니다. 결국 상쇠 수업은 박원용 상쇠님한테 받으신 거네요?

영윤 예, 박원용 상쇠님한테 다 배웠고, 돌아가신 분들은 영상이 남아 있어서 그걸로 배웠습니다. 제가 무을농악을 복원하려고 엄청 애를 썼었거든요. 이분(최병화 상쇠)이 사실 보유자로 심사를 받으려 했었는데 갑자기 돌아가셔서…. 원래 박원용 선생님은 농악단의 일원이기만 했지 후계자가 아니었어요. 그래서 문화재 심사 받는 데 우여곡절이 많았습니다.

풍물굿쟁이의 길로 들어서기까지

춘영 상쇠 부분은 뒤에 다시 질문하겠습니다. 김영윤 상쇠님은 풍물굿을 언제 시작하셨나요?

영윤 중학교 때요. 제가 다닌 무을중학교가 전교생이 50명밖에 안 되거든요. 그런데 전교생이 전부 다 농악을 했습니다. 어르신들이 오셔서 농악을 전수해 주셨는데, 그걸로 대회도 나갔습니다. 저는 1학년 때 시작했고 3학년 때 상쇠가 되었습니다. 그렇게 무을농악을 처음 시작해서, 어르신들, 지금 살아 계신 분도 있고 돌아가신 분도 있는데, 그때부터 어르신들을 많이 모셨습니다. 제가 친할아버지를 뵌 적이 없어요. 그런데 이분들은 어릴 때부터 봤으니까, 지금도 친할아버지처럼 느껴지고, 이분들도 저를 그렇게 아껴주시고. 계보상으로는 박원용 선생님한테 배웠지만, 그 당시에 쇠꾼은 아니지만 쇠 칠 줄 아는 분이 계셨거든요. 그 어르신이 장구재비인데 쇠를 잘 치셔서 그 놀음놀이도 조금씩 배웠어요. 그다음에 박원용 선생님 말고도 무을농악의 계보 밖에 있는 쇠꾼들이 지금도 살아 계셔요. 동네 매구라고 하는데, 두세 분이 살아 계셔서 가락을 복원할 때 그분들한테서 박원용 상쇠에게 없는

2015년 무을 초·중학교 총동창회 무을농악 공연

가락을 따왔죠. 그래서 제가 치는 무을농악이랑 박원용 선생님 농악이 조금 달라요. 왜냐면은 박원용 선생님 이전의 가락을 복원하려고 박원용 선생님 대에 함께하던 분들 가락도 배워 왔거든요. 그래서 저는 지금 무을농악은 박원용 선생님한테 배운 가락에 다른 분들 것까지 합쳐진 농악이라고 설명합니다. 저로서는 지금 무을농악을 하면서 제일 중점적으로 추구하는 것은 옛날 것을 복원하자는 겁니다.

춘영 예. 고등학교 때는 어떻게 활동하셨어요?

영윤 고등학교 때는 집에서 농악을 못 하게 했어요. 저는 농악으로 고등학교를 가고 싶었는데, 집에서 절대 안 된다며 돈 벌러 가라고 했습니다. 촌이니까, 더욱이 경상도인데 얼마나 보수적이에요. 그래서 멀리 경산으로 저를 보냈어요. 풍물 못 하게 하려고….

춘영 완전 반대편인데, 거기로 유학을 갔어요? 농악을 하지 말라고? 반대가 이만저만 심했던 게 아니네요?

영윤 예, 그런데 고등학교가 경산 자인에 있었거든요, 자인단오제 있는 곳…. 기숙사에 자려고 누워 있으면, 금요일이 그곳 농악 연습날이거든요.

춘영 중방농악도 있고 자인농악도 있는데, 자인농악?

영윤 글쎄요. 금요일마다 매구를 쳤는데….

춘영 단오제 건물 바로 옆에 있었어요?

영윤 기숙사가 바로 연습하는 곳 뒤에 있어요. 그래서 금요일마다 풍물 소리가 들리니까 그거를 견디지를 못했죠. 결국은 3학년 때 제가 풍물패를 만들었어요.

춘영 김영윤 상쇠가 주도적으로? 고3 때?

영윤 예. 제가 교장 선생님께 말해 가지고….

춘영 거기가 인문계에요? 무슨 학교예요?

영윤 실업계요.

춘영 실업계 학교 관련 공부는 안 하고?

영윤 1, 2학년 때까지 했죠. 1학년 때는 공부만 했고 2학년 때는 자격증을 7개 정도 땄어요. 다른 과 것까지 다 땄어요. 자격증 다 따니까 3학년 돼서 할게 없잖아요? 그래서 풍물패나 만들어 볼까, 한 거죠. 그때는 직업으로 한다는 생각이 없었고 재미로. 대학교 가기 전에 재미로 해 보자 해서 교장 선생님한테 말해서 예산 받고 직접 애들을 가르쳤어요. 강사 없이.

춘영 경산에서 구미 무을농악을 가르쳤네요.

영윤 예, 무을농악을 가르쳤죠. 그래 가지고 화랑문화제에 나가서 1등도 했어요. 큰 대회는 아니지만 경산시 내에서 풍물하는 학교는 다 나오는데. 그때까지 저는 풍물은 취미로 한다고 생각했고, 졸업하고는 구미대학교에 갔어요. 그런데 집에서 갑자기 "너 하고 싶은 거 해라." 하고 허락을 해 주셨어요. 그래서 저는 좋아라고, 1년 연습해서 다시 대학교를 갔죠.

춘영 어쨌든 그때 농악을 전공으로 하고 싶었던 마음을 자세하게 말하자면 어떤 건가요? 국악과로 간 이유는?

영윤 오래돼서 잘 기억은 안 나지만, 그때는 돈은 당연히 생각 안 했죠. 좋아서 시작했죠.

춘영 다른 데 가면 일 때문에 못 하거나 그럴 텐데, 이걸 꼭 하고 싶다. 전공으로 해야 이것을 할 수 있을 것 같다, 이런 생각이었나요?

영윤 고등학교 전공은 자동차예요. 열심히 해 봤는데 제가 좀 갸우뚱했어요. 평생 이걸 할 수 있을까? 그거는 참고 하는 거잖아요? 하기 싫고 힘들어도 참고 하는 건데, 풍물은 진짜 하고 싶은 거니까. 부모님한테도 말했었거든요. 저 실업계로 가면 후회할 것 같은데 농악 하면 굶어 죽더라도 원망은 안 할 것 같다고….

춘영 중학교 때 시작해서 고등학교 올라갈 때도 풍물을 계속하고 싶은 마음이 있었는데 그럼에도 불구하고 부모님은 다른 길로 가라고 했다. 그러다가 부모님이 너하고 싶은 걸 하라고 하니까, 새로 희망이 솟아올라온 거지. '아 내가 이렇게 좋아하는 건데 부모님이 허락하시니, 전공으로 하면 계속할 수 있겠다.'

영윤 예.

풍물, 평생의 직업으로 선택하다

춘영 전공인 국악과 풍물은 조금 다르잖아요? 대학 다닐 동안 국악과에서 어떤 공부를 했어요?

영윤 대학교 국악과에 들어갔지만, 농악을 가르쳐 주는 거는 하나도 없고, 관현악 뒤에서 타악 하는 고법, 장단 이런 거만 가르쳤어요. 사물놀이나 선반은 학교에서 안 가르쳐 줘서, 선배들, 친구들이랑 따로 연습했죠. 판굿이나 사물놀이를 해야 외부 공연을 나갈 수 있으니까. 결국 대학에서 농악이랑 상관된 거는 아무것도 없었어요. 판굿이랑 사물놀이는, 농악이랑 상관없는 거 잖아요.

춘영 판굿이랑 사물놀이가 농악이랑 상관이 없는지는 나중에 별도로 이야기를 해 봅시다.

영윤 그러니까, 저한테는 완전 다른 거예요. 왜냐하면 무을농악이 아닌 거니까, 저랑 상관이 없는 거죠.

춘영 판굿은?

영윤 선반을 말하고요, 사물놀이는 앉은반을 말하는 겁니다.

춘영 이 부분은 나중에 다시 이야기하죠. 어쨌든 대학 다닐 동안에 국악과에서 공부했던 거랑 느꼈던 거, 좋았어요? 아니면 쓸모가 없었다?

영윤 처음에는 사물놀이를 배우는 게 재밌었는데, 시간이 지날수록 저는 무을농악이 좋아서 시작한 거기 때문에, 사물놀이 같은 거는 돈 벌기 위해서 공연 가고 방과후수업에서 사물놀이 가르쳐야 하니까 하는 거지, 지금도 그렇게 마음이 안 가요. 그래서 그냥 농악으로는 돈벌이가 안 되니까 사물놀이는 어쩔 수 없이 계속했는데, 그 외에 연희는 그나마 비슷하지만 연희 말고 고법이나 장단 이런 거는 진짜 억지로 했어요. 학교에서 시험 치라니까 하는 거고, 그걸 연습하거나 공연하지는 않았어요.

춘영 그런 걸 공부하면서 김영윤 상쇠가 아닌 연주자로서 평가는 어땠어요?

영윤 저는 아예 관심이 없었으니까요.

춘영 본인은 못한다고 생각하지만, 다른 사람들 평가나 성적은….

영윤 예, 제가 관심이 없어서 안 해 버리니까 성적도 잘 나올 수도 없고, 그러니 농악 비중이 더 커지더라고요. '아, 진짜 내가 할 일은 농악밖에 없구나. 고법이나 장단 관현악 할 바에는 안 하고 만다.' 하고 내가 하기 싫은 거는 아예 관심을 두지 않았어요. 오히려 소리나 무용에 끌렸으면 끌렸지, 고법, 이런 데는 더 관심이 없었죠.

춘영 사실, 농악 안에 여러 가지가 있는데….

영윤 무용, 탈춤, 소리 이런 거는 재밌더라고요.

춘영 '이런 거'라고 얘기한 게 주로 연희 범주에 속하는 거네요. 연희 혹은 무용, 마당예술.

영윤 예, 그거나 사물놀이는 다 연희로 포함돼서 그나마 국악과에서 배우는 것보다는 재밌었다….

춘영 그러면, 졸업은 했어요?

영윤 이번 학기에요. 학교 다니면서는 이런 생각까지 했어요. '졸업장 받으려고 간 건가?' 할 정도로 관심이 없었고, 오히려 문화예술 기획 그런 수업은 조금 관심을 가졌는데 전공(국악) 실기는 관심이 없었다, 이렇게….

무을농악 복원에 나서다

춘영 구미 무을농악을 복원하기 위해서 노력하고 있다고 했고 최근에 무형문화재가 됐어요. 언제 됐죠?

영윤 2017년 1월.

춘영 작년 1월에 단체로 종목이 지정이 됐죠. 무형문화재 복원 그러니까 구미 무을농악 복원 이거는 언제부터 왜 시작된 거예요?

영윤 제가 고등학교 때까지는 안목이 없었어요. 다른 농악을 본 적도 없고 관심도 없었고…. 그러다가 고등학교 졸업 후에 여러 가지 농악을 봤는데, 무을농악으로 검색해서 보니까 저쪽 O두레 있잖아요? 빗내 쪽. 거기가 빗내농악을 하면서 무을농악이라고 쓰는데, 그걸 보니까 그때는 전통성 관념이 없고, 주로 즐기기 위해서 하는 거다 보니까 화려한 거에 눈길이 가서 맨날 그것만 봤어요. 그래서 그걸 또 따라 하기도 했고요.

춘영 고등학교 때요?

영윤 예. 고 3때요. 그러다가 졸업하고 무을농악보존회에 입회서를 쓰고 입단하던 그때에….

춘영 제가 이해를 하지 못했는데, 그러면 입단하기 전에도 구미 무을농악보존회는 있었던 거네요.

영윤 예. 그런데 그때는 원서 없이 가입되어 있었죠. 2011년 보존회에 가입했어요. 그래서 그때는 아무것도 모르니까 그런 생각을 했어요. '같은 무을농악인데 왜 이렇게 다르지? 저기는 저렇게 화려한데 우리 거는 뭔가 없어 보이지? 우리 건 왜 발전을 못했나?' 항상 이런 생각을 했어요. 화려한 거에 눈길이 가니까…. 그러다가 언젠가 제 친구들을 무을농악에 소고재비로 사 왔는데, 저는 우리 어르신들 맨날 보니까 그냥 하는가 보다라고 생각했는데, 친구들이 공연하다 말고 갑자기 휴대폰을 꺼내서 소고 돌리는 할아버지 영상을 찍는 거예요. 그때 걔들이 그러더라고요. "야, 이런 할아버지들이 무을에 있는 게 정말 대단한 거다." 그때도 저는 '아, 그런가?' 하고 있다가 2011년도부터 무을농악을 조금씩 중점적으로 공부하기 시작했죠. 그때 저도 나름 역할이 컸는데, 쇠 치는 사람이 저밖에 없었고, 제가 입회하니까 후계자도 저밖에 없고, 그래서 제가 자연스럽게 중심이 되었어요. 중학교 때부터 배웠던 애가 보존회에 정식으로 들어오니까, 자연스럽게 그냥 그렇게 된 거예요. 아무튼 그래서 중심적인 역할을 하게 되니까 그때 저도 알게 된 거예요. 무을농악

2017년 무을농악 전승지 물골의 들에서 상쇠의 뒷태

이 촌스러운 줄로만 알았는데 보면 볼수록 전통성이 있고 이게 진짜구나….
그래서 하나하나 공부를 계속했어요. 어르신들 영상을 찍어서 따라하고, 화
려한 기술은 잊고 전통성에 초점을 맞추고 계속 연구했어요. 근데 연구해 보
니까 옛날에 비해서 없어진 게 많더라고요. 그래서 그거를 복원하려고 여기
저기 많이 뛰어다녔어요. 우리 어르신들한테도 물어보고 지금 쇠 안 치는 어
른들한테도 물어보고, 골짜기마다 있는 동네 매구들한테도 물어보고….

춘영　혼자서 작업했어요?

영윤 네 혼자서 물어보고 다녔죠.

춘영 작업은 물어보기만 한 거예요? 영상이나 녹음은?

영윤 노트에 적기도 하고 영상을 찍기도 하고 녹음한 적도 있는데, 녹음한 것들은 너무 오래돼서 조금 남아 있고, 적어 놓은 것은 대충 스케치로 남아 있어요. 그러면서 제가 처음 왔을 땐 없었던 가락, 상쇠 어른한테도 없었던 가락을, 그 이전 어른들 지창식, 최병화 상쇠가 치던 가락을 기억하는 다른 어른들께 배워서 오고, 그런 식으로 복원을 하려고 애썼거든요.

춘영 그럼 복원의 핵심, 복원의 주체는 김영윤 상쇠라고 볼 수 있겠네요?

영윤 그렇죠. 그 전에는 복원하려고 했던 사람이 없었어요. 제가 계속 공부 해서 이렇게 복원하게 된 거죠.

춘영 처음에는 전통성 있는 걸 조사 연구해서 복원하자는 생각을 조금씩 키워 가면서, 무형문화재가 지정되면 좋겠다고 생각하게 되었다?

영윤 예, 생각은 했는데 그때는 막연했어요. 그때는 '내가 죽기 전에 무형문화재를 만들자.'라는 게 목표였어요. 이렇게 빨리 될 줄은 몰랐죠. 어르신들이나 박원용 선생님이 우려하실 때도 있었습니다. 박원용 상쇠도 본인이 상쇠인데 본인 모르는 가락을 복원해서 후배가 치는 것을 걱정스러워하는 것도 있었고, 그런 게 항상 조심스러웠어요. 저도 복원하면서 그게 진짜인지 확신할 수 없어서 시행착오가 많았어요. 아니면 또다시 전통에 비슷하도록 바꿔 보고…. 지금도 계속 고쳐 가는 중입니다. 사람들에게 사물놀이 강습을 하니 좋은 점이 있어요. 구별이 되더라고요. 처음에는 구별이 안 됐어요. 사물놀이를 농악처럼 치고 농악을 사물놀이처럼 치고. 지금은 구분이 되니까 사물과 농악 완전히 다르다고 말할 수 있어요. 타법을 수월하게 가르칠 수 있고, 저도 공부가 많이 되었어요.

춘영 예, 사물놀이가 가락 분석하는 데 유용한 게 있어요. 청음, 소리를 듣는 게. 모르는 사람은 몰라요. '아 이게 무슨 소리지?' 다른 거는 느끼거든요. 어쨌든 사물놀이와 풍물은 다르다?

영윤 나중에라도 문화재가 되려면 이래 가지고는 동네 농악밖에 안 된다, 실력도 키워야겠지만 그 전에 옛날에 어르신들이 하던 거를 살려야 된다고 생각했죠. 그래도 우리는 어르신들이 살아 계시니까, 그게 없어지기 전에 더 복원을 해야겠다고 생각했어요.

춘영 저도 비슷해요. 고유한 거 특색 있는 거…. 김영윤 상쇠가 그렇게 생각하게 된 배경은 뭘까요?

영윤 경쟁자가 있어서 빛내나….

춘영 어떻게 차별성을 부각시킬 것인가….

영윤 처음에는 '왜 다르지?' 하면서도, 우리가 잘못된 건 줄 알았는데 그게 아니더라고요. 그렇다고 그들이 잘못되었다는 것도 아니고요. 처음에는 저 사람들은 왜 변형을 시켰는가 하고 안 좋게 봤는데, 지금은 저거는 저거대로 요즘 흐름에 맞게 창작해서 기에 쪽으로 간 거고, 우리는 우리대로 전통성을 지키는 게 가치가 있다고 생각하게 됐죠. 저는 할수록, 어르신들 하는 맛이 젊은 사람들이 따라 할 수 없는 소름 돋는 맛이 있더라고요. 항상 애들 보고 "야, 저건 어르신들 계실 때 배워야 된다." 강조하고 있습니다.

춘영 그런 맛들이 영상에 담길까요?

영윤 어렵죠. 지금 소고 돌리는 할아버지, 상모 돌리는 할아버지, 북 치시는 할아버지가 계신데 완전 특색 있으시거든요. 이건 빗내랑 호흡이 완전히 달라요. '와, 대단하다.' 생각했는데, 한 번은 여든이 넘은 한 어르신이, 평소에는 잘 걷지도 못하는데 막걸리 조금 드시고 기분이 좋으셨는지 갑자기 "북 그래 치면 안 된다." 하더니 본인이 북을 메고 북을 치시는 걸 봤어요. 그때 "이야, 진짜 무을의 맛이구나!" 하는 탄성이 절로 나왔어요. 그러니까 옛날 무을의 맛을 본 적이 없는데, 그걸 보고 '이게 무을의 다른 점이구나.' 하고 생각했고, 다른 어른들이 "그래, 옛날 어르신들이 저런 식으로 했어." 하시는 말씀을 듣고 더 확신했어요. 김학우라는 친구는 할아버지, 아버지에 이어 3대째 북을 치는 전수생입니다. 학우도 "우리 할아버지도 저렇게 쳤어."라고 했어요. 그래서 "우리도 저렇게 하자."고 함께 다짐했죠. 젊을 때 젊은 맛을 내는 것도 중요한데, 우리도 나이 들면 저런 식으로 어르신들 맛을 내야 되지 않겠나 생각했어요.

춘영 지금 김영윤 상쇠의 이런 생각들, 구미 무을농악의 전통성과 고유한 특색을 찾아 가는 걸 동조하고 공감하는 또래들이 몇 명이나 있어요?

영윤 학우, 진석, 학근이. 지금 실제로 하는 사람은 이 정도입니다. 그 전에도 공감하는 친구들은 있었지만….

춘영 좋습니다. 지금 상쇠님과 같은 생각을 가진 사람들이 '앞으로 무을농악의 정체성을 만들어 가는구나.' 또 '전통성을 지켜 가고 있구나!' 하는 걸 저도 이곳에 몇 번 와서 보니까 알겠더라고요. 지금 20대 중반, 젊은 상쇠인데 이렇게 전통을 복원하고 찾아다니는 걸 보며 저도 흐뭇합니다. 저도 전통성과 미래를 이어 가려고 이렇게 돌아다니는 거예요. 그래서 더욱 그런 활동들이 존경스럽게 애틋한 거죠. 저도 선배 입장이 아니라 같은 길을 가는 동지로서 공감하고 존경한다는 거죠. 제가 볼 때 마을 형태, 정말 원초적인 형태로 연행하는 사람들이 많이 없어요. 그런 굿이 급격하게 사라지고 획일적인 공연 형태로 되어 가는 게 우려스럽고 그래서 그 방향을 잡아 보자고 이런 일을 하는 거예요. 이런 게 우리 굿의 기본적인 맛이다, 하는 걸 보여주고 보존하고 싶은 거죠.

영윤 요즘의 농악 흐름에 변형이 많아서 항상 최근 흐름과 전통의 균형을 찾는 게 참 힘들더라고요. 아예 전통만 고집할 수도 없어요. 그러면 요즘 사람들에게 맞지 않아서, 배우려는 사람도 없고 재미도 못 느끼고….

춘영 복원 과정에 대해서 흥미로운 사실을 확인하는 것 같습니다.

무을농악, 문화재로 지정되다

춘영 무을농악 복원과 문화재 지정 과정을 좀더 얘기해 보죠.

영윤 무을농악은 자칫 없어질 뻔했어요. 그런데 2011년도에 제가 보존회 들어온 게 진짜 운명적인 일이 되었어요. 그때 안 들어왔으면 무을농악이 없어졌을 거예요. 그때 어르신들이 하다 하다 안 돼 가지고….

춘영 뭘 하다가? 그때가 언제쯤에?

영윤 예, 문화재 등록을 추진하던 2002년 경에 당시 최병화 상쇠가 사고로 돌아가셨어요. 그때는 후계자가 없었죠. 지금 박원용 상쇠가 당시 북재비셨는데, 쇠가락을 최병화 상쇠 아닌 다른 무을농악을 치는 분한테 배워서 그걸로 상쇠를 하신 거예요. 그런데 박원용 상쇠가 몸이 안 좋아서 밑에 50대 후계자 한 명을 키웠는데, 그 후계자가 나가면서 농악단이 아예 와해되다시피 했어요. 그때 제가 입단을 한 거죠.

춘영 간극이 2003년 이후로 거의 7, 8년이 되는 거잖아요? 그러니까 2000년에 상쇠가 돌아가시고….

영윤 최병화 상쇠가 돌아가시고 박원용 상쇠가 2005년까지 하실 때, 한편으로는 후계자로 가르치면서 함께 치는 사람이 있었어요.

춘영 근근이 이어지고 있었구나. 무형문화재를 만들지는 못하고….

영윤 시도는 했는데 잘 안 됐죠.

춘영 그때 문화재가 되려면 사무국장이라든지 기획도 하고 문화재 제도나 정책을 아는 사람이 있어야 되거든요. 그때 있었을까? 2011년 이전에?

영윤 그때는 그래도 제가 처음 시작할 때보다는 조건이 좋았어요. 그 당시에는 사람도 많았고 공무원 하시던 분이 총무였는데, 아시는 게 많았어요. 무을농악 책, 옛날 책도 그분이 문화재위원들과 교류하며 같이 만들고…. 그런데 내외부적으로 문제가 많았어요. 자꾸 싸우고 이권 다툼 있고, 그래서 후계자가 나가면서 다 나갔어요. 외부단체와…. 결국 2011년 당시에 어르신들만 열 분 정도 남아 계셨어요. 제가 들어갔는데, 쇠를 치는 분이 없었어요. 무을농악을 이렇게 놓아두면 없어지겠다 싶어서 제가 그때 제 친구 학우, 진석이 등 젊은이 열 몇 명을 데리고 들어갔어요. 무을중학교 출신이어서 농악을 할 줄 아는 청년들. 그 당시는 대개 무을에 살았어요. 직장도 무을이고….

춘영 그때 고등학생이었어요?

영윤 고등학교 졸업 직후요. 딱 스무 살 때, 우리가 뭔가 해 보자 해서 열댓 명이 한꺼번에 들어가서 '무을농악 청년연합회'를 만들고 13명이 보존회에 가입했어요. 고등학생도 있고, 대개 갓 졸업한 청년, 군인 등이었는데, 다행히 모두 무을에 있으니까 할 수 있었어요. 첨에 저희가 기획한 건, 무을에서 관심이 너무 없으니, 우선 안에서부터 키워야겠다 싶어서 어르신들이랑 저희 열 몇 명이 함께 정월 지신밟기를 하기로 한 거예요. 2011년도 겨울엔 눈이 많이 와서 녹지도 않았는데 어르신들이 차 타고 지신을 밟고 다녔어요. 무을면민 대상의 인터넷 카페에 홍보를 해서 지신밟기 모집을 했어요. 그 후 대학교 다니느라 바쁘고 어쩌고 해서 고만고만하게 이어지다가 2015년에 기회가 왔어요. 그 당시에 제가 하도 설치니까 2015년도에 '무을풍물후원회'가 생겼어요. 그리고 무을 사는 40~60대 분들이 농악을 배우러 무을복지회관에 왔어요. 그 당시에는 전수관이 없었어요. 그때 강습 목적은 공연을 하는 것보다, 이분들로 인해서 붐이 일어나기를 바란 거였는데, 다행히 그 이후 무을농악에 관심이 커졌어요. 한마디로 확 터졌어요. 그래서 2014년 12월쯤에 무을농악후원회를 만들기 시작해서 2015년 1월에 창립하고 사람들 교육을 시켜서 또 정월에 지신을 밟았어요. 그때는 2011년하고 분위기가 완전 달랐어요. 무을에서 한 3일 밟았죠. 그래서 후원금이 3천만 원 가까이 나왔는데 그걸로 전수관을 짓게 돼요. 농협 창고를 수리해서. 지금 전수관이 말이 전수관이지 본래 창고거든요. 그거를 2천만 원 정도 들여서 내부 시설을 다 한 거예요. 청년회원 10여 명이 6월 한 달 동안 직접 했어요. 일터에서 퇴근하고 와서 공사하고, 저는 2015년에는 아예 휴학을 했거든요. 그래서 저는 계속 거기 살면서 공사를 했어요. 그렇게 전수관을 지어 개관식 하고, 구미시에서도 무을농악이 다시 잘된다니까 관심이 생겼어요. 그런데 그때 마침 그 전년에 농악이 유네스코 문화유산이 돼 가지고 6월 말인가 경상북도에서 각 농악단에 공고를 했어요. "문화재 하고 싶으면 지원해라." 우리가 지원하면 잘 안 되는데 도에서 먼저 발벗고 나선 거죠. 그때 16개 단체가 지원을 했는데, 서류에서 반쯤이 떨어지고, 저희가 최종 세 후보까지 올라갔다가 실사를 해서 경산 보인이랑 저희가 된 거예요.

춘영 몇 년이 걸린 거네요. 유네스코 농악 등재가 2014년이거든요.

영윤 예, 그로부터 불과 1년 만에 공고가 난 거죠. 그리고 저희는 공고난 지 1년도 안 돼서 심사를 받은 거. 공고가 연초에 나고 심사가 10월달이었어요. 그때 1차 심사를 받고 저는 군대를 갔어요.

춘영 2015년이죠?

영윤 예. 심사가 이때이니, 심사를 받고 군대를 가야겠다고 일정을 짰어요. 심사받고 그다음 주쯤 입대했어요. 그런데 심사 결과가 안 좋았어요. 보완 사항이 있어서 2차 심사를 또 받아야 한다는 거예요. 그래서 제가 휴가나올까 하다가 옛날에 하다가 나간 후계자분을 다시 불러서 했어요. 다행히 2차 심사에서 문화재가 됐는데 제가 복귀할 시점이 되니까 그 후계자가 이번에

2018년 무을면 무수골 마을잔치. 매구치고 기념사진

도 갈등이 생겨서 2011년처럼 나가 버렸어요. 제가 돌아오니까 풍물단이 또 어르신들 몇 분만 남아 있었어요.

춘영 복귀를 언제 했죠?

영윤 2017년 9월요. 문화재는 되었지만 단원들은 뿔뿔이 흩어지고 없었죠. 2011년도랑 똑같은 상황이 된 거죠. 그래서 복귀하자마자 바쁘게 활동을 했죠. 그때 처음으로 강습을 다녔어요. 다행히 뭐가 탁탁 맞아 돌아갔어요. 도량동 풍물단도 강습을 요청했고 그래서 지부 식으로 운영하면서….

춘영 토대가 된 거네요. 어쨌든 사람이 있으니까요.

영윤 예. 제가 여기저기 공연 다니면서 맺은 인연 덕분에 잘 넘어갔죠. 제가 보존회 복귀하자마자 행사가 많더라고요. 그런데 인력이 없잖아요? 그래서 학교 동기와 선후배, 구미 놀이패 말뚝이, 금오공대 등에 있는 제가 아는 사람들로 충원을 했어요. 보존회에서는 걱정을 덜게 된 거죠. 행사를 못 할 줄 알았는데 사람을 끌어와서 다 치르니까. 11월의 무을농악축제도 잘 마쳤어요. 그러자 1년 행사가 다 끝나고 할 게 없는 거예요. 그래서 여기에 강습을 나오게 되었는데, 여기는 11월쯤에 왔을 거예요.

춘영 여기가 어딘지 이야기해 주세요.

영윤 도량이요. '도량새마을금고 풍물단.' 여기 박명수 단장님은 최병화 상쇠한테 배우려고 했다가 그분이 갑자기 돌아가셔서 못 배우셨어요. 이분 딴에는 최병화 상쇠 테이프를 듣고 자기가 직접 가락을 따서 근근이 해 온 거예요. 그런데 이분이 연세가 많아지고 몸이 안 좋아지시니까….

춘영 '이분'이 누구죠?

영윤 박명수 단장님. 그전부터 저한테 "영윤이 니가 와서 우리 풍물단 맡아."라고 말씀하셨지만, "저는 보존회 이외에는 상쇠를 하지 않습니다. 대신 강습은 열심히 하겠습니다. 여기 상쇠 제가 키워 드릴게요."라고 했죠. 그러다가 무을농악이 문화재가 되고 제가 전수교육국장이니까 꽹과리 배우고 싶으신 분들이 강습을 요청해서 그때 무을농악 꽹과리반을 만든 거예요. 무을농악 상쇠놀이 강습반을 지금 15명 정도 월요일반, 수요일반 나눠서 하고 있어요. 이렇게 되면서 제가 무을농악의 놀음놀이라든가 가락을 더 확실하게 정립하게 되었죠. 가르치니까 공부가 정말 많이 되더라고요. 평상시에 아무 생각 없이 치던 걸 설명을 해야 하니까, 사물놀이에서는 이런 타법이고 ○두레에서는 이런 타법인데 무을과 빗내는 요 가락을 이렇게 친다, 딱 설명이 되더라고요.

춘영 아주 숨 쉴 틈 없이 달려왔네요.

영윤 작년 9월에 복귀해서 이제 6개월 했는데 벌써 몇 년 한 것 같네요.

춘영 고등학교 때부터 여기저기 활동한 과정들을 보면 지난 10년 안쪽으로는 엄청 바빴네요. 구미 무을농악이 온전하게 인생의 핵심으로 있었어요. 구미 무을농악의 성격을 어떻게 이야기할 수 있을까요? 너무 폭넓은 질문 같기도 한데 군사굿이네, 마을굿이네, 당산굿이네 이런 거 있잖아요?

영윤 무을농악이 예전에는 사실은 마을굿이었겠지만 지금은 그런 요소가 거의 사라졌죠. 대회 참여 등으로 해서 사실 공연용으로 판만 하죠. 다른 거 해 봤자 지신밟기이고 되게 제식이 적어졌죠. 또 농사굿, 진굿, 불교, 무속 다 있는데 학자들이 특색을 자꾸 만들려고 그러는지 '군사농악'이란 이름을 붙이는데 이거를 10년 넘게 해 보니까 '아, 그건 좀 뻥인 것 같은데.' 이런 생각이 들어요. 그러니까 그런 군사굿 요소도 있지만 진짜 군대에서 하던 군사굿이라는 간판을 걸 만큼은 안 되고, 그런 요소가 들어 있다는 정도.

춘영 지금 김천 빗내에서는 그거를 강조하거든요, 군사진굿으로….

영윤 제 생각은 원류가 무을이잖아요? 그래서 300년 뿌리를 그대로 쓰면 무을에서 나온 게 되니까 조금 더 소급하기 위해서 감문국 시절까지 끌어올렸는데, 그건 군사적이다, 이런 거잖아요. 저도 처음에 그런 생각을 했어요. 우리도 특색을 살려 절에서 나왔으니까 '불교 승군농악'이라고 하자, 우리 단원들 중에도 그 이야기를 하는 사람이 있었거든요. 사명대사가 여기 수다사에 1만 명 이끌고 와서 주둔했으니까, 임진왜란 때. 여기 무을에 산성도 있고 발원지인 수다사에 승병이 1만 명이나 있었다는데 그럼 엄청 많은 거잖아요. 지금 무을 인구가 2천 명이니까…. 거기서 승군들이 하는, 그걸로 특색을 살리려면 할 수는 있는데, 굳이 그렇게까지 할 건가, 좀 회의적이에요. 저는 양쪽을 다 잡고 싶거든요. 전통적인 것을 계속 고민하고 있어요. 어르신들 구술 채록도 기획하고 있고요. 그다음에 당산제도 동네 할매들한테 많이 물어봤는데 당산제도 복원하고 싶습니다.

춘영 옛날에 당산제를 했대요?

영윤　옛날에는 했어요. 들어 보니까 이야깃거리가 무궁무진 하더라고요. 또 옛날 당산굿 치던 거, 동네 입구에서 들어가기 전에 왼새끼 꼬아서 줄 쳐 놓으면 문굿 치고 허락받고 들어가는 이런 굿도 복원할 생각이고….

춘영　그런 것도 있었어요?

영윤　예. 무조건 동네 출입을 하려면 당산나무 앞에서 절을 해야 된대요. 농악대도 당연히 그랬다고 하더라고요.

춘영　이런 얘기를 경상도에서 들어 본 적이 없어요. 이런 얘기는 상쇠님이 찾아다니면서 들은 거잖아요? 본 적은 없더라도….

영윤　예. 그래서 옛날 걸 복원하고 싶은 생각이 있어요. 반대로 요즘 추세에 맞게 무대용으로 쇠놀이 놀음을 만든다거나 해서 강습하면서 무을농악을 알리는 기회로 만들자는 계획도 하고 있어요. 한마디로 전통성을 잘 지키면서도, 무을농악을 새롭게 다방면으로 알리고 싶습니다.

무을농악의 정체성

춘영　예. 지금까지 무을농악의 성격을 얘기했고요, 명칭 이야기를 좀 하자면, 국가에 등록된 것은 '구미 무을농악'이고 범주는 '농악'이잖아요?

영윤　저희는 '농악'이라는 말은 '있었다'는 정도고요, '풍물'이라는 말은 원래는 없었다고 봅니다. 원래는 매구라고 했어요. 근래에 들어오면서 농악이라는 말이 조금씩 확산되었는데, 무을농악이 처음 밖으로 나갈 때가 최병화 상쇠 때인데, 그때 문화재 심사 받을 때는 학자들이 "농악은 일본말이고 풍물이 맞다."고 하던 그 시기예요. 어르신들은 일제에 대한 반감이 엄청 커요. 그러니까 일본이랑 뭐가 연관되었다 하면 다 싫은 거예요. 그래서 "아, 그럼 풍물이 맞다!" 그래서 무을풍물이라고 한 거예요. 그렇게 10년 정도 지나서 입에

'풍물'이란 말이 굳었는데, 다시 "아니다, 농악이라는 말이 『매천야록』에도 나오니까 다시 농악이라고 불러라. 농악이라는 말을 안 쓰면 문화재를 안 주겠다."고 하니, 다시 농악이라는 말로 고치고 있어요. 그러니까 우리 의지와 상관없이 외부 요인 때문에 명칭이 바뀌게 된 거죠.

춘영 굿이라는 말은 썼어요?

영윤 아니오. 여기서는 굿은 무당이 하는 거로 봐요. 그래서 마당 이름에 '정저굿', '반주굿' 이런 건 무을에는 없어요. 이쪽 정서로는 굿이라고 하면 무당이 하는 굿이에요. 매구도, 농악을 매구라 하잖아요? 매구 친다. 제 생각에는 본래는 다른 이름이 없었던 거예요. 예를 들면 옛날에 한국말을 국어라고 안 했듯이, 한복을 한복이라 안 하듯이, 또 한식이라 안 그러고 밥 먹는다 그러듯이 그냥 매구 친다고 한 거 같아요, 최근에 들어오면서 이렇게 된 거 같아요.

춘영 지방마다 명칭이 엄청 많거든요. 지신밟기라는 말은 있죠?

영윤 예. '지신 밟는다' 하고 '대보름굿 친다' 이런 말은 없어요.

춘영 풍물이랑 유사한 다른 명칭은 뭐가 있나요?

영윤 걸립. '걸립 친다'는 말은 있어요. 옛날에 다리 놓고 할 때 돈이 없으니까 집집마다 매구 쳐 주고 돈 받아서 그걸로 다리를 놓는 거.

춘영 '백중 논다'는 말은?

영윤 들은 적이 없어요.

춘영 두레라는 표현은 있나요?

영윤 없어요.

춘영 명칭은 여기까지 하고요, 구미 무을농악 장단을 다른 지역과 비교해보면, 특색이 뭐가 있을까요? 연행 원리라든지 맛이라든지….

영윤 가락이 단순하죠. 다른 데 비해서는 가락이 아주 단순하고 화려하지 않죠. 그러고 제식적으로 가락이 넘어가요. 지금은 일단 그래요. 예전은 모르겠지만 네 개, 네 개로 딱 정해져 있죠. 6, 2, 4로 전개가 돼요. 전해 내려오면서 어느 시점에 그렇게 정해진 거 같아요. 대회에 맞추기 위해서….

춘영 김천빗내농악도 짝수를 중시해요. 짝으로 맞대응하는 게 많아요. 쇠 둘, 징 둘, 장구 넷, 북 넷…. 그런데 옛날부터 그랬다고 얘기하더라고요.

영윤 저도 연구하다 보니까 옛날에는 안 그랬던 것 같습니다. 다 대회 때문에 오른발 맞추고 왼발 맞추고. 옛날 어른들은 발도 안 맞춰요. 또 가락도 이렇게 빠르지 않았어요. 예전엔 노는 가락이니까, 지금 빠르기로 치면 어르신들 실제로 못 놀더라고요. 어르신들이, 옛날에는 느렸다고 그래요. 대회 때문에 가락이 빨라지고 율동도 맞추기 위해서 가락도 짝짝으로 맞춰진 거 같고, 깐총깐총하게 잘라진 거죠. 빨라지고….

춘영 단순하고 화려하지 않다? 그렇게 표현하는 게 좀 신기합니다. 진풀이도 제가 보기에는 단순하지 않아요. 구미 무을농악의 진풀이나 춤은 어떤 특색, 특성이 있나요?

영윤 춤은 율동이잖아요? 전체적으로 기본 느낌은 뭔가 밑으로 축축축 박아주는 느낌이고, 빗내는 탁탁탁 위로 뜨고요. 저희는 콱콱 박는다는 느낌으로 하고 좀 투박스럽죠. 김천이랑 구미가 서로 영향을 많이 주고받은 거 같고, 또 상쇠에 따라서 모든 게 다 바뀌는 거 같아요. 그래서 저의 느낌 다르고, 이 어르신 다르고, 저 어르신이 다르고 다 다르거든요.

춘영 구미무을의 북은 굉장히 자유로워 보여요. 북은 어때요?

영윤 일부러 저는 북은 자유롭게 치라고 해요. 우리 어르신들 치는 걸, 옛날 영상을 보니까 어르신들이 다 다르더라고요.

춘영 저는 이런 느낌이 정말 좋은 것 같아요. 나중에 더 공부하고 싶어요. 무을농악 진풀이 특징은 뭐예요?

영윤 거의 다 원진이죠. 둥근 원 바깥의 사람들은 다 계속 돌아요. 마지막 판굿 가면 11자도 하고요. 멍석말이도 있고요.

춘영 진풀이 종류가 많은 게 아니죠? 다음 주제로 넘어가죠. 풍물굿은 예술이라고 생각하세요?

영윤 당연히 예술이죠.

춘영 어떤 의미에서?

영윤 당연히. 너무나 당연한 거라고 생각해요.

춘영 이 질문을 왜 하냐면? 일반인들은 "풍물굿이 무슨 예술이야?" 이런 사람들이 많아요. 풍물의 의미를 모르는 사람도 있는 것 같아요.

영윤 그 사람들도 풍물이라는 것 자체는 알잖아요? 예를 들어서 미국 사람들은 아예 풍물을 모르는 거에 비해 보면, 한국 사람들은 그래도 조금은 알잖아요? 그 사람들한테는 너무 당연하고 친숙해서, 예술이라는 게 뭔가 거창한 거로 생각하고, 풍물은 옛날 사람들이 밥 먹듯이 하는 거니까 예술이라고 생각을 안 하는 게 아닐까요?

춘영 그런데 상쇠님은 예술이라고 생각하고, 다른 사람들이 예술이라고 생각하지 않는 건 크게 상관없다? 나는 풍물이 예술이라고 생각한다?

영윤 치고 노는데 당연히 예술이죠. 저는 술 먹는 것도 예술이 될 수 있다고 생각해요, 제대로 먹으면요. 술도 제대로 먹으면 예술이죠.

춘영 예, 좋습니다. 술 먹는 게 예술이 될 수도 있고, 예가 되고 도가 될 수도 있고 술굿이 될 수도 있잖아요? 술 먹고 신선이 되면 주선이고 신이 되면 주신이고 그런 거죠? 자 또 다음 질문. 풍물굿에서 상쇠의 역할은? 본인 생각도 이야기하시고, 옛날 어르신들은 어떻게 이야기하셨는지 아는 대로 얘기하자면?

영윤 옛날 어른들 관점에서 보면 상쇠는 왕이에요. 원래는 보존회장님보다

높은 거예요. 그런데 요즘 들어서는 제왕적 리더십, 그런 게 사회 전반적으로 많이 사라졌기 때문에 상쇠도 제왕적으로 할 수가 없죠. 그렇게 하면 요즘 사람들이 그걸 견디려고 하지 않겠죠. 그래서 어르신들은 "상쇠 말이 법이다. 엄하게 해야 한다."고 하지만, 저는 그렇게 생각을 안 하고, 좀 정치적으로 중심의 역할을 해야 한다고 봐요. 크게 아우르고, 단원들 간의 갈등도 풀어 주고. 그리고 상쇠로서 쇠를 잘 치는 것도 당연하고요. 요새는 상쇠가 누구냐에 따라서 단체 색깔도 바뀌고, 단체가 망하고 흥하는 것도 판가름 나거든요. 아주 중요한 자리죠. 무조건 참아야죠. 어르신들이 마음에 안 드는 게 있어도 참아야 되고, 새로운 사람들 들어와서 나이가 어리다고 무시해도 참고 아울러야죠.

춘영　상쇠 문화가 요즘에는 별로 없어요. 필봉농악에서는 상쇠 수업의 일환으로 차기 상쇠를 농구라는 잡색으로 두거든요. 전수관에서는 상쇠 뽑기라는 새로운 문화도 있고요. 상쇠 문화, 상쇠 수련, 상쇠 승계와 관련한 문화가 있나요?

영윤　다음 상쇠는 현 상쇠가 정하죠. 이게 원칙인데, 요즘은 민주적으로 하자 해서 보존회에서 회의를 한다지만 결국은 보존회에서 상쇠가 힘이 있으니까 차기 상쇠를 정하죠. 보통은 종쇠를 후계자로 합니다. 옛날 무을에선 사위가 그다음 상쇠가 된 경우가 있어요. 상쇠가 세습 같은 게 있으면서도 자연스러운 것도 있어요.

춘영　저도 상쇠를 오래해 보니까 상쇠는 느낌이 달라요. 좀 다른 게 있어요. 수장구를 치더라도 전체를 못 보고, 뒤에서 소고 치는 사람은 본인이 잘 친다고 해도 가락 넘어가는 걸 잘 몰라요. 어떤 상황에서 상쇠가 리드하는 걸 보면 잘하는지 못 하는지 알겠더라고요.

영윤　그래서 부쇠가 무조건 상쇠가 된다는 법은 없어요. 뜬금없이 장구재비가 상쇠가 되는 경우도 있어요. 상쇠는 모든 악기를 다 알아야 하니까 쇠만 잘 친다고 상쇠를 할 수는 없어요. 최병화 상쇠도 아버지가 상쇠였고 본인은 장구재비였지만 쇠를 잘 쳐서 상쇠가 된 거예요.

춘영 저도 그런 경우를 들어 봤어요. 본인도 그런 경우에 속하나요?

영윤 지금도 저 말고 쇠 치는 어른들이 있지만 저한테 후계자를 주는 거 보면, 그런 거 같아요. 아예 쇠 치는 사람이 없다고 볼 수는 없는데 말예요.

춘영 상쇠 수련도 있나요? 김영윤 상쇠의 경우에 상쇠 수련 과정에서 중요하게 생각하고 연습하거나 고민을 많이 했던 부분이 있다면?

영윤 '보존회 안에서 중심에 서서 역할하는 사람이 돼야겠다.'고 생각했어요. 쇠만 잘 치는 건 중요한 게 아닌 것 같아요.

춘영 그런 역량을 키우기 위해 어떤 노력을 하고 실천을 했다?

영윤 예. 이 농악이 내 거라고 생각을 하고 돈과 시간을 투자하면서, 다른 데 가서도 인맥을 넓히고 이 단체를 키우려고 할 수 있어요. 그래서 저는 이 자리를 빨리 넘겨주는 게 꿈이에요.

춘영 빨리 넘겨주고, 본인은 뭐 하게요?

영윤 저는 보존회를 이끌고 사무적으로 뒷받침하는 역할을 하고 싶어요. 차기 상쇠를 뒷바라지하는 역할을 하는 거죠. 지금은 제가 농악에 전념하고 싶은데, 농악단 키우는 거에 신경이 쓰이잖아요. 농악단을 운영하는 거는 사무국장이 했으면 좋겠는데 어른들이 그걸 못하니까 제가 그거까지 신경을 쓰는 거예요. 그러니까 저는 연희적으로, 판이나 가락만 고민하고 싶은데 지금은 농악 자체보다 다른 고민이 많죠. 그래서 상쇠 할 사람이 있으면 빨리 넘겨주면서, "너는 쇠만 열심히 쳐라."라고 말해 주고, 저는 행정적인 뒷받침을 잘해 주고 싶어요. 지금 제 걱정은 저보다 쇠 잘 치는 사람은 나올 것 같은데, 문제는 상쇠가 해야 되는 이 고민을 하는 그런 사람이 있을까 하는 거예요.

저는 진짜 고생을 많이 했거든요. 제 다음에 들어올 사람은 쇠는 잘 치겠지만 너무 보드랍게 자라서 그런 걸 인내할 수 있는 정신력이 있을까 걱정돼요. 그런 건 전수할 수 없으니까….

춘영 그렇죠. 그건 경험이니까…. 지금 김영윤 상쇠가 10년 동안 경험한 것은 독특하고 고유한 거 같아요. 특수한 상황이죠.

영윤 어쩔 수 없이 고생을 많이 했죠.

춘영 그런 부분이 존경스럽기도 하고, 지난겨울에 전수하는 걸 보면서 감동을 많이 받았어요.

춘영 일반적으로 상쇠의 덕목이라 생각되는 걸 세 가지로 말씀해 주신다면?

영윤 처음엔 당연히 '실력!' 기능적인 거. 그다음은 제 생각으로는 '포용력'입니다. 그러니까 사람들을 잘 아우를 수 있어야 돼요. 단체에 싸움이 나더라도 무조건 참고 어떻게든 해결하려고 하는 희생정신이 있는 포용력. 그다음에 '인내심.' 농악단에 있으면 온갖 스트레스 받을 일이 많아요. 어른들끼리 싸우기도 하고 나랑 붙기도 하고. 그거를 다 참을 수 있는 거.

춘영 참 좋은 말씀입니다. 이런 덕목에 비추어 봤을 때 구미 무을농악보존회나 이 농악판에서 김영윤이라는 상쇠의 장점과 단점이 있다면?

영윤 장점이라면 아직 젊다는 거. 제가 처한 상황이 많이 복인 것 같아요. 기회가 좋아서 문화재도 빨리 되고, 운이 좋아서 도와주는 분들이 많아서 좋습니다. 반대로 단점은 똑같아요. 너무 어리다. 어려서 많은 걸 배우지 못했다는 게 단점이라고 생각합니다. 한 얘기 또 하지만, 저는 지금은 풍물적인 거, 기량에 신경 쓰고 싶은데 사람과의 관계나 단체를 이끌어 가는 포괄적인 걸 생각해야 돼요. 아직 어려서 숙련도도 떨어지고 기능적으로도 맛을 못 내는데 어르신들이 연세가 많으셔서 그걸 배우고 싶어도 배우지 못하고 복원하고 싶어도 복원하는 데 어려움이 있는 한계가 있습니다.

춘영 제가 보기에 주변에 좋은 사람들이 많은 것 같아요. 공감하는 사람들, 도와주시는 어르신들이 많은 편이고 어르신들이 젊은 느낌이 많이 나요. 다른 데 가면 비슷한 어르신들이 되게 처신 단체도 있어요. 어르신들이 힘든 동작, 빠른 가락인데 잘 따라 하시고 열정적이어서 청춘의 느낌이 있어요. 그리고 친구들, 학우, 진석이같이 사물놀이 하는 친구들도 여기 보존회와 김영윤 상쇠를 존중하면서 잘 따라 주고. 좋은 사람이 참 많은 거 같습니다.

영윤 맞아요. 제가 인복이 정말 많아요. 저는 그런 운을 타고났어요. 선생님 만난 것도 다 운이잖아요? 이런 기회가 많아요.

춘영 운일 수도 있지만 제가 봤을 때는 인연이지 않나? 저는 많이 찾아다니거든요. 그러다 보면 인연이 생기고 공부가 많이 돼요. 김영윤 상쇠가 열심히 하니까 사람들이 모이는 거 아닐까?

꽹과리는 나에게

춘영 상쇠님이 꽹과리를 대하는 자세나 생각하는 게 있다면?

영윤 무을농악에서는 상쇠가 당연히 우두머리의 역할을 하지만, 단원이나 관객들을 들었다 놨다 밀당을 하며 분위기를 고조시키는 그런 감각이 정말 중요한 거 같아요. 꽹과리 소리가 원래는 날카롭고 째지고 천둥 같은 소리를 추구하거든요. 그런 소리를 이용해서 귀에 내리박히는, 귀에 꽂히는 소리를 표현하려고 노력하고 있어요. 쇠를 치면서도 동작이 화려할 때도 있고, 어른들 말로 '바순다' 하거든요. '작살내듯이 깨부수는' 느낌으로 할 때도 있고, 그렇지만 흐드러지게 놀아 줄 때도 있고, 도깨비가 놀 듯이 그런 식으로 하죠.

춘영 앞에서 사물놀이와 농악이 다르다고 했는데, 그 이야기를 좀더 하고 싶어요. 사물놀이와 농악이 뭐가 다른가요?

영윤 첫 번째는 다른 동네 가락이니까 정서적으로 다른 거예요. 제가 볼 때는 우리나라 문화는 정서대로 그 문화가 나온다고 보거든요. 우리가, 신라는 이렇고 백제는 저렇다고 하잖아요. 문화적으로 보면 백제 지역인 호남 쪽은 노래도 농악도 이쪽 동부랑 다르게 나온다고 보거든요. 구음도 이쪽에는 '캥'이라 하고 저쪽에는 '당'이라 하죠. 그 사람들은 흐드러지는 느낌으로 치는데 여기는 되게 쾩쾩쾩 부수는 맛을 좋아하는 구음이잖아요? 그러니까 사물놀이는 경상도 가락으로 안 치죠. 영남농악을 쳐도 웃다리 타법으로 치니까 다르다고 느껴지는 거예요. 일단은 무을농악이 아니니까 저는 별로 마음이 안 가요. 또 사물놀이는 너무 기교 중심으로 가요. 현대적으로 보여주기 위해 앉아서 할 때는 당연히 가락을 많이 쪼개고, 그랑을 많이 넣어서 기교적으로 보여줄 수밖에 없지만, 농악은 치는 사람도 즐겁고 보는 사람도 즐겁고 같이 뚜들기고 참여하는 맛이잖아요? 그렇기 때문에 사물놀이를 표현하자면 비디오 보는 재미고 농악을 표현하자면 4D영화다. 냄새도 나고 맛도 나는 그 차이다, 이렇게 생각합니다.

춘영 이제 전망 이야기를 해 보죠. 상쇠님은 구미 무을농악보존회에 어떤 전망을 가지고 있어요?

영윤 저는 앞으로 계속 공연 활동도 많이 하고, 전국적으로 많이 알리고 싶어요. 그러면서 무을면에서 무을농악이 떨어져 나가지 않고, 정말 그 지역 사람들이 계속하면 좋겠어요. 참여하지 못해도 계속 관심을 가지고 무을의 일원으로 무을농악이 있으면 좋겠어요. 다른 데 농악은 그 동네 사람들이 거의 없잖아요? 그 동네 사람들은 관심도 없고…. 우리도 단원이 구미 사람, 시내 사람 이렇게 다양한 건 어쩔 수 없지만 회관만은 꼭 무을에 있고 무을 사람들이 공연도 보러 오고 함께 무을농악을 이야기하는 게 당연한 일이었으면 좋겠습니다. 구미 시민이나 다른 지역 사람들이 많이 접할 수 있는 공연도 계속하겠지만, 전수나 이런 기회로 꼭 여기에 와서 접하고 경험할 수 있는 구미 무을농악이 되면 좋겠어요.

춘영 상쇠님이 그 부분에 중추 역할을 하는 거잖아요? 저는 그 점이 건전해 보이고, 공감이 되는 것 같아요. 그 지역 사람들이 지역의 농악을 즐겨야 하거든요. 이게 가장 기본적인 생각이잖아요. 좋습니다.

춘영 김영윤 상쇠는 미래지향적이고 아주 가능성이 많다, 역량도 있고 생각이 깊어서 공감할 수 있는 게 많다고 느꼈습니다. 마지막으로 이 작업에 대해서 말씀하고 싶거나, 혹은 본인이 생각했을 때 내가 미처 하지 못한 질문이 있다면, 따로 하고 싶은 말씀이 있나요?

영윤 저는 진짜 무을농악을 발전적으로, 미래지향적으로 끌어가고 싶어요. 그렇지만 한편으로 전통성을 절대로 잃지 않겠다는 게 제 목표입니다. 사물놀이화된 농악이 아닌 농악 본래의 맛을 잃지 않은 곰삭은 농악이 되길….

춘영 그런 마음은 이야기하면서 충분히 느꼈습니다.

영윤 그리고 이 작업에 참여하면서 새로운 고민을 많이 하게 되었어요. 선생님이 전국을 다니면서 많은 상쇠를 만나듯이, 저도 앞으로 많은 사람을 만나고 이야기를 공유해야겠다고 생각했습니다. 앞으로 활동할 때, 내 것만이 아니라 남의 것도 많이 보고 다른 사람도 많이 만나야겠다는 생각. 제가 선생님처럼 다른 사람들을 만나게 되면 그분들이 가진 것들을 많이 알게 되잖아요.

춘영 예, 그렇게 되기를 저도 바라겠습니다. 지금까지 21세기 풍물굿 상쇠론의 첫 번째 면담자로 구미 무을농악의 김영윤 애기상쇠와 이야기를 나누었습니다. 2018년 3월 28일 늦은 시간 11시 40분입니다. 오늘은 여기까지 하겠습니다. 고맙습니다.

2. 청도 차산농악 상쇠 김태훈

일시: 2018년 3월 29일

장소: 김태훈 자택

면담자: 김태훈(남, 50대 초반, 청도), 경북 무형문화재 제4호 청도 차산농악 상쇠 및 예능보유자 / 전통소리마을예술진흥회 이사 / 전) 민족연희원 마당 원장 / 김오동, 박영수, 강순연, 박덕규 명인 가락과 놀음 사사

면담 의도와 상황: 전라도 풍물굿 현장을 누비면서 경상도 풍물굿은 항상 호기심과 동경의 대상이었다. 그도 그럴 것이 풍물굿 연구 자료와 정보는 전라도 풍물굿이 태반이며 경상도의 마을 풍물굿은 일찌감치 사라졌고 근래에 판굿을 창작, 편집했다는 인식이 일반적이었다. 그러나 정읍 황토현에서 우연히 접한 청도 차산농악은 옛 가락과 몸짓 그리고 마을굿 정서를 잘 보여주었다. 이후 몇 년 동안 경상도 풍물굿 현장이나 농악경연대회를 다니면서 경상도 풍물굿의 존재와 가치를 새롭게 인식하게 되었다. 강렬한 첫만남 이후 청도의 차산마을까지 찾아가 차산농악을 이해하고 상쇠와 친해지고자 수년 동안 공을 들였다. 드디어 2018년 1월 청도 차산농악 겨울 전수 캠프에 참여, 2박 3일간 김태훈 상쇠와 독대하며 꽹과리 수업을 받았다. 수업 중에, 이전 상쇠인 고 김오동 명인은 수없이 언급되었다. 1950년대부터 본격적으로 풍물굿 활동을 시작하여 한국의 근현대사를 지나오며 경상도 풍물굿의 한 꼭지를 정립해 오는 과정은 어제 일처럼 생생하고 구체적이었다. 김오동 상쇠의 뒤를 잇는 김태훈 상쇠는 영남대 민속연구회 시절부터 지금까지 풍물굿을 놓지 않고, 열린 마음으로 학습하는 굿쟁이다. 경상도 채상소고재비로 지역에서 이름을 날리고도 민요, 탈춤, 사물놀이, 설장구, 고깔소고, 비나리를 지금도 찾아다니며 학습하고 있다. 술을 마시지는 않지만 이야기하길 좋아하고 악가무를 두루 즐길 수 있는 진정한 굿쟁이로 농악, 풍물굿, 전통공연예술 판에 대해 비판 의식을 가지고 소신을 피력한다. 경상도 풍물굿뿐 아니라 현재 우리나라의 무형문화재와 공연예술 분야 전반에 두루 관심을 가지고 있어 중원의 숨은 고수라 하지 않을 수 없다. 이전 상쇠와 경상도 굿의 옛이야기에 빠져, 그의 굿에 대한 열정과 철학을 다 담아 내지 못한 아쉬움은 차후 과제로 넘긴다.

영남대 민속보존연구회 동아리에서 시작

춘영　2018년 3월 19일 청도 차산농악 김태훈 상쇠를 모시고 21세기 풍물굿 상쇠론 인터뷰를 시작합니다. 먼저 상쇠로서 김태훈을 소개해 주신다면?

태훈　현재 청도 차산농악 상쇠이고, 2000년대 초반부터 했으니까 15년 정도 됐지. 나이는 51세이고 경북 영천 태생. 경주하고 영천 사이에 있는 북안에서 출생했고 대구에서 성장했어. 영남대학교 입학 후 민속보존연구회(민연회, 민연반)라는 동아리에 들어간 뒤에, 인연이 되어 차산농악을 하게 됐지.

춘영　농악으로서는 청도 차산농악을 제일 처음 접해서 현재까지 하고 있다는 말씀이죠?

태훈　응. 고3 시험을 마치고 농악을 처음 접했는데, YMCA 예비대학 프로그램 안에 농악 동아리가 있었어. 거기서 활동하다가, 영남대 농악 동아리를 만나면서 선배님들과 함께하게 됐지.

춘영　영남대 동아리 이름이 뭐죠?

태훈　영남대 민속보존연구회.

춘영　풍물굿의 인생 내력을 전체적으로 간략하게 소개해 주신다면?

태훈　스무 살 때 청도 차산농악 김오동 선생님을 처음 만났어. 민연반은 청도 차산농악을 발굴하면서 만들어진 동아리였거든. 맨날 오시니까 김오동 선생님을 첫 스승으로 모시게 되었지. 그 밖에 민연반이 하는 게 몇 가지 있었어. 밀양백중놀이, 통영오광대, 예천청단놀음을 배웠는데. 예천청단놀음

은 우리 선배들이 했고 우리 때는 청
도 차산농악, 밀양백중놀이, 통영오광
대 이 세 가지를 했지. 해마다 이 세 가
지 발표회를 했어. 밀양백중놀이에 갔
을 때는 예능보유자이신 양반춤의 하
보경, 상쇠의 김타업 선생님이 가르
쳐 주셨지. 커피만 타 드리면 좋아하
셨어. 또 소리를 하신 김상용 선생님
께 배웠고 그다음에 밀양 끝나고 통영
오광대 갔을 때는 말뚝이 선생님이 있
었어. 이름은 기억이 안 나는데 그 어
른이 한 번씩 오셔서 말뚝이를 가르
쳐 주셨어. 또 그때 반주도 하시던 어

2017년 대구 이상화고택에서 기념사진

르신이 계셨고, 색시 하시던 분도 있었어. 보유자이신 유동주 선생님은 원래
남해안별신굿의 쇄납을 부셨어. 통영오광대 배역은 잘 기억이 안 나. 그분이
전체적으로 봐 주셨어. 그러고는 우리 동아리가 1987년 초에 대구 무형문화
재 제2호인 욱수농악 발굴 작업에 투입이 됐어. 그때 상모 선생님으로 가루
뱅이농악의 박덕규 선생님(1952년생, 당시 비산농악 소속)이, 보통 '덕구'라고 하
던 분인데, 상모를 가르쳐 주셨어. 그때는 보기만 보고 흉내만 내다가 말았
지. 그러다가 1999년부터 다시 만났어. 박덕규 선생님(당시 가루뱅이농악단장)
은 합천 초계 출신인데 비산농악에 오래 계셨어. 우연히 만났는데, 경상도 상
모의 대부분을 그분한테 배웠어. 그리고 최근에는 창녕 이화농악단 상쇠이
신 강순연 선생님께 사사 받고 있고. 선생님이 1922년생이시거든. 창녕 팀의
쇠를 치시던 분이야. 창녕에 계시다가 대구에 오셨는데, 내가 인연이 돼서 최

근에 자주 찾아뵙다 보니까, "이 쇠가락을 누가 배우겠노? 한번 배워 봐라." 그래서 그 선생님한테 이화농악 가락도 배우고 있어. 그렇게 실제로 스승은 김오동 선생님, 박덕규 선생님, 그리고 창녕이화농악 강순연 선생님이 계시지.

춘영 그러니까 김태훈 상쇠님의 스승은 김오동, 박덕규, 강순연 선생님이라고 정리할까요?

태훈 또 옆에서 딱 붙어서 배운 건 아닌데, 밀양백중놀이의 하보경 선생님이 우리한테 지대한 영향을 미쳤어. 그분이 워낙 춤을 잘 추셨기 때문에 맨날 보러 다니고 흉내내기도 했기 때문에 내 입장에서는 그분 춤이 있고, 또 통영오광대 말뚝이춤을 추시던 강영구 선생님께 지대한 영향을 받았어.

춘영 상쇠님의 풍물 내력을 들으니까 농악, 백중놀이, 덧배기나 탈춤까지 전반적으로 학습했기 때문에 음악적으로만이 아니라 전체적으로 어릴 때부터 젖어 들었다, 단순히 농악만 한 게 아니다, 하는 것이 강조되는 것 같습니다.

태훈 그래. 춤은 민연반 동아리를 따라다니면서 많이 늘었고, 소리는 직접 배우지 못했어. 왜냐면 실제로 써먹을 일이 별로 없었어. 솔직히 소리를 잘하는 목이 아니라서. 그래도 흉내내다 보니까 겨우 닮아가는 거지. 지신밟기 때 하는 소리는 김오동 선생님 소리를 따라 하면서 배웠어. 살아 계실 때 따로 배우지는 못했어. 또 어르신들한테 꽹과리도 따로 배운 건 없고 눈짐작, 귀동냥으로 배웠지.

평생의 풍물굿쟁이 길로 들어서다

춘영 지금 현재 전업으로 활동하고 있나요?

태훈 지금은 거의 전업이 됐지.

춘영 그럼 상쇠, 풍물굿쟁이, 농악인의 길로 들어서야겠다고 생각한 건 언제고, 계기는 무엇이고, 어떤 마음으로 하게 되었나요?

태훈 원래는 이걸 직업으로 할 마음이 없었어. 대학 복학 후에는 도망 다녔지. 그러다 선배한테 붙들려 다시 시작하게 되었고, 졸업 후 취업 문제로 부친과 싸우고 나와 친구 집에서 자취할 때였는데, 그때 김오동 선생님이 "농악 발굴을 하니까 같이 가자." 해서 갔어. 그렇게 94년도에 영천명주농악을 하게 됐어.

춘영 정확하게 어디요?

태훈 영천명주농악 발굴할 때, 상모 돌리러 갔어. 끝나고 나니까 선생님이 좀 챙겨 주시더라고. 95년도에 다시 집에 들어갔어. 그러다가 95년도에 배관호 선생이 이끌던 달성다사농악(당시 달성중앙농악)을 재구성하게 됐는데, 거기서 도와 달라고 해서 갔다가 관여하게 된 거지. 또 인연이 되어 사물놀이 팀에 들어가서 2년 반 정도 있다가 나와서, 자동차 부품 회사에 취직을 했어. 그런데 얼마 안 있다가 IMF가 와서 퇴사하게 된 거지.

춘영 95년부터 97년이면 1, 2년은 일을 했네요? 운명적인 IMF네요?

태훈 2년 정도 일을 하고 잘렸지. 98년 말인가? 이 무렵에 박덕규 단장님을 만났어. 그때 김오동 선생님이 다음 대를 이을 상쇠를 고민하고 계셨고 두 명을 지목하셨어. 나와 밀양 추현태 형님이라고 4년 선배를 지목했는데 추현태 형님이 고사해서 나한테 넘어왔지. 나도 처음엔 "저는 힘듭니다. 저도 도와는 드릴게요." 했는데 어찌 하다 보니까 본격적으로 김오동 선생님을 돕게 됐어.

춘영 그게 몇 년도죠?

태훈 99년.

춘영 정리해 보면, 김오동 스승님께서 계속 쇠를 치라고 제안하셨는데, 99년에 청도 차산농악의 다음 상쇠를 고민하시다가 추현태 선배는 안 되고 김태훈이 상쇠가 됐다….

태훈 내가 이걸로는 먹고살기가 힘들다는 걸 알아서, 직업으로 하겠다는 생각은 없었어. 그러다가 회사 그만두던 무렵에 영대 후배들이 '사물놀이 팀을 만들어 보자'고 해서 99년도에 '마당'이란 사물놀이 팀을 만들었어.

춘영 사물놀이 팀 '마당'?

태훈 그렇지. 마당은 2003년 초까지 하다가 해체됐어. 그러면서 농악단을 자연스럽게 왔다 갔다 했어. 우리 선생님이 2002년 12월에 돌아가셨어. 그때까지 내가 전수관에서 수업도 하고 정리도 했는데, 할 사람이 별로 없었어. 그러면서 알게 모르게 본격적으로 하게 됐지.

청도 차산농악의 유래와 전설의 상쇠 김오동

춘영 그때부터 이 길로 오신 거네요. 본격적으로 농악 얘기로 들어가기에 앞서서, 청도 차산농악보존회, 청도 차산농악의 유래는? 대략 70년대 이후, 어떤 과정을 거쳐 왔나요?

태훈 87년 전에 있었던 이야기나 설명은 김오동 선생님이나 차산농악 원로 회원들께 들은 거야. 내 이야기처럼 하더라도 오해가 없어야 돼. 내가 기억력이 좀 남달라. 원래 청도 차산농악은 두레굿이야. 농사지으면서 세시풍속과 연관이 되는 건데, 정초가 되면 마을마다 당제를 지내잖아. 그때 쓰는 천왕기라는 신대가 있어. 신대가 들어가는 집이 그해의 제관이 되는데 마을에서 제관 뽑기도 했어. 정초에 '천왕기싸움'이라고 해서 마을마다 신대를 들고 와서 큰재라는 넓은 터에서 깃발싸움을 하는데, 기세배랑은 좀 달라. 그런 식으로 붙어서 치면 기물도 뺏고 해. 그런 데서 자기 위세를 자랑하기 위해 농악이 발달하기 시작하지. 정월대보름 전에는 집집마다 지신밟기를 하고 농사풀이를 하는 것을 시작으로, 농사를 시작하면 모내기 모심기에 북을 치면서 소리를 했어. 소리를 메기고 받고, 일을 끝내고 돌아와 뒷풀이를 하며 놀았어. 그래서 농요와 농악이 따로 가지 않았고 가, 무, 악이 같이 가는 거야. 무형문화재 받을 때도 농악, 농요, 지신밟기를 두고 고민하다가 결국 농악으로 받았어. 아무튼 그 전에 '대동아전쟁(제2차세계대전)' 때 원래 동네 상쇠로 있던 김시동 선생님(김오동 선생의 백씨)이 징용돼서 떠나게 돼. 그래서 김오동 선생님이 이어서 쇠를 치다가 얼마 되지 않아 2차 세계대전에 참전하지. 일본 오키나와로 징병되는데 전쟁 말미에 미군 포로로 하와이 포로수용소로 잡혀가. 거기 포로수용소에서 깡통으로 꽹과리를 만들어 놀다가 해방되면서 돌아왔지. 돌아오자마자 동네 후배들을 모아서 농악을 가르쳤다고 들었어.

춘영 해방되면서 들어온 게 24살인가요?

태훈 22년생이니까 그렇지. 가기 전에는 순사들이 있으니까 몰래 숨어서 쳤대요. 치다가 붙들려 가서 고초도 겪었는데, 나이가 어리니까 풀어 주면, 후배들이랑 저쪽 숲에 들어가서 도시락 까먹으면서 가르친 거야. 자기 신명이 있으니까 재밌게 논 거야.

춘영 동네라면 청도마을인 거죠? 청도의 어떤 마을인가요?

태훈 청도군 풍각면 차산리. 생각보다 큰 마을이야. 마을에서는 못 하니까 숲으로 올라가서 아이들을 가르친 거야. 김오동 선생님 말씀이 그 친구들이 초등학생, 중학생이었대. 나중에 커서 상모도 가르쳤는데….

춘영 상모도 가르친다는 건 기능이 뛰어난 거잖아요?

태훈 상모를 할 줄 아니까 후배를 가르쳤지. 낮에는 못 하니깐 저녁때 쯤 상모 돌리고 있는데, 멀리서 보면 뭔가 허연 게 막 돌아가니깐 마을 사람들이

1960년대 초 차산마을에서 김오동 상쇠의 상쇠놀음 시연

공비인 줄 알고 신고해서 경찰들이 총 들고 와서 낭패를 본 적도 있다고 그래. 그러면서 농악단을 점점 키워 갔어. 김오동 선생님은 김해 김씨 집안 형제 중 막둥이로 곱게 컸어. 나중에 형들이 작고하고 먹고살기 어려워지니까 소전, 우시장의 소장사를 해. 창녕, 대구를 오가며 소를 사다가 팔고…. 그러면서 김오동 선생님이 전국 각지, 경상도 주변을 돌아다니기 시작했지.

춘영 주변이라면 경상북도?

태훈 경남 창녕, 밀양, 의령, 청도, 고령, 현풍, 대구 등 여러 곳을 다니면서 발을 넓혔어. 소를 사고팔고, 구경도 하고 쇠 쳐 주고 놀기도 하면서 돈을 벌었어. 그러던 중 대회가 있었어. 대구에서. 상이용사 백팔용이란 사람이 대회장으로 행사를 주관해서 대구시민운동장에서 전국농악경연대회를 열어.

춘영 그때가 몇 년도인가요?

태훈 50년대 중반에서 70년대 초반 사이. 창녕 십이리 근처에서도 농악대회가 열렸는데 그때는 대부분 신문사나 관공서 주관으로 열렸고 주로 근처 사람들이 오는 정도였어. 대구대회에는 심천포도 오고, 빗내농악도 오고, 영천, 의령, 상주, 함안…. 경상남북도 쪽에서는 다 왔대. 당시 1등을 제일 많이 한 팀이 창녕십이리농악단(창녕이화농악 강순연 선생님이 부쇠, 둘째 형 강소복이 상쇠)이라.

춘영 창녕십이리농악단 상쇠가 강순연 선생님이었나요?

태훈 강소복이 원래 상쇠였어. 십이리농악단이 대부분 1등을 했고 밀양고무다리(한인시)의 무안농악, 김팔수의 김천빗내농악도 한 번씩 1등을 했어.

춘영 70년대라고 하면 빗내농악 상쇠는 누구였나요?

태훈 김팔수는 집에서 부르는 이름이고 김홍엽. 김오동 선생님과 갑장(1922년생)이라고 들었어.

춘영 70년대였나요?

태훈 김오동 선생님께 듣기로는 농악대회는 50년대 중반 이후부터 70년대 들어오기 전까지 많이 유행했어. 지금 경산보인농악도 1등 한 적이 있다고 들었고 비산농악도 참가했었어. 그러면서 실력을 쌓아 가는 거야. 당시에는 대부분 기량이 뛰어나지 않아서 진풀이 개념은 별로 없었고 두레농악의 성격이 강했어. 그때 삼천포농악의 문백윤 상쇠는 젊었고 길굿을 기차게 쳤다고 하고, 진주농악의 황일백 선생은 나이가 많아서 '황노인'이라 불렸어. 김오동 선생님은 밀양, 창녕의 매구쟁이들을 대부분 잘 알고 있었어. 굿쟁이들은 서로 알아보고 "오늘은 니가 한번 쳐 봐라!" "오늘 한번 놀다 가라!"면서 서로 신명풀이를 하는 게 중요했대. 장날에 가면 다 모여서 두어 시간씩 치며 놀다가 소를 사서 다시 넘어오곤 했다고 들었어. 50년대까지는 밀양무안의 고무다리(한인시)라고 원래 한쪽 다리가 없어 고무다리를 했어. 그래서 붙은 이름인데 쇄납(태평소)을 잘 불고 웃장을 잘했대. 움직이지는 못하는데….

춘영 웃장이 뭐예요? 윗놀음을 웃장이라고 해요?

태훈 응. 웃장을 잘 하고 그분이 특징적으로 잘 치는 가락이 굿거리였어.

춘영 지금 굿거리를 그 당시에는 덧배기라고 하지 않았나요?

태훈 춤매구라고 했어. 경상도 일대에서는 춤매구, 춤쇠라고….

춘영 지금 말이 아니라 당시 용어로 고무다리가 굿거리 잘한 게 아니고?

태훈 춤매구, 춤쇠. 춤쇠를 잘했지. 가락을 바짝바짝 쫄아 가며 치는 게 아니고…. 한인시 밑에서 누가 쇠를 쳤냐면 함안화천농악의 박동욱 선생도 그분 밑에서 1~2년 정도 있었어요.

춘영 지금 형님 기억이 아니라 김오동 선생님께 들은 얘기를 말씀하시는 거잖아요? 이렇게 상세하게 기억을 해요? 신기하네….

태훈 김오동 선생님께 들은 얘기고, 또 추현태 형님이 조사 가서 박동욱 선생께 직접 들은 얘기야.

춘영 정말 대단해요. 김오동 선생님 기억이기도 하면서 형님도 이 넓은 지역을 다니면서 굿쟁이도 많이 만나고 공부도 많이 하셨잖아요? 그래서 얘기하는 게 충분하게 경험에 바탕해서 또 들은 얘기를 전해 주는 거잖아요?

태훈 그래서 박동욱 선생이 자기 고향인 함안으로 가면서 자리잡지. 그때 김오동 선생님은 함안칠원농악이라 했고 요즘 정식 명칭은 함안화천농악이지. 밀양 고무다리는 엇가락을 잘 쳤어. 박동욱 선생님도 엇가락의 대가라 그 영향도 있을 거라 봐.

춘영 엇가락이라면? 엇가락을 살짝 보여주시면?

태훈 박동욱 선생님은 '그랭 그랭 그랭 그랙, 그랭 그랭 그래재잭, 그랭 그랭 그래재잭그래재재그 잭' 이런 식으로 자진모리 한 배 중에서 첫 번째 마디나 세 번째 마디 첫 박에 엇박을 넣고 물고 가는 가락을 많이 쳤어. 한 소박….

춘영 한 소박을 뒤로 미룬다, 비운다는 이 말이죠?

태훈 그렇지. '당 그당 그 당 그라닷 다, 으당 그라다다, 으당 다당 다당 그라 다당으그라다그라당' 보통 이런 유형이고 박동욱 선생님은 그런 가락을 많이 사용하는데, 박동욱 선생님 말고도 고무다리 밑에서 장구 쳤던 옛날 백중놀이 상쇠였던 김타업(광파) 선생이 있어. 광파 선생이 나중에 밀양백중놀이 상쇠가 되지. 광파 선생이 음악적으로 뛰어나. 그 밑에서 또 추현태 형님이 쇠를 배웠어. 형님이 통영오광대에 놀러 갔어. 후배들이 뒷풀이를 하니까 매구를 우연히 쳤는데 그때 유동주 문화재 선생(예능보유자)이 보고 "야, 니 그 꽹과리 어디서 배웠냐?" 해서 "밀양 김타업 선생님께 배웠는데요." 했대. 그때는 고무다리를 몰랐으니까 그러니까 "그거 고무다리 쇤데 어디서 배워서 그렇게 똑같이 치나? 고무다리가 죽은 지가 언젠데 그 가락이 살아 있나?"라고 하셨대. 그 말을 유추해 보면 고무다리가 엇가락을 잘 쳤단 말이야. 엇가락을 치려면 뒷가락을 빠르게 못 치고 적당한 속도에서 가락을 치는데, 밀양백중놀이는 자진모리와 휘모리에 엇가락이 특화되어 있어. 근데 함안화천농악은 휘모리에 엇가락이 특화되어 있지 않아. 보통 자진모리에 엇가락이 특화되어 있거든.

춘영 함안 사람이 어떻게 밀양 고무다리 가락을 치느냐 물어보는 거죠?

태훈 그렇지. 그래 가지고, 김오동 선생님이 고무다리하고 잘 알았으니까 장례식에 갔어.

춘영 누구 장례식이요?

태훈 고무다리 장례식에. 고인의 집에 가 보니까 아무것도 없고 벼르빡(벽)에 태평소하고 꽹과리 하나, 두 개가 딱 걸려 있더래. 고무다리가 원래는 밀양무안 사람이 아니고 창녕 사람이래. 강 하나를 끼고 밀양과 창녕으로 나뉘는데, 고무다리가 쇠를 잘 친다고 하니까 밀양무안에서 '상쇠 모셔오기'로 데려왔어.

춘영 상쇠 모서오기가 여기도 있었었네요. 이 부분은 이따 자세히 여쭤볼게요.

태훈 그러니까 고무다리가 워낙 쇠를 잘 치니까 밀양에서 땡겨 온 거지. 고무다리가 다리가 없으니까 활동을 못 해도 쇠를 잘 친다고 생각했기 때문에 사람들이 상쇠로 모서 온 거지. 그때 당시 집도 컸다는 얘기가 있었다고 하더라고.

춘영 지금, 청도 차산농악의 50년대 이후 반세기 동안 발전 과정을 듣고 있습니다. 정리하자면 청도 차산농악은 김오동 선생님이 거의 주축이고 주도적으로 반세기 이상 지내 왔습니다. 물론 청도차산마을의 마을굿은 있었지만 지금 현재 차산농악의 색깔과 내용을 만들고 정립을 한 것은 김오동 선생님이다.

태훈 그렇지.

청도 차산농악의 중흥과 판제 정립

춘영 70년대 이후 청도 차산농악이 어떻게 전개되었나요? 그리고 지금의 현재 청도 차산농악 판제가 정립된 시기는 언제쯤인가? 두 가지 질문을 드릴게요.

태훈 전국민속예술경연대회에 차산농악이 나간 시기가 77년도쯤인데 그 전까지는 대구의 백팔용대회라든가 밀양대회라든지 김해대회에 팀을 끌고 돌아다녔어. 지신밟기는 정초에 부산에 사람들이 떼거지로 가서 한 달씩 하고 왔어. 그때 농악대회 때 운동장에서 판을 짜서 치면서 형식이 갖춰진 거 같아. 그런다고 가락이 크게 바뀌지는 않았어. 그런데 대회에 참여하면서 다른 농악단과 서로 판제에 영향을 주고받게 되는 거야.

춘영 작은 단위, 중간 단위 농악대회를 통해서 다른 패랑 소통을 하면서, 한 마을의 원초적이고 산만한 판들이 구조나 틀을 갖추어 가고, 60년대 거치고 민속예술경연대회를 거치면서 조금씩 판이 정리가 된 거지.

태훈 그때 한 마을에 상모재비가 보통 두세 명밖에 없어. 물론 그 전에 천왕기싸움이라는 마을깃발을 앞세워 노는 마을 대항 놀이를 바탕으로 기본적인 가락과 구성, 흐름이 형성됐어. 하지만 진풀이나 판제가 대단히 발전하지는 못했다고 봐. 그래도 아무리 큰 마을이라도 4명을 넘지 않아. 대회를 나가면 옆 마을에서 상모재비를 데려와야 돼. 행미라고 하거든.

춘영 행미? 행미는 옆 마을에 있는 상모재비를 불러와서 용병으로….

태훈 그렇지. 그때는 돈보다 술 사 먹이면 와. 차비야 얼마 주겠지만…. 청도 쪽에서는 차산하고 그 건너편에 현리라는 동네가 있어. 그쪽 동네 상모재비가 있는데, 그때 내륙 지역에 상모재비가 어디가 유명했냐면, 창녕 남지, 장마에 상모재비가 진짜 많았어. 그 상모가 지금 함안에서 돌리는 '삐딱삐딱' 하는 상모 있잖아? 꼭지가 별로 없어서 뒤로 후떡 넘어가는 상모. 지금은 대구의 상모가 사물놀이 상모처럼 꼭지를 세우면 딱 서는데 예전에 그런 상모가 없었어. 대부분 다 나무 작대기를 해서 멍에를 만들면 후떡 넘어가거나 아니면 체인처럼 해 가지고 열두 발처럼 돌리는 거지. 그런 상모가 있었는데, 그 두 동네가 상모재비가 많았어. 그 마을에 가서 이틀 정도 매구 치고 놀아주면 그 마을에서 '상모재비 데려가도 된다.'고 허가가 나. 그러면 상모재비를 갖춰서 대회에 나가는 거야.

춘영 좋습니다. 지역의 대회도 나가고 청도 차산농악은 민속예술경연대회를 준비하고 나간다.

태훈 그 전까지는 민간이 운영하는 대회였는데, 그때 당시도 상모재비를 누가 데려가느냐? 함안이 데려가느냐, 밀양무안이 데려가느냐, 청도차산이 데려가느냐가 관건이야. 장마 사람은 창녕 사람이고 팔려 나가기 때문에 어딜 가도 상관이 없는 거야. 그러기 때문에 그 사람들은 와서 하면 되고 그래서 12버꾸 데려가는 데가 1등 하는 거야. 그때까지는 화려하고 이런 게 중요하기 때문에….

춘영 와, 12버꾸. 버꾸가 12명이나!

태훈 당시 버꾸재비가 많은 데에 1등을 주는 경향이 많았어. 물론 상쇠가 잘하는 것도 있지만…. 이렇게 해서 점점 발달하기 시작한 거야. 차산에선 원래 북을 잘 쳐. 엇북…. 주로 마을에서 치다가 농악대회를 나가면서 굿거리 춤매구를 칠 때 자진모리 발과 엇가락을 치는 형식이라든지, 가락을 다같이 안 치고 여덟 명이 치고 두세 명은 엇가락을 쳐서 분위기가 확 뜨면서 판을 들었다 놨다 하는 분위기 메이커 역할을 하게 되거든. 차산농악의 특징이 그런 게 있어. 거기에 상모가 들어가고 김오동 선생님이 웃장 윗놀음을 좀 하셨으니까, 중후반기로 가면서 여러 대회에서 1등을 하기 시작하는 거라.

춘영 중후반이라 하면 70년대 중후반이요?

태훈 60년대 제일 처음에는 창녕십이리농악단이나, 밀양무안농악단이 1등을 하는 경우가 많았어. 그런데 그 이후에는 함안이나 빗내나 차산이 1등을 서로 번갈아 경쟁을 했지. 어느 정도 진용이 갖춰지면서 상을 받기 시작한 거지. 또 삼천포가 1등 하는 경우도 있지. 상모가 워낙 뛰어나니까…. 그런 식으로 판의 전체 흐름이 형성이 돼. 그런다고 그 당시 인원이 30명, 40명이 되고 그러진 않아. 농악대회라고 해서 12버꾸, 16버꾸면 북재비 6명, 장구재비 4명, 쇠재비 2명, 징 2명 해서 27명, 28명 정도 되지. 인원이 지금처럼 35명씩 되지 않았지. 그러다가 차산농악에 결정적인 계기가 찾아와. 민속학자 김택규 교수가 농악 발굴을 위해 김오동 선생을 찾아와.

춘영　그게 몇 년도쯤이었나요?

태훈　그게 77년쯤이었다고 들었어.

청도 차산농악 경상북도 무형문화재 지정되다

춘영　청도 차산농악이 무형문화재로 언제 지정됐죠?

태훈　80년 12월 30일. 77년도에는 차산 풍각농요로 전국대회에 나갔어. 그때는 상을 못 탔지.

춘영　그럼 문화재 지정된 과정을 간략하게 얘기해 주시고, 청도 차산농악에서 김오동 선생님의 강점, 장점을 이야기해 주세요.

태훈　김택규 민속학자가 찾아올 만큼 김오동 선생님이 당시 유명했어. 소리도 잘하고 매구도 잘 치고 춤도 잘 해서 '어떤 사람인가?' 싶어 왔는 거라. 당시 청도 우시장이 풍각에 있는데, 거기에 '큰재'라는 색싯집이 있었어. 우시장이 열리고 돈이 생기면 그 색싯집에서 노는 거야. 그 색싯집에 김오동 선생님이 딱 들어가면 그 집은 대박 나는 거야. 사람들을 끌어오니까. 그래 가지고 소리하고 매구 치고 춤추고 밤새도록 노는 거야. 김오동 선생이 안 그래도 신명 천지인 사람이 거기 이쁜 색시 있지, 돈 있지, 술값은 안 내도 내주는 사람이 많으니까 막 놀은 거지. 그래 소문이 많이 났어. 그러자 김택규 선생이 찾아와서 "이런 대회가 있는데, 대회 한번 나가자."라고 하신 거야.

춘영　김택규 교수가 찾아와서 대회 한번 나가자…?

태훈　일단은 김오동 선생님이 소리를 잘했어. 그 동네에서 거의 못 하는 소리가 없지. 상엿소리라든지 모심기, 모내기 소리, 망깨 소리, 목도 소리, 어사용이라고 꼴 베러 가서 하는 소리, 장타령, 고사 소리 이런 것들을 다 했어. 김택규 교수가 보고는 "어, 대단한 사람이다." 한 거지. 그래서 우선 "농요로 한번 나가 보자." 해서 처음에는 농요로 나갔어. 처음 77년 수원대회 때는 상을 못 타고 그다음 79년 대구대회에 나갔는데 갑자기 10.26 사태로 국장이 생기니까 올스톱이 된 거야. 그런 우여곡절이 있었는데 결국 장관상을 탔어. 이듬해 80년 제주대회에 참가하고 몇 해를 쉬었다가 83년 안동대회에 청도 풍각농요로 나가서 장관상을 타. 더 좋은 상을 탈 수 있었는데 안동 지역 국회의원 입김 땜에 밀렸지. 개인상으로는 제주대회 때 상쇠로 개인상을 탔고. 문화재 받고 나서 개인상을 탄 거지. 전체적으로 지금 판굿의 틀이 그때 갖춰 졌어. 그 전에도 판이 있기는 했는데 진풀이를 하다 보면 상쇠가 기교적으로 치는 걸 다 보여줄 수가 없어. 좀 다른 게 차산농악은 흐름이 있는 거지. 전체 적으로 연주하는 형식으로 가락을 쳐. 그런데 빗내나 무을은 몇 가지 가락을 돌려 치잖아? 차산은 그렇게 돌려 치는 게 아니고 '내는 장단 - 기본 장단 - 조르는 장단(조름쇠) - 푸는 장단' 이런 식으로 돌려 쳐. 자진모리장단은 그 자체 내에서 돌려 치는 거지. 그런데 전라도는 장단 자체가 바뀌잖아? 자진모리였 다가 휘모리로 가고 그런 식으로 바뀌는데 차산농악은 장단이 바뀌는 게 아 니고 한 장단 안에서 흐름이 바뀌는 거지. 그래야 춤을 추기 좋아. 그러니까 춤에도 기승전결이 있어서 장단이 바뀌면 춤이 바뀌어 버려. 그런 큰 틀은 안 바뀌었는데 중간에 세부적으로 마을에서 많이 치는 가락은 판에서 좀 불편 한 가락들이 있었어.

춘영 어려운 가락들?

태훈 그래. 그러니까 엇가락을 하면 나는 신나지만 별 동작이 없으면 보여 주는 방식에서는 도태되는 경향이 생기지. 그런 가락은 좀 빠지고 하면서 전 체적인 판제의 틀거리가 형성되는 거지. 상모놀이, 모의농사풀이는 창녕 남 지나 장마에서 많이 했어. 그래서 그 영향이 어디가 먼저라고 얘기하기가 어 려워. 그게 무안에서 출발했는지, 차산에서 출발했는지 모르는데 그때는 그게 유행이었어. 그래서 함안이나 장마나 밀양이나 차산이 거의 같아. 농사풀이 형식은 부산농악으로 나중에 도입되었다고 들었어. 그러면서 전체 판제가 형성이 되었지. 빗내는 당시는 발굴 전이었어.

춘영 김천빗내농악보다는 청도 차산농악이 전국적으로는 좀더 일찍 알려지고 지정되었다는 말씀이죠?

태훈 문화재 지정할 당시 "뭘로 지정할래?"라고 해서 지신밟기, 농요, 농악 이 세 가지가 있는데, 농악 안에 농요랑 지신밟기가 같이 있으니까 "농악으로 가자." 해서 농악으로 받았지.

춘영 그때 단체등록이 됐나요, 김오동 선생님 개인등록이 됐나요?

태훈 동시에 같이 됐어. 그때 다행히 12월 30일 단체지정과 개인지정을 같이 해 줬어. 그렇게 81학번까지는 영남대 민연반이 어른들하고 같이했어. 전국대회를 같이 나갔어. 82학번부터는 전국대회 나갈 일이 없었고 행사만 같이했지.

춘영 청도 차산농악이 형성되고 발전하는 데 있어서 차산농악보존회랑 영남대 민속보존연구회가 같이 활동했네요?

태훈 80년 초중반쯤에 풍각농고 농악반이 생겨. 지금은 청도전자공고로 바뀌었는데, 그때 풍각농고 농악반을 선생님과 우리 민연반 선배들이 가르쳤어. 거기서 배출된 사람이 지금 회장 조일환, 박준오 이런 사람들이지.

춘영 지금 전수조교죠?

태훈 그렇지. 2005년에 됐지. 이 사람들이 동네 사람이니까 어르신들하고 같이 다녔어. 나는 좀 나중에 들어갔고.

김오동 전 상쇠의 미덕

춘영 청도 차산농악 전 상쇠 김오동 선생님은 20년대생이고 어릴 때부터 풍물을 했으니, 엄청 오래한 거예요. 김오동 상쇠는 능력이 정말 많은 것 같아요. 판제를 짜 오신 것도 보면 연출적인 감각도 상당히 있었던 것 같고. 김 선생님의 예술성, 미적 감각이 차산농악에 투영되지 않았을까 생각돼요. 김오동 상쇠를 어떻게 평가할 수 있을까요? 김오동 상쇠님을 이해해야 김태훈 상쇠를 이해할 수 있을 것 같아서 질문드려요.

태훈 김오동 선생님은 일단 사람 사이 균형을 잘 잡아. 리더로서 이 사람과 저 사람을 불편하지 않게 만드는 능력이 있어. 그때 60대인데도 젊은 사람이 담배 피고 싶다고 멀리 가면 선생님은 "가지 마라. 돌아서서 펴라." 해. 그러니까 고리타분하지 않고 융통성이 있어. 옛날 사람이니까 하다가 안 되면 매구채로 한 대씩 쥐박아. 대학생들한텐 안 그러는데 동네 후배들한테는 "손자까지 있는데 그따위밖에 못 하냐."고 매구채로 때려. 성격이 욱하는 것 말고는 사람을 배려하는 능력은 대단해. 작은 돈은 아끼는데 큰돈은 필요하면 과감하게 써. 작은 데서 사람들 애먹이지 않고 내가 손해 봐야 일이 되겠다면 손해도 보고 내가 가야 되겠다면 가고…. 장사도 하고 워낙 오랫동안 많은 사람들을 겪으니까 사람 보는 눈이나 대하는 게 보통이 아니라. 처음부터 그 사람을 판단하지 않고 그 사람을 2년 정도 꾸준히 보고 그 사람을 판단해. 대단한 거지.

춘영 그렇게 김태훈 상쇠를 봤겠네요?

태훈 그렇지. 김오동 선생님은 워낙 많은 사람을 겪으니까 '이 사람이 잘하겠다. 어떻게 가겠다.'를 알아. 그래서인지 손님이 자기 집에 오는 걸 좋아해. 항상 대접도 하고 나이가 젊다고 무시하지 않아. 항상 반쯤 열어 놔. 사람

볼 땐 그렇게 보고, 내 생각으로는 기본적으로 신기가 있어.

춘영 아, 신기가 있다? 굿쟁이는 비슷하네요. 사례가 있을까요?

태훈 김오동 선생님 7, 8살 때쯤 그 당시에는 마을에 무당이 있어. 큰 마을에는 두 명, 작은 마을에는 한 명 정도 무당이 있어. 전라도는 단골이라 하는데 청도만 그런 게 아니고 내 고향이 영천인데, 아버지께 물어보니까 우리 동네에도 단골이 있었다고 해. 그 사람들이 굿을 하러 다녀. 몇 명이 굿을 하러 다니면 그 굿 보러 20리, 30리를 걸어서 몰래 밤에 굿 구경을 갔다가 새벽에 들어오고 하다가 자기 큰형님, 백씨인 김시동 선생한테 두드려 맞기도 많이 맞고 굿할 때 간단한 건 반주도 해 주고 그랬대. 나중에 김오동 선생님 댁에 가 보니 한쪽 방에 굿당이 있어. 신줏단지는 당연히 있고, 법당을 하나 모시고 있었어. 그 집 신을 모시는 법당이 따로 있어.

춘영 성주신이네요? 그 집 신이면….

태훈 아니, 조상신을 모시는 법당이 따로 있었어. 그래서 항상 아침에 물을 갈고 기도를 해. 돌아가시기 전까지 그랬어. 원래 저쪽 집에 있을 때는 따로 법당이 있었고 이쪽에 왔을 때는 신줏단지만 있다가 나중에 법당을 따로 모셨어. 신기가 참 예민해요. 무던한 면도 있고…. 그리고 매구를 한 번 치면 자진모리를 두 시간씩 쳐. 학생일 때 그렇게 놀았는데 그만큼 몰입을 해. 또 "선생님, 노래 한번 해 주이소." 하면 "아이 참, 몬 하는데." 하고는 쓱 시작하면 몇 소절을 연달아 해. 노래하고 노는 걸 좋아했지. 젊은 사람하고 같이 어울리는 걸 억수로 즐기는 분이었어. 우리는 "대단한 분이다. 초등학교밖에 안 나왔는데, 글도 많이 아시는 것도 아닌데 잘하시네." 감탄했지. 처음엔 꽹과리 잘 친다는 생각을 별로 못 했어. 군대 갔다 와서 보니까 매구 겹장단을 진짜 잘 치시는 게 보여. 나금추 선생님이랑 스타일이 다르고, 보드랍게 진짜 잘 쳐. 겹장단 넣을 수 있는 데는 다 넣는 거라. 근데 우리가 그냥 들으면 그 꽹과리 소리가 홑박처럼 들려. '땅' 칠 거를 '따당' 치면 소리가 '호롱' 이런 식으로 저음으로 희안하게 듣기 좋은 소리로 들려. 나도 군대 갔다 와서야 그게 보였어. 그때부터 선생님이 오라고 하면 무조건 따라가는 거야. 그거 보려고. 북 치면서 쳐다보고 녹음해서 듣고…. 나중에 보니까 스타일이 단 가락 단 가락을 연주하는 것이 아니고 전체 흐름을 하나의 형식으로 구조화해서 멋을 내는 식으로 흘러가는 거야. '저렇게도 치는구나. 다른 사람 스타일하고 다르구나.' 나중에야 알았지. 나도 흉내를 많이 냈는데 이게 아무리 겹장단이지만 박이 정확해요. 그게 제일 중요한 거야. 나중에 알았지.

춘영   나금추 선생님도 한 배가 맞아야 된다고 항상 말씀하셨는데 김오동 선생님도 박이 딱딱 맞는다?

태훈   겹장단을 넣으면 버겁거든. 허덕거려. 그런데 김 선생님은 "빠른 장단도 편안하게, 느린 장단도 느리게 느끼지 않을 정도로 편안하게 다 채워서 쳐야 된다." 그러셨어. 그러니까 박자가 정확해야 된다 이 말이지. 그걸 나중에 터득했어. 원래 소리를 잘하시는지 몰랐어. 그러다가 어느 순간 '진짜 소리를 잘하시는구나. 소리를 배워야 되겠다.' 생각했는데 연세가 드시고 소리하시는 걸 힘들어하셔서 소리를 못 배웠지. 경상도 쇠재비 중에서 당시 웃장(윗놀음, 부포놀이)을 하시는 분이 드물었어. 차산농악에서는 꼭 필요한 부분이었고 지금은 좀더 발전된 형태로 만들어야겠다고 생각하고 있지.

춘영   청도 차산농악은 두레굿이라고 해서 이 마을 굿이잖아요? 김오동 상쇠께서 외부 사람들과 교류하면서 주도적으로 판제를 형성해 가는 것과 청도 차산농악보존회라는 조직을 관리, 운영하는 것은 다른 측면이 있잖아요? 그런 면에서 김오동 상쇠님이 청도 차산농악과 같이 갔느냐…?

태훈   동네에선 참, 동네 왕이었어. 김 선생님이 등장하면 말을 하다 멈출 정도로. 덩치도 크고 기골이 장대하고 성격이 대쪽이야. 그런데 일은 안 하고 농악만 치니깐 마을에선 좋아하지 않았어. 그래 동네에서 쫓아낼까 생각한 적도 있었대. 나중에는 동네 선후배들이 똘똘 뭉쳐 함께 갔어.

춘영 어떻게든 김오동 상쇠님이 책임을 지신 거네요. 멀리서 활동하시더라도 마을을 챙겨 가면서 관리를 꾸준히 하신 거잖아요?

태훈 그렇지. 관리라는 게 사람만 관리하는 게 아니라 도청에 가서 공무원을 만나거나 군청에도 주기적으로 가요. 비싼 건 아니지만 추석이나 설 명절에 직접 도청, 군청을 찾아가서 공무원들한테 양말 한 켤레라도 무조건 다 선물해. 그런데 선물도 주고 술도 사 주는데 돈은 절대로 안 줘. 김오동 선생님 철학이 아주 좋은 게 '술은 사 줘도 돈은 안 준다.'는 거야. 85년경에 이소라 선생님이 주선해서, 지신밟기로 국가문화재 신청하라고 해서 중앙에 공무원을 만나러 갔는데, 그 당시 200만 원인가 달라더래. 등록금이 60만 원 하던 때니까 지금 돈으로 치면 엄청나지. 2,000~3,000만 원쯤 되겠네.

춘영 그 이상 될 수도 있죠. 엄청난 돈이네요.

태훈 그래서 가만히 생각해 보니 '아니 내가 이 짓 하려고 문화재 받았나? 나는 그 짓 못 한다.'고 내려와서 이소라 선생님한테 전화해서 "나는 그렇게 못 한다. 사람이 돈을 주고 문화재 된다는 게 말이 되냐?"고 했대. 이소라 선생님이 "선생님 한 번 더 생각해 보세요." 달랬는데도 말을 안 들었어. 문화재 조사보고서에는 그렇게 안 나왔는데, 그런 부분에서 성격이 대쪽 같아. 뒤에 사람들이 배울 게 많아. 지금 차산농악 판제는 동제, 천왕기싸움, 노동요로 기본적인 판제와 가락이 형성되어 있었어. 그러니까 김오동 선생님이 만들었다기보다 앞 선배나 바로 밑에 후배들이 주축이었어. 그러니까 다섯, 여섯 명 되는 사람들이 같이 갔어. 이 사람들이 판제를 완성하는 데 주도적인 역할을 하지. 외부적으론 50년대부터 열리기 시작한 전국농악경연대회의 영향이 크고. 십이리농악단의 강소복 상쇠, 밀양무안 한인시(고무다리) 상쇠, 김천

빗내 김팔수(김홍엽) 상쇠, 밀양백중놀이 하보경 선생, 비산농악 김수배 선생, 부산농악 정윤화 선생, 함안화천농악 박동욱 상쇠, 창녕남지장마의 상모재비들과 왕래하면서 친분을 쌓고 서로 영향을 주고받았어.

춘영 그러니까 혼자서 하는 게 아니라 집단창작으로 '이걸 어떻게 잘 녹아들어가게 만들 수 있을까?' 하고 가락이랑 춤이랑 함께 만드는 거거든요.

태훈 그렇지. 지금 엇북을 치지만, 그 전에 설북을 치던 임판식 어른이 계시는데, 김오동 선생님이 보고 그분 별명이 오디인데 "오디(뽕나무 열매)야. 이래 한번 쳐 보자! 니 쇠 한번 쳐 봐라." 그러면서 엇북이 판제 안으로 들어오게 됐어.

춘영 엇북이 뭐예요?

태훈 원래는 자진모리가 '덩 따쿵따, 덩 따쿵따'인데 이걸 북이 '뻉 웃뻉 웃뻉, 뻉 뻉 웃뻉'을 걸어가면서 치기도 하고 서서 치기도 하지. 그런 가락이 탄생하게 된 계기가 그게 엇북인지 모르고 본능적으로 쳤는데 이런 가락을 도입해 보자 해서 엇북이 등장한 거지. 그런 식으로 서로가 맞춰 가면서….

풍물굿 상쇠의 역할

춘영 김태훈 상쇠에게 김오동 선생님은 어떤 사람으로 기억되고 있고, 어떻게 기억하고 싶으신지요?

태훈 선생님이 나보다 45세 정도 많아. 처음에는 아주 높은 선생님이셨어. 나이 차가 많이 나니까 할배와 손자뻘이지만, 자꾸 있다 보니까 솔직히 친구처럼 지냈어. 나이 많은 친구, 어린 친구…. '사람을 어떻게 대해야 나한테 마음을 여는가?' 하는, 사람을 대하는 근거와 기준을 제시해 줬어. 보면 아주 편한 친구 같고, 같이 있으면서 노래하거나 북을 치면 즐거운 느낌이 들어. 만

2017년 차산농악보존회 천왕기싸움 재현

나면 즐거운 사람이었어. '아 나이가 들어도 저렇게 멋있게 사는구나.' 생각
했어. 인연은 그렇게 길지 않았어. 87년에 만나서 2002년 돌아가셨으니, 15,
16년 정도 함께했는데, 우리 아버지와는 다른 그런 걸 느꼈지. 어떤 부분은
고집을 부려야 된다는 게 있어. 예들 들어 지신밟기를 하면 처음부터 끝까
지 중간에 한 번도 안 끊어. 종교적인 색채가 있고 청하는 사람의 마음과 빌
어 주는 사람의 마음을 헤아려서 한번 시작하면 남이 뭐라고 하든 무조건 끝
까지 하셨어. 예술가의 고집은 남과 생각이 달라서 싸워요. 중요한 자존심과
기본은 지켜야 한다는 것을 배웠지.

춘영 예, 감동적입니다. 개인 김태훈과 굿쟁이 상쇠 김태훈은 다른가요?

태훈 많이 다르지. 원래 나는 성격이 예민하고 좀 날카롭고 성깔이 있어. 하
고 싶은 말은 내뱉어야 직성이 풀리고, 감정 기복이 좀 많았어. 이제 많이 유

해졌고 상쇠가 되는 순간 자신의 예민함이 남한테 영향을 주고 판 전체 흐름에 영향을 미칠 수 있다는 생각에 판이나 농악 운영자로서 내 감정을 자제하고 배제하려고 노력하지. 원래 사람 상대하는 일을 좋아하지 않았지만 농악단을 이끌다 보니까 나서야 되잖아. 내가 싫어도 앞에 나서서 남들을 신나게 해 줘야 하고 그 사람을 땡겨 가야 되니까…. 원래는 고집 세고 급한 성격이 많이 유해졌어. 상쇠가 되고 나서 한동안 판에서 틀리거나 거슬리는 소리나 동작을 보면 얼굴에 표 나고 몰입이 되지 않아 힘이 들었어. 시간이 지나면서 일단 상쇠가 판에 맞추고 사람들에 맞춰 치다가 된다 싶으면 그때 내가 원하는 방향으로 조금씩 바뀌 가면 사람들이 따라온다는 것을 배웠어. 그런 점에서, 사람 인생 살아가는 거나 다를 바 없다는 거, 농악판은 인생판이라 서로 맞춰 주고 좀 기다렸다 같이 가고, 내가 힘들면 도움받고, 혼자 갈 수 없는 거다, 하는 걸 배웠지. 그래서 상쇠는 시간이 흐르면 쟁이가 되고 쟁이를 만들어 가게 되는 같아.

춘영　제가 느끼기에는 많은 상쇠들이 비슷한 거 같아요. 풍물굿판, 농악 단체에서 상쇠의 역할은 어떤 것인가요?

태훈　일단 악을 치기 전에 사람과 감정적인 교감이 있어야 돼. 내가 부탁 했을 때 하던 일을 던져 놓고 따라올 정도로 마음에서 우러나 함께할 수 있도록 이끌 수 있어야 판에서 상쇠라 할 수 있어. '나 혼자 상쇠다.'라고 생각하는 게 아니라…. 그래야 내가 잘하든 못하든 상대가 노력도 하고 내가 힘들어 보인다 싶을 때 알아서 처리하고 그래야 판이 유기적으로 엮여서 유지가 돼. 악기를 치든 잡색을 하든 위아래가 없고 모두가 상쇠라고 생각하고 뛰어야 하고, 판에서 잘 치고 못 치고는 두 번째 문제지. 제일 중요한 것은 나로 인해 상대가 편해야 한다는 거. 상쇠가 쇠를 치는데 변주나 신호가 불분명하거나 작으면 치배들은 상당히 불편하고 자기 신명을 잃어버려. 상쇠는 상대가 최대한의 신명을 끌어내게끔 하는 지휘자야.

춘영 지금의 농악판은 일반적으로 잘 치고 못 치고가 중요한데, 그러면 사람과 감정적 교감을 나누지 못한 상쇠는 상쇠가 아닌가요?

태훈 상쇠가 아니지.

춘영 사람이 사람다워야 사람인 것처럼 상쇠는 상쇠다워야 상쇠인 거잖아요? 그러면 상쇠의 상을 지금 만들어 가는 중이잖아요?

태훈 그렇다고 봐야 않겠나? 모든 사람을 다 이해할 수는 없지만 대부분 나이가 들어 가면 기본 바탕에 서로에 대한 배려가 중요한 역할을 한다는 거지. 모든 부분을 배려할 순 없어도 그런 마음을 가져 준다는 자체가 고맙다고 생각해. 그래서 판제가 유지되려면 상쇠만 잘 치고 설북만 잘 치고 설장구만 잘 친다고 되는 게 아니고 하나의 역할을 맡아 주고 그 자리를 지켜 주는 것만으로도 중요한 역할을 한다는 걸 공감해야지. 아무리 못난 아버지나 큰형이라도 그 자리에 있다는 자체만으로도 중요한 역할을 하는 거지. 며칠 전에 서영수 회원이 나이가 올해 68세인데 무릎 수술을 했어. 그런데 "오지 말라." 고 안 해요. "형님, 같이합시다." "통풍이 있어 못 뛰는데…." "그래도 같이 가이시더. 아, 안 뛰면 어때요. 가서 박수도 쳐 주고 술도 한잔하고 그렇게 합시더." 이런 역할을 하는 게 상쇠지. 그런 마음을 깔고 가야 돼. 그러면 농악판이 자연스럽게 유지되고 다른 사람도 다시 들어올 마음이 생기지. 또 농악단이 자연스럽게 유지되려면 한쪽에 치우치지 않게 다른 팀원과의 균형을 잡아 주는 것도 상쇠 역할이야. 누가 곁에 남을지 어떻게 알겠는가? 서로 상대에게 최선을 다해서 같이 갈 수 있는 가교 역할만 해 주면 나머지는 자연스럽게 흘러가. 상쇠는 가락 잘 친다고 되는 게 절대 아니라는 게 제일 중요해.

춘영 아주 공감합니다. 감정적 교감이 되면 신뢰가 쌓이잖아요? 신뢰가 쌓이니까 함께 오래갈 수 있다 이런 거죠. 제가 느낀 점을 말씀드리면 그 단체에서 리더로서의 상쇠가 왜 일상생활에서까지 같이 관계를 가져야 되나? 선배들한테 듣고 저도 상쇠로 단체를 운영해 보면 판굿 공연과 삶, 굿과 일상이 분리되지 않더라는 거죠. 내 삶과 굿이 분리되지 않는다는 것을 경험했어요.

태훈 그러니까 삶이잖아. 삶이란 결국 사람과의 관계에서 형성되기 때문에 그걸 벗어날 수 없는 거지. 웬만하면 그 사람에게 나하고 안 맞는 게 있어도 세월이 흐르면 달라져. 지금은 나하고 안 맞아도, 시간이 지나면 그 사람이 내 친구가 될 수 있어. 그런 여지를 항상 남겨 두고 내 친구라고 생각하면 돼. 근데 상쇠가 좀 안 좋은 면도 있어. 옛날과는 달리 지금은 상쇠가 온갖 치다꺼리 다 해야 되는 상황이 발생하는 거야. 치배를 짜는 거라든지, 왜 안 나오냐고 전화하는 것까지. '이런 걸 해야 되나?' 하는 생각도 드는데, 안 할 순 없잖아? 일할 사람이 없으면 상쇠가 그걸 다 할 수밖에 없는 거야. 또 가르치고 나면 사람들은 가 버리는데 그 뒤에 악기 치우고 정리도 해야 돼. 그런데 그걸 다 감내하고 시간이 지나면 그 사람들이 차츰 알게 돼. 시간이 해결해 주는 게 많지.

김태훈 굿쟁이의 상쇠학습

춘영 다음으로 상쇠 문화라는 주제로 넘어갈게요. 전통적으로 상쇠는 그 이전 상쇠가 지정하든지, 지정이 되더라도 공동체 내에서 인정받아야 되는 과정과 절차가 있어요. 상쇠가 되기 위해서 준비도 해야 되고 인정을 받기 위한 과정이 필요하죠. 또 앞에서 나온 상쇠 모시기도 있습니다. 김태훈이라는 굿쟁이가 상쇠가 되기 위해 겪은 수련, 공부와 인정 과정을 듣고 싶습니다.

태훈 처음부터 상쇠가 되려고 한 것은 아니야. 영남대 민연반은 1, 2학년은 쇠를 못 치게 해. 그런데 나는 쇠를 치고 싶어 혼자 밤새워 치기도 하고 낮에는 숲속에서 쳤어. 흉내내는 것만으로도 전율이 흐르고 좋았어. 그러다가 군대를 갔다 와서 김오동 선생님 수업을 다니면서 '내가 쇠를 쳐 봐야 되겠다.' 생각이 들더라고. 그래서 매구를 하나 사 가지고, 영남대 숲이 정말 큰데, 한 구석 나무 밑에다가 그걸 숨겨 놓고 점심 먹고 거기 가서 꽹과리 한 시간씩 치는 거라. 그때는 숲이 우거져서 아무도 안 와. 그러다가 선생님께 배우면서 녹음해서 그 가락을 다시 쳐 보고 연습하면서 독학했어. 선생님 치면 물끄러미 쳐다보다가 또 집에 가서 쳐 보고…. 물론 한 번씩 물어보기도 했지. 대학 졸업할 때까지 그랬어. 졸업하고는 나도 바쁘니까 행사 때만 가끔 도와드렸지. 문화재 발굴한다 그러면 상모 돌리면서, 선생님 치시는 것만 보고…. 참, 학교에서 사물놀이도 했지. 95년도에 진동이란 사물놀이 팀에도 있었어. 회사 다니면서도 배우러 많이 다녔지. 그러다가 98년에 회사 그만두고 본격적으로 하게 됐어. 그때도 매구 공부만 그렇게 하고 상쇠 할 생각은 없었어.

춘영 기본적으로 쇠치배라면 쇠 자체가 좋으니까….

태훈 제일 많이 한 건 상모지. 원래 상모재비니까, 상모재비로 계속 팔려 다녔어. 북은 차산의 고 박영수라고 설북 치시는 어른이 계시는데 영상도 담아 놨으니까 그분 흉내를 내려고 애를 썼고, 김오동 선생님은 자주 뵈니까….

춘영 하나의 악기에 집착하거나 특별한 치배가 맞다는 생각 없이 그냥 여러 악기를 골고루 하신 거네요?

태훈 그렇지. 95, 96년경에는 장구 비디오가 있어. 김오채 설장구나 전사섭, 김병섭, 풍진 김영태 등 여러 선생님들 영상이 많이 돌았어. 그래서 나도 쳐 보고 싶어서, 장구는 거의 독학으로 했지. 그냥 흉내낼 정도만 해. 북은 비산농악 북을 보고 충격을 받았어. 선생님보다 두 살 어렸던 그분 이름이 지금 생각이 안 나는데, 삼천포 덕수궁 공연에 북 치는 사람 나와요. 그 북 치는 걸보고 충격을 받았지. '아, 북도 해야겠다.'

춘영 여러 가지 악기에 두루 관심을 가지고 두루 배웠다는 거네요. 저도 상쇠 수련이라고 의도치는 않았지만 모든 악기, 치배를 다 해 봤거든요.

태훈 안 한 게 없어. 그중에 많이 한 건 상모이긴 하지. 처음엔 사물놀이 상모에 가까웠어. 가루뱅이농악을 창단한 박덕규 선생님을 만나면서 '경상도 상모로 가야 되겠다.'는 생각을 굳히고, 사물놀이 상모를 버렸어. 그때부터 박덕규류의 상모를 하지. 박덕규 선생은 합천 사람이긴 한데 부산에도 있었고 비산농악에도 있었고 여기저기 다녔어. 기량도 뛰어나고 김덕수 선생하고 친구야. 상모는 그분께 많이 배웠어. 98, 99년 비산농악 치다가 가루뱅이농악 창단하면서 같이 나왔거든. 꽹과리만 계속 쳐서는 타법이 교정이 안 되더라고. 당시 김병섭 설장구 가락보가 나와 있는데 혼자는 안 돼서 다섯 번 정도 가서 배웠어. 마산에 박철 선생이 있는데 그 선생한테 장구 기본을 물어보니까 이렇게 친다 해서 그때 처음 알았어. 영상 보고는 잘 안 돼. 그러면서 타법의 교정이 된 거지. 김오동 선생님은 가락이 참 세련됐어. 김오동 선생님이 회심곡처럼 '잰 째 잰 째 쟁기재' 가락도 치거든. 그건 자진모리 가락이랑 다른데, 김오동 선생님은 다 알고 치지만 다른 사람들은 그렇게 안 치니까…. 그리고 또 동네굿을 많이 쫓아다녔어. 동네 가서도 듣기 좋은 소리가 나면 그 타법을 세밀하게 분석했지. 그런 과정을 억수로 길게 했어. 또 장구를 치면서 타법 바뀌고 박 계산하는 것, 소리 내는 것도 생각 많이 했어. 일단 사물놀이랑 달라서 30명 이상인 농악에서 악기재비를 뚫고 소리를 낼 수 있을까? 진짜 많이 고민했어. 나는 상모도 돌려야 되는데 이걸 어떻게 쳐야 되나? 그런 건 잘 안 가르쳐 줘. 직접 터득해야지.

춘영 저도 판에서 정말 열심히 치거든요. 꽹과리도 50개 넘게 깨 먹었어요.

태훈 나도 가락 연결만 5년이 걸리고 타법이 편하게 바뀐 건 10년이 더 걸린 것 같아. 어떻게 쳐야겠다는 기본적인 골격을 갖추는 데 생각보다 많은 시간이 걸렸어. 선생님 돌아가시고 10년 가까이를 왔다 갔다 한 거지. 그리고 옛날 사람, 지금도 옛날 사람이 치는 걸 보면 영상을 찍어서 봐. 사물놀이 이광수 선생님도 옛날 사람이니까 본질적으로 맛이 좋고 박감이 정확해. 명인인 이유가 있어. 비나리를 배우러 가면 느끼는 게 많지. 한두 번 봐서는 잘 몰라. 핵심을 잡아내는 데 진짜 많은 시간 할애해야 돼. 예컨대, 옛날 분들이 꽹과리를 오른쪽으로 탁 붙여서 치는 타법이 있어요. 따라오는 접지. 경상도일 가능성이 큰데 왼쪽을 치면서 때리면 꽹과리에 딱 붙는 거지. 그런 뒷 접지에 가까운 타법을 나중에 터득했지. 어디에 써야 될까? 어떻게 써야 소리가 잘 날까? 이런 부분을 터득하면서, 또 한편으로 고집을 했어. 김오동 선생님 가락을 똑같이 쳐야겠다는 걸 최근 5년까지 고집을 했어. 내가 버틸 때까지 버텨야 된다. 그러니까 상쇠 수업에서 제일 중요한 게 고집이야. '선생님하고 똑같이 쳐야겠다'는 일념을 가지고 진짜 오래가야 돼. 한 선생님 밑에서 15~20년 있어야 그 농악의 본질이 보이고 정립이 돼. 그걸 하다가 나중에 진짜 내 몸에 배고 나서 내 음악성과 스타일이 첨가되면 그 농악의 본질이 70% 이상 그 전 상쇠의 느낌이 타고 오는 거지. 지금은 그렇게 안 해. 요새 판은 비슷해도 느낌이 달라. 농악대회에 가 보면 바쁘기만 하고 재미가 없어. 사실 나금추 선생님이 매구는 정말 잘 쳐요. 그게 두레농악은 아니거든. 경상도 구미 무을농악이 차라리 두레농악, 마을굿에 가깝지. 근데 요새 치는 꽹과리는 마을농악 꽹과리가 아니고 너무 세련돼. 내가 경상도에서 젊을 때 들으면 좌도 냄새도 나고 편안한 느낌이 많았거든. 그렇게 다르다 생각은 안 했는데 요새는, 다 만든 농악이야. 옛날 냄새가 안 나.

춘영 "좌도농악 냄새가 난다."는 말은 "옛날 맛이 난다."는 의미인 거 같아요. 제가 보기에 진주삼천포농악 김선옥 선생님이 꽹과리 치실 때도 굉장히 여유로워요. 강릉농악 정희철 선생님이 쳐도 맛깔스런 느낌이 나서 좌도굿과 비슷하다는 생각이 들어요. 또 요즘 애들 음악 색깔에 대해 하신 말씀에 저는 굉장히 공감합니다. 그런데 지금 주로 말씀하신 내용은 풍물굿의 예술적인, 기능적인, 미학적인 부분이에요. 사물놀이나 요즘 판에 박힌 농악은 풍물의 원초적인 미학을 담아 내지 못한다고 보시나요?

태훈 지금 사람들은 가락은 잘 쳐. 그런데 노래 못하고 춤을 못 춰. 가무악이 같이 가지 않으면 그 가락 장단은 의미가 없어. 내가 비나리는 배워도 육자배기를 안 배우는 건 목 쓰는 게 다르기 때문이야. 경상도에서 농요를 하려면 전라도가 아니라 경상도 소리에 가깝도록 계속 소리를 하는 거야. 이광수 선생님한테 가는 이유는 내가 노래를 못하니까 목 쓰는 방법을 배우자고 가는 거야. 이광수 선생님이 여러 가지 스타일을 하시거든. 김오동 선생님이나 테이프 속 어른들 옛날 소리를 계속 들어. 내가 잘하고 못하고 문제가 아니고 일단 내 기운이 경상도 사람이 내는 소리를 낼 수 있어야 된다고 봐. 가수들 소리가 아니라. 내가 뽕짝을 부르면 소리를 떨어. 옛날 사람 목소리를 낸대. 자꾸 듣다 보니까 나도 모르게 닮아 가는 거야. 또 신명은 춤으로 표현하는 건데, 가락으로 표현한다기보다는…. 김오채 선생님도 원래는 고깔소고재비였어. 나중에 장구를 배운 거지. 근데 그 고깔소고의 신명이 장구에 배어 들어간 거라. 그러니까 춤을 췄다는 거지. 춤을 못 추는 장구재비, 쇠재비는 의미가 없다는 거지.

춘영 그렇지, 얼쑤~!

태훈 내가 수업을 하면 "춤을 해라. 호흡이 그래가 안 된다." 하다 하다 안 돼서 나중에 그 친구를 밀양백중놀이에 가서 춤을 배우라고 보냈어. 갔다 오니까 춤이 좀 바뀌었어. 뭔 말인지 알아들은 거지. 그 대신에 "똑같은 건 하지 마라. 기본적인 건 똑같지만 사람이 우예 똑같을 수 있냐. 공통적인 건 같지만 나머지는 개성이 있어야 되지 않냐." 하지. 공통성과 다양성을 통해서 신명을 표현하는 방법으로 춤이 들어가야 된다는 거지. 춤은 내 몸의 호흡하고 같은 건데, 요새 사람들은 가락을 바라보는 시각이 달라. 판소리를 배워도 내 선생만 선생이지 나머지는 선생이 아니라고 생각해. 다르게 이야기하면 우리 김오동 선생님 가락만 쳐다보는 게 아니라 옆 동네에 가서 진짜 할배들이 치는 거를 쳐다봐야 된다는 거지. 거기 거랑 여기 걸 모아 가지고 그 일대 전체적인 걸 다 알고 쇠의 타법이라든지 가락의 공통적인 걸 내가 잡아내야지. 그걸 잡아 가는 게 상쇠 수업이지.

경상도 상쇠와 꽹과리, 그리고 어울림

춘영 꽹과리는 형님한테 무엇이며 어떻게 다루어야 한다고 생각하시죠?

태훈 '소중하게 생각한다.' 이렇지는 않아. 악기나 채에 대한 미련은 별로 없지. '쇠재비는 채를 이걸 치든 저걸 치든 기본적인 느낌은 비슷하게 내야 된다.'고 생각해. 제일 처음에 배울 때 어른들이 "힘껏 찍어 쳐라." 그래. 그래서 젊을 때는 그걸 믿고 진짜 열심히 박아서 쳤어. 요새는 찍어서 치는 게 아니라 열어서 치지. 실제로는 나오면서 치는데 내가 소리를 잡아 줄 거냐 말거냐 차이지 들어가면서 치는 건 아니지. 그 전에는 꽹과리를 치면서 계속 깨먹는 거라. 지금은 내가 소리를 열어서 저 사람 귀에 들려줬다가 내가 나오면서 잡아 주면 북소리, 장구 소리를 살려 줬다가 또 내 소리를 냈다가 이런 식으로 하지. 경상도에서 꽹과리는 장구 역할을 해. 가락을 나눠주고 변화시켜 주는 역할도 하지만, 장구가 없는 때는 장구 채편 역할도 하기 때문에, 내가 소리를 잡으면 가죽 소리가 들리고, 열었을 때 장구 채편 역할을 하도록 만드는 거야. 그리해 줌으로써 엇박이 될 수도 있고 반엇박이 될 수도 있고 소리가 나갈 수도 있지. 그런 역할을 한다는 믿음을 주는 걸 꽹과리가 하는 거야. 옛날에는 '나만 잘 치면 된다.'고 생각했어. 그거는 상쇠나 꽹과리의 역할이 아니지. 꽹과리는 저 북, 장구, 징이 흘러갈 때 '내가 어떻게 잡아 줄 거냐? 저 소리를 살릴 거냐 말 거냐?'를 판단하고 그 방향으로 틔워 나가는 역할을 하는 거지. 사물놀이처럼 무조건 가는 게 아니야. 사물놀이와 농악의 본질적 차이는 뭐냐면, 농악에서는 가죽악기를 살리는 데만 초점이 맞춰져 있는데 사물놀이는 전체적인 흐름을 장구가 만들어 가기 때문에 거기에 얹혀 가면 되는 거라. 이제 농악, 특히 경상도 가락에서는 장구, 북이 거의 기본 가락으로 가기 때문에 주로 꽹과리가 변주를 해요. 또 꽹과리가 변화를 주면 상모나 북이 동작이 바뀌어. 전라도는 가락이 바뀌는 형태로 가지. 그런 면이 다르기 때문에 살살 쳐도 저 사람 귀에 다 들리도록 어떻게 전달해 줄 거냐가 관건이야. 전부 칠 수는 없지. 그러면 시끄러워. 그런 게 상쇠의 제일 중요한 역할이지. 그다음 겹장단을 치는 건 내 기술이니까 겹장단을 넣고 안 넣고는 두 번째 문제야. 겹장단을 쳐도 홑장단처럼 깔끔하게 들리게 쳐야 되고 박을 정확히 지켜야 해. 그리고 특히 웃장(윗놀음)을 할 때는 몸이 가는 대로 쳐야 돼. 윗놀음을 하지 않을 때와 할 때 각각 꽹과리 치는 느낌이 달라. 그 괴리감이 생각보다 오래가. 내가 오랫동안 '당 그다당'을 칠 건지 '당 따다당'을 칠 건지 고민을 진짜 많이 했어. 접지도 다르고, 사실 '당 그다당'이 더 쉬워. 그런데도 불구하고 농악이 그렇게 안 치니까 그 부분은 웃장에 맞춰서 쇠를 쳐야 돼. 몸이 편해야 쇠도 편하지. 그러니까 가락에 맞춰 몸이 가는 게 아니고 몸에 맞춰 가락이 가야 된다는 거지. 몸에 맞춰 가락을 쳐야 돼. 그런 데에 초점을 맞춰서 사람들한테 이야기하지. 그리고 "가락 하나하나를 다 쳐라. 한 박 한 박을 다 쳐라. 강약을 주는 건 다음 문제고 치다 보면 강약이 들어갈 수 있다." 그렇게 주로 얘기해요.

춘영 우문에 현답을 들을 것 같습니다. 꽹과리와 다른 악기가 어울리고 화합하는 구조를 잘 설명해 주신 것 같아요. 이런 건 지역마다 달라서 형님 말씀이 조금 어렵지만 일반적인 차원에서는 이해를 했습니다. 상쇠는 판 전체를 보면서 사람들이 반응하는 흐름을 이해하고 있어야 되잖아요? 좌도가 됐든 우도가 됐든 경상도가 됐든…. "몸이 편해야 가락이 편하다."는 말씀도 좋습니다.

태훈 몸의 호흡에 맞춰 가락을 쳐야 되는데 대부분은 가락에 맞추려고 하니까 처지지. 내가 편하게 돌리면서 가락을 거기에 올려야 되는데 잘 안 돼. 대표적인 게 웃다리야. 옛날에는 웃다리가 농악이 좀 빨랐어. 내 몸에 맞춰 그냥 돌아가니까. 그런데 요새는 가락을 너무 많이 넣다 보니까 돌리는 게 불편해지는 거야. 기술적인 기량에 몸을 자꾸 맞추는 그게 더 좋다고 생각하는 거야. 그게 춤을 못 추니까 그런 현상이 발생하는 거야. 춤을 추는 사람이면 몸이 편한 데다 가락을 가져온다고 생각하는데, 사람들이 그렇게 하지 않아.

춘영 저도 전립을 돌리는 쇠재비잖아요? 저도 필봉농악 하면서 쇠만 칠 때와 부포를 돌리면서 칠 때 느낌이 달라요. 갠지갱이 되게 어려운 가락인데 부포를 돌리면서 치는 게 더 잘되는 것 같아요. 저는 그렇더라고요. 전체적으로 보면 실제로 대한민국 농악, 풍물굿은 정말 윗놀음이 발달해 있어요. 전세계에 없는 고유한 거예요. 뻣상모, 부들상모, 개꼬리상모, 북상, 채상모, 열두발상모, 퍽상모 여러 가지가 있어요. 그런데 그 부분에 연구가 별로 없어요. 심도 있게 이야기되거나 담론화된 적이 없어요. 이 문제는 앞으로 같이 풀어 갈 중요한 주제입니다. 마지막으로 오늘 이야기를 진행하면서 부족한 점이 있다거나 하고 싶은 얘기가 있는데 못 하신 말씀이 있다면?

태훈 최근 대부분 농악이 남의 걸 가지고 와서 짜깁기하는 경향이 많이 생겼어. 그건 괜찮아. 그런데 "내가 어디서 가지고 왔다."고 솔직하게 말해야 돼. 남의 걸 베끼면서 "나는 거기서 배우지 않았고 베끼지 않았다."고 하는

몰상식한 상쇠가 많아. 그건 앞 세대, 선생님 세대에 대한 예의가 아니지. 내가 어디서 갑자기 뚝 떨어지는 게 아니고 어쨌든 누군가에게 배운 거지 안 배우고 나올 수가 없는 거 아냐? 솔직해야 돼. 앞 세대에 대한 예의는 지켜야 자기가 똑바로 설 수 있고 떳떳한 거야. 상쇠들이 더불어 좋은 선례를 많이 남겨서 다음 세대가 더욱 발전된 형태로 갔으면 좋겠어.

춘영 3월 29일 현재 시간 11시48분, 청도 차산농악 김태훈 상쇠님 인터뷰를 마치겠습니다. 고생하셨습니다.

3. 영광 우도농악 상쇠 최용

일시: 2018년 4월 10일

장소: 영광 우도농악보존회장 사무실

면담자: 최용(남, 50대 중반, 영광), 전라남도 무형문화재 제17호 우도농악보존회장 및 상쇠 / 국가무형문화재 제123호 법성포단오제 문화재팀장 / 24반무예경당협회장 / 전남대학교 대학원 국악과 박사수료

면담 의도와 상황: 우도농악의 전설적 상쇠 전경환은 신청 출신의 재인광대로 악가무에 두루 능통하였고 꽹과리는 당시 호남 지역에서 따를 자가 없어 영무장(영광무안장성) 농악의 '도상쇠'로 인정받았다. 영광 출신 최용 상쇠는 전대 상쇠의 명성을 이어 영광의 마을굿과 신청걸궁의 전통을 전승, 발전시켜 나가고 있다. 전라도에서는 보통 좌도, 우도 농악이란 권역 설정을 하고 좌도는 마을굿, 우도는 전문 연희굿이라는 이분법이 통용되지만 실상은 그리 단순하지 않다. 영광의 우도농악이 그런 면에서 소중하고 의미 있는 기준점을 제시한다. 한 예로 현재 영광, 담양, 고창, 광산 농악의 잡색탈은 전경환이 제작하여 유포한 것이다. 지금 최용 상쇠는 신청걸궁의 뿌리 위에서 영광 마을굿 나아가 영광 고을굿을 만들어 가고 있다. 20회째 이어 온 영광의 마을굿이 순탄하지만은 않았다는 것을 필자는 잘 알고 있다. 그럼에도 불구하고 공동체의 굿이, 시민들의 굿이 새로운 시대 변혁을 이끌어 갈 것이라는 확신을 가지고 풍물굿을 일구어 가고 있다. 인터뷰에서는 풍물굿 장단에 대한 수리적, 철학적 분석에 정밀함과 참신성이 있어 재미있는 대화가 이어졌다. 장단을 구성하고 가락을 엮어 가는 속에 천지인사상 원리가 녹아들어 있다는 데 공감하였다. 그렇다면 이러한 장단과 풍물굿판이 구체적으로 어떻게 세상을 변혁해 나갈 것인가? 함께 토론하고 대화하며 따져 볼 일이다.

청년 굿쟁이 우도농악 상쇠가 되다

춘영   영광 마을굿 축제를 오랫동안 주관해 오신 우도농악 최용 상쇠님을 만나러 왔습니다.

최용   예, 고맙습니다.

춘영   풍물굿 중심으로 본인 소개를 부탁드려요.

최용   전라남도 무형문화재 제17호 우도농악보존회 회장이고 상쇠입니다. 올해 19년째 하고 있습니다. 풍물을 처음 한 것은 초등학교 5학년 운동회 때 였어요. 농악이 좋아서 한 건 아니고, 순전히 학교에서 하라고 해서 시작한 거죠. 그러다 전남대학교에 진학해서 탈패도 하고 국악반에 들어가서 탈춤하고 풍물을 했죠. 그러다가 영광이 고향이라 1992년도에 영광군농민회에서 농민운동을 하기 위해 내려왔어요. 그 활동 당시에 제 스승이신 전경환 선생님을 영광에서 찾아뵙고 "선생님께 배우겠습니다." 하고 들어와서, 우도농악보존회 사무국장 일을 시작했어요. 그렇게 선생님 모시고 배우다가 선생님이 1999년에 돌아가시고, 2000년부터 보존회 상쇠와 회장을 겸하고 있습니다. 우리 선생님은 집안이 세습 광대 집안인데 영광농악뿐만 아니라 아쟁병창과 가무악에 두루 정통하셨어요. 제가 선생님을 이어 가기에 부족함이 많아서 전남대 국악과에 다시 진학해서 현재는 박사 수료하고 최종 논문 심사 중입니다.

춘영   상쇠가 된 내력은 어떤가요? 전경환 선생님이 돌아가시면서 자연스럽게 승계가 되었나요?

최용 자연스럽지는 않았어요. 선생님은 21년생이고 나는 60년대생인데 거의 50살 가까이 차이가 나죠. 중간에 다른 분들이 있었죠. 그런데 그분들이 이 지역 분이 아니셨어요. 그래서 전경환 선생님 계실 때는 함께 활동하셨는데 돌아가시니까 자기 지역에서 주로 활동하는 바람에 보존회가 보유 단체임에도 상쇠 자리가 공석이 되었죠. 그래서 내가 단체 회장과 상쇠를 같이하게 됐어요. 그때가 서른일곱 살 무렵이었어요. 2000년이면 무형문화재 단체에서는 굉장히 어린 회장이 나왔을 때니까….

춘영 결국은 전경환 선생님이 돌아가시면서 상쇠가 된 셈이네요.

최용 실제로 전경환 선생님을 모시고 쇠를 공부했지만 그때 저는 주로 설장구를 했어요. 김동언 선생님이 설장구로 계시지만 담양 분이니까 우리 영광에선 없잖아요. 선생님이 오시면 그분이 하시는데, 영광 사람들끼리 하면 내가 설장구를 했죠. 그러다가 전경환 선생님이 돌아가시니까 뒤를 이을 만한 상쇠가 마땅치 않았어요. 그러니까, 어찌 보면 겉으로는 권력을 쉽게 이양받은 건데, 전경환 선생님이 당산나무같이 큰 나무잖아요? 그런 분이 어느 날 갑자기 돌아가시니까 그 밑에 제자들이 하루아침에 세상에 나오면서 갈등의 시기가 있었죠. 그런 과정을 거치기는 했는데, 상쇠나 회장으로 선생님 뒤를 이어 갈 때는 큰 문제가 없었어요. 처음에 다른 회장님을 모시기도 했고 상쇠하라고 모시기도 했는데, 그분들이 영광에서 활동을 하기 싫다고 하시는 바람에….

춘영 상쇠님은 영광 읍내 출신이신가요?

최용 저는 영광군 영광읍 덕호리 878번지에서 태어나 고등학교까지 여기서 다녔어요. 대학만 전남대학교로 갔죠.

춘영 영광도 원래 굿이 세잖아요. 일반적으로 얘기할 순 없는 문제지만, 전

2007년 중요무형문화재전수관 초청공연에서 상쇠춤

통적인 마을굿, 마을풍물굿에서 상쇠가 체계적으로 승계가 됐을까요? 영광 각 마을에 풍물패가 많았을 텐데, 이 지역에 일반적인 상쇠 승계 방식이 있나요?

최용 적이도 내 윗대 선생님까지는 그런 게 있었나고 심작을 해요. 그건 신청이란 조직의 영향이지 않을까? 전경환 선생님은 아주 작고 예능적으로 뛰어난 분이시긴 하지만, 그분이 이 근동 우도농악권에서 천하의 내로라하는 광대들이 모였을 때, 아무 이유 없이 상쇠를 할 리는 없잖아요? 그런데 신청이란 조직을 보면 전국 조직이 있고 전라권에 대장이 있으면 그 밑에 하부 조직이 있어서 시스템으로 움직이지 않았나 해요. 전경환 선생님의 선생님이 최화집이란 분이셨어요. 최화집 선생님은 이쪽 전남권, 영무장에서도 여러 직책 중에 '도산'이라는 직책, 책임자, 즉 우두머리 바로 밑에서 배우고 승계받은 분이기 때문에 바로 계보로 인정됐던 거죠. 다른 동네도 상쇠가 있지만 실력이 있어도 전경환 선생님이 앞장을 서면 나이가 많든 적든 동네의 상쇠는 부쇠가 되고 자기 지역에 가면 상쇠를 하는 식이었죠. 또 우도농악이라는 명칭이 특정 지역을 분명하게 말하지 않고 영광, 고창 지역을 에둘러서 말하는 건데 이 지역에서 어르신들이 활동하는 모습은 어느 마을 출신도 아니고 어느 마을에 살지도 않아요. 그냥 떠돌아다니죠. 적어도 내가 선생님 만날 때에도 그런 생활이었어요. 노인정에 사시다가 어느 마을에 사시기도 하고…. 무슨 말이냐 하면 이분들은 동네 상쇠가 아니라 프로예요. 그러다가 어느 마을에서 부르면 가는 거죠. 돈을 받고 거기에 가서 동네 사람들하고 같이 풍물패를 구성해서, 군청을 이루어서 굿을 내는 거죠. 이런 구조예요. 그러니까 어느 특정 마을이 아니라, 이 근동 어디든 가서 상쇠를 하시는, 프로페셔널한 상쇠 계보라고 보시면 돼요. 그러면서도 이쪽 판에서 암묵적으로 인정해 주는 최고의 상쇠죠. 전국의 무당들도 모이면 저절로 서열이 정해지는 것처럼 그러지 않았나 싶어요.

영광 우도농악의 뿌리 신청

춘영 전국에 다양한 풍물패가 있고 수천 명의 상쇠가 있을 텐데, 영광 우도농악의 정체성을 이해하기 위해서는 신청 조직을 근원적으로 이해해야 되겠네요. 신청 조직에 대해 좀더 자세히 설명해 주세요.

최용 우리 지역 조직만 보면 최근에 진도신청, 장흥신청이랑 영광에도 신청이 있었고 그 조직은 학자들이 농악을 분류할 때 장성, 고창을 포함해서 영무장권 지역을 아우르는 조직이었을 거라고 짐작을 해요. 정확히 근거 자료가 있는 건 아니에요. 이 조직 활동 시기가 최소 1930년대까지 소급돼요. 왜냐면 전경환 선생님이 어렸을 때부터 보셨다고 하니까. 농악하고 연관이 있는 걸궁패인데 영광만 얘기하면 신청과 무령 양 걸궁패가 치열하게 경쟁하고 고창에도 방두안(밤빛깔)걸궁패 등 수많은 인근 지역 걸궁패들이 서로 경쟁하면서 활동을 해 왔어요. 걸궁이라고 하면 일반적으로 농악으로 보는데, 실제 오늘날 국악 공연을 하는 것처럼 가무악으로 춤추고 노래하고 기악 연주하고 연기로 창극 비슷한 것도 했어요. 구체적으로 얘기하면 유명한 협률사들이 있는데 임방울 협률사, 김연수국악단 이런 당대 명창들이 만든 국악단들이에요. 여기에 전경환 상쇠, 설장구 김오채 선생님들이 다 국악단에서 활동하시고, 이후 영광의 일인 창무극 공옥진 선생님, 아버지 공대일 등 공씨 집안도 순천 송광사 인근의 유명한 무계 집안이죠. 이분들이 영광에 들어와 살면서, 공옥진 선생님은 잘 아시는 것처럼 뛰어난 광대이시고 임방울 협률사나 김연수국악단이나 여러 형태의 국악단에서 전문 예술인으로 활동해 왔던 분이죠. 이런 속에서 신청이라고 무속을 하는 집단, 국가조직이 형성된 거죠.

춘영　무속을 하는 집단, 국가조직이란 말이 무슨 뜻이죠?

최용　전국 조직으로 국가에서 행사를 하면, 요즘 국립국악원이 있고 도립 국악원이 있는 것처럼, 옛날 산대회 조직도 있고 나례라는 조직이 있잖아요? 산대가 왕이 있는 왕궁에 있지만, 또 각 지역에도 있고 이 지역에서 국가 의례를 할 때 반드시 음악을 담당하는 것이 이분들인데, 이분들이 하지 못하는 역할을 신청 조직이나 재인청 조직이 했죠.

춘영　신청이랑 재인청은 같은 조직인가요?

최용　같다고도 하고 비슷하다고도 하는데….

춘영　수원 재인청이랑 비슷한 거죠?

최용　그렇죠. 그래서 언제든지 국가 행사나 지방 공식 행사에서 이분들이 음악을 담당하고, 군영 음악까지 담당하던 것이 이 조직이 아니겠는가 해요. 그래서 전국 조직으로 존재했다고 보고, 노동은 선생님 글을 보면 경기 지역만 봤을 때도 제일 많을 때는 몇만 명이 됐다는 거죠.

춘영　그분들이 대부분 무업을 하시는 분들인 거죠?

최용　그렇게 보죠. 일반적으로 신청 조직은 조선의 악공청이나 장악원 밖 조직으로 보지 않고, 우리가 얘기할 때는 적어도 고려시대부터 전승된 세습 광대 집단이 아닌가, 이렇게 보는 거죠.

춘영　노동은 선생님의 『근대음악사』에 그 내용이 있죠?

최용　1894년 갑오경장 때 천민이 해방되잖아요? 8대 천민 중에 하나가 광대였죠. 나는 그 일로 오히려 광대들의 삶이 팍팍해지고 그동안 세습되던 직업마저 없어지는 결과를 초래하지 않았나 싶어요. 어쨌든 천민이지만 대대손손 직업이 보장됐고 먹고살았잖아요? 그런데 신분이 해방되니까 천민들이 전부 숨었어요. 신분을 속여야 되니까. 이분들 안정적인 직장도 없어지죠.

천민한테 가장 불합리한 게 뭐였냐면, 토지를 소유할 수 없고 교육을 받을 수 없었다는 겁니다. 그런데 신분 해방이 되면서, 교육을 받거나 토지를 소유할 만한 재력이 있는 것도 아닌데 이 사람들이 어떻게 먹고살 수 있겠어요? 또 다른 여러 유랑 예인 집단이 나타나고 대부분 세습 광대들은 신분을 속이고 전업을 해서, 최근에 알려진 바로는, 이발사가 제일 많이 됐다고 하는 설도 있어요. 천하의 광대가 이발사가 됐다는 거죠.

영무장우도농악의 도상쇠 전경환

춘영 신청 조직에 대해서 많이 이해하게 됐고요, 영광 우도농악이 독특한 기반이 있다는 걸 잘 알았습니다. 전대 상쇠이신 전경환 선생님의 예술적, 굿적 세계를 포함해서 전경환 선생님 소개를 해 주신다면?

최용 위상을 먼저 말씀드리면 누가 뭐래도 우도농악권에서 최고의 계보에 있는 상쇠이시지 않았나 해요. 그 증거는, 이 근동에 있는 내로라하는 광대들이 그 전에는 조직적인 움직임을 보이지 않았는데 1973년부터 우도농악대회 형식으로 모여요. 거기에는 고창의 문화재이신 황규언 선생님, 정창환 선생님, 광산 서대석 선생님, 정득채 선생님 그다음 설장구 김오채 선생님, 무안 김창근 선생님 그리고 정읍의 여러 선생님과 교류하는 과정에서 예인들이 선생님의 위상을 본 거죠. 그다음에 임방울 명창과 김연수 명창과 협률사나 국악사에서 함께 활동하시면서 경력이 아주 많죠. 실제 예능도 지금 국악 장르에는 없어졌는데 아쟁병창도 잘하세요. 적벽가 소리도 잘하시고 기생방 춤 선생, 그다음에 무당 굿판에선 피리 연주를 잘하셨어요. 이쪽의 삼현육각을 잘 이어 오신 분이죠. 삼현육각은 신청 조직이나 무계에서 하지 않으면 배울 수 없었어요. 선생님은 관악, 현악기를 두루 잘하시고 소리도 잘 하셨죠.

1987년 법성포단오제 아쟁 연주하는 전경환 예능보유자

그다음에 다른 지방하고 다른 게 나무탈이 있어요. 그런 탈을 가지고 연행하는 잡색탈놀이 대사라든가 탈꾼들의 탈춤도 잘하시고, 연출도 하시죠. 탈의 내력도 아시고 본인이 창조를 했든 어쨌든 간에 작품을 짜서 협률사나 걸궁을 칠 때 공연하고 다니신 거죠. 우리가 마을굿의 대를 이을 수 있었던 건 뭐냐면 선생님이 마을굿의 전 과정, 예를 들면 문굿에서부터 굿의 형식들, 성주풀이, 고사소리, 축원덕담 이런 노래 부분, 이 마을에 가서 어떻게 쳐야 되고 당산굿을 어떻게 쳐야 되는지 과정과 절차, 그리고 그 의미들을 선생님이 분명하게 이론적 근거를 들어서 이야기를 해 주시죠. 그런 점에서 보면 선생님은 독보적인 분이었다고 볼 수 있죠.

춘영 신청 조직을 토대로 전경환 선생님을 이해했고요, 우도농악이란 말이 원래 전통적으로 이 지역에서 있었나요? 우도농악의 정체성이 무얼까요?

최용 전경환 선생님은 우도, 좌도를 구별하세요. 농악을 구별하실 때는 우도농악이 아니면 좌도농악이라고 하세요. 지역적으로는 전라도 위쪽은 웃녘농악, 그 아래쪽은 아랫녘농악이라고도 하세요. 그리고 선생님은 영무장 농악이란 말을 잘 쓰시고 특히 신청걸궁을 자주 얘기해요. 항상 걸궁이라고 하시죠. 농악은 종합예술이긴 하지만 우리 선생님의 걸궁은 종교성도 있어요. 마을의 제의, 제사를 지내고 프로로서 돈도 벌고, 예술 형태로 노래도 하고, 춤도 추고, 연극도 하는 걸 아울러서 걸궁이라고 하는 거예요. 즉 마을굿과 우도농악의 차이는 우도농악은 프로페셔널, 세습 광대들이 해 왔던 거고 각 마을의 굿은 마을 주민들이 일구어 온 농악이라는 건데, 사실 경계가 애매하죠. 왜냐하면 프로들도 마을에 살면서 자기 동네 사람들을 가르치기도 했고, 또 어떤 마을은 프로 선생님을 사서 겨울 한철 학습을 했고, 그 마을에서 전문 세습 광대는 아니지만 음악적으로 뛰어난 분들이 있을 수 있잖아요? 이런 분들을 우리가 손으로 셀 수 있는데 이런 형태가 다양하다 보니 딱히 구분할 순 없지만, 우리 선생님의 우도농악 자부심이 뭐냐면 전문성 얘기를 하세요. 그러면서 절대 '세습 광대'란 표현을 안 쓰시죠. "우리는 전봉준 장군 후예다." 이렇게 말씀하시지. 선생님이 전 씨잖아요? 집안 대대손손 광대고 할머니도 다 무당이셨거든요. 형제들이 다 이 계통에 종사하고 선생님의 아버님 형제들 다 무계 일을 하셨던 집안임에도 불구하고 그런 이야기는 잘 안 하세요. 선생님은 직업도 다양하셨어요. 포수, 약장사하던 이야기를 해 주시는데, 직접 보여주기도 하셨어요. 대나무를 깎아서 발정난 암꿩 우는 소리를 내요. 그러면 수꿩이 날아 와요. 그러면 총을 쏴서 잡죠.

춘영 진짜 포수네요?

최용 진짜 총으로 사냥해서 먹고살았으니까.

춘영 직업 중에 약장사도 있고 사냥도 하셨다?

최용 삼진회사라는 제약회사 호남 총판을 하셨어요. 호남 쪽 사장으로 광대들 데리고 다니면서….

춘영 그럼 약장사가 제약회사 지사장인 거네요?

최용 말하자면 그렇죠. 그때는 광대들이 사람들 모아서 약을 파신 거죠.

춘영 영광 우도농악 전경환 선생님의 역사와 그 굿의 토대를 들으니까 특징적인 내용이 많이 있네요.

최용 선생님은 1987년도 만들어진 전라남도립국악단의 단원도 하셨어요. 우리 선생님이랑 김오채 선생님도 같이….

최용 김오채 선생님도 최용 상쇠님의 선생님이시잖아요?

최용 김오채 선생님은 제가 모신 지 3년 만에, 95년도에 돌아가셨어요. 당시 학습은 앉아서 강습하던 게 없어요. 옛날 월 1회 한 번 모이고, 밥 먹고 한 번 치고 놀면 그게 학습이죠. 제일 큰 학습은 같이 굿 치는 거야. 그렇게 배웠고 오래 배우지는 못 했죠. 실제로 김오채 선생님은 제자가 없어요. 한두 분 계시기는 하지만 김오채 설장구가 잘 이어지지 못한 부분이 있죠.

춘영 우도농악 얘기를 하면 실제로 김제, 이리 쪽에서의 우도농악이 여성농악단 판제를 연행하잖아요?

최용 지금은 그렇죠.

춘영 여성농악단은 60, 70년대를 풍미했는데 이리농악의 경우는 민속예술 경연대회 나갈 때 나금추 선생님이 지도하고 상쇠로 나갔기 때문에 이리농악 판제는 여성농악 판제거든요. '여성농악단은 우도농악'이라는 도식으로 이해하는 사람이 많아요. '우도농악은 여성농악단 농악'이라고 이해하는 경우도 많죠.

최용 저는 처음 들었어요. 유순자, 유지화, 나금추. 여성농악단 세 분 선생님이 천하의 상쇠로 이름을 떨치고 그 윗대 선생님들은 돌아가셨잖아요? 그분들이 최고의 자리에 계시기도 하고 남자 유명철 선생님, 김동언 선생님이 계시기는 하지만 김동언 선생님은 상쇠가 아니고, 광주시 광산농악 정득채 선생님이 계시는데 프로페셔널한 전문 예술인과는 조금 다른 길을 걸으셨고…. 그다음 고창농악 상쇠도 여성이시지만 아직 어리시고, 남도로 내려오면 저 외에는 뚜렷한 상쇠들이 없잖아요? 그분들 농악도 역시 조금 지역성을 가지고는 있지만 전문 예인들 농악이잖아요?

춘영 지역성이 있지는 않죠.

최용 그래도, 지금은 지역에 자리를 잡았잖아요? 여성농악단 판제를 가지고 지역으로 들어간 거죠. 그런데다가 우리는 치배 구성이 철저하게 영광 사람 중심으로 가거든요. 다른 쪽은 자꾸 현재 활동하는 사람도 외부 사람들하고 혼합하고 있어요. 고창은 외부 사람들이 들어와서 고창 주민이 되어서 활동하는, 어찌 보면 가장 모범적인 모습일 거예요.

춘영 좌도농악, 우도농악이라는 권역 설정이나 담론들이 의미가 있나요?

최용 저는 없다고 봐요. 지역 구분을 할 때 섬진강 얘기를 하는데 섬진강이 무주-진안-장수에서 광양까지 흘러가는데, 실제 섬진강을 따라가다 보면 정말 터무니없는 구분법이라는 걸 알 수 있어요. 또 '파발마가 다니는 길, 산맥으로 봐야 된다.' 하는 설도 있는데 실제로는 그런 건, 특히 음악적으로 보면 별로 의미가 없어요. 현장에서는 맞지 않는 구별법입니다. 저는 음악적인 구분은 전문가 그룹하고 비전문가 그룹으로 나누는 게 맞지 않나 생각해요. 좌도나 우도나 전문성을 갖고 학습을 많이 하셔서 음악적으로 뛰어난 분들이 있고, 그러면서 여러 지역의 것들을 자기화하고, 발전 과정을 거친 분들이 가르치면 그 마을에서는 좀더 자기 마을 중심으로 단순한 음악을 유지하더라도 그걸 지켜 내면서 음악적 특징이 나타나는 것으로 봐야 될 것 같아요. 저는 지역 구분보다는 사람 중심의 구분, 아니면 전문가 농악이냐, 비전문가 농악이냐 그런 구별이 더 쉽지 않을까 생각해요.

풍물굿으로 변혁운동을

춘영 좀, 화제를 바꿔서, 풍물을 업으로 하며 살겠다고 생각한 시기는 언제 인가요? 그리고 어떤 마음으로 풍물을 평생 업으로 하겠다고 생각하셨나요?

최용 대학 운동권에서 풍물은 운동하는 사람들의 투쟁 수단이었잖아요? 저도 그런 정도였지 이것을 직업으로 해서 먹고살겠다고 생각한 건 아니죠. 그런데 영광에 내려와서 전경환 선생님을 뵙고, 처음에는 선생님을 모시고 사무국장을 하는 정도에서, 서서히 풍물굿이 할 일을 찾게 된 거죠. 그때가 마을굿이 쇠락하던 시기이기도 하고 학생운동권만이 아니라 농민운동 속에서도 풍물굿이 한 역할을 하던 때도 있었어요. 그때 '이 일을 하려면 취미나 생활예술인 정도로는 안 되겠구나.' 하는 생각하게 된 거죠. 이건 내가 평생 하면서 풍물굿을 통해서 먹고사는 것도 해결하고 내가 이 땅에서 살아가는 의미나 정체성, 자아실현의 방도로 풍물굿을 선택한 거죠. 농민운동도 치열했지만 그 당시 97년도 WTO가 타결되면서 농촌 전역이 심각했어요. 또 영광은 핵발전소라고 한빛 3호기가 지어지고 5~8호기가 들어서던 시기예요. 그때 제가 영광농민회 문화부장이었어요. 문화부원 농민 10명이 두 달 넘게 매일 새벽 다섯 시부터 원자력발전소 앞에서 풍물을 치면서 반대 시위를 하고 '핵발전소추방협의회'도 만들면서 반핵운동에 뛰어든 거죠. 그때 이런 반핵운동을 우리 풍물굿은 어떻게 같이 할 거냐 하는 고민 속에서, 주체적으로 일할 사람이 필요했던 거죠. 또 저는 1995년에 24반 무예를 시작해요. 농민운동하고 반핵운동하는 데 서로 결속력을 가지고 함께 할 수 있는 게 뭘까 생각했죠. 그래서 당시 남민전 통혁당 무기수 임동규 선생님을 사범님으로 모시고, 그분이 복원한 24반 무예를 배우자, 이렇게 된 거죠. 처음엔 투쟁 동력을 얻는 게 주였죠. 무예나 풍물을 통해서 싸움을 전개하는 것이 1990년대 초에서 2000년대 초까지 10년 넘게 진행되죠. 민주 정부가 들어서면서 그 부분이 조금은 변화를 겪고, 풍물을 통해서 할 수 있는 다른 일이 무얼까 생각하다 보니 마을굿이 눈에 들어온 거죠. 마을은 인간 삶의 가장 기본 단위이고 그것이 공동체의 원형 아닌가? 그런데 우리 사회가 구조적으로 마을이 붕괴되고 있다. 농촌은 아예 대놓고 소외시키면서 국가적으로 공동체를 무너뜨리는 과정이 첨예화되고 있다는 문제의식이 있었죠. 게다가 고령화가 되면서 마을이 급속도로 무너지잖아요. 이 마을 공동체를 어떻게 튼튼하게 만들 수 있나 고민하는 과정에서, '아 마을 사람들이 가장 대동성을 갖고 공동체성을 유지하면서 해 온 게 마을굿이고 거기서 풍물이 나왔다.' 하는 데 착안하게 됐죠. 그래서 풍물도 살리고 마을도 살리고 내가 살고 있는 공동체, 내 삶의 현장에서 누군가와 더불어 밥을 먹고살려면 마을굿을 살리면서 마을을 보존해야 되겠다, 이렇게 생각이 발전된 거죠. 그게 99년도예요. 딱 20년 됐습니다. 올해가 19회네요.

굿을 학습하다; 풍물굿, 반주 장단, 춤 그리고 무예

춘영 전경환 선생님 말씀도 하셨지만 풍물 하는 사람들은 춤이나 소리도 배우잖아요? 최용 상쇠님의 굿 세계를 형성하는 과정에 선생님은 어떤 분이 있고, 어떤 학습을 했나요?
최용 쇠는 전경환 선생님께 주로 배웠고, 사물놀이는 이동철 선배님, 그리고 장구는 김오채·김동언 선생님, 그리고 황규언 선생님한테도 학습했죠.
춘영 황규언 선생님께 장구를요?

최용 많이 배우지는 못했지만…. 그리고 소고는 박용하 선생님.

춘영 특이하게 24반 무예도 있잖아요?

최용 24반 무예는 임동규 선생님. 그리고 춤은 김덕숙 선생님께 오래 배웠죠. 그다음에 고법은 박시양, 김동헌, 윤진철, 윤호세 선생님. 고법 선생님이 제일 많네요. 또 문진수 선생님한테 채상, 열두발….

춘영 열두발도 하셨어요?

최용 예.

춘영 최용 상쇠님은 이처럼 여러 선생님들께 학습, 수련을 통해서 지금의 굿 세계를 만들었군요. 결국 악가무가 다 되네요?

최용 아, 장구 이경화 선생님도 계시네요. 화순 분이신데 지금은 광주에 계세요. 최근에는 마루 친구들이 선생님 모시고 공부한다고 그래요.

춘영 그 아버님이?

최용 이주완 선생님이죠.

춘영 특이한 방식으로 수업을 한 게 있다면?

최용 음악 부분을 강화하는 방법으로 학습을 한 건데, 내 음악의 자질, 음역을 키우는 것도 되고 전체 국악을 이해하는 쪽으로 방향을 잡았죠. 그래서 2006년도에 국악과를 다시 들어간 건데, 그게 무슨 이야기냐면 풍물 장단들이 구조적으로 박을 정확하게 지키는 게 잘 안 돼요. 여러 사람 합주를 주로 하니 가락이 돌아갈 때도 있고, 박자가 조금씩 삐져도 잘 연주하는 것처럼 보여요. 이런 부분들이 막상 서양음악 관점에서 보면 상당히 많은 문제가 있죠. 서양음악은 16분의 1박만 틀려도 연주자로서 인정이 안 되잖아요? 그런데 우리는 반 박, 한 박은 기본적으로 틀려도 그냥 가요. 그러다 보니 국악에서 판소리나 산조를 공부해 보면 굉장히 큰 문제가 발생해요.

춘영 풍물굿 장단이 허수룩하다고 해야 하나요?

최용 일단 학습이 안 된 것도 문제지만, 내가 잘 치고 있다고 믿는 게 더 큰 문제죠. 12박을 가는데 조금씩 당겨지기도 하고 늘어지기도 하고 음악이 깨지는 일이 많은데, 연주자로서 그걸 잘 모를 수도 있죠. 배울 때 그렇게 배웠고 윗사람들이랑 같이 연주할 때 그 호흡으로 가면 맞으니까. 그런 부분도 좀 더 깊게 공부해 보면 내가 부족한 부분을 느끼게 되는 거죠. 특히 저는 고법 공부를 많이 했던 걸로 기억해요. 고법은 판소리 고법도 있고 다른 기악 반주도 있어요. 특히 신곡은 구조적으로 서양음악하고 똑같이 우리 음악에 허용되는 밀고 당기고 한 배를 늘렸다가 박을 좀 땡겨 붙이는 이런 것이 굉장히 엄격하게 지켜지잖아요? 비트가 탁탁 정확하게. 그래서 그런 걸 학습하는 과정이 필요하다고 느낀 거죠. 그렇지 않으면 완성도가 떨어지는 음악을 계속 연주하게 된다는 거예요. 그런 감각이나 문제의식을 갖게 된 건 학생 때 풍물패만이 아니라 국악반 활동도 하면서 여러 악기를 접하고 연주자를 만났던 덕분이죠.

춘영 동아리를 두 개 하신 건가요?

최용 예. 소질을 떠나서 국악이 좋았어요. 그다음 전경환 선생님은 타악만이 아니라 관현악을 다 하시잖아요? 현악기나 관악기는 내가 도저히 손을 못 대지만 대신에 국악 전반에 쓰이는 장단은 알아야 되겠다, 정악까지도…. 그래서 타악 전공을 한 거고 풍물만 한 게 아니라 판소리, 산조, 정악, 서양음악과 흡사한 신곡들까지 두루두루 공부를 하는 거죠.

춘영 김덕숙 선생님께는 어떤 춤을 배우셨나요?

최용 기본무는 대여섯 가지 되는데 한량무, 입춤, 진쇠춤 이런 걸 기본으로 해요. 그다음으로 살풀이를 하고 승무로 나가는데, 승무는 못 배웠어요. 작품비가 비싸서 살풀이까지만 했고, 살풀이는 나중에 문진수 선생한테도 배웠어요.

춘영 김덕숙 선생님 춤이 교방춤인가요?

최용 김덕숙 선생님은 이매방 선생님 제자예요. 이수자시죠. 특히 광주에서는 유일하게 이매방 선생님 수제자로 인정받는 분이시죠. 연세도 있으셔서 광주에서는 중견이세요.

춘영 풍물의 음악적, 예술적 세계를 구성하는 데 춤이 어떻게 도움이 되죠?

최용 춤을 전경환 선생님 손에 이끌려서 배우러 갔어요. 그때 이경화 장구 선생님도 만났어요. 두 분이 같은 학원에 계셨는데 그분들이 작품을 올릴 때 전경환 선생님께 도움을 요청했어요. 반주로. 그분들이 춤추고 소리할 때 선생님이 아쟁 반주, 장구 장단 반주를 하셨는데, 그때 농악이나 풍물굿만 아니라 창작춤도 올렸을 거 아니에요? 그때 선생님도 내가 춤을 한 걸 알고 계시고 또 우리도 춤이 반드시 필요한 걸 느꼈던 터라, 선생님도 권하시고, 이경화 선생님, 김덕숙 선생님도 "춤을 배워라." 그래서 시작한 거죠.

꽹과리 타법과 성음

춘영 예, 좋습니다. 다음으로 꽹과리라는 주제로 물어볼게요. 꽹과리는 굿쟁이인, 최용에게 어떤 존재일까요?

최용 꽹과리는 실제 나하고 잘 맞지 않는 걸 지금도 느껴요. 거칠고 어떨 때는 메마른 쇳소리, 특히 한겨울 메마름 같은 그런 아주 작은 꽹과리 소리에도 신경이 날카로워질 정도로 민감해지죠. 땡땡거리는 소리, 요즘 사물놀이 연주자들이 좀 두꺼운 고음을 쓰잖아요? 이쪽 선생님들은 거의 깨진 꽹과리 소리를 선호하거든요. 중저음의 얇고 잘 깨지는 그런 소리를 좋아하시는데, 아마 꽹과리 성음을 높이는 쪽보다는 막음새나 성음놀이를 좋아하셨던 것 같아요. 듣기 좋은 소리를 만들려고 이 양반들이 계속 고민하면서 꽹과리 연주를 해 왔고 큰 상쇠라고 해도 몇십 명을 통솔해서 짱짱 울리는 꽹과리를 치는 게 아니었죠. 이분들은 풍물굿패를 구성할 때도 보통 10여 명밖에 안 돼요. 근래 농악단이 조직되고 문화재 지정이 되면서 30, 40명 대규모 편성이 됐지만 옛날에 활동할 때는 선수들만 몇 명이 가서 울리면 마을 사람들은 잡색이랑 소고 정도 들고 따라다녔죠. 그러다 보니 꽹과리 성음도 고음의 땡땡거리는 소리보다는 저음이고, 선생님 표현으로는 "양글다. 엿가락 달라붓드끼 한다."는 거예요. 막음새를 주로 많이 사용하는 타법을 썼어. 또 꽹과리만의, 꽹과리 한 악기의 성음을 독보적으로 키워서 전체를 통솔하기보다는 철저하게 반주자로서 다른 악기를 키워 주고 돋보이게 하는 역할, 성량을 줄이고 대신 다른 악기와 조화를 이루는 연주 기법을 만들어 왔죠. 그게 이를테면 시나위 음악이 발달하면서 태동한 연주 타법이 아닐까 합니다. 그래서 꽹과리를 잡았는지도 모르죠. 그리고 성격적으로 상쇠 역할이 한편으로는 맞지만, 약점도 있어요. 그게 뭐냐면 딱딱한 성격, 너무 강한 면이 많아요. 연주자들끼리 어떻게 하면 연주를 잘할까, 연주에 재밌는 쪽보다는 기능에 치중하는 게 내 단점이라고 생각해요. 그러면서도 이게 중요하다고 생각을 했어요. 재밌고 즐겁게 노는 판을 무시한 건 아니지만 어쨌든 음악이 되어야 재미도 있을 것이고 오묘한 판도 만들 수 있을 텐데, 지금도 누가 틀리는지 가락이 맞는지 신경 쓰면 실제 답답해지고 경직돼요. 그런 부분이 묵인이 안 되니까…. 알긴 아는데, 지금까지 그런 게 해결이 안 돼요. 또 단체 합주는 전체 연주자 중 제일 수준이 낮은 사람에 맞춰야 되거든요. 잘하는 사람한테 맞추면 어렵죠. 그런데 늦춰 주면 수준이 밑으로 갈 수밖에 없잖아요? 중간 정도 수준에 맞춰서 연주를 하면 서로 잘 안 맞죠. 그럴 때는 묻어 가면서 그냥 연주할 수밖에 없고 그래요. 내가 틀려도 용서가 안 되고 다른 사람이 틀려도 용서가 안 되는 이런 부분이 상쇠로서는 단점이 될 수 있죠.

춘영　다른 사람을 포용하는 문제가 동전의 뒷면이네요. 상쇠들은 추구하는 꽹과리 성음이 있잖아요? 지금 추구하는 꽹과리 성음을 언어로 표현을 한다면?

최용　선생님이 말씀하신 게 "엿가락 달라붙드끼 한다." "장구는 장판 위에 콩 튀드끼 해야 한다." 콩을 장판에 던지면 콩이 투두둑 튀잖아요. 그게 채편 소리를 말하는 거고 "궁편은 벅궁새 우는 소리를 내야 한다." 벅궁새가 뭐냐? 부엉새 울음 같아요. 어떤 게 그런 거냐 제가 물었더니 선생님이 가락 하나를 가르쳐 주셨어요. '갱 찌리재잰 음 지래개갱' '찌리재잰' 이런 '찌리'라든가 막음새를 넣어야만 가능한 소리. '음 지래개갠' 이런 건 빼먹기잖아요? 엇박이나 가락을 덜어 내서 '웃지, 웅' 이게 깽이 들어가는데 '웅, 웃지래'가 나왔잖아요? 이게 음양의 조화죠. 요 가락 하나에 내가 추구하는 성음이 다 있어요. '갱 지래재잰 웃지라개갠' 이런 가락에.

춘영　선생님들은 그런 재밌는 표현들이 있네요. 성음에 대한 이야기를 하는데 시각적으로 표현이 되네요.

최용　선생님께 학습을 할 때 전에는 잘 안 가르쳐 줘요. 오채질굿은 오행이 반복해서 돌아가잖아요? 시작과 끝이 분명하지 않아요. 선생님한테 "선생님 이거 한 번 다시 쳐 주세요." 그러면 "음 알았어." 해 놓고는 처음부터 끝까지 반복하시는 거예요. 그렇게 치면 모르니까 "처음에 했던 그 대목만 해 주세요." 그래도, 또 처음부터 끝까지 다 하시는 거예요. 삼채도 방금 뭐가 지나갔는데 잘 모르겠어서, "선생님 요거 한 번 해 주세요." 하면, "음 알았어." 하고는 처음부터 끝까지 치시고…. 그러다가 둘이 있을 때 "선생님, 음매갱깽 가락 하나 구음으로 해 주세요." 그러면, 둘이 있어도 (소곤대는 동작) "지갱깽 깽 음매갱깽…."

춘영　둘이 있을 때, 동작도 그렇게 하세요?

2018년 영광마을굿, 우도농악 잡색탈과 함께

최용 예, 선생님이 그렇게 하세요. 그게 비법을 살짝 가르쳐 주시는 거죠.
제가 선생님 구음을 채록도 했는데, 해 주신 걸 흉내를 내 보면,

'개갠 개갠 갠지래개갱, 갱 지리쟁 웃 지래개갠,

지리쟨 쟨 쩌 웃쟨 재래쟨, 쟨 지리쟨 웃쨋쟨,

지리쟨 쨋재 웃쨋쟨 쩌, 웃쨋 지리쟨 지리쟨 쨋,

재래쟨 지리쟨 지리쟨 지리쟨, 지리쟨 쟨쨋 쟨쨋쟨,

쟨지쟨지쟨지 쟨지래쟨쨋, 웃 쟨 지래쟨 쟨 쨋, 쟨 지리쟨 쟨 쨋'

이렇게 구음으로 노래를 하시죠. 그리고 공옥진 선생님한테도 선생님 쇳소
리를 들었어요. 공옥진 선생님을 찾아뵙고 "선생님 저 전경환 제잡니다." 그
랬더니 선생님이 "맞어. 전경환 선생님 제자지. 그럼 꽹과리 요리 쳐야지."
하시고는 '쟨 지리쟨 지리쟨 쟨' 하고 똑같이 하시더라구. 전경환 선생님 구

음을 듣고서 산에 들어가서 몇 년 동안 연습했죠. 꽹과리를 치는 게 아니라 구음으로. 구음으로 선생님 소리를 흉내내 봐야 되겠다 하고. 추구하는 성음이 그런 성음들이죠. 간단하게 음악적으로 가락을 만드는 방법을 말씀드릴게요. 삼채라는 가락이 있잖아요? 3개씩 4덩어리인데 열두 박으로 돼 있죠. '갱~~, 개갱~, 갱~ 갱, 개개갱' 이 네 개만 써서 가락을 만들어요. '갱'은 3박자를 다 채워도 되고 하나만 채워도 되고 둘만 채워도 되요. 이게 기본이고 여기에 두 번째로 가락을 만들 때는 꾸밈음을 넣죠. 지를 넣고 치면 '깽'은 '지갱'이 되고 '갱개'도 '지갱개'로 되요. 그다음 세 번째는 막음쇠가 있죠. 보통접지라고 해요. 막는 방법도 여러 형태가 있어요. 네 번째는 이제 빼먹기가 있어요. 박자를 엇박으로 넣어서 빼는 거죠. 그다음은 타법을 바꿉니다. 반듯이만 치는 직타 · 정타도 있지만, 위아래로 굴리거나 긁는 형태도 있죠. 이런 식으로 변화를 주면 똑같은 가락을 치더라도 성음도 달라지고 시각적인 멋도 살리는 거죠. 그다음 여섯 번째는 음악의 꼴을 바꾸는 거죠. 셋씩 네 개만 가는 게 아니라 둘씩 여섯을 가도 열둘이 되잖아요? 무슨 말이냐면 '하나둘셋 둘둘셋 셋둘셋 넷둘셋(3333)' 해서 열둘이 될 수도 있고, '하나둘 둘둘 셋둘 넷둘 다섯둘 여섯둘(222222)' 해도 열둘이 될 수 있고, '하나둘 둘둘 셋둘 넷둘셋 다섯둘셋(22233)' 해도 열둘이 될 수 있고 '하나둘셋 둘둘셋 셋둘 넷둘 다섯둘(33222)' 해도 열둘이 되는 거죠. 여기서 광대냐 아니냐가 구분이 되죠. 이게 광대들이 2분박짜리와 3분박짜리를 섞어서 혼소박을 쓰는 거죠. 2소박하고 3소박을 섞으면 아주 다양한 가락이 나오죠. (최용 꽹과리를 치면서) '깽지래개갱 웃지래개갱~~' 여기까지 한 여섯 가지 정도 가락을 쌓아 가는 방법을 보여 드렸어요. 그리고 실제 이렇게 성음을 만들어 가는 거죠.

춘영 막음새, 접지 이 부분에 대한 노하우나 성음의 색깔을 내는 표현을 더 말씀해주신다면?

최용 선생님은 꽹과리를 이렇게 잡아요. 왼손으로 꽹과리를 잡고 있으면 엄지가 사람으로 최고이고 검지는 하늘, 안에서 중지는 땅을 가리켜요. 손가락이 세 방향을 천지인으로 가리켜요.

춘영 아, 입체적으로 XYZ 축 세 방향이네요. 전경환 선생님께서 그런 사상적인 의미를 말씀하시네요.

최용 이렇게 잡잖아요? 다른 데서는 엄지손가락을 빼서 연주를 해요. 우리지역에서 선생님은 이렇게 엄지를 잡고 꿰세요. 보세요. 막음새 소리가 나잖아요? 왜 이런 소리가 나냐 이게 비법이신 거죠. '찌리잰', '잰잰잰 지리잰' 이런 건데, 여기에는 변함이 없어요. 저는 이해를 하는데 선생님은 꽹과리 치배들을 이쪽에서 안 가르치세요. 항상 꽹과리 안쪽 이쪽에 앉으라고 해요. 처음에는 오해를 했어요. '가락 안 보여주시려고 그러는가 보다.' 이게 더 중요하죠. 선생님 거는 (오른손 때리는 쪽) 여기서 봐선 아무것도 이해를 못해요. 비법은 여기 꽹과리 납은 안쪽에 있었어요.

춘영 저는 처음 보는 거 같아요.

최용 똑같이 올리고 있는데 힘을 주었냐가 중요해요. 자세하게 봐야 보이지 태는 잘 안 나요. 막음새를 강하게 넣을 때 '찌리잰'을 치실 때는 이걸 쓰신단 말이에요. 안 그럴 땐 걸치고만 있고…. 빼나 붙이나 차이가 없는데 여기에 힘을 주면 바로 막음새 소리가 나잖아요? 여기에 비법을 가지고 계신 거야. 여기까지만….

춘영 전경환 선생님 말고 다른 상쇠가 그렇게 하는 걸 보신 적이 있나요?

최용 정득채 선생님이 그렇죠.

춘영 제가 말씀드린 뜻은 상쇠는 꽹과리를 연주하는 사람이니까 "꽹과리는 신물이다. 신이 노는 거다. 천지인사상을 담고 있다." 이런 다양한 상징성, 은유 그런 부분, 그런 담론들이 있나 여쭤보는 거예요.

최용 그건 철학하는 분이 고민하실 부분이고 실제로 밖에서 농악단이 연주를 하잖아요. 관객 입장에서 듣잖아요? 손을 트고 꽹과리를 치는 것보다 막음새 소리가 귀에 쩍쩍 들어와요. 그러니까 (꽹과리를 치며 막음쇠 소리를 낸다) 이 소리가 훨씬 관객의 귀에 잘 들린다, 더 멋지게 들린다는 거예요. 꽹과리를 크게 하는 것보다 막음새를 넣어서 치는 소리가 더 감칠맛이 나고 간이 맞고 실제로 귀에 파고드는 강도가 달라요. 아마 이걸 이분들이 아셨겠죠. 그것도 비법인데 공개가 됐네.

우도농악 뻣상모(부포)놀음

춘영 다음 질문은 꽹과리를 치면서 우도는 뻣상모를 놀리잖아요? 전 세계 사람들이 이걸 보고 놀라요. 어쨌든 전국의 상쇠들은 다양한 형태의 상모를 돌려요. 부들상모, 퍽상모, 북상모, 우도의 뻣상모가 있죠.

최용 통칭해서 '부포, 쓰개'라고 하죠.

춘영 꽹과리와 상모와의 상관관계는 무얼까요? 뻣상모를 연행하실 때 추구하는 색깔이나 이야기하고 싶은 내용이 있나요? 꽹과리, 쇠재비로서….

최용 예능적, 기술적으로는 첫째로 악기 연주를 하잖아요? 그리고 진법을 짜든 보법을 하든 발을 쓰잖아요? 그걸 춤이라고 볼 수도 있잖아요? 악기 연주와 몸동작에 또 돌리는 행위를 하잖아요? 이 세 가지가 만나는 건 사실은 인간이 할 짓이 아니고 신의 영역이라고 봐요. 인간이 하되 수없이 반복된 연습을 통해서 하는 거죠. 어떤 궁극의 예술적 가치를 추구하다 보니 세 가지를 하는 단계까지 가는 것처럼 보여요.

춘영 세 가지 행위를 정리하면?

최용 악기 치기, 보법, 상모돌리기의 세 가지. 보통 그렇게 세 가지를 동시에 하는 게 없죠. 드물죠. 근데 지금 현재 풍물판에서는 쇠 치는 사람뿐만 아니라 거의 그렇게 하잖아요? 일단 눈에 띄는 건 궁극적인 예술적 가치, 인간이 할 수 있는 어떤 예술의 최고의 경지를 보여주기 위한 것이다. 두 번째는 인간이 머리에 고깔을 쓰는 건 원래 제례 의식하고 밀접한 관련이 있죠. 또 우리가 머리에 무얼 쓰는 건 벼슬, 관직, 신분을 나타내는 거잖아요? 그런 관계에서 볼 때 당연히 하늘과 인간세상의 질서를 표현하는 하나의 양식이 아닐까? 그런 뜻이 있지 않나 싶어요. 세 번째는 아름다움 추구잖아요? 우리가 제일 싫어하는 게 고깔도 안 쓰고 맨머리로 굿 치는 거잖아요? 인간이 머리에 치장하는 건 조선시대 여인들의 가채값 하나만 해도 김홍도 그림 하나 값이고 목이 부러져서 사망한 여자가 있어도 여자들이 계속 올리고 올리는 게 인간의 미에 대한 탐구 때문인데 당연히 예술을 하는 사람이 머리에 장식을 하는 건 수없이 많을 것 같아요. 그런데 저는 한편 바보처럼 보여요.

춘영 인간이 할 짓이 아니라는 거잖아요?

최용 실제로 몸을 망가뜨리고 목 디스크, 허리 디스크와 직결돼 있어요. 채상 하시는 분들이 부포로 목 많이 다쳐요. 실내에서만 하면 그런 문제가 없는데 밖에서 바람 불 때도 다칠 수 있고 조금만 습기가 많아도 민감하죠. 그런 면에서 바보짓 같고 특히 머리 위에 총총 동여매서 싸맸잖아요? 옛날 어른들은 머리가 아프면 싸맸잖아요? 그런데 우리는 멀쩡한데 싸매잖아요? 바보짓 아니에요? 왜 그렇게까지 바보짓을 하느냐? 몸도 망치고 통증도 유발하는데…. 또 주변에서는 고깔을 안 쓰면 신에 대한 배신처럼 굿에 대한 모욕이다, 할 정도로 민감하신 분들도 계세요. 우도는 고깔, 좌도는 채상 구분도 심하게 나타나는데 저는 그런 거 없다고 봅니다. 우리는 요즘 개꼬리 부포와 뻿상모의 만남을 추구하고 있죠. 그 전 단계로 부들상모와 뻿상모의 조합을 탐색하고 있어요. 여기에 또 '자반뒤집기'라는 풍물 기술이 있잖아요? 이건 보통 채상모재비가 하고 가끔 북이나 장구가 하잖아요? 저는 상쇠도 할 수 있다고 보고요, 반대로 고깔을 쓰고도 자반뒤집기를 할 수 있다고 봅니다. 자반뒤집기는 발 기술인데 꼭 채상을 쓰는 사람만 해야 된다는 건 너무 관념적인 것 같다는 거죠. 이쨌든 어떤 사람이 창조를 했겠죠. 머리에 뭘 쓸 건지. 또 어떤 사람들은 법을 만들었겠죠. 우리 팀은, 우리 마을은, 우리 단체는 어떤 걸 쓸 것인지. 그게 과연 좌도는 뭘 쓰고, 프로들은 뭘 쓰는 것에 과연 그런 법이 있었을까? 저는 그런 것이 별로 탐탁지 않게 보여요. 궁극적으로 예술적 가치를 추구하기 위해 머리에 썼다면 부포가 내가 표현할 수 있는 최고의 기술이다, 그럼 써야죠. 뼛상모든 부들상모든 채상모든 열두발이든 써야 하는 것이지. 고깔을 쓰는 이유는 제가 볼 때는 돌리지 못하는 사람들이 쓴다 이겁니다. 최근에만 그런 거 아니에요. 옛날에도 그랬다고 봐요. 적어도 머리에 쓰고 돌리는 행위를 시작할 때부터 예술가들은 돌리는 걸 추구했을 거다. 왜? 그게 더 예술적으로 한 발 더 가까이 가는 거니까. 이런 말을 하면, 고깔 좋아하고 옹호하시는 분들이 반발하실 거예요. "아, 고깔도 돌리지는 않지만 훨씬 더 아름답다." 그런데 기술적으로 볼 때 돌리는 게 어렵죠.

춘영 그렇죠. 엄청 오랜 시간이 걸리죠.

최용 그래서 집단적으로 학습을 하지 않는 한, 어떤 선생님에게 정기적으로 공부를 하지 않는 한 할 수 없는 기술이 위에 쓰고 돌리는 기술이잖아요? 아니면 10년, 20년 세월이 가지 않는 한, 이게 "누가 저렇게 쓰더라." 해서 내가 갑자기 되는 게 아니잖아요? 그런데 고깔은 언제든지 쓰면 가능한 거잖아요?

춘영 새로운 기술이 필요한 게 아니라 그냥 쓰면 되죠.

최용 머리쓰개에 대해서는 저는 그렇게 생각하고 있습니다.

춘영 우리의 머리쓰개 문화는 대단하다, 잡색의 머리쓰개를 포함해서 보면 정말 많다는 생각이 들어요.

최용 근데 이야기를 해도 수박 겉핥기처럼 미루어 짐작하는 거지, 근거가 약하기 때문에 쉽지 않죠.

춘영 그래도 평생 20년, 30년 동안 그것을 가장 고민하는 사람은 상쇠잖아요? 최소한 꽹과리, 상모 영역에서는 그렇죠?

최용 그렇죠. 하다못해 전립에서 털 하나까지 색깔, 꼬두바리, 꽃의 상태가 제일 민감하죠. 여기서 보관하다가 공연장으로 이동하는 동안에 이게 변할까봐. 그래서 요즘엔 케이스도 나와요. 또 내가 10분 전에 조립해서 맞춰 놔야 되는지, 한 시간 전에 맞춰 놔야 되는지. 또 어떤 선생님은 공연 전에 침을 바르기도 하시는데 그 정도로 민감한 게 부포여서….

우도농악 상쇠의 역할과 덕목

춘영 다음 주제로 넘어가겠습니다. 상쇠의 역할은 어떤 게 있을까요? 이 프로젝트는 21세기 풍물굿 상쇠론이기 때문에 다른 장르와 비교되는 풍물굿의 고유한 특성을 계발하는 데 상쇠의 역할에 대해서 묻는 겁니다.

최용 이것도 우리 상쇠 이야기일 수밖에 없을 것 같아요. 다른 지역, 다른 마을은 그들대로 상쇠가 나오는 배경이나 토양이 다르기 때문에…. 우리 우도농악에서 상쇠는 무당의 남편이에요. 무부가 상쇠예요. 이분은 굿을 주관하고 그리고 안사람인 무당이 굿을 할 때 악사로 바라지도 하고, 쇠를 잡으면 상쇠로서 종교 지도자 역할도 하고 그러면서 마을 당산굿부터 온갖 의례, 회갑연이나 아이 돌이나 애경사를 주관하면서 음악적으로는 지도자인 상쇠 역할을 해 왔던 것이죠. 그래서 우리 상쇠는 무부 즉 무당의 남편으로서 음악적으로도 뛰어나야 되고, 제의 의례에 정통해서 샤먼 역할을 실제로 해내야 해요. 악사로 팔려 갈 때나 아니면 직접 주관할 때를 가리지 않고, 내가 알고 있

2018년 영광마을굿 축제 우도농악보존회 회원 단체사진

는 마을의 현 상황과 어려움을 풀어내는 거잖아요? 예를 들면 싸드 때 성주
에 모여서 굿을 친다든가, 팽목항에서 굿을 친다든가, 부산에서 소녀상 건립
예술행동을 한다고 할 때 굿을 치는 건, 시국 이야기지만 결국 사람 사는 이
야기잖아요? 누가 억울하게 죽고, 역사적으로 문제가 생기고 이런 일이 터졌
을 때 상쇠가 주도적인 역할을 하는 거잖아요? 하다못해 마을의 다리가 무너
졌다거나 아니면 누구네 집 딸이 시집을 가야 하는데 돈이 없어서 못 간다,
이런 것들을 상쇠가 주도적으로 풀어내는 거죠. 또 요즘은 작품을 창작하는
예술감독 역할까지 와 있지 않냐? 요즘엔 단체 활동 하려면 무르팍도 아프지
만 컴퓨터 앞에서 기획서 잘 쓰는 것도 대부분 상쇠의 역할이지 않나 생각합
니다.

춘영 교육자로서의 역할도 있잖아요? 풍물 하는 굿쟁이들이 교육, 강습까지

엄청 많이 하니까, 교육자라고도 할 수 있죠. 상쇠님은 풍물 교육할 때 어떤 점을 주로 강조하나요?

최용 어쨌든 요즘 주로 하는 이야기는 세상이 가는 이치, 변하는 이치에 대한 이야기예요. 겉으로 드러나는 모습 말고 그 뒤에 감춰진 것을 보아야 한다. 주로 카르텔, 짬짜미 얘기를 많이 해요. 우리말로 짬짜미가 카르텔이잖아요? 끼리끼리 붙어먹는 거잖아요? 그것도 야합이죠. 박근혜가 측근들하고 붙어먹어서 나라가 이렇게 되고, 싸드가 성주에 들어오는 것도 군수산업이 무기 파는 데서부터 제3세계 국가들을 식민지화하는 거예요. 아이들한테 그런 얘기를 하는 거죠. 예를 들어 음악적으로도 '덩더 덩더 덩더 궁따' 열 번 치다가 '덩더 덩 덩더 궁따'로 변화를 주잖아요? 이런 변화를 왜 주는 거냐? 제 이야기는 '덩더 덩더'로 고정돼서 하나의 사회 구성체를 형성했다면 누구는 '덩더 덩더'가 아니라 '덩 더덩'을 칠 수도 있고 어떤 사람은 '더덩 덩'을 쳐도 된다는 거죠. 이거 개성 아니냐. '덩 더덩'과 '더덩 덩'이 같이 가는 세계, 그게 우리가 생각하는, 잘 만들어지는 세상으로 가는 거 아니겠냐? 그런데 어떤 놈들이 '덩 더 덩더'만 치자고 짰다. 그리고 거기서 나오는 이윤을 나눠 먹어요. 다르게 치는 놈들은 절대 우리 패에 안 껴 줘. 이게 내가 볼 때 이 사회가 구조적으로 썩고 문드러진 문제 같더라. 학습할 때 이런 얘기 하는데 아이들한테 전달이 잘 안 돼요. 왜냐면 나 자신도 거기에 빠져 있기도 하고 어떤 때는, 굉장히 조심스럽고 부끄러운 이야기이기도 한데, 음악 얘기를 하면서 그런 변혁 이야기, 세상 모순 이야기를 한다는 게 쉽지는 않아요. 그런데 애초에 내가 이걸 시작할 때 자주 민주 통일이라는 화두가 있었어요. 미국으로부터 자주적인 국가를 이루는 거, 남북분단에서 통일국가를 이루는 거, 그다음에 민주화. 왜냐면 당시 전두환 정권은 파쇼 정권이었으니까 좀더 민주화된 세상을 꿈꿔 보겠다, 그걸 그러면 뭘로 한다? 풍물로 한다. 너희들이 풍물을 배운다면 그거에 대해서 고민을 해야 된다, 이런 데서 출발한 거잖아요? 또 마을굿을 하면서 마을의 공동체성 이런 걸 고민하는 거고 그럼 뭐가 공동체냐? 어렵잖아요? 자본에 의해서 다 깨지고 있는데…. 하나 더 얘기하면 음악을 자꾸 강조하게 돼요. 제대로 된 음악이 이부어졌을 때 현실 참여도 할 수 있고 창작도 할 수 있다. 아주 원론적으로 돌아가는 이야기인데 좀 하다 뭘 바꾸고 창조하는 것보다는 하나를 배웠으면 백 번, 남이 한 번 해서 잘되면 나는 백 번을 하고, 남이 백 번을 해서 되면 나는 천 번을 해라, 끊임없이 기능 추구를 해라. 그러면 거기에 창조가 있고 묘한 음악의 이치에서 세상 보는 눈이 생길 거다. 요즘엔 이런 얘기를 많이 하죠.

영광의 마을굿과 고을굿

춘영 예, 알겠습니다. 최용 상쇠님의 시작점과 문제의식을 일관되게 실천하고 있다고 봅니다. 오늘날 풍물굿이 놓일 자리와 연관해서 여쭤보겠습니다. 지금 20회 마을굿 축제를 하고 있잖아요? 그 축제의 취지랄까? 상쇠님의 문제의식이 마을굿을 살려 내고 그 안에서 풍물을 가지고 건강한 마을공동체를 살리는 불쏘시개 역할을 하는 거잖아요? 그 부분에 대해서 말씀을 해 주세요.

최용 마을굿은 마을이라는 단위를 주목하는 거죠. 인간이 공동체를 이루어서 같이 사는 근간, 뿌리가 마을이잖아요? 그 마을이 공동체의 시발점이라고 보는데, 오늘날은 마을을 하루아침에 뚝딱 만드는 시대가 되어 버렸잖아요? 신도시까지 마을이 새롭게 뚝딱 만들어져요. 그런데도 여기에 집중하게 된 건 우리가 사는 마을이 도시 마을 형태도 있지만, 내 삶을 중심으로 보면 농촌, 어촌 이 마을 단위가 무너져 내리고 있어요. 그런데 이건 누가 혼자 막을 수 있는 것도 아니고 사회 구조적인 문제이자, 또 정치적인 문제예요. 풍물굿을 통해서 해결할 수는 없어요. 그리고 마을은 늙어 가요. 젊은 사람들은 들어오지 않고 살던 분들은 나이가 드셔서 돌아가시죠. 저는 현재 마을에 가구당 1.5명이 산다고 생각해요. 한 분이 돌아가시면 1명 두 분 다 계시면 2명 해서 1.5명이죠.

춘영 할아버지, 할머니의 자식 세대, 다음 세대는 거의 없다고 보는 거죠?

최용 지금은 이 시스템이 무너지고 1명으로 가고 있죠. 전부 빈집이 되는 거예요. 시골에 마을이 없어진다고, 마을이 아예 없는 건 아니잖아요? 도시와 도시 주변에 새로운 마을이 수없이 많이 생겨나고 있잖아요? 그렇게 볼 때 우리가 지금까지 유지해 왔던 이 마을들이 없어졌을 때 어떤 문제가 생길 것인가?

춘영 사회적으로, 구조적으로 말씀하시는 거죠?

최용 예, 이건 농촌 문제가 아니라 농업 문제가 되고 농민 문제가 되는 거죠. 많은 분들이 자기 분야를 중심으로 고민하는 것처럼 저는 농업 또는 어업과 관련된 공동체에 살고 있고 또 그 속에서 제가 담당한 마을굿의 첫째 과업이 제의성이죠. 인간이 마음을 모아서 하늘을 섬기고 조상을 섬기고 마을의 큰 나무를 섬기면서 어느 날 축제를 하는 건 꿈꾸기 힘든 겁니다. 해 본 사람은 알아요. 얼마나 많은 사람들의 마음을 모아야 하고, 거기에 돈이 얼마나 들어가고 이 바쁜 세상에 그날 하루 업무를 다 빼고 마을로 나가서 준비해야 되는 이런 과정들마다 수없이 많은 장치가 필요해요. 이런 장치들이 모이고 또 모였을 때만이 가능한 게 마을굿이고 당산제인데 그런 걸 감당할 수 있는 마을의 생명력이 필요한 거죠. 그런 걸 못 하면 당산제가 없는 거고 마을의 생명력, 그런 힘들이 없는 거죠. 그냥 이웃 간에 지나다가 얼굴이나 마주치고 마는, 같은 지역에 거주하는 것뿐이지 공동체는 아니잖아요? 뭔가 같이 꿈꾸고 아파하면서 인간답게 사는 걸 공동체라고 하는데, 어떤 자본이 또 어떤 사회구조가 무너뜨린다고 하더라도 그래도 누군가는 지켜 가면서 시대에 맞는 일들을 만들 필요가 있지 않냐? "그것이 꼭 너희 굿쟁이들만이 할 일이냐?" 할 수도 있지만 그런 쪽에 오랫동안 고민해 왔고, 준비해 왔고 수많은 시행착오를 거쳐 왔던 일이기 때문에 저는 나름대로 축적의 시간이 되었다고 생각해요. 벌써 우리가 20년이 됐잖아요? 그런 과정이 고을굿, 나라굿이 만들어지는 과정 아니겠어요? 나라굿이라는 말도 벌써 10년이 넘었어요. 제가 고창에 갔더니 "영광은 마을굿 언제까지 하실 거예요?" 그래서 "우리 이제 고을굿으로 갈 거야." 이제 고을굿으로 왔거든요. 지금 나라굿 준비하고 계시잖아요? 고을굿에서 나라굿으로 가야 된다. 원래 나라굿이 하늘 제단 모시고 며칠간이나 치렀잖아요? 그런 것처럼 우리 풍물로서 지금 준비하고 있지만 여러 형태의 나라굿이 만들어질 것 같고요, 한 말씀만 더 드리면 우리 선생님 비문에 있는데 굿이 추구할 방향은 '귀신을 달래고 땅을 풍요롭게 해서 하늘을 기쁘게 하는, 그래서 결국 사람을 이롭게 하는' 그런 구조는 변함이 없다고 보고 방법이나 전략과 전술에서는 수없이 다른 양식이 나올 때가 됐고, 그만큼 축적의 시간이 있기 때문에 에너지가 충분히 쌓여 있다고 생각해요. 많은 굿판이 만들어질 거고 굿이 창조적인 역할을 할 수 있지 않을까 생각합니다.

춘영 저도 영광 마을굿을 2000년 초반에 몇 년 왔었고 최근에도 3년은 계속 마을굿을 왔어요. 좋은 굿판, 의미 있는 굿판이라는 걸 많이 느꼈죠.

최용 여기는 돈이 없어요. 전라남도가 공개 행사라고 돈 300만 원 주는 거예요. 돈도 없으면서 굉장히 어려웠던 거죠. 지금까지 20년을 몸으로 버텨 왔잖아요? 그래서 올해부터는 여기저기 가서 "지원 좀 해라." 해요. "지금까지 몇백 명 규모였다면 이제 몇천 명이 모여서 풍물도 쳐 봐야 되지 않냐?" 하면서요. 그렇게 고을굿으로 하면서 자금과 인적 자원도 확장하려고요. 지금 영광에는 11개 읍면에 11개 농악대가 있어요. 그 사람들 다 참여시키고 군 단위에서 농악하는 사람만 300명 모여서 굿을 한번 쳐 보자. 이렇게 기획하고 있습니다.

춘영 고을굿을 준비하고 있다? 기대가 큽니다. 지금까지 해 왔던 마을굿의 실질적인 내용들이 있잖아요? 줄다리기, 당산굿이라든지 그런 내용들을 조금 상세하게 소개를 해 주신다면?

최용 3가지 양식으로 해요. 전체 틀은 신청걸궁을 복원한다고 보시면 되고요. 거기에 마을굿이 결합하는, 신청걸궁과 마을굿의 결합이라고 할 수 있죠.

춘영 거기서 말하는 마을굿이 뭐죠?

최용 당산, 줄댕기기 이런 거는 마을에서 해 오던 거잖아요? 물론 당산제를 지내려면 전문 예술인광대를 사서 하지만 마을에서 자체적으로 할 수 있는 것도 많죠. 그런데 우리는 신청걸궁으로 당산제를 지내죠. 그러면 현재의 마을굿은 어째야 되는가? 현재적 관점이 들어가 있죠. 이를테면 예술적인 부분이 가미돼 있어요. 그런 부분이 '청년명인전'이에요. 전국의 내로라하는 명인들을 모시고 '이렇게 예술적으로 뛰어난 명인들도 있다.' 하는 걸 보여 주는 거죠. 신청은 전체적으로 제의에요. 문굿에서부터 들당산굿, 당산굿, 샘굿, 마당굿, 조왕 정지굿, 천룡굿, 성주굿, 판놀음인 판굿 그리고 나서 날당산굿까지…. 동네에서 신청걸궁인들을 불러서 신청인들이 이렇게 들어갔어요. 마을에서 주로 해 오던 것은 도깨비제사라든가 줄댕기기라든가 달집태우기 하는 마을이 있으면 달집태우기도 하고 마을마다 특징이 있을 거 아니에요? "우리 동네 열두 당산 있다." "마을에 오거리 당산이 있다." 하는 그 마을 것을 살려서 하는 거죠.

춘영 요청을 하면 그걸 살려서 같이한다는 거죠?

최용 그렇죠. 또 요즘 추가하는 삼현육각으로 시나위라든가 산조, 판소리, 살풀이춤 같이 예술성도 있고 볼거리도 되는 거리를 하고 있죠.

춘영 마을굿 진행하면서 어려운 점은 없나요?

최용 마을굿을 20년 동안 하고 있는데, 그래도 정말 어렵습니다. 마을도 어렵고 준비하는 우리도 어려워요. 마을이 어려운 건 주민들 나이가 많아지고 그나마 젊은 분들은 벌어야 되니까 일을 다니세요. 농업 관련 일에 노동자로 팔려 가요. 무 작업, 수박 따기 등에 일당 7만 원 받고 다 가요. "오늘 나 안 가." 말할 수가 없어요. 왜냐면 고용돼서 가는 거니까. 전에는 마을에서 당산굿을 하면 일을 안 했죠. 안 나오면 벌금을 내야 했는데, 요즘엔 그게 안 되는 게 그나마 마을의 젊은 사람들은 하루하루 벌어야 된단 말이야. 이런 구조적 현실에서 마을굿이 굉장히 어렵지요. 그러니, 굿을 할 수 있다는 건, 특별한 의미를 안 붙여도 마을굿의 공동체성을 살려서 가고 있는 거라고 보면 될 것 같아요.

풍물굿이 놓일 자리와 전망, 어떻게 준비할 것인가?

춘영 이제 풍물굿이 놓일 자리와 풍물굿의 전망에 대해 이야기해 보겠습니다. 앞에서 말씀하신 것처럼 지금 마을이 사라지면서 맥락이 많이 달라지고 있죠. 현대사회에서 맥락이 달라지면서 풍물굿이 놓일 자리가 달라지고 있어요. 그렇다면 문제의식을 가지고 미래를 어떻게 준비할 것인가? 상쇠는 어떻게 준비할 것인가? 풍물패는 무엇을 준비할 것인가…?

최용 우선 상쇠에게 가장 중요하게 생각되는 건 종교성이에요. 종교 지도자의 역할을 분명하게 할 필요가 있다. 믿음치레를 담당하는 자로서 음악을 연

2019년 노르웨이 썸머페스티벌, K-POP 콘서트 우도농악 기념사진

주하고 무형문화재나 전통문화예술을 전승, 보존하는 것에 앞서서 어쨌든 상쇠니까 종교 지도자로서 종교성을 가장 큰 덕목으로 생각해요. 어느 시점부터, 돈벌이에 팔려 가는 추세가 있는데, 이 근본을 잃지 않는 게 중요하다고 생각해요. 그다음에 "음악에 목숨을 걸어라." 음악적으로 학습이 깊게 되었으면 해요. 음악하는 사람인데 음악적으로 미숙한 상태에서 계속 욕심을 내는 건 잘못이죠. 세 번째는 잘살아야 되는데 상쇠들이 너무 못살았어요. 우리 선생님도 너무 못살았어요. 집도 절도 없이 조그만 열 몇 평, 20평 안 되는 집에서 살다가 돌아가셨고, 어떤 선생님들은 아편 하다 돌아가시고, 다 불쌍하게 살다 돌아가신 것 같아요. 지금 상쇠론 인터뷰하는 15명을 봐도 재벌은 없는 것 같고, 문화재 보유자라고 해도 100만 원 좀 넘게 받잖아요? 보유자들이 대개 쉰 살을 넘어서 기업으로 따지면 상무, 전무인데 그분들은 연봉

이 최소 5,000만 원이잖아요? 지금 상쇠들은 다 뭐하고 있냐면 시간제 노동자인 예술강사나 이런 거 하고 있을 거예요. 그나마 문화재라도 되면 다행인데 그러지 못하신 분들도 많고, 문화재 되어 본들, 그런 택도 안 되는 대우를 받고 있다는 거죠. 제일 절실한 부분이 종교성, 음악성, 그리고 잘살았으면 좋겠다는 거예요.

춘영 다음으로 풍물굿의 전망을 이야기하면 좋을 것 같아요. 영광 우도농악 보존회 혹은 풍물굿 진영의 전망은 어떤지요?

최용 모든 분야가 똑같은 조건인데 특별히 우리만 어렵다, 미래가 불확실하다 하고 얘기할 순 없겠죠. 그렇게 전반적으로 염려스럽다고 보이기 때문에 놓일 자리를 얘기하는 것 같아요. 잘 놓여 있으면 그런 얘기 안 하지.

춘영 옛날에는 풍물이 생활 속에 이미 있었던 건데, 마을도 사라져 가고 세상도 바뀌어 가고 있어요. 정치적으로 대통령이 구속되면서 판도가 달라지고, 지금은 남북 관계도 평화로 가는 시점인데, 그 계기가 되는 촛불집회 당시에 풍물도 기여를 했죠. 사람들이 인정하든 인정하지 않든…. 그런 점을 고려하면서 질적, 내용적, 양적 측면에서 풍물굿이 먼저 다음 시대를 준비하자. 그런 차원에서 이야기해요.

최용 하나는 김덕수 선생님 얘기고 하나는 생활문화예술인 이야기예요. 엊그제 《한겨레신문》에 '김덕수 사물놀이' 기사가 났어요. "김덕수 선생님이 이 땅의 변혁운동을 했다. 역대 정권에서 그 변혁운동으로 인해서 약간 소외도 됐다." 이런 취지의 글이 있어요. 내가 '지금은 이렇게도 될 수 있구나.' 속으로 생각을 했는데 그 얘기를 하려구요. 이한열 열사가 죽었을 때 이분이 출연을 하셨거든요. 적당한 출연료와 적당한 대접을 받고 공연을 했죠. 우리는 그때 쇠파이프 들고 깃발 아래서 풍물 치고 있었죠. 이 두 가지 속에서 변혁운동이 어떻게 다른지? 역대 정권 최고의 수혜자이고 이번 평창올림픽 때도 개막 공연을 모두 다 본인이 하셨는데, 본인은 오히려 그런 변혁운동에 참여하시고 소외됐다고 이야기를 하시더라구요. 지금 세상에서 과연 변혁운동이 뭐냐? 특히 사물놀이를 우리가 풍물 시작할 때 반문화 운동이라고 얘기했잖아요? 사물놀이 안 돼. 이를테면 외래문화로 취급하고 우리가 풍물굿 운동하면서 있어서 돈벌이한다고 우리 문화를 망친다고 취급했잖아요? 그런데 지금 사물놀이 하는 임인출 선생님은 이광수 선생님 제자이면서 자랑스럽게 생각하시고 사물놀이를 수단으로 해서 변혁운동에도 힘쓰면서 성남민예총에서 큰일을 하고 계신단 말이에요. 변혁운동 하시는 분들이 사물놀이를 하시고, 실제 많은 풍물꾼들이 음악적으로는 사물놀이를 연주하고 특히 교육에 많이 쓰잖아요? 이런 시대적 흐름이 있고, 또 하나는 생활예술인 부분이에요. 지금 보기에 생활예술하고 풍물굿은 전쟁이지 않나 싶어요. 우리 지역 얘기를 하면 보존회에 신입생이 안 들어와. 영광군에서 예술의전당 짓고 문화예술교육사업소 운영하면서 38개 문화예술 관련 프로그램을 만들었어요. 전부 공짜예요. 또 여긴 영광읍이잖아요? 자치센터 8개 합치면 46개 문화예술 관련 프로그램이 있어요. 여기에 농악 하러 사람들이 오지 않아요. 선택할 수 있는 폭이 넓어지면서 안 해요. 농악 하러 오는 분들도 잠깐 취미로 배우는 거지 하다가 언제든지 바꿔요. 우리가 가무악 중에 금방 할 수 있는 게 춤이에요. 춤은 공연할 때 적당히 묻어 가고 적당히 뒤에서 할 수 있어요. 그다음에 어려운 건 악기 치는 거야.

춘영 쉬운 거부터 말씀하시는 거죠?

최용 예, 내 주관적인 생각이에요. 악기 좀 틀리면 표 나고 들키고, 배우는 과정이 어려워요. 장구, 꽹과리 하기 힘들어 안 해. 더 어려운 건 소리죠. 노래. 노래는 열심히 하려고 해도 잘 안 돼요.

춘영 민요나 소리는 배우는 데 오래 걸리죠.

최용 그런데 소리는 독창 안 해요. 선배들이랑 다 같이 하고 선생이 이끌어 주고 그러면 태가 잘 나와. 멋들어진단 말이야.

춘영 하는 사람들 만족도도 높아요.

최용 요런 쪽으로 간단 말이에요. 춤도 독무 안 하잖아요? 악기는 같이해도 힘들고 별로 성과도 안 나고 한 발씩 더 어려운 거죠. 여기에 난타, 모듬북이 있어요. 요즘 난타가 뭐예요? 뽕짝 틀어 놓고 하는 거잖아요? 동네 음악 몇 개 맞춰서 역시 반짝이 입고 하잖아요? 사람들이 보기 좋고 금방 해도 성과 가 나오는 걸 좋아하죠. 축제 기획자 입장에서도 생각해 봐요. '영광군민의 날'을 옛날에 영광군청에서 직접 기획했어요. 요즘 그렇게 하나요? 전부 기 획사에서 준비해요. 기획사에서 시각적으로 효과 금방 나는 난타 팀을 부르 겠어요, 문화재라고 몇백 만 원 달라는 팀을 부르겠어요? 난타 팀은 20, 30만 원이면 되는데…. 우리는 공연의 기회가 없어요. 난타 하는 아줌마들만 불러 다녀요.

춘영 굿판을 만들기가 어렵고, 굿판이 밀리는 형국이네요.

최용 마지막 이야기입니다. 생활예술인이 뭐냐면? 예술을 하지 않아도 먹고 살 수 있어. 그런데 예술은 해. 그게 생활예술인이잖아요? 우리는 직업이 예 술이잖아요? 해볼 수가 없죠. 우리 영역에 다 들어와 있어요. 젊은 예술인, 생 활예술인들이 오히려 강점이 있는 거야. 우리는 예술 안 하면 굶어 죽는데 그 네들은 예술 안 해도 아무 문제 없고 경제적으로 안정돼 있어. 말 그대로 예 술은 취미예요. 그런데 우리는 전문가와 비전문가의 경계선까지는 끌어올리 자, 그래야 우리가 문화재답게 인정받고 아마추어하고 구별도 할 수 있다, 그 러잖아요. 그런데 이 단계까지 오려면 최소한 10년 가야 되잖아요? 이 사이 에 다 떨어져 나가. 그리고 뒷 세대가 충원이 안 돼. 여기에 어려움이 있죠.

춘영 정말 많은 굿쟁이들이 다 힘들었어요. 아직도 힘들다고 해요.

최용 우리는 시스템인 무형문화재를 무시했거든요. 지금은 문화재 단체 지원을 더 늘려라. 보유자가 한 달에 겨우 백만 원 받고, 보존회 공개 행사를 40명, 50명이 하루 종일 하는데 300만 원 받아요. 전남문화관광재단에서 문예진흥기금 지원하는 제일 작은 액수가 300만 원이에요. 그런데 무형문화재 단체 공개 행사 하는 데 돈 300만 원 준다는 게 말이 안 되잖아요? 이런 제도적인 걸 고쳐 나가는 데서 변화를 꿈꿀 수 있어요. 그러면 풍물굿이 놓일 자리?

춘영 놓일 자리는 어려운 주제예요. 풍물굿 진영이 어떻게 시대를 준비할 것인가라는 질문이죠.

최용 다른 얘기지만 촛불집회 때 영광에서도 몇 번 공연했어요. 우리는 한 번도 공연 못 했어요. 전부 난타 불러다 했어요. 풍물을 불러다 한 게 아니라. 풍물도 동네 팀 불러다 했어요. 이 단체의 예술성, 계급성이 중요한 게 아니라 내가 아는 사람, 돈 안 들어도 되는 팀 불러다 하는 거예요. 시대적으로 우리가 놓일 자리가 이 모양이라는 거야.

춘영 정말 어렵네요. 제 작업 의도 중 하나는 이렇게 힘들다는 걸 서로 알고 공유만 해도 연대하고 뚫고 나갈 수 있는 힘이 되지 않을까 하는 겁니다. 영광에서는 잘나가는 줄 알았더니 이게 힘들구나…. 어디는 전수생이 없고, 어디는 공연할 데가 없고…. 여러 어려움이 있죠.

최용 이제 잘하는 걸 이야기하면, 11개 읍면동 농악들을 열심히 키우는 거죠. 여기서 같이 공연도 하고 이 사람들이 자기 지역에 가면 상쇠도 하고 설장구도 하고…. 더 중요한 건 자기 마을의 동제, 당산굿을 살려서 할 수 있게 지도하는 거예요. 그리고 나서 전체가 모여서 대동굿판을 만드는 거, 이런 걸 통해서 큰 판을 한번 만들어 보는 이런 작업들…. 그다음에 청소년, 학생들을 가르칠 '우도농악육성학교'를 지역 관내에서 지정하고, 이런 학생들을 어른들하고 이어 줘서 읍면동 농악경연대회도 해요. 어차피 이 땅에서 대학생 풍물패도 어렵고 노동자 풍물패도 망하고 있잖아요? 우리는 지금 노르웨이 사람들하고 작업해요. 그쪽 학교에 학과도 만들고 세미나도 하고, 학생들이 우리 전수관에 와서 전수 교육도 받고 가고 그쪽에 전수교육관을 마련해서….

춘영 노르웨이에 전수교육관이요?

최용 아직은 없어요. 아무튼 북유럽 쪽으로 진출도 모색합니다. 작품으로는 공옥진 선생님의 창무극을 3년째 복원하고 있습니다. 신청음악이었던 삼현육각, 창극 등을 음악적으로 살려 내는 중입니다. 그리고 몇 개 마을은 아예 선정해서 마을 동제를 살리기 위해 구체적으로 작업하는 거죠. 다섯 개 마을을 택해서 집중적으로 가르쳐서 스스로 연주하고 시행할 수 있게 만들죠.

춘영 동제는 특정 시기가 있나요?

최용 7, 8월이랑 1, 2월. 농한기 때 배워서 정월에 보름굿을 하죠. 그런 작업들이 나름대로 진행되고 있습니다.

춘영 어려운 상황에도 불구하고 활동 내용이 많은 것 같아요. 본래의 공동체를 살리고 마을을 활력 있게 만드는 데 풍물이 역할을 한다는 거죠?

최용 또 하나 생각나는 게 우리가 풍물굿 학교 때 제안하고 서로 공감했던 거 있잖아요? 나라풍물굿을 준비하고 있다고 들었는데, 풍물은 문화재 단체들도 연합회가 없었어요. 지방무형문화재 농악 단체들이 연합회를 만들기는 했는데 우리 풍물 단체들은 그런 게 없었잖아요?

춘영 풍물굿 연대나 나라풍물굿위원회?

최용 예, 그런 단체가 만들어지는 것도 조직적으로 중요하다고 봅니다.

춘영 예, 좋은 말씀 고맙습니다. 끝으로 혹시 제가 여쭤보지 못한 질문이 있거나 마지막으로 하고 싶으신 말씀이 있다면?

최용 이 연구도 풍물굿이 놓일 자리를 마련하기 위한 거 아닌가요? 그러니까 우리가 우리 자신에 대해서 모르고 기초 체력이 튼튼하지 않은 거예요. 우리는 음악을 하는 사람이잖아요. 음악적 기초 체력이 튼튼해야 되고 수준이, 기량이 올라가야 돼요. 그래야 맞장도 가능한 거죠. 솔직히 소리꾼, 하다못해 피리 연주자, 굿쟁이, 풍물 치는 사람 부르면 누가 공연료를 제일 적게 받냐고요? 게다가 요즘은 맨날 무슨 봉사?

춘영 재능기부.

최용 예. 그리고 나라풍물굿 준비도 속상한 게 돈 잘 안 주잖아요? 그런데 행사 준비하는 데 돈은 써야 되잖아요? 무슨 말이냐면 '공짜', '그냥', '봉사' 이런 식인데 우리가 마음씨가 좋아서 자주, 민주, 통일만 외치는 무슨 운동권 학생이냐? 운동권 단체냐? 예술적 가치로 따져 봐야 된다는 얘기죠. 판소리의 안숙선 선생은 500만 원 받고, 김덕수 선생도 그 정도 받잖아요? 그건 특수한 몇 사람이죠. 풍물 치는 사람이 500만 원 받는 경우가 판소리가 10명이라면, 풍물은 한 사람이라도 있을까?

춘영 풍물은 0.1 %도 없는 것 같아요. 사물놀이는 좀 팔려 다니는데….

최용 여전히 50만 원 주고, 30만 원 주고 길놀이 동원돼요. 음악적으로 축하 공연 해 달라는 것도 아니고 식전 행사 길놀이 하라고, 그것도 "10분 해 주세요." 했다가 현장에서 "5분만 해 주세요." 그래요. 이런 날품팔이, 값싼 싸구려로 언제까지 살아야 되나? 근본적인 해결 방법은, 음악으로 가야 된다는 거예요. 물론 행사를 주최하는 사회단체는 이런 말이 서운할 수 있죠.

춘영 아니요. 충분히 현실적인 얘기고 경험을 통해서 겪은 모순이나 폐해를 말씀하시기 때문에 공감할 거라고 봐요.

최용 우리 풍물은 대학에서 과마다 풍물패가 있을 정도로 부흥기가 있었잖아요? 그런데 왜 이렇게 됐을까? 촛불정국에서 우리의 위상과 위치가 있었잖아요? 위세도 있었죠. 이게 계속 갈 수 있으려면 또 음악 얘기를 할 수밖에 없어요. 나라에 큰일이 터지면 이게 좋단 말이죠. 그런데 내가 일상으로 돌아오면 자기들이 생각하는 예술이 최고라고 생각하고 감상해요. 누구나 핸드폰만 열면 다 나와요. '저 음악도 안 되는 깨갱깨갱, 뚱땅뚱땅거리는 이런 단체 공연을 보러 갈 것이며, 그런 선생한테 배우러 갈 것이냐?' 안 된다는 거죠. 결국은 또 한 번 시대에 부응했지만 "언제 그랬어?"가 될 수 있어요. 그런 날이 올지도 모른다는 거예요.

춘영 그럴 수 있죠. 그래서 그 전에 준비를 하자는 거예요. 오늘 여기까지 진행하겠습니다. 고맙습니다.

4.

순천 놀이패 두엄자리
상쇠 김명수

일시: 2018년 4월 21일

장소: 순천 모 카페

면담자: 김명수(남, 40대 중반, 순천). 전) 놀이패 두엄자리 회장 및 상쇠 / 임실필봉농악보존회
　　　　이수자 및 순천지부장 / 전통연희단 랑 대표 / 순천 지역 노동조합 농악패 지도 / 원광
　　　　디지털대학교 전통연희과 졸업

면담 의도와 상황: 순천에는 두엄자리라는 놀이패가 있다. 탈패, 민요패, 몸짓패와 더불어
　　　　놀이패가 한 시대를 풍미하던 때가 있었다. 두엄자리는 민중예술, 공동체 놀이의 역사
　　　　와 전통을 지금까지 이어 오고 있다. 김명수 굿쟁이는 고등학교를 졸업하고 노조풍물
　　　　패로 풍물굿판에 들어와 놀이패 두엄자리에서 순천의 풍물굿판을 만들어 온 상쇠다.
　　　　순천 시민사회의 지역 활동은 물론 공동체 문화를 가꾸어 온 두엄자리와 김명수 상쇠
　　　　의 굿 세계 모두 세상에 소개하고 싶었다. 결국 지금 우리의 풍물굿을 미래세대들이 향
　　　　유하고 발전시켜 나가야 한다면 풀뿌리 시민과 지역을 발 딛고 서지 않는다면 가능한
　　　　일일까?
　　　　굿쟁이는 무당이다. 무당이 할 일이 바로 굿이다. 그 굿을 주도적으로 이끌고 만들어
　　　　가는 주체가 상쇠다. 전업적 전문연희단체가 아닌 놀이패, 사회패 동아리의 풍물굿과
　　　　상쇠는 어떤 전망을 가지고 가야 할 것인가? 작심을 하고 순천의 한 카페에서 두 사내
　　　　가 때론 눈물지으며 때론 어깨 토닥이며 굿쟁이 삶의 이야기를 나누었다.

놀이패 두엄자리에서 풍물굿을 시작하다

춘영 현재 두엄자리의 상쇠죠?

명수 예.

춘영 또 '김명수 국악연구소 랑' 대표이고 풍물굿 상쇠인거죠?

명수 예. 지금도 풍물굿을 하고 있고, 제가 행위하는 것 중에 가장 크게 생각하는 게 풍물굿이죠.

춘영 먼저 풍물에 입문하게 된 내용을 이야기해 주세요.

명수 저는 대학교에서 풍물을 배우지는 않았어요. 1992년 7월 21일 고등학교 3학년 때 광양제철 내 혁성실업에 취업을 했어요. 저는 아버님이 일찍 돌아가셔서 어머님을 도와 경제활동을 해야 했고, 그곳은 제철 안에 있는 정비 관련 병역특례 업체였는데, 그러다 보니 회사에서 부당한 요구가 많았어요. 그래서 이걸 고쳐야 되겠다 싶어서 노동법을 공부하게 됐죠. 졸업하고 본격적으로 공부를 했는데, 어느 날 어떤 분들이 같이 "차 한잔 마시자." 해서 가 봤더니 노동조합을 준비하는 분들이시더라고요. 저를 포함해 9명이 2년간 학습하면서 몰래 노동조합을 준비했어요. 그리고 2년 후에 노동조합을 만들었죠. 그때 제가 성격이 밝고 스포츠를 좋아하다 보니까 문체부장을 맡았어요. 그래서 다른 사람들하고 어떻게 소통할 것인지, 사람들이 많이 모였을 때 어떻게 이끌고 갈 것인지, 이런 것들을 고민했는데, 같이 활동하던 형님들이 두엄자리를 소개시켜 줬어요. 그렇게 두엄자리를 처음 접하게 되었어요. 거기서 북을 배워 북을 치면서 조합원을 규합하고 풍물을 배웠죠. 그때가 94년 경이에요. 그렇게 입문했어요. 그 시절에는 노동조합을 하면 엄청나게 탄압이 심했어요. 결국 3년여를 버티다가 깨졌죠. 150명이었던 조합원들이 다 퇴사하고 탈퇴했는데 마지막까지 제가 친구하고 버텼죠. 제가 회사를 6년 더 다녔으니까, 99년 3월경에 퇴사를 했어요. 그 후 요리학원에 등록하고, 두엄자리 저녁 모임에 참여하면서 살다시피 한 거죠.

춘영 살다시피 했다는 게 전업적으로 한다는 건지? 어떤 거죠?

명수 제가 굉장히 힘들었을 때, 두엄자리 사람들이 굉장히 따뜻이 대해 주셨어요. 이야기를 들어주고 같이 아파해 주고 위로해 주던 분들이어서 제가 사람에 빠진 거죠. 그분들하고 지역에서 활동했던 두엄자리 사람들이 농사짓는 사람도 있어서 농활도 같이하고….

춘영 생활을 같이했다?

명수 금전적인 것 없이….

춘영 금전적인 것 없이 녹아들어가듯이?

명수 그분들도 그때 사무실 월급이 80만 원 정도 됐던 거 같아요. 술값도 없어요. 두엄자리에서 같이 밥을 해 먹었거든요. 같은 식구라는 말이 어울리게 생활을 했죠.

춘영 밥을 해 먹는다는 게 세 끼를 다 해 먹었나요?

명수 아니, 저녁밥만.

춘영 매일 저녁? 아름다운 공동체네. 형님이 상쇠 역할을 한 시점은?

명수 제가 정식으로 상쇠가 된 거는 2009년.

춘영 시작한 지 15년 정도 됐을 때네요, 2009년이면.

명수 그 계기가, 두엄자리가 김대중 정부 들어와서 할 일이 별로 없었어요. 그 전에는 두엄자리 프로그램으로 강습회를 했는데, 김대중 정부 들어오니까 사회가 커뮤니케이션이 잘 되니까 할 일이 없고 침체되면서 강습회가 없어진 거야. 한 4년 동안 강습회가 없었어요. 그래서 2007년 당시 제가 사무장 맡고 있을 때 이래선 안 되겠다 싶어서 "강습회를 부활시킵시다." 제안을 했더니 "누가 강사를 할 것인가?" 그래서 그때는 전수관에 전수 활동도 하고 다닐 때니까 "그럼 제가 하겠습니다." 했죠.

춘영 필봉농악보존회 말씀하시는 거죠?

명수 그렇게 해서, 2007년부터 꾸준히 강습을 했죠. 3년여를 하다 보니, 20명 정도를 강습해서 그 사람들이 두엄자리 회원이 됐어요. 그래서 그때 전 상쇠이신 강병우 상쇠가 사업이 바빠 활동하기가 어려워져서 회원 추대로 제가 상쇠가 된 거죠.

춘영 나중에 원광디지털대학에 들어가잖아요? 원대대 들어간 시기는 언제고 왜 들어갔어요?

명수 09학번이에요. 계기는 여러 가지가 있는데, 한 가지 에피소드를 말하자면, 부산 사는 동생이 있었어요.

춘영 최동성이요?

명수 네, 최동성 씨가 크리스마스쯤 돼서 왔는데 두엄자리에서 같이….

춘영 그때가 몇 년도예요?

명수 2007년일 거예요. 그 친구가 놀러 와서 꽹과리를 잡고 내가 장구를 잡았는데 굿거리를 냈어요. '다다당당 당 당 당 그당 당 당' 그런데 이 지역엔 굿거리가 없잖아요?

춘영 느린풍류지. 굿거리, 자진모리, 휘모리 이런 구조가 아니지. 필봉은 자진호허굿이라든지 된삼채라고 하지 굿거리가 없지.

명수 없지. 그런데 그 친구가 굿거리를 치는 거야. 근데 '어 이건 뭐야?' 그래서 제가 그때 맞춰서 친 게 느린풍류예요. 맞냐고? 안 맞고 맛이 없지. 그 친구가 힐끔힐끔 쳐다보는 눈빛에서 느낌이 뜨끔한 거예요. 뭔가 잘 알 것 같은 데 모르고 있고, 약간 물렁한 느낌? 그래서 그때 진땀이 났어요. 부끄러웠지. '아 공부를 해야 되겠구나!' 하는 생각이 들었고 우리가 하고 있는 이런 굿 말고 다른 굿들이 많겠구나! 그래서 여러 가지로 독학을 하게 되죠. 자료가 별로 없던 시절인데 그냥 알아서 공부를 하게 됐죠. 그래서 좀 나중에 원디대를 들어가야 되겠다. 들어갔죠.

춘영 예, 알겠습니다. 풍물과 연관해서 지금 전업으로 하고 있잖아요? 경상도에서는 업자라는 표현도 써요. 풍물을 평생 하겠다는 것이 꼭 직업으로 한다는 거랑은 다르잖아요? '내가 풍물을 평생 가지고 가야 되겠다.' 하는 시점은 언제?

명수 내가 이걸 업으로 생각한 건 6년 전? 이전 사무실 차리기 전이었죠. 내가 강의를 하면서 내 공간이 없으니까 내가 그 사람들 공간으로 가서 수업을 하는데, 한 번은 차가 고장이 나서 갈 수가 없는 상황이 되었어요. 그래서 8개월 정도 버스를 타고 다녔어요. 자전거도 타고 버스도 타고 활동하다 보니까 너무 힘들더라고요. 그때는 돈이 없을 때니까 저렴하게 중고차를 샀죠. 그러면서 내가 다니는 것도 중요하지만 '내 공간으로 오는 사람도 있어야겠구나!' 하고 생각을 하고 빚을 내서 공간을 만들었죠. 그때부터 이게 업이 된 거죠.

춘영 공간을 마련한 그즈음 업으로 하게 됐다. 표면적으로는 공간을 마련하면서인데 그 마음은 어떤 마음이었나?

명수 제가 유통도 하고 요리사로 활동했지만, 두엄자리는 적을 놓지 않고 계속하고 있었고, 결혼하고 애들이 생기니까 가장으로서 경제적으로 책임져야 되잖아요? 경제적으로 그동안 다른 일을 한 세월이 별로 없어서 수입이 적었죠. 요리사 처음 했을 때 70만 원부터 시작해서 나중에 6년 정도 했을 때

220만 원 정도 받았어요.

춘영 두엄자리 활동하면서, 요리사를 했다.

명수 일식 주방장이죠. 사시미를 좀 떴어요. 월급이 적기도 하고 그때는 2주에 하루를 쉬었어요.

춘영 2주에 하루?

명수 그렇죠. 2주에 하루 쉬면서 오전 10시에 일어나서 저녁 10시, 11시에 끝나니까 도저히 가정을 돌볼 시간이 없었어요. 또 우리나라 손님들은 술을 권하니까 술을 너무 많이 먹게 되고, 그게 가정불화의 원인이 되고 또 집사람이 싫어하고…. 그런데 그 무렵에 두엄자리 전 상쇠셨던 강병우 상쇠가 우리 밀 사업을 했는데 그 사업이 확장되면서 생협 유통을 하게 되었어요. 그때 저한테 일을 같이하자고 해서 그 일을 시작했어요. 그리고 한 5년 유통을 했죠. 그런데 요리사 할 때는 2주에 한 번 쉬는지라 굿 치는 일이 생겨도 못 갔어요. 항상 목이 말랐는데 우리 밀을 할 때는 강병우 상쇠가 나한테 미뤄 버리는 거라. "니가 가라."

춘영 어디를 가라고요? 배달?

명수 굿 치는 일이 들어오면 저한테 많이 미뤘죠.

춘영 그럼 좋은 일이네요?

명수 그렇죠. 저는 좋아하니까 저한테는 기회였는데, 전 상쇠가 자꾸 손을 놓으니까 두엄자리는 위기였죠.

춘영 전 상쇠가 형님한테 "니가 상쇠로 나가라." 한 건, 생협 유통 일이 아니라 두엄자리 입장에서 상쇠로 가라고 한 거네요?

명수 공동체로 같이 생활을 했으니까. 강병우 상쇠가 두엄자리 핵심 인물이었고, 우리 밀에서 두엄자리 회원 5명이 같이 일을 했어요. 사장님이 강병우고 경리도 있었고 유통 책임지는 나하고 여수, 순천, 광양, 벌교 담당 이렇게 지역이 나눠져 있었으니까. 저는 부쇠가 아니라 장구를 쳤는데 같이 활동했던 천정영이라는 분이 임실필봉농악으로 가 버렸어요. 그러면서 부쇠 자리가 빈 거죠. 부쇠로 활동하다 보니까 꽹과리 칠 사람이 없어서 강병우 상쇠가 자꾸 저한테 미뤄서 꽹과리를 치게 됐는데, 꽹과리를 치면서 제가 강습했던 사람들이 믿어 주고 따라 주는 게 계기가 돼서 꽹과리를 열심히 해야 되겠구나 생각을 했죠.

춘영 자연스럽게 전업으로 하게 된 거네요?

명수 솔직히 유통을 해도 돈이 되지 않았고, 시내로 나오면서 전세 자금을 강병우 상쇠한테 빌렸는데, 돈을 갚으면서 생활이 잘 안 됐어요. 빚이 많으니까. 결국엔 그걸 그만두게 됐죠. 그러고 나서 경제 문제를 해결해야 되니까 강습을 전문적으로 하게 된 거죠.

춘영 생활을 해야 되니까?

명수 생활고가 컸어요. 다행히 강습 요청이 당시에는 상당히 있었고 내 강습을 해도 될 정도로 된 게, 저희 집사람을 학점은행제로 먼저 보냈어요.

춘영 필봉굿?

명수 필봉 양순용 관장님께 학점은행이 끝나고, 제가 원대를 들어갔어요. 제가 원대 끝나고 우리 집사람을 원광교육대학원에 보냈죠. 그러면서 저희 집사람도 학교 출강을 하면서 벌이가 좀 괜찮아졌고, 그 시점이에요. 그때 사무실을 처음 냈죠.

춘영 그 이후로 안정적으로?

명수 지금도 그닥 안정적이지는 않아요, 하하하!

두엄자리 상쇠가 이어지다

춘영 두엄자리 다음 상쇠가 누구죠?

명수 신선아.

춘영 신선아 씨. 형님이 상쇠로 되는 과정, 그다음에 형님에서 신선아 씨로 되는 과정, 상쇠가 넘어가는 절차는 어떻게?

명수 두엄에서는 전 상쇠가 다음 상쇠를 추대하는 방식으로 해요. 그래서, 같이 활동을 하지 않았다면 안 되죠. 저는 신선아 씨를 2년 전부터 쇠재비로 넣었어요.

춘영 작은 상쇠로 내 다음엔 얘를 상쇠로 시키겠다 생각하고 한 번씩 쳐 보라고도 하고?

명수 그렇죠. 스승과 제자 관계는 아니니까 가르치고 이런 건 아니고 어깨 너머로 보고 자연스럽게 습득할 수 있게 했던 거죠.

춘영 형님은 상쇠를 몇 년 정도 했어요?

명수 저는 8, 9년 한 거 같아요.

춘영 2009년부터죠?

명수 그렇죠. 선아한테 올해 제가 넘겼어요.

춘영 2018년? 작년까지 상쇠였어요?

명수 그런데 그 틈에 강병우 상쇠가 활동을 안 한 세월이 3년쯤 돼요. 그때 상쇠 자리는 비워 놨고 제가 꾸려서 친 거죠.

춘영 그럼, 실질적으로 10년 넘게 한 셈이네요. 물어보고 싶은 게 상쇠에서 상쇠로 넘어가는 그 과정….

명수 강병우 상쇠가 2, 3년 활동 안 하시고 있다가 두엄자리 총회 때 오셔서 차기 상쇠로 저를 지목했어요. 그래서 제가 추대가 된 거죠. 그때부터는 본격적으로 상쇄를 했죠.

춘영 비슷한 방식으로 넘어가고 또 넘어가고 한 거네요. 재밌는 건 상쇄들이 넘어가는 부분이 권력 이양이거나 그런 부분들이 있기 때문에….

명수 저희들은 권력은 아니고 머슴이죠. 더 많은 시간을 내야 되니까….

춘영 두엄자리의 성격이나 활동 내용을 이야기해 주시죠. 두엄자리는 기본적으로 언제, 어떤 목적으로 만들어진 단체인가요? 놀이패잖아요?

명수 정확하게는 1987년이에요. 올해가 31주년인데 87년도 이한열 열사 때를 기점으로 해서 많은 사회단체들이 생기죠. 박홍천이라는 분이 초대 회장이신데 그분을 정점으로 해서 놀이패라는 개념보다는 탈패로 출발했어요. 그때는 농민회와 같은 사무실을 썼어요.

춘영 농민회는 무슨 농민회요?

명수 순천농민회. 사무실이 YMCA 지하. 또 다른 청년회랑 농민회 등 여러 단체들이 있었는데, 처음엔 악기 연주보다는 김기형 노동자 시인이 앞장서고 이봉화, 정진보 형님과 대여섯 명이 모여서 두엄자리를 만들죠. 두엄이 거름이잖아요? 사회의 밑거름이 되겠다는 취지로 만들었어요. 그때 사물놀이가 막 등장하고 대학생들 사이에서 풍물이라는 말이 나오죠. 그래서 두엄자리도 풍물을 해 보자 해서 시작하게 된 거죠. 그런데 풍물은 소리가 크다 보니까 다른 단체에 피해를 줘요. 그래서 2년 활동하다가 쫓겨납니다. 그때 옮긴 장소가 지금 현재 두엄자리 사무실이에요. 그때 두엄자리는 악기보다는 탈춤을 주로 했는데 고성오광대와 봉산탈춤을 했어요. 그리고 노동자 풍물 강습을 열어서 회원들이 늘어나죠. 그 회원들 중에서 뜻이 맞는 분들이 결혼반지도 팔고 자기 월급을 넣고 해서 전세로 지금 장소를 얻었어요. 그때 1,500인가 들었어요. 90년대 초반에 내가 들어갈 때가 1, 2년 정도 됐을 때니까…. 계속 강습하고 수익 활동을 하면서 적금을 들었어요. 그래서 빚을 갚고. 강습 활동뿐만 아니고 지역 행사의 공연, 회갑, 칠순, 개업식 이런 거 다 했죠.

춘영 수익을 위한 것이 아니라 연대 활동, 지원 활동 차원에서 했는데 결과적으로 수익이 발생했고?

명수 그때 우리는 '몸 판다' 그랬죠. 그때는 거의 쉬는 주가 없이 갈 곳이 많았어요. 그러면서 두엄자리가 차츰 안정이 돼 가요. 그러는 사이에 30, 40대 형님들은 생활고로 떠나게 되고 그러면 또 새로운 사람들이 강습회로 들어오고 점점 연령 구성이 바뀝니다. 우리는 총각, 처녀 때였고 강습에는 점점 나이가 많은 분들이 왔어요. 20년이 넘었는데 지금도 제가 남자로는 막둥이니까. 요양원 문병 다니실 나이의 분들이 제2의 전성기를 찾아서 많이 오시죠. 두엄자리는 초창기 때 정회원이 되면 기수가 정해져요. 내가 94년도에 들어왔고 98년에 10주년이었어요. 저는 들어와서 기수가 안 모여서 한참을 기다렸죠. 제가 21기예요.

춘영 강습을 받고 정회원이 되면서?

명수 두엄자리 회칙에는 회원이 되려면 강습회를 거쳐야 돼요. 거치지 않으면 정회원이 될 수 없어요.

춘영 지금 몇 기까지 운영이 됐어요?

명수 지금은 31기까지 있어요. 그 전에는 강습회가 끝나면 일 년에 기수를 줬어요. 그러다 보니까 횟수는 굉장히 빨리 진행이 됐는데 저희 때는 3년, 4년 걸렸던 거 같아요. 사람이 어느 정도 모이고 강습회를 했는데 한두 명 남으면 기수를 내주기가 어려워 모아서 하다 보니까 늦어지기도 했어요. 그리고 기수별 모임도 있고, 처녀, 총각이 많아서 눈 맞아서 결혼하는 커플이 생깁니다.

춘영 지속적으로 많이들?

명수 그렇죠. 지금까지 모두 아홉 커플 나왔고, 회원만 해도 18명이죠. 아직 이혼한 커플은 없고…. 강병우 전 상쇠도 그렇구요. 초대 회장님도 커플이고 3대, 4대 회장님도 커플이고, 많습니다.

순천 놀이패 두엄자리의 일년살이

춘영 재밌습니다. 1년의 활동 내용을 구체적으로 소개해 주신다면? 최근 10년 동안 주요 활동은?

명수 필봉굿보존회 활동을 시작하면서 바뀐 게 많은데, 필봉굿보존회에서 공연이 있으면 갑니다. 지금 김명수, 이형덕, 임영덕, 신선아, 황영기 이렇게 저희 팀에서 다섯 명이 보존회 활동을 하고 있죠. 일단 두엄자리의 일 년 활동을 이야기하면 2월 말 정월대보름굿. 정월대보름굿이 제일 큰 활동이죠.

춘영 자체에서 하는 거요? 필봉에 가는 것 말고.

명수 필봉은 필봉대로 가고, 우리가 준비하는 정월대보름굿이 있어요. 저는 여수에 벅수골이라고 87년도에 생긴 단체가 있는데 10년 정도는 여수 벅수골 대보름굿도 제가 주관해서 했죠. 요일을 다르게 해서. 대보름굿이 끝나면 3월 17일이 창립일이에요. 오랜만에 회원들이 모여서 기념행사를 하고, 3월이 지나면 4월에는 동문회 초청 행사가 많아요. 그리고 매년 여름철은 비수깁니다. 활동이 좀 적어지죠. 왜냐면 지하라서 습이 많고 바쁘고…. 그리고 나서 8월 필봉굿 양순용 선생님 추모제. 지금은 필봉굿 축제로 같이 해요. 10월 2, 3일 되면 임실필봉 소충·사선문화제에 참가하고, 12월에 총회 아니면 망년회로 해서 끝납니다. 몇 년 전부터 10월에 영호남 교류 공연을 하고 있어요. 구미 말뚝이와 순천 두엄자리가 교류하고 있습니다. 큰 틀은 그렇습니다.

춘영 형님은 2017년까지 상쇠를 맡으셨고, 회장은 또 따로 있고?

명수 네, 회장은 따로 있어요. 두엄자리는 놀이패다 보니까 지역에서 벌어 지는 활동이나 사회문제 같은 데에 앞장을 서고 전통문화는 그대로 가고….

춘영 예를 들어서 사회, 지역 문제에 참여하는 사례를 들어 주신다면?

명수 순천만은 아시죠? 순천만 갈대밭. 갈대가 농작물을 훼손시키잖아요? 뿌리가 깊어서. 예전에는 농민들이 해마다 가을걷이가 끝나면 불을 놔서 태 워요. 그럼 철새가 못 오잖아요? 습지에 갈대밭이 있어야 되는데, 그래서 '갈 대밭을 보존하자.'고 순천의 여러 사회단체들이 나섰어요.

춘영 시민사회단체들이 연대해서?

명수 그렇죠. 그때 우리도 참여해서 천막을 치고 지킵니다. 못 태우게 설득 하고. 그때 농민들한테 뺨도 많이 맞고 욕도 많이 먹었는데, 그렇게 지켜 낸 게 지금의 순천만 갈대밭이에요. 순천에 또 조례 호수공원이 있습니다. 그때 는 조례 저수지였어요. 시에서는 매립해서 공원을 만든다고 했다가 결국 알 아보니 아파트 짓는다고 하는 걸, 그때도 같이 연대해서 지켜 냈어요.

춘영 다른 단체와의 연대라고 하면 그 단체는?

명수 정치단체는 아니죠. 시민단체가 YMCA도 있고 청년회도 있고….

춘영 시민단체들과 연대해서 풍물을 가지고서 활동을 하는 거죠? 더 사례를 들어 주신다면?

명수 그곳에 가면 시민사회단체에서 돌아가면서 진행을 하는데, 놀이패 두 엄자리는 거기서 강습을 해요. 쉽게 얘기하면 대동놀이를 가르치거나 아리 랑에 맞춰서 진풀이를 하거나…. 저희도 전문인이 아니니까 동네 풍물패 수 준이에요. 한 열 명 가면 거기에서 다른 분들에게 쉽게 놀 수 있는, 우리 풍물 로 놀 수 있는 문화를 가르치고 함께하죠.

춘영 특이하네! 공연이 아니라 강습하면서 어울리고 체험하는 마당.

명수 그때는 전문인이 아니니까. 공연도 지금 생각하면 낯뜨거울 정도지만….

춘영 공연이 아니니까 더 흥미로운 것 같아요. 풍물을 갖고 지역에서 같이 노는 게. 다음 주제는 김명수라는 굿쟁이의 풍물굿 학습. 김명수라는 상쇠는 두엄자리와 원대대를 통해서 학습을 한 거 같아요. 두엄자리에서도 주로 필봉농악을 전수한 것 같은데, 풍물굿 관련해서 어떤 학습을 했는지….

명수 처음에는 선배를 통해서 배웠어요. 들어간 지 얼마 안 됐는데 출행을 간다고 그래요. 그때 순천 팔마체육관에서 결혼식이 있었는데 저한테 북을 치라고 했어요. 그러면서 딱 두 가락을 가르쳐 줬어요. 삼채, 휘모리. 두 가락을 15분 동안 가르쳐 줬어요. 그리고 출행을 했는데 옷 입는 데만 30분 걸려.

춘영 저는 출행이란 말을 처음 들어요.

명수 출행, 저희들은 몸 판다고 합니다. 두엄자리 재정 사업에서 가장 중요한 거예요. 그때 처음 출행을 갔죠. 저는 어렸을 때부터 운동을 많이 해서 뛰는 거라면 뭐든지 잘해요. 바로 하겠더라구요. 그때부터 2년 내내 북만 친 거 같아. 장구는 언제 처음 배웠냐면 저희 기수를 모집해서 강습회를 열 때 그때 내가 장구를 처음 쳐 본 거야.

춘영 형이 나중에 들어온 사람을 2, 3년 기다려서 21기랑 같이?

명수 그 사람들하고 필봉굿 채굿을 처음 배운 거야.

춘영 진짜 원초적으로 배웠다. 진하게 배웠어요.

명수 채굿을 배우면서 내가 봐서는 선배들보다 내가 장구를 잘 치는 것 같은데 장구를 안 시키더라고요. 그래서 북만 한 4~5년 친 거 같아요. 우리 윗기수에 장구재비가 비어 있는데 나를 안 시키고 자꾸 북만 치라 그래요. 그때 서울에 갈 일이 있었는데 종로2가에서 장구를 사 왔어요. 그때 돈 17만 원이었어요.

춘영 와우! 98년, 99년?

명수 예, 자개가 붙어 있었는데, 그게 반주장구 큰 거야. 풍물장구 달라고 했는데 반주장구를 팔아먹은 거야. 그걸 가지고 와서 치니까 소리가 굉장히 크죠. 누나들한테 "장구 안 시켜 주면 나 안 한다."고 엄포를 놓고 그때부터 장구를 쳤어요. 장구 안 세워 주면 안 한다고….

춘영 그때는 북만 치다 보니까 장구재비가 더 높은 거 같은? 선배들보다 더 잘 치는 거 같은데?

명수 장구를 치면서 항상 선배들한테 배우다가 전수관에서도 배우니까 차이가 나죠. 이제 목마름이 있는 거지. 전수관에 있는 사람들이 잘하는 걸 보니, 나도 잘하고 싶은 욕망이 생겨서 그때 전수를 들어가죠.

춘영 그때 제가 형을 만난 거죠.

명수 그때 내가 오토바이를 타고 다녔어요. 내가 회사를 그만두고 99년에 오토바이를 샀으니까. 그때는 한 번 가면 한 2, 3주 있고 그랬어요. 전수비가 없어서 전수관에 참 미안했어요. 그래서 백수 방에서도 지내고 텐트에서도 지내고 그랬지.

춘영 그때 전수비는 얼마 안 했어요. 부식비랑 술값이 많이 들었지.

명수 그리고 나서 눈이 좀 돌아간 게 잘하는 사람을 보게 된 거지. 두엄자리 와서 혼자 연습도 많이 했지. 또 설장구반에 들어갔는데 그때 진국이를 만난 거야. 그러면서 같이 활동하다가 2002년 결혼하고 생활고로 장구를 잠깐 놨지. 그러다가 몇 년 뒤에 목마름이 있고, 그래서 다시 독학을 하지.

춘영 영상 보면서?

명수 그렇지. 영상 보면서. 처음에 웃다리를 공부했는데 이거는 필봉굿하고는 엄청나게 다른 거야. '더구더구' 다스름도 있고 너무 에너지가 다른 거지. 그러면서 내가 장구에 빠지게 됐지. 웃다리 공부를 해야 되겠다. 웃다리를 하면서 머리가 한 번 뽀개지는 소리가 나더라고 '아, 이런 게 있구나!' 너무 우물 안 개구리였구나. 그때부터 발동이 걸려 가지고 천지로 돌아다녔지.

춘영 누구누구?

명수 광주에 이대휴 선생님, 굿패 마루에 진준한 선생님 이런 분들한테 혼자 배우러 다녔지. 광주잖아?

춘영 그게 2009년?

명수 그때 실력이 있는 사람들은 이 정도구나, 이런 걸 느끼고 엄청나게 연습을 했어. 그리고 꽹과리는 필봉에 양진성 선생님께 배우러 다니면서 또 양진환 선생님한테 장구 배우고 캠프가 있으면 막 갔지.

춘영 원디대에서 배운 거는 어떤 게 있어요?

명수 굉장히 견문이 넓어졌지. 많은 사람들을 만나고 캠프는 내가 많이 쫓아다녔어. 천안으로 해서 반주법, 무용 반주하고 소리 공부도 좀 하고 사물놀이도 다니고…. 옛날에 사물놀이는 왠지 배타심이 있었어요. 가장 늦게 시작한 거죠.

김명수 굿쟁이의 굿 세계, 예술 세계

춘영 김명수라는 굿쟁이, 상쇠의 굿 세계, 예술 세계를 형성하게 된 학습이나 스승에 대한 이야기를 하고 있어요. 원디대에서 수업을 찾아다니면서 열심히 했고, 2009년 이후에 이어서 말씀을 해 주세요.

명수 2008년인가 꾸준히 양진성 선생님한테 배우다가 "저는 학점은행보다는 원디대가 더 좋을 것 같습니다. 원디대 가는 거, 어떻게 생각하십니까?" 하니 선생님이 "열심히 해 봐라." 해서 2009년에 원디대엘 가죠. 입학하자마자 다른 선생님을 소개해 주셔서 1학년 때부터 학교 임원을 맡았어요. 그때 홍보부장인가 학습부장인가 그랬어요. 그래서 학교에서 하는 워크숍에 적극적으로 참여하게 되고 천안, 부산, 대전 등을 다니면서 활동 폭이 넓어지죠. 많은 걸 보고 배우고 견문이 넓어졌죠. 그때 또 필봉굿보존회 활동을 하면서 다른 지역에서도 공연을 많이 했어요. 필봉굿은 한 달에 한 번씩 1박 2일로 상쇠 수업이 있었죠. 지금도 그 학습은 하고 있고요. 예전 두엄자리 상쇠와 지금의 제가 좀 달라진 모습들이 있죠. 직접 필봉굿 상쇠에게 배워서 현장에서 풀어내고 또 회원들을 교육시키면서 양진성 상쇠님의 교육철학이나 생각들을 제가 전하게 되었죠. 그러다가 사물놀이패를 만들어야 되겠다는 생각을 했는데 그때 회원들 수준으로는 사물놀이 할 수가 없었어요. 몇 명이 의기투합해서 자비로 교육비를 충당해야 되니까 다들 부담스러워했죠. 처음 광주 마루의 진준한 선생님한테 배웠죠. 방학 때 일주일씩 출퇴근하면서 배웠는데, 양혜진이라는 상장구하던 누나가 중도에 그만두게 돼요. 그때 진준한 선생님하고 연결이 끊어졌어요. 세 명이 사물놀이는 안 되니까. 그러다가 양진성 관장님께 부탁을 드렸더니 선생님이 흔쾌히 승낙하셨는데, 이번에는 선생님한테 일이 생겨서 못 배우게 됐죠.

춘영   조금 하다가?

명수   한 6개월 하다가…….

춘영   상당히 많이 배웠겠다.

명수   지금 생각해 보면 양진성 선생님이 가지고 있는 고제의 사물놀이였어요. 나름의 제가 있어요. 지금 궁채 36박 '저구저구저구저구' 같은 걸 싫어하셨어요. 그런 건 덜어 내시고, 열채 24박은 하시는 방식으로 나름 판이 있어요. 지금 생각하면 영남사물놀이, 웃다리, 삼도 이렇게 순서대로 하면 편하게 할 수 있었는데 처음부터 삼도를 했어요. 그래서 처음엔 너무 힘들었죠. 그렇게 두 번의 실패를 겪어요. 팀이 깨지고 한 2년을 쉬다가 그래도 이거는 가르치기도 하고 공연도 해야 되니까 광양에서 활동하는 나니라는 동생을 통

2010년 순천 두엄자리 정기발표회에서 상쇠의 위엄

해서 구미에 계신 이봉우 선생님을 소개받았죠. 이봉우 선생님이 그때 구미에 공간을 마련할 때고 저도 제 공간 마련할 때고 그래서….

춘영 지금으로부터 4, 5년 정도 된 거네요?

명수 그렇죠. 5년 정도 됐죠. 처음에 이봉우 선생님이 제 사무실에 오셔서 교육을 시작했죠. 그리고 이봉우 선생님이 구미 공간에서 모듬북반을 만들어서 2박 3일 집중적으로 캠프를 할 때, 혼자 가서 모듬북도 배우고 와서 우리 회원들을 가르치기도 하고, 저는 구미를 자주 왔다 갔다 했죠. 다음주도 이봉우 선생님 모셔서 캠프를 여는데, 지금까지 선생님께 앉은반 삼도 설장구도 배웠고, 여성농악 선반 설장구도 배우고, 그리고 모듬북 사물놀이도 하고 앞으로도 배울 게 많겠죠.

춘영 굿쟁이 김명수에게 인상적이거나 가장 영향을 많이 준 선생님, 스승님은? 어떤 부분을 배웠는지?

명수 제가 원디대 들어가서 김동원 교수님의 가락 분석과 그리고 전달….

춘영 전달이라는 건 교육을 말씀하시는 건가요?

명수 이걸 어떻게 가르칠 것인가? 이거에 대해서 정확하게 교육해 주시는데 정말 열심히 공부했죠. '아, 이분은 어떻게 공부해서 이런 것들을 파헤칠 수 있었을까?' 감명을 많이 받고, 많이 배우고 김동원 교수님 영향이 가장 컸죠. 지금도 공부하다가 막히는 게 있으면 이봉우 선생님과 김동원 선생님께 전화해서 물어봅니다. 제 사무실 이름을 김동원 선생님께 부탁드렸더니 교수님이 '어울'로 지어 주셨고 그 이름을 지금도 가지고 있어요. 그리고 풍물은 지금도 양진성 선생님께 배우고요, 사물은 이봉우 선생님. 이봉우 선생님한테 배우면서 저는 또 북 파트를 맡았구요. 이봉우 선생님도 사물놀이 미르에서 북재비로 활동하셔서 저는 북을 맡고 지금도 연주하고 있습니다. 좀더 큰 세계에서 활동해 보고 싶어서 이봉우 선생님께 말씀드렸더니 서울에 미르 송귀철 선생님을 소개시켜 주셔서, 미르에 가서 사물놀이 상모라든지 이런 걸 송귀철 선생님께 배우고 있죠.

춘영 얼마나 됐어요?

명수 3년 정도 됐어요. 저랑 공통분모가 아주 많아요. 촛불집회 때였어요. 그때 저희 집사람하고 광화문에 갔죠. 대학생 동아리 애들이 장구를 치고 있는데 거기서 송귀철 선생님이 앞에서 해맑게 장구를 치고 계시더라구요. 그때 거기서 뵙고 몇 마디 나눠 보니까 마음이 확 붙더라고. 그래서 지금도 자주는 못 가지만 만나고 있습니다.

춘영 좋습니다. 실제적으로 굿 세계로 들어갔을 때 풍물 중에서 형이 배운 필봉농악을 소개한다면?

명수 필봉농악은 마을공동체 사회에서 행해졌던 어른들의 놀이죠. 저는 놀이라고 생각하거든요. 질서가 있는 놀이인데, 놀이에도 규칙이 있잖아요. 축구를 하든 농구를 하든 그런 짜임새 있는 규칙 안에 자율성이 보장되어 있는 놀이문화라고 생각하는데, 꽹과리·장구·북·징이 같은 움직임 같은 몸짓을 할 수는 없잖아요? 악기별로 움직임이 다를 수밖에 없죠. 그렇지만 다른 것들이 어울려 하나로 가는 놀이라고 생각합니다. 움직임이 다르고 소리가 다르고 그래서 금부 악기 두 개와 혁부 악기 두 개, 징과 꽹과리 또 북과 장구가 각각 연결이 되더라고요. 꽹과리는 두는 위치가 이만큼이잖아요? 가장 높은 소리를 가지고 있고 징은 드는 게 제일 낮아요. 음색도 달라요. 장구도 매는 위치가 좀 높고 북은 좀 낮아요. 들어 보면 장구가 하는 역할은 꽹과리와 북을 연결시켜 주는 거야. 열편은 꽹과리랑 연결되고 궁편은 북이랑 연결돼요. 징은 또 꽹과리와 연결된 금부 악기로 '아 이렇게 소리가 원을 그리는구나!' 다름이 곧 같음이고, 같지만 음률이 서로 다르고 그런 걸 가지고 전통적인 가락으로 놀아요. 필봉굿은 마을굿이다 보니까 투박하죠. 또 변화가 많지 않고 무한 반복을 통해서 집단 신명을 이끌어 내는 힘이 있더라고요. 처음에는 같지만 같지 않은 마음과 몸짓이 있는데 반복할수록 하나가 되어 가는 힘이 있어요. 저는 다른 사람을 가르칠 때도 풍물굿, 마을굿은 같은 가락을 반복하면서 집단 신명을 이루어 낸다, 같은 일을 해도 좀더 쉽고 힘이 덜 들게 하는 힘이 있다, 이렇게 말할 수 있죠.

춘영 옛날 맥락을 이야기해 주셨고, 악기들의 역할과 관계를 정리해 주셨는데, 풍물굿이 옛날이랑 지금은 맥락이 많이 다르잖아요? 두엄자리나 형이 공연하는 맥락은 어떤지? 필봉굿도 옛날과 지금의 맥락이 다른데, 그러면 두엄자리는 왜 옛날 것이라고 하는 필봉굿을 지금 쓰는 거죠? 옛날 거지만 지금 여기에 맞는 것 같아서? 아니면 여기에 맞게 좀 바꿔서 하면 잘 되니까? 그런 면에서 뭐가 다른지?

명수 일단 필봉은 전라북도에 있고 우리 생활권은 전라남도란 말야. 그러면 지역색이 달라요. 사람들 말투도 좀 다르고. 그리고 농악패 평균 연령이 다르고 구성에서 남녀의 비율이 달라요. 이렇게 필봉농악보존회와 우리 두엄자리의 인적 구성, 연령대, 말투도 다르고 생활권도 다르고, 또 우리는 보존회가 아니에요. 굿을 지키는 건 보존회원으로서 하는 거고 가치가 있지. 그렇지만 지역에서 활동할 때는 수익이 나야 돼요. 공연을 하고 공연비를 받아야 단체가 유지되니까. 이때 시간 제약 문제가 있어요. "10분 해 주세요." "30분 해 주세요." 이러면 필봉농악축제의 굿처럼 한 가락을 길게 오래 칠 수 없잖아요? 그럼 변화를 줘야죠. 지금 제가 하는 굿은 가락은 같지만 진풀이라든지 여러 가지 변화를 주는 스타일이고, 또 연령대가 달라요. 젊은 사람이 하는 것처럼 힘 있게, 빠르게 하기가 지금은 어렵죠. 나이 든 사람이 많으니까, 젊은 사람이 맘껏 뛰면 뒤에서 처져요. 그걸 감안해서 휘모리 속도라든지 빠르기는 맞추죠.

춘영 옛날, 전통이라는 맥락과 지금 여기 두엄자리의 활동 내용, 성격이 잘 맞는지 여쭤보는 거예요.

명수 필봉농악을 꼭 해야 된다는 생각은 그닥 크지 않아요. 지역에 구례잔수농악이 있잖아요? 가깝고, 무형문화재고 지역적인 성격이 비슷해요. 제가 필봉농악을 하는 이유는 기능 위주가 아닌 공동체 마을굿 형태를 잘 띠고 있어서예요. 일단 상모가 들어가 있지 않고, 전문인이 아니어도 할 수 있는 농악이죠. 다시 얘기하면 어느 누구든지 할 수 있고, 짧은 시간에도 어른들이 놀이를 같이할 수 있는 거, 그리고 지금 상황에서 인원이 많지 않아도 할 수 있는 거.

춘영 수익이 나야 되는데 적은 인원이 가서 해야 되는 상황에서 수요가 많지 않아도 유지가 된다.

명수 20인 이하로 갈 수밖에 없는 상황이 많죠.

춘영 만족스럽다, 그렇지 않다를 떠나서 마을굿 정신과 내용을 필봉굿이 가지고 있으니까 의미가 있다고 정리가 되네요.

명수 공동체가 되기에는 아직도 버겁구요. 공동체는 정신도 들어가면 얘기가 길어지죠. 저랑 같이 활동하시는 분들은 10년이 넘은 분들이 많아요. 어떤 것을 준비하고 시작하면 그분들이 굉장히 큰 힘이 되죠. 자기 맡은 부분이 정해져 있어요.

춘영 오래 함께 활동해 왔기 때문에 자연스럽고 서로 눈빛만 봐도 알 수 있고 빠르기도 익숙하고 치배들과 단체와 상쇠가 호흡을 오래 같이해서 만들어진 여러 가지 사설을 할 때도….

명수 잘 알아듣고 서로 준비를 오래하지 않아도 연행이 되는 관계들….

전라 좌도농악과 우도농악 그리고 명칭 문제

춘영 필봉농악 판제를 저도 잘 알고 있는데요, 예술 양식으로 쟁점화할 부분은 앞굿과 뒷굿이 있고 잡색 쪽이라고 봐요. 필봉농악은 좌도라고 하고, 우도농악은 영광 · 고창 · 정읍을 꼽는데, 이렇게 권역을 나누는 것은 어떻게 생각하세요?

명수 좌도, 우도 이런 구도는 애초에 없어요. 제가 학습한 내용으로는 원래는 없었는데 민속예술축제(?)가 생기면서 재비들이 한쪽으로 몰리고 지역을 등에 업고 나가야 되니까, 또 상을 받으려면 판을 짜야 되다 보니까 나눠졌다, 그렇게 들었습니다. 그런 얘기를 양진성 선생님께 들었고 학습 자료에서 본 내용이기도 한데, 옛날에 필봉 강진에 장이 열리면 돌아가신 양순용 선생님과 정읍에 계시는….

춘영 유지화 선생님?

명수 유지화 선생님, 유순자 선생님 이런 분들이 장에 모여서 같이 굿을 쳤다고 하고, 서로 누님 동생 하면서 지냈다고 합니다. 그런데 그때는 양순용 선생님이 박학삼 선생님께 배웠기 때문에, 박학삼 선생님이 전주부터 해서 고흥까지 오셨다고 해요. 그래서 고흥에도 박학삼 선생님 꽹과리 장단(길굿)이 있어요. 고흥굿에.

춘영 그런 얘기는 처음 들어 보네요.

명수 그런 것들을 보면서 굿이 좌도 우도로 나뉘게 된 거는 행정적으로 지역성을 띠고 나뉜 거다.

춘영 크게 의미 없다?

명수 의미는 없어요. 음악적인 형태를 봤을 때 휘모리를 치면 대삼소삼으로 나누잖아요? 그러다 보면 대삼도 '갠 지 갠 지' 그다음에 '갠 지 갠 지' 강중약중 이렇게 친다면 두 번째 '갠 지'가 올라가는 현상이 있어요. 우도는 그것을 음악적으로 해석해서 자꾸 뒷박을 올리다 보니까 장구를 매고 뛰다 보면 호흡이 올라가게 되잖아요? '갠지 갯지 갠지 갯지' 이렇게 발전된 것이 대회를 통해서 자연스럽게 바뀐 거라고 저는 생각을 합니다.

춘영 그쪽이 세련되게 만들어졌다?

명수 그렇죠 더늠이지. 그런데 우리는 마을굿이다 보니까 재비들이 이걸 직업적으로 하지 않아서 그닥 발전되지 않고 그대로 유지되는 거죠. 그러다가 필봉굿에 지대한 영향을 미친 분이 장구는 신기남 선생님이라고 하더라고요. 신기남 선생님은 청웅면 고향으로 오셨죠. 전국을 떠돌아다니다가 느지막이 고향 옥천호 그쪽으로 이사 오면서 그 인연으로 전국을 떠돌아다니면서 장구를 잘 치시는 분이 필봉농악에 들어가죠.

춘영 영광의 김오채, 전사섭 선생님과 교류를 했던 명인이죠.

명수   그러다가 필봉으로 왔는데 굿이 안 맞는 거죠.

춘영   아무래도 좌도….

명수   또박또박 치는 거하고 감아치는 거하고 다르죠. '땅도땅도 내땅이다'랑 '땅 도땅 도 내 땅이디'처럼 느낌이 다르죠. 70년대 후반에서 80년대 초반까지 활동을 하셨죠.

춘영   그때가 양순용 선생님 전성기였죠.

명수   전성기였죠.

춘영   이와 연관해서, 우리가 하는 행위의 명칭이 많아요. 두레, 풍장, 걸립, 걸궁, 집돌이, 지신밟기, 사물놀이, 농악, 풍물 등등. 이걸 이르는 통칭이 크게 2개가 되거든요. 아시죠? 풍물굿과 농악이 있는데 오랫동안 민중 진영에서 풍물굿을 밀었죠. 지금은 무형문화재나 유네스코까지 농악이라는 이름을 쓰고 지원도 하는데 여기에 대해서는 어떻게 생각하세요?

명수   저는 이름도 지역성을 띠어야 된다고 생각해요. 자기가 나고 자란 지역 사투리가 나쁜 게 아니잖아요? 그래서 표준어 입장에서는 방언이라고 하지만 저는 제가 쓰는 사투리가 굉장히 사랑스러워요. 억지로도 쓰죠. 그런데 '이걸 표준어로 해라.' 이건 안 맞지. 농악이라고 부르고 풍물이라고 부른 지 얼마 안 됐잖아요? 옛날에 그 마을에서 쓰던 명칭을 써야 된다고 생각합니다.

춘영   그럼 이 지역에서 쓰던 말은?

명수   이 지역에서 어른들이 쓰는 말은 '매구' 친다고 하죠.

춘영   매구라는 말은 경상도에서 많이 써요.

명수   여기 전라도에서는 매구를 굿으로 봐요. 경상도같이 꽹과리를 매구라고 부르지는 않죠.

춘영   명칭은 같아도 내용은 다르다? 청도 차산농악에서도 귀신 잡는 행위,

종교적 행위를 매구라고 하더라구요. 또 매귀라고도 부르고….

명수 매굿도 있잖아요? 필봉에서 12월 31일에 하는 굿. 시골 어른들은 '굿 친다. 매구 친다.' 이렇게 부르지, 다른 말은 못 들어 봤어요.

춘영 이 '굿 친다'는 말을 우리가 담론화를 하자면 일반인들이 보기에 반정 서적인 부분이 있어요.

명수 아 종교적인?

춘영 그런 부분에서는 제가 학자로서 볼 때 어떻게 국민들을 설득하나 하는 걸 과제로 생각하고 있어요. 이런 문제에 도움을 줄 수 있는 말씀이 없을까 요?

명수 종교적인 시각으로 보는 것도 틀린 건 아닌데, 굿이라는 게 무당이 굿 판을 열고 행위를 하는 이런 거로만 인식되어 있다는 거죠. 그런데 빨주노초 파남보 무지개가 있듯이 굿이라는 건 여러 형태가 있을 거 아니에요? 노는 굿도 있고, 즐기는 굿도 있고, 우는 굿도 있을 것이고…. 전라도 욕 중에 뭐 잘못하는 게 있으면 "아따, 염병 굿허네!" 이런 욕이 있는데 '염병'은 굉장히 무서운 병이잖아요? "염병 굿허네."는 염병보다 더 나쁜 걸 한다는 심한 욕 이잖아요? 정말로 해학적으로 장난치고 짓궂고 재밌고 그러면 "염병허네." 하는데 이때는 반어법적인 거예요. 굿은 종교적인 성질을 띠어서 우리가 당 산굿을 치면 거기에는 꼭 제례 의식이 들어가잖아요? 그런 의식들이 영향이 크죠. 제례 의식이 아닌 음악 형태로 볼 수 있게끔 설득을 해야 된다는 거죠. 음악적인 형태. 얼마나 좋은 굿이에요? 영어로도 'good'이요.

춘영 그런 사고가 좋은 것 같아요. 통합적 사고방식이나 국제적인 사고방식 으로 오히려 전혀 다른 접근방식이에요. 굿은 굿이여. 재밌고 좋은 설득 방 식인 거 같아요.

명수 한마디로 굿이라는 건 염원을 가지고 있어요. 바람이 있지. 항상 달집이나 당산이나 소원지를 걸잖아요? 그리고 액막이라는 것도 있고 내가 우리 자식들이나 내가 알고 있는 사람들이 잘되기를 바라는 마음이 있는 거지. 그게 얼마나 좋은 마음이여. 그게 굿이지.

춘영 이런 것이 풍물굿을 대중화하는 데서 과제인 것 같아요. 초등학생이 "선생님 왜 굿이라고 해요? 엄마가 그거 하지 말래요." 할 때.

명수 엄마들이 예전에 장구를 배우면 두 가지로 선을 그었거든 "니가 무당 될래, 기생 될래?"

춘영 옛날에?

명수 그렇죠. 음악을 하고 싶은 마음이 컸을 건데, 우리 선조들은 춤추고 노래하는 걸 좋아하고 그런 걸 하고 싶은 마음이 있는데, 장구나 이런 걸 배우려고 하면 "니가 무당 될래, 기생 될래?" 한다고….

춘영 선입견, 편견을 덧씌우는 거죠. 그런 게 악랄한 거야. 지금도 일부 기독교인들이나 사회에서 정치적인 의도로 왜곡한다고…. 풍물이 사람을 모으는 역할을 하니까 일제강점기 때도 방해하고…. 장구 칠 때 우리는 예술하고 싶은 건데 이게 얼마나 좋아요? 그런데 "니가 무당 될래, 기생 될래?" 해 버리면 아무래도 위축이 되죠. 그런데 필봉농악 판굿에 잡색이 있잖아요? 앞굿, 뒷굿에서 잡색이 하는 역할이 자꾸 죽어 가요. 어떻게 살릴 것인가? 왜 살릴 것인가? 풍물 양식에서 잡색은 어떻게 생각하십니까?

명수 치배로 보면 뒷치배라고 하죠? 뒷치배는 해학적인 부분이 있잖아요? 그 부분을 먼저 파악해야 돼요. 어디까지 해학으로 볼 것인가? 필봉농악의 대포수는 포수가 아니잖아요? 머리에 관을 쓰고 어떻게 포수를 해?

춘영 예? 제가 이해를 잘 못했어요.

명수 필봉굿의 포수는 이름이 포수지, 뭐라 그럴까 위엄이 있잖아요? 머리에 대장군을 썼단 말이에요. 판 안에서 상쇠가 있고 그리고 대장군이 있어요. 이분법적인 거죠.

춘영 대포수와 상쇠가 있죠.

명수 이걸 고민해 봤는데 지금 대포수를 하시는 분이 양순용 선생님과 같이 활동했는데 대포수의 이미지를 스스로 그렇게 만들었다고 하더라고요.

춘영 전에도 그렇지 않았나요? 80년대 영상을 보면 형태도 비슷해요.

명수 제가 봐서는 이게 좀 안 맞죠. 안 맞아. 대포수 역할이 잡색들의 대장 이잖아요?

춘영 구도를 봤을 때 상쇠는 앞치배의 대장, 대포수는 뒷치배의 대장….

명수 지금 필봉굿을 보면 모든 진풀이나 판을 상쇠가 끌어요. 예전에 양순용 선생님은 뒷걸음질을 많이 했어요. 끌고 가는 느낌으로. 지금은 뒷걸음질이 거의 없죠. 선생님은 항상 뒷모습을 많이 보이는 거지. 굿이 안 맞으니까 맞춰 가려고 하는 거지. 앞에서 가면 가락을 못 맞추니까. 대포수가 그 안에서 박자를 맞추는 역할을 했다고 해요. 대포수가 관을 쓰고 하면 불편하잖아요? 나도 써 봤는데 불편해요. 그렇게 하는 게 안 맞아요.

춘영 제 얘기는 필봉의 잡색만이 아니라, 풍물 양식에서 보통 잡색이 있는데 요즘에 잡색이 죽으니까, 어떻게 살릴 수 있을 것인가? 잡색들 역할은 무엇인가? 이런 걸 여쭙는 거예요.

명수 촛불집회 같은 데 갈 때 두엄자리는 굿만 하는 게 아니라 극도 했거든요. 촛불집회 때 풍물패가 앞장서서 시민들을 이끌고 가면서 저희들은 최순실을 만들었어요. 박근혜 가면과 최순실 가면을 씌워서 포승줄로 끌고 가면서 놀았죠. 시민들 반응도 누가 누군지 알아. 무슨 역할인지 알아. 이처럼 잡색은 극적인 형태를 맡잖아요? 우리는 앞에서 음악적인 부분을 맡는 앞치배고, 잡색은 극적인 부분을 맡는 뒷치배인데, 꼭 전통에만 매일 게 아니라 현실성을 부여해 줘야 한다, 이렇게 봐요.

춘영 현재성! 그래야 설득력이 있지.

명수 그래야 극이 되거든. 항상 예전부터 해 오던 양반, 할미, 조리중, 창부, 화동 이런 역할은 이제는 이해를 못 하는 사람들이 많지. 그렇다면 조금은 현실성 있게 그때그때 필요한 역할을 등장시켜 가는 노력을 해야죠.

춘영 현재성을 가져야 되고, 현재의 대중과 소통해야 된다. 좋네요.

명수 지금은 극적이지 않다는 거지. 자기가 뭔 역할을 하는지 소화를 잘 못 하는 거지. 간파를 해야 되는데, 굿을 못 치니까, 악기를 못 다루니까 잡색으로 간다, 또 춤을 춰야 되니까 춤을 보여주는 형식이지. 옛날 할미 역할을 했던 사람은, 할미는 걱정 근심이 많고 마음 쓰는 거를 좋아해서 주저리주저리 하면서 관객들하고 소통도 하고 이런 행위들을 했는데 그런 게 배제되고 그냥 놀기만 하니까 단조로워졌지. 각시는 이쁘장하게 춤만 추고, 양반과 각시와 조리중 삼각관계가 보여야 되는데 그게 없어. 본래 잡색에는 오광대 탈춤 과정이 녹아들어가 있는 거잖아요? 그러니까 이게 획일화되면 안 될 것 같애.

춘영 요즘은 훈련을 하거나 잡색 경험을 하는 게 적고 현재의 굿판이 자꾸 짧아지다 보니까 그렇겠죠?

내 인생의 굿판

춘영 다음은 형이 경험한 굿 중에서 인상적이었던 굿은 어떤 게 있어요?

명수 내가 장구로 참여했던 굿 중에는, 굉장히 힘들었던 기억이 생생한데, 여수에서 진수식이 있었어요. 새 배를 띄우는 거. 관계자들이 여럿 오고, 배 위에서 풍물을 치며 묘도를 천천히 도는데, 그때 호인이 형, 정영 형이랑 많지는 않았어요. 그때 한 네 시간 쳤나?

춘영 배 위에서만?

명수   어. 모든 걸 포기하게 되더라고…. 배가 정박을 안 하고 계속 돌아. 또 거기는 차량을 실어야 되니까 바닥에 요철이 깔려 있단 말이야.

춘영   걷기에 불편하고, 툭툭 걸리고….

명수   그렇지. 쇠가 달려 있잖아. 우리는 고무신 신고 굿을 쳐.

춘영   배 규모가 어느 정도?

명수   길이 한 50미터 되나? 근데 한곳에 계속 있을 수가 없잖아? 쉬었다 치고 쉬었다 치고 했는데….

춘영   힘들었던 거지?

명수   이게 무한 반복하는데, 처음에는 좀 버리려는 마음이 있고 다른 생각도 하는데 힘이 빠지니까 나중에는 굿이 외려 잘 맞더라고. 그때 갠지갱은 정말 내가 잊을 수 없는 갠지갱이야.

춘영   몇 년도야 그게?

명수   오래됐지. 2000년대 초반이었을 거야. 장구도 잘 맞더라구.

춘영   몸으로 느낀 기억이고 몸으로 느낀 경험.

명수   다른 거 생각할 겨를이 없었어. 어쨌든 무한 반복을 몸으로 느껴야 돼.

춘영   인상적인 굿, 형이 이끌어서 인상적이었던 굿은?

명수   진짜 굿 치면서 주민들하고 몸싸움해 본 적도 있어 교회 갔다가.

춘영   주민들과 몸싸움?

명수   그리고 어쩔 때는 주민들이 없어. 굿판이 열렸는데 다 교회 가 버렸어. 요즘엔 교회에서 차로 모시고 가잖아? 갔다가 오후 2시나 돼서야 와. 우리는 오전에 굿을 치잖아? 누군가가 초청을 해서 갔는데 마을 사람 구경꾼이 없어. 한참 기다렸다가 굿 치고 왔지.

춘영   형 얘기 들어 보니까 두엄자리가 공연만 하는 단체가 아니니까 이런저런 경험이 생기는 거야. 밑바닥, 생활 현장 곳곳에서….

2019년 3·1혁명 백주년 기념 만북울림. 두엄자리 단체사진

명수 그렇지, 우리는 경험이 많지. 여러 가지 잡다한 경험들….

춘영 주민이 없어. 하하하.

명수 주민이 없어서 기다린다니까. 지역의 보름굿 경우에 우리는 마을에 항상 들어가. 나는 우리 아버님이 장의사를 했어. 꽃상여 만드시는 일을 해서 내가 사람 죽는 거 많이 봤어. 보름굿 칠 때 한 번은 다른 집을 돌고 나서 그 집을 갔는데 부엌에서 굿을 쳐 달라고 해. 우리가 정지굿 치잖아? 부엌 뒤에 광 같은 주방이야. 따로 전문용어로 까대기로 해서 넓혀 논 공간이지. 거기서 몇 번이나 굿을 쳐 달라고 부탁하더라고. 굿 치는 도중에 이유를 물어봤더니 어머님이 한 달 전에 돌아가셨다는 거야. 거기가 어머니가 가장 많이 생활했던 곳이야. 그 엄마의 마음을 달래주고 싶다고 굿을 쳐 달라고 해서 성심성의껏 쳤지. 내가 상엿소리를 잘하지는 못하는데 어렸을 때부터 들었잖아. 그래서 내가 상엿소리를 해서 식구들을 다 울려 주고 그랬던 기억이 나지.

춘영 제 생각에도 무대에서, 공연장에서 공연할 때보다도 현장이 중요하다고 봐요. 핵심은 풍물굿이 놓일 자리예요. 처음 문제의식이기도 하죠. 두엄자리나 김명수 굿쟁이가 풍물굿이 걸어온 자리에 놓일 수 있는 거고 풍물굿의 가능성은 그런 생활 현장 속에서 찾아야 한다고 생각하거든요. 공연장에서 찾는 것도 있지만 마을이 됐건 어촌이나 농촌이 됐건 도시가 됐던 교육 현장이 됐건 학교에서도 강당으로 들어가는 게 아니라 운동회라든지 그 현장에서 풍물굿이 제 역할을 할 수 있다고 생각하죠. 두엄자리는 어떤 자리가 있었는지 물어보려고 왔는데, 역시 김명수 상쇠 만나기를 잘했다는 게, 이런 풍물굿을 원하는 자리, 원하는 사람들이 있는 그 자리에서 하는 경험을 들을 수 있어서예요. 세련되고 잘 짜여진 무대 공연만이 아니라.

명수 두 가지를 다 갖고 있어야지. 무대가 무대에 맞게 일반적인 문화를 즐기려는 시민이나 관객을 만족시키는 거라면, 또 마음 한구석을 풀어줄 수 있는 게 있어야지. 누구나 다 고충도 있고 고민도 있는데 같이해 줄 수 있는 누군가, 씻겨 줄 수 있는 누군가가 있어야지.

춘영 예, 알겠습니다. 김명수 굿쟁이가 준비해서 진행한 인상적이었던 굿이 더 있나요?

명수 또 하나는 재작년에 순천과 구미가 교류를 시작했어요. 구미는 말뚝이란 단체가 있고 순천엔 두엄자리가 있는데 태동도 비슷하고 너무 닮았어요. 영남과 호남의 지역적 특색이 있는데 둘 다 자생하며 관의 도움을 받지 않는 단체고 해서 교류를 시작했죠. 거기는 예전에 양순용 선생님한테 배웠더라고요. 그래서 제가 가서 필봉굿 판제를 교육하고 필봉굿으로 영호남 합동굿을 치기로 했죠. 구미예술회관에서 했는데 처음에 갔더니 사람들이 선입견도 있을 거고 전라도 사람이고 해서 처음엔 잘 안 되더라고. 그러더니 두 번 세 번 리허설하고 막상 공연을 하는데 이건 관객들도 그렇고 함께 뛰었던 사람들이 나중에는 진짜 심장 박동이 느껴질 정도로 다들 흥분하고 좋아서 눈빛이 반짝반짝하고 영호남인데 하나의 마음이 되는 게 느껴지더라고. 음악은 서로 언어도 다르고 생활환경이 달라도 함께할 수가 있구나, 정치적인 색깔이 있어 뭐가 있어? 하나가 된다는 느낌이 확 와닿더라고. 그때가 정말 좋았던 것 같애. 내가 기획하고 준비한 굿 중에서는….

춘영 좋네요. 의미도 있고 내용도 좋고 그 마음이 확 느껴져요. 앞으로 전국의 풍물패가 어떻게든 모여서 함께하는 굿판이 있을 것 같애요. 그 노하우를 듣고 싶기도 하고 자꾸 이런 사례가 많이 나왔으면 좋겠어요.

명수 그렇지. 민간 교류가 많이 돼야지. 지역적인 특색을 갖고 있지만 그 지역을 뛰어넘는 보편성이 있고 누구든지 이해하기 쉬운 게 풍물굿이거든….

춘영 이 얘기를 좀더 자세하게 해 주세요.

명수 영호남 교류로 말뚝이에 갔더니 사람들이 북은 이렇게 쳐 주라, 주문을 해요. 영남은 북이 발달되어 있잖아요. 근데 필봉굿은 북을 정박, 단박 구조로 치잖아요. 휘모리를 둥둥만 치고. 그런데 영남은 북으로 많이 놀거든요. 근데 북이 소리를 못 잡아 줘요. 그래서 거기 북재비들한테 가락을 가르쳐 드렸는데 처음에는 따라서 안 하고 자기 조대로 가. 그렇게 내가 두 시간 정도를 같이했어. 땀이 범벅이 됐죠. 그 사람들도 땀이 범벅이 되면서 두 시간이 지나고 보니까 마음을 여는 거야. '저 사람이 왜 여기서 저러고 있냐?' 생각한 거지. 그날 저녁에 술 한잔 마시면서 얘기해 봤더니 그 사람들은 원래 그런대. 버팅기는 거야. 자기들이 취미로만 하는 거지, 이걸 같이 마음을 모아 봐야겠다, 이런 게 없더라구. 땀을 흘리고 해 봤더니 소리가 딱딱 맞아 들어가는 걸 느끼고 그 사람들이 그때부터는 내가 뭔가 이야기를 해 주면 잘 표현을 해 주시더라구요.

춘영 명수 형의 덕목이 무한 반복이야. 몸으로 보여주고 몸으로 말하는 게 느껴지네요. 풍물굿 상쇠의 역할은 어떤 게 있을까? 그다음에 상쇠의 3가지 덕목을 얘기하죠.

명수 복잡할 수도 있고 아주 간단할 수 있어요. 상쇠는 말 그대로 우두머리지. 리더. 이게 악기만 잘 쳐서 되는 것도 아니고 그런다고 사람들하고 관계만 좋다고 되는 것도 아니야. 내가 생각하는 건 풍물굿이 꽹과리 하나만 있다고 되는 게 아니야. 꽹과리만 잘 친다고 되는 게 아니라고. 장구도 있고 북도 있고 같이할 수 있는 사람이 있어야 되잖아. 다른 패 사람이 와서 열심히 잘 놀고 할 수 있는 게 아니야. 내 사람이 있어야지. 같이할 수 있는 사람. 첫 번째는 사람이 좋아야 돼. 내 사람을 만들려면 내가 그만큼 마음을 보여줘야 되잖아. 그래야지 그 사람이 감동을 받고 나하고 같이 활동할 수 있지. 인격적으로 모순이 있거나 잘못돼 있으면 사람을 끌 수가 없어. 일단 사람한테 최선을 다할 수 있는 배려심이 상쇠의 첫 번째 덕목이야. 그런다고 악기를 못 치면 안 돼. 악사로서의 실력도 있어야 되고 그러려면 자기 관리 꾸준히 하고 연습이나 교육이 잘돼야 해. 가장 중요한 건 같이 하는 팀원들의 존경을 받아야 돼. 그냥 하는 사람이면 안 돼. 존경받을 만한 행동을 해야 하고 모든 걸 책임질 수 있어야 해. 남편이 아내에게 존경받지 못하면 가정이 제대로 서질 못해. 그런 이치라고 봐야지. 한 패거리에서 상쇠를 존경하지 않으면 그냥 하는 거지. 그냥 세월만 가고 그냥 또래 집단이 되는 거야. 명칭만 상쇠가 되는 거야. 명칭만 상쇠인 건 많지. 상쇠가 얼마나 중요하냐면 상쇠가 술자리를 좋아하면 그런 사람들만 모여. 술을 좋아하는 사람들. "잠깐 연습하고 어여 술 먹자." 연습은 한 시간 하고 술은 네 시간 다섯 시간 먹고 그런 사람만 모여. 또 상쇠가 공부를 좋아하면 공부하는 사람들만 모여. 이건 아주 소수로, 미친 사람들만 모여. 이걸 적절히 배분을 잘하는 사람들, 그런데 실력은 없어. 대부분의 사람들이 그래. 그걸 조절을 잘해야 되는 거지. 공부를 하면서 가르치기도 하고 함께하기도 하고 책임질 줄 알고 그런 것이 상쇠의 덕목이 된다고 생각을 하지.

춘영 이런 부분들에서 풍물굿 양식이 다른 장르와 다른 고유성이 있는 거예요. 예를 들어 플룻 부는 사람한테 이런 걸 원하지는 않잖아요? 플룻은 음악적 소양이 있고 연주 잘하고 호흡을 잘하면 되지. 이렇게 접근하지 않잖아?

명수 그렇게 하면 안 되지.

춘영 그러니까 풍물굿이 단순하지 않은 거죠. 다음은 형이 경험해 본 상쇠 중에 인상적인 상쇠가 있을까요? 이런 이야기에 합당한 상쇠를 뽑는다면?

명수 잘은 모르겠는데, 몇 년 전에 구례잔수농악 상쇠하시는 분인데, 머리가 하얬지. 그분이 그 나이 드셔도 굉장히 꽹과리 힘이 좋더라고. 그 선생님 빼고 나머지 치배들은 기량 차이가 많이 났지. 그런데 그 선생님이 하시면서 그분들을 이끌고 한 시간 반을, 그것도 여름 필봉굿축제 때 하시더라구. 눈빛이라든지 몸짓이라든지 힘이 느껴졌었지.

춘영 그걸 본 게 언제예요?

명수 한 5년 됐지.

춘영 김대진 선생님이 5년 전에….

명수 그래서 그때 그분이 꽹과리 치는 모습을 보면서 '이 사람 머릿속에는 꽹과리밖에 없구나. 그렇게 사셨구나!'라는 것들을 느꼈죠. '정말 대단하시다.'

춘영 어찌 보면, 구례잔수농악은 그분이 대표죠.

명수 연세가 있으신데도 그렇게 활동할 수 있다는 게 대단하죠.

춘영 저도 영민하신 걸 느꼈어요.

무당의 악기 꽹과리와 머리쓰개 부포

춘영 꽹과리에 대해 더 하고 싶은 얘기가 있어요?

명수 할 얘기 많지. 꽹과리는 악기 특성도 내 개인적인 성향에서 봤을 때 상쇠, 꽹과리 치는 사람은 무당이다. 무당이 돼야 한다 생각해요.

춘영 상쇠는 무당이다. 저도 공감해요.

명수 꽹과리 자체가 원초적으로 얘기하자면 광물에서 나온 거고 거기에 천지인이 들어 있지. 머리에는 깃털을 달고 우리는 인간의 몸이고 광물인 걸 들고 있잖아요? 그러면 이게 무당이지. 하늘과 땅을 연결시켜 주는 이게 쇠재비야. 인간의 염원이나 이런 것들을 하늘과 땅에 전달해 주는 역할을 한단 말이야. 기본적으로 대그빡에 뭘 쓰고 꽹과리를 들었다면 이런 마음으로 꽹과리를 쳐야 한다. 꽹과리 소리는 굉장히 날카롭잖아?

춘영 소리 자체는 높고 날카롭죠.

명수 꽹과리가 암쇠도 있지만 치배의 수 이런 것들도 관련이 있어. 얼마나 높게 쓸 것인가? 똑같은 꽹과리를 쓰는 게 아니고 내가 20인을 통제한다, 30인을 통제한다고 할 때 같이하는 사람 수에 따라 그게 음역대가 다르잖아. 화음이 맞아야 되니까. 요즘에는 다 좋은 꽹과리만 치더라고. 근데 그게 아니야. 지금은 꽹과리 소리가 너무 올라가 있어요. 그런데 이게 꽹과리 문제가 아니야. 장구나 북의 소리가 높아졌어. 이 소리가 올라가니까 꽹과리는 더 위에 있어야 되잖아. 원초적으로 물가가 오르듯이 올라간단 말인데, 이게 떨어져야지. 장구랑 북도 떨어지고 꽹과리도 떨어져야 안정감이 있어. 근데 지금은 소리가 대체로 높다 보니까 쪼금만 삐걱거려도 불안해. 악기 성음들이 낮아져야 될 것 같아. 그다음에 움직임, 행위하는 사람들 움직임이 빨라졌어. 사물놀이 영향을 받아서 그런지 몰라도 움직임이 바빠. 빨라. 현대화 어쩌고 그러는데, 원인은 그런 데 있지.

춘영 같은 갠지갱을 치더라도 앞으로 전진하는 게 목적이 아니거든. 좌우치기도 하고 굴신도 해야 되는데 지금은 앞만 바라보고 앞으로만 간다는 거지. 공연화된 양식이나 여러 가지가 연계가 있다. 아까 양순용 선생님이 뒷걸음을 많이 하신다는 말을 들으니까 상쇠가 앞만 보면서 쭉쭉 나가는 게 아니라 뒤를 보면서 부쇠를 잡아 가면서 가야지. 상쇠가 거꾸로 돌아보면서 치배들이랑 눈도 맞추면서 천천히 가는 효용이 있지. 그런데 요즘은 상쇠부터 마음이 바쁜 거야.

명수 다음 공연 가야 되니까. 하하하.

춘영 전체 공연의 느낌과 분위기가 빨라지면 결과적으로 몸에 여유가 없는 거지.

명수 마인드를 바꿔야지.

춘영 그렇지. 굿을 여유 있게 해야 관객이나 치배들이 여유가 생기지.

명수 그래서 내가 가르치고 같이하는 분들이랑 필봉굿 축제 나가면 딱 풍류굿만 한 시간 굿을 치려고 그래. 솔직히 여러 가지를 할 필요가 없잖아? 20분 동안 그 한 굿거리만….

춘영 좋은 생각이네. 그럼 구경하는 사람은?

명수 구경하는 사람은 상관없어. 난 그렇게 하고 싶어. 풍류굿 한참 치다가 시간 나면 채굿 하고 그러면 되지. 만장도 풍류굿 만장을 딱 가지고 가.

춘영 누구도 시도하지 않았던 것 같아. 역발상이야.

명수 뭘 계속해야 될 필요가 없잖아? 호허굿이면 호허굿만 하면 되지, 처음부터 끝까지 다 해야 돼? 즐기려면 그렇게 해야 되겠다 생각해.

춘영 부포놀음에 대해서 어떤 생각이 있어요?

명수 있지. 현 상황에서 명칭 정리도 좀 해야 돼. 부들상모니, 개꼬리상모니, 전립은 또 뭐고?

춘영 이게 필봉 안에서만 문제가 아니라 전체적으로 대한민국 풍물굿 문화 속에서 생각할 필요가 있는데….

명수 생각을 해 봐. 우도 하시는 분들은 전체가 다 쓰잖아? 머리에 다 써. 여기 보면 북상이라고 하지. 웃다리에서 쓰는 거. 종이로 된 거. 어떤 데 가면 그런 걸 써. 고흥 쪽이나 순천 어디 가면 장구들도 개꼬리상모를 다 써.

춘영 남원농악처럼? 지역성이 없어진다?

명수 뭐가 맞다 틀리다 할 수는 없지만, 아무리 그래도 대그빡에 새털을 쓰는데 그 지역에서 나오는 새털을 했을 거 아니야? 지금은 칠면조니 타조니 들어오는데 좀 명확하게 정리할 필요가 있지. 그다음에 필봉굿에서는 부포 놀음 해 봤자 몇 가지 없지. 외사, 양사, 사사를 해. 나 같은 경우에는 상모를 배운 게 부포짓을 할려고 한 건데, 상모를 배워 보니 전조시 이슬 털기는 거의 할 사람이 없어. 남원농악 가야 돼. 3분박을 못 지키는 거지.

춘영 옛날 양순용 선생님 부포 할 때 가락의 느낌과 양 관장의 가락이 분명하게 차별성이 있는 거네?

명수 그렇지.

춘영 현대로 오면서 사물놀이 영향으로 양진성 관장님이 현대적으로 세련되면서 좀 빨라지는 느낌.

명수 빨라지기도 했지. 공연 형태가 바뀌면서 그런 것도 있고…. 음악적으로 해석해서 풍류굿을 얘기하면 느린풍류, 반풍류, 갠지갱, 휘모리 이렇게 되잖아? 느린풍류를 중중모리배라고 얘기하는데 정확하게 얘기하면 느린삼채야. 삼채를 느리게 치는 거지. 전라도는 굿거리란 표현이 없어. 느린삼채라고 하지. '갠캔 갱갱갱 갠지갱 갱 개' 이렇게 가니까 느린삼채야. 느린삼채가 '하나둘셋 둘둘셋~' 이게 빠른 게 '핫둘셋 둘둘셋', '땅 도 땅 도' 이게 반풍류

삼채야. 그 다음에 갠지갱이 '갠지갱 갠지갱~' 그다음에 외가락으로 가잖아. 이게 쌍가락이고, 외가락으로 가는 빠른삼채야. 그럼 삼채가 느리게, 중간, 빠르게 들어가고 휘모리잖아?

춘영 가락 구조가? 그런데, 이게 무슨 의미예요?

명수 행위를 하면서 걸음걸이랑 놀음이 달라져야 된다는 거지. 이게 다 달라져야 돼.

춘영 이게 다 달라져야 돼요. 저도 구분이 되는데요.

명수 나는 다 구분해서 가르쳐. 지금은 대부분, 그게 잘 안 되더라고….

춘영 부포를 쓰느냐 안 쓰느냐가 음악의 색깔을 많이 결정하거든. 예를 들어서 고창농악의 경우 채상모를 쓰지 않고 고깔을 쓰면서 훨씬 더 풍성한 동작들이 나오고 급해지지 않아. 빠르기는 조절이 되는데 채상을 쓰면 전체적으로 통일이 돼. 발걸음이 통일되면서 음악적으로 안정감이 생기고, 더 단순하게 된단 말이야. 꽹과리 변주 가락을 넣기도 하고. 그런 것을 포함해서 상모를 어떻게 쓰느냐, 고깔을 어떻게 쓰느냐 이런 부분이 빠르기와 전체적인 정서, 분위기를 좌우한단 말이야. 사람들이 그걸 이해하면서 써야 된다는 거지.

명수 오늘도 내가 쳐 보니까 휘모리가 조금 느리면 전립을 못 돌려. 그런데 돌릴 수 있어야 돼. '갠 지 갠 지.' 그러려면 호흡을 많이 줘야 되거든. 근데 그게 힘드니까 안 해 버리는 거야. 나중엔 휘모리가 빨라지면 그때 조금 돌리는 시늉을 하고 끝내. 그러니까 휘모리가 빨라지는 거야.

풍물굿 정신과 미래

춘영 헬리콥터가 돌아가는 것처럼 된다는 거예요. 자 이제 후반부로 들어가서 풍물굿 정신. 형이 지금까지 생각한 풍물굿 정신은?

명수 풍물굿 정신은 결국 통해야 된다는 거지. 너하고 나하고 통해야 돼. 통하려면 서로 배려를 해야 돼. 배려가 없으면 질서가 안 잡혀. 그리고 꾸밈이 없어야 돼. 우리가 말하려는 걸 어떤 척을 하지 않고 그래서 결국에는 더 멋있게 보이고 가식 없이 내보이는 거지. 배려하고 꾸미지 않는다면 어느 누구와도 통할 수 있다고 봐. 연주자가 청관중한테 보일 때 가식 없이 장구를 하나 쳐도 시원시원하게 확 치는 거 하고 이쁘게 치려고 꾸미는 건 다르지.

춘영 풍물의 예술적 표현, 즉 춤이나 음악이나 악기를 이렇게 배려하고 꾸밈없이 하면 이 시대에도 통한다는 거죠?

명수 과거에도 통했고 미래에도 통할 거야.

춘영 가락을 너무 꾸미니까 재미가 없어졌다는 건 다 기본적으로 얘기하는 거 같아요. 경상도나 전라도 굿쟁이들이 다 느낀다는 거지.

춘영 내가 휘모리를 가르치면 원박으로 치라 그래. '덩 덩 궁따궁' 대박을 살려서 또박또박 그러면 이게 처음엔 재미없어. 그런데 계속 반복하면 꽹과리, 징, 장구, 북이 그렇게 잘 맞을 수가 없어. 가식 없이 가지 다 자르고 기둥 가지고만 하다가 그게 된 후에 꾸며도 살살 꾸미면 훨씬 맛있지. 원재료가 좋아야 음식이 맛있지. 원재료는 안 좋은데 양념만 때려 넣으면 되나?

춘영 다음 질문. 풍물굿에 대한 전망은 다양하게 표현할 수 있을 것 같아요. 형님은 낙관적으로 보세요?

명수 아까 얘기한 거랑 일맥상통하는데, 풍물굿은 세 가지 측면에서 봐야 될 것 같아요. 첫째, 음악적인 소통 구조. 둘째, 제의적인 면. 풍물에는 결국 샤머니즘이 있고 태양신 숭배가 있으니까. 그리고 셋째, 전통. 세시풍속이나 생활양식을 되살려 가면서 미래적인 것을 음악적으로 얼마든지 추구할 수 있고, 제의적인 형태는 무시할 수 없죠. 결국 삶과 죽음은 연결돼 있는 구조니까요.

춘영 끝으로, 제가 질문하지 못한 거나 얘기하지 못한 점이 있을까요? 풍물굿의 어려움이라든지….

명수 있죠. 어려움 있지요. 우선 활동가들 남녀 비가 안 맞아요. 내가 가르쳐 봐도 일반인들은 9:1이에요. 남자들이 없어요. 남자들은 다 회사 생활 하고 저녁에 취미생활 하는데, 그냥 취미지. 여자들은 그래도 낮에 활동하는 분들이 많아서, 구성원을 보면 거의 9:1이에요. 물론 섬세한 건 여성들이 잘 하지만 선이 굵고 힘차게 음악을 가져가지 못해요. 그래서 음악 자체가 빨라지는 경향이 많죠. 힘이 없고 가볍고 음양이 별로 안 맞는 문제가 있어요.

춘영 사회구조적 어려움?

명수 사회구조적인 어려움이죠. 그리고 전문가, 전공자들도 춤꾼들을 보면 남자가 별로 없어요. 드물어. 거문고도 다 여자들이에요. 남녀가 아무래도 누르는 힘, 농음의 차이가 있어요. 가야금도 마찬가지고. 결국 음악의 느낌이 슬슬 가벼워진다는 거지. 머시마들, 남자들이 예술을 하면서도 가정을 꾸릴 수 있게 돼야지. 그래야 남자들이 뭔가 역할을 하지. 지금은 여존남비로…. 하하하. 여건이 될 때까지 지원만 기다리면 안 될 것 같아요. 사회구조를 만들어 가야 돼요.

춘영 그건 아주 당연하다고 생각해요. 우리 판이 정치나 정책 쪽이 약하니까. 어떻게 해야 되나?

명수 지금은 학교 교사도 성별을 맞춰 가잖아요? 그래서 남자 선생들을 더 뽑잖아요. 여자 선생님이 90%가 넘다 보니, 애들도 여성화가 되어 가거든요. 그걸 맞춰 가야 되는 거죠.

춘영 이 작업(인터뷰)에 대한 의견이나 개인적 생각이 있다면?

명수 굉장히 소중한 작업이고 누군가는 해야 하는 작업인데 예술가들이 배타적인 성향이 많잖아요? '니가 나보다 잘해 봐야~' 그렇잖아요. 그게 왜 그렇게 되냐 하면, 예술하는 사람들은 자기가 힘들게 이뤄 낸 경험 때문에 남들이 하는 건 쉽게 한 것처럼 보거든, 내 건 어렵게 쌓아올렸고….

춘영 남의 떡이 커 보이는 것처럼?

명수 시기심이 기본적으로 깔려 있어요. 장사는 샘으로 한다는 말처럼, 예술가들은 샘이 많아. 그래서 배타적이거든. 근데 그게 중요해요. 예술가들이 자기 밥그릇 챙기는 게 강하다 보니까 선생이 제자를 못 키우는 거예요. 그래서 이 시대 상쇠들이고 이 시대 선생이라면 이제는 제자를 키워야 한다고 봐요.

춘영 아주 크게 공감합니다. 젊은 세대들이 이 판에 들어올 수 있게 길을 열어 줘야 되고, 더 다가서야죠.

명수 가르침은 짝사랑이라고, 힘들게 가르쳐도 언젠가 떠날 수 있고, 그럴 땐 가슴 아프죠. 그런데 어쩔 거야. 아쉬운 사람들이 애써서 먹이고 살려야지.

춘영 큰 상쇠나 큰 선생은 잘 견인할 수 있는 포용력과 수용력이 있어야 되겠다 하는 말씀이 크게 다가옵니다. 오늘, 여기가 끝입니다.

5. 부산 소리결 상쇠 김인수

일시: 2018년 4월 25일

장소: 종로 문화공간 온

면담자: 김인수(남, 40대 중반, 부산). 풍물굿패 소리결 대표 / 사단법인 나라풍물굿(준) 상임운영
　　　위원 / 3·1혁명 100주년 만북울림 연출 및 상쇠 / 전) 금정산 생명축전 연출 및 예술감
　　　독 / 전) 대구달성다사12차진굿 보존회 사무국장

면담 의도와 상황: 2016-2017 박근혜국정농단 부산 촛불집회 풍물굿판을 이끈 뚝심의 굿쟁
이 김인수. 이미 지역의 마을이 해체되면서 전통적인 의미의 마을굿은 소멸하였고 풍
물굿쟁이는 지금 이 시대의 풍물굿을 고민하지 않을 수 없다. 시대의 아픔과 모순이 있
다면 외면하지 않고 공동체와 더불어 해결하고자 하는 게 풍물굿 정신이다. 2016년 박
근혜-최순실 국정농단이 세상에 드러나고 11월 촛불집회는 들불처럼 번졌다. 서울 광
화문에서는 예술인들이 캠핑촌을 만들고 상주하며 투쟁하였고, 매주 풍물굿판도 빠짐
없이 벌어졌다. 전국에서 촛불집회가 일어났는데 부산에서는 특히 풍물굿패 소리결이
지속적으로 '새 나라로 가는 길굿' 기치 아래 시국 풍물굿판을 벌여 냈다. 김인수 굿쟁
이는 대학을 졸업하면서 6·15공동선언실천 정신으로 소리결을 창단하였고 전업인과
동호인이 공존하며 청소년과 대학생을 아우르는 풍물굿판을 일상에 녹여 내고 있다.
인터뷰 중 '시대를 넘는 문굿, 분단을 넘는 길굿' 이야기가 흥미로웠다. "DMZ에서, 개
성공단에서 남북의 경계를 넘는 문굿을 치자. 서울에서 평양으로 백두산을 넘어 유럽
으로 나가는 길굿을 치자. 문굿과 길굿, 풍물굿의 신명으로 인류가 평화로이 하나 되는
그 꿈을 같이 만들어 가자."고 했다. 2019년 3월 1일 3·1혁명 100주년을 기념하는
만북울림으로 우리는 그 첫 시작을 함께 준비했다.

대학 풍물패 출신 소리결을 창단하다

춘영 2018년 4월 25일, 부산 소리결 대표이자 상쇠 김인수님 인터뷰를 시작합니다. 먼저 인터뷰에 응해 주셔서 고맙습니다. 이 작업의 의도를 간단히 말씀드리면, 현재 풍물굿이 놓일 자리, 풍물굿이 나아갈 방향에 대한 고민이 있습니다. 상쇠론을 정리하고 싶다는 생각이 원래 있었어요. 작년 〈촛불집회 풍물굿에 대한 기록과 담론〉을 거치면서 출판물로 펴낼 고민을 하게 되었습니다. 『21세기 풍물굿 상쇠론』을 통해서 풍물굿의 현재 진단과 미래 전망, 풍물굿의 예술 양식 등을 정리하자는 기획입니다. 먼저 여쭙습니다. 공식 직함이 소리결의 상쇠가 맞나요?

인수 예. 그런데 상쇠라기보다는 대표입니다. 다만 공연을 하면 제가 꽹과리를 치고 판을 이끌어 나가는 역할을 하죠.

춘영 풍물굿 경력과 연관해서 간단하게 본인을 소개해 주신다면?

인수 풍물은 대학 새내기 때, 학교 동아리에서 처음 접했고, 대학 풍물패로 계속 활동하다가, 졸업하면서 풍물을 업으로 선택하고 선생님을 찾아가서 배우고 지금까지 활동하고 있습니다. 처음 동아리 할 때 만난 사부가 배관호 선생님이고 지금도 선생님으로 모시고 달성다사진굿보존회에서 활동하고 있습니다. 그리고 조상용 선생님께 영남성주풀이를 배웠습니다. 그 정도….

춘영 소리결은 언제 입단을 하신 건가요? 아니면 창립을 하신 건가요?

인수 제가 소리결을 만들었죠. 대학 때 동아리 활동을 함께했던 이은규 선생이랑 같이 만들었습니다. 지금도 같이 활동하고 있습니다. 둘이서 팀을 결성했고요. 소리결의 풀네임이 '민족의 소리 통일의 물결 풍물굿패 소리결'입니다. 6·15공동선언 실현을 위한 전통예술 공연단체로 출발을 했습니다. 결성한 그해가 6·15남북공동선언이 있던 2000년이었어요. 그때부터 지금까지 활동을 이어 오고 있어요.

춘영 이은규 님이랑 두 분이 주도적으로 만든 거네요. 그때 나이가 어떻게 되었어요?

인수 졸업할 때니까 스물여섯, 일곱 정도였네요.

춘영 젊은 두 친구가 이런 지향을 가지고 단체를 결성하신 거네요?

인수 그렇죠.

춘영 김인수라는 굿쟁이가 거의 소리결의 시작이자 신화이자 전성기네요.

인수 계속 같이 가고 있는 거죠.

춘영 더 존경스러운데요. 상위 조직이 있거나, 혹은 선배들이 있었나요?

인수 처음 시작할 때는 부산문학예술청년공동체(술청)라는 청년문예일꾼 조직이 있었습니다. 그 안에서 활동을 했는데 그 조직이 지금은 없어졌고, (사)부산민예총하고 함께하고 있습니다. 예전에는 한국민예총 부산지회로 있었는데, 지금은 독립된 법인으로 조직개편이 되었고요. 개별회원 가입이라 소리결이 부산민예총 소속은 아니지만 자갈치, 일터, 남산놀이마당 등 거의 같은 생각과 지향을 가진 예술일꾼들이 모인 조직이어서 자연스럽게 함께하고 있습니다.

춘영 소리결이 2000년에 결성된 신생 단체이면서 독특하고 고유한 성향을 가진 것 같아요. 소리결의 성격이나 활동 내용을 조금 더 설명해 주세요.

인수 소리결을 결성하고 제일 활발하게 활동했던 것이 2002년에 부산에서 아시안게임 때였어요. 그 대회에 이북 선수단이 참가했어요. 그때 '통일아시아드 응원단'이라는 이름으로, 아까 얘기했던 술청이라는 문예일꾼 조직이 통일응원단을 결성해서 응원을 했어요. 그 외에 사회에서 필요한 부분, 예를 들어 부산에서는 탈핵문제나 아니면 노동문제 등으로 연대할 단체들이 주로 함께했었고요, 최근에는 탄핵촛불 때 매주 토요일마다 부산 서면의 촛불행진에서 꾸준히 풍물을 쳤습니다.

춘영 소리결이 부산 지역 촛불집회에서 풍물굿을 주도적이면서도 지속적으로 꾸준히, 빠지지 않고 했던 것이 중요한 것 같아요. 소리결이나 김인수 상쇠님은 탄핵촛불을 시작하면서부터 끝까지 어떤 마음이었고, 어떤 과정이었고 그 결과로 어떤 부분이 남았는지 얘기해 주시면 좋겠습니다.

인수 개인적으로나 단체 전체로 보면, 이전에도 비슷하게 활동해 왔지만, 최근에 들어 소리결의 활동이 도드라지게 변화하는 계기는 세월호 같아요. 그때 우리의 한계가 너무나도 분명하구나, 하는 걸 느꼈죠. 이전의 우리 활동이 너무나도 안일했다. '이제는 민주화가 다 되었다.' 이렇게 생각했던 것들이 한순간에 무너진 게 세월호 참사였어요. 세월호 사건 이후 부산 지역 예술가들이 '뭐라도 해야겠다.'는 생각을 '예술인행동'으로 표현했고, 그 이후 국정농단과 백남기 농민 시신 탈취 상황, 이런 상황에서 뭐라도 해야 된다는 것이 시작이었습니다. 그때부터 매주 서면에 나갔죠. 처음에는 풍물을 들고 나가진 않았어요. 그런데 현장에서 시대의 변화를 향한 너무나 큰 열망을 확인하고 거기에서 풍물을 가지고 이 사람들과 함께해야 되겠다는 생각이 절실했죠. 처음에는 옷도 안 입고 그냥 악기만 들고 페이스북 공지만 했어요. '부산에 있는 풍물꾼들 다 모여서 함 뚜들깁시다!! 열받으니까~!' 그런데 예상외로 많은 풍물꾼들이 모였어요. 그때 부산에서 10만 명이 모였으니까. 그때부터 꾸준히 하게 되었어요. 소리결이 주최나 주도를 한 것은 아니지만, 제 개인적으로도 여기서 끝을 보지 못하면, 나라를 바꾸지 못하면 우리는 더이상이 일을 할 이유가 없다, 풍물을 칠 이유가 없다는 생각이 컸어요. 그래서 끝까지! 10월에 시작된 그 촛불행진이 겨울을 지나고 봄이 와서 탄핵이 되는 날까지 멈출 수가 없었어요. 소리결 풀네임이 '민족의 소리 통일의 물결 풍물굿패 소리결'이거든요. 이 촛불집회가 소리결이 원래 하고자 했던 역할들이 잘 드러나는 계기가 된 것 같아요. 소리결의 단원들과 회원들도 많이 함께하게 됐고, 어쨌든 그 일을 계기로 소리결의 활동력이 많이 확장된 것 같아요.

춘영 신기하면서도 부러운 것은 전업을 하는 단원과 비전문인 회원들이 같이 있는 구조예요.

인수 예, 같이 있어요.

춘영 전업 활동 단원과 비전문인 회원들이 시대의 아픔이나 모순에 대해서 함께 움직이고 실천을 해냈다는 것이 인상적으로 다가오는데, 맞나요?

인수 예, 맞아요. 그러면서 알게 모르게 회원들 중에서도 대학생 때 진보적인 의식을 가졌던 분들이 있었는데, 연령대는 저랑 비슷하거나 좀 어리거나 선배들이거나 한데 이런 분들께 좀더 편히 얘기할 수 있었던 것 같아요. 지금 소리결이 하는 활동들이 부담으로 다가가지 않게 된 것 같아요. "서울에 같이 갑시다." "촛불길놀이 갈까요?" 할 때 잘 받아들여지는 부분이 있어요.

춘영 상당한 상호 신뢰가 있는 것 같아요. 이 부분은 풍물굿이 놓일 자리, 또는 풍물굿이 나아갈 방향에 대한 의미 있는 사례가 될 것 같아요. 운영의 묘라든지, 운영 방식이라든지, 왜 그런지, 예술 양식과 교육 프로그램 운영 등 여러 가지 면에서 모범 사례가 될 수 있을 것 같아요.

풍물굿쟁이 평생동지를 만나다

춘영 김인수라는 굿쟁이의 풍물 세계, 예술 세계에 대해 여쭤보겠습니다.

김인수의 예술 세계를 이루어 내는 데 기본적으로는 대학 동아리가 있고, 배관호 선생님이 있고, 소리결도 있고 또 어떤 분, 어떤 경험이 있을까요?

인수 어쨌든 지금의 활동을 가장 크게 뒷받침해 주는 사람은 마눌님(아내)입니다. 구지연 선생님이죠.

춘영 아, 의외입니다. 재밌어요.

인수 그리고 한 분 더 말씀을 드린다면 민예총에서 같이 활동한 배우면서 연출가인 김선관 선생님이 있어요. 그리고 대학 동아리 선배들이 있겠네요.

춘영 재밌는 얘기부터 하죠. 어떤 의미에서 구지연 선생님, 그러니까 아내가 김인수 굿쟁이의 예술 세계를 형성하는 데 가장 큰 부분을 차지하는지…. 처음 듣는 사례인 것 같아요.

인수 2000년대 중반에 결혼을 했어요. 소리결을 결성하고 나서 집사람이 제가 하는 일에 무한한 신뢰와 지지를 보내주었어요. 그게 저에게는 아주 큰 힘이 되었어요. 다른 분들은 잘 모르겠지만, 보통 풍물꾼으로 살다 보면 같은 지역 내에서나 같은 분야에서 알게 모르게 서로 경쟁을 하는 게 자연스러운 것 같아요. 소리결을 처음 시작을 했을 때는 늦게 출발한 단체이고 후배 입장이다 보니까 많이 무시를 당했어요. 무시라는 게 대놓고 그러지는 않은데, 쉽게 생각하고, 동원으로만 생각하고, 잘 인정해 주지 않고 그랬어요. 그런데 지연 씨는 제가 하는 일에 대해서, 그리고 저의 역량에 대해서 자신감을 많이 심어 주었어요. 그래서 소리결의 일이 아주 중요하고 정말 의미 있는 일이라는 걸 일깨워 줬어요. 물론 처음에 소리결을 함께 시작했던 친구와도 그런 공감대를 갖고 있었는데, 여러 가지 사정으로 중간에 한 번 소리결이 무너졌어요. 단원들이 모두 흩어지고…. 활동이 많이 위축이 됐죠. 그때 지연 씨가 그런 지지대 역할을 해 줘서 지금의 제가 있을 수 있었죠. 저를 만들어 준 건 지연 씨가 70~80% 정도라고 할 수 있어요. 물론 대학 선배들이나, 배관호 선생님, 조상용 선생님 등 많은 분들이 풍물이나 음악적인 부분에서 많은 영향을 주었지만, 풍물굿으로 삶을 살아가는 부분에서 많은 지혜와 자신감을 주면서 굿쟁이로서 올곧게 서도록 만들어 준 건 지연 씨가 가장 큰 역할을 했다고 생각해요.

춘영 아내를 만나서 영향을 받았다는 부분을 조금 더 자세하게 얘기해 주실 수 있을까요? 예를 들어서 말씀을 해 주시면?

인수 일단은 제가 하는 일을 너무 좋아하고, 풍물굿을 같이하고 싶어해요. 처음엔 같이하는 과정에서 부딪히기도 하고 조금 힘든 과정이 있었어요.

춘영 지금 아내를 처음에 만났을 때는 이쪽과는 무관한 분이었나요?

인수 예, 아니었어요.

춘영 무용을 하시는 것 같은데 그것도 한참 나중인가요?

인수 결혼하고 나서 지연 씨가 같이할 수 있는 것을 찾아보다가 춤을 하게 되었습니다. 처음엔 가르치고 배우는 관계로 만났고, 좋아하고 존경하고 같이하고 싶은 마음까지 이어져서 지금까지 왔죠.

춘영 형님이 이런 활동을 할 때, 처음엔 학생으로, 제자로 들어왔다가 풍물굿을 같이 하고 싶은 정도로까지 왔어요. 어떻게 보면 그것도 형님의 역량이고 형님의 매력인 것 같아요. 상당히 흥미있는, 굉장히 특이한 케이스예요. 즉흥적인 질문인데, 김인수에게 풍물굿과 가족은?

인수 어떤 의도인지 잘 모르겠는데, 처음에는 지연 씨가 이런 질문을 했어요. "소리결과 나(가족)의 비중은 어느 정도냐?"고. 그때 반반이라고 답했어요. 지금은 지연 씨가 소리결에서 중요한 역할을 하고 있고 소리결에 사람들이 편히 올 수 있는 분위기를 잘 만들어 주고 있어요. 남자들만 있으면 분위기가 어둡고 칙칙하잖아요? 지연 씨가 사람들에게 춤도 가르쳐 주고, 또 춤을 배우려는 분들이 대부분 여성들이잖아요? 자연스럽게 여성들도 소리결에 많이 오게 되고 장구나 사물놀이나 북춤을 배우면서 소리결 분위기를 밝게 만들어 주는 역할을 잘해 주고 있어요. 그래서 지금은 물어보면 둘 다 100프로! 이렇게 얘기를 해요. 늘상 같이 가는 거니까.

춘영 아까 보니까 자녀들도 왔다 갔다 하던데, 아내가 소리결의 활동을 상당히 신뢰하고 있는 게 느껴져요. 본인의 신념도 비슷한 거고요?

인수 아주 많이 비슷하죠. 지금 준비하는 나라풍물굿도 굉장한 의지를 가지고 같이하고 있습니다. 보통은 결재받는다 생각하고 "내가 이 일을 하고 싶은데 생각이 어때요?" 하고 막히는 부분이 있을 때 물어 보면 명쾌하게 해결이 되는 게 많으니까, 더 신뢰하고 의지를 하게 되는 것 같아요.

평생의 스승 배관호 굿쟁이

춘영 김인수 굿쟁이의 예술 세계를 논하는 데 배관호 선생님을 빼놓을 수는 없을 것 같아요. 배관호 선생님 자체보다 김인수에게 배관호 선생님은 어떤 존재인지, 어떤 부분에서 영향을 받았는지?

인수 선생님은 대학 1학년 때 전수에서 처음 만났어요. 그때 선생님이 현재의 저보다 어린 나이셨죠. 선생님이 30대 초반 정도. 그때 '사람이 어떻게 저렇게 몸을 쓸 수가 있나?' 그런 생각을 했었어요. 제가 상모재비로 시작을 했는데요. 연풍대나 자반뛰기를 할 때, 당시에는 체계적으로 배우는 과정이 없었을 텐데 선생님이 다 하시는 거야. 거기에 큰 감동을 받았어요. '풍물 하는 게 저렇게 멋있을 수가 있구나.' 그때는 학생이니까 잘하는 거, 멋있는 거 꼭 따라 하고 싶었으니까요. 그 이후 졸업을 하면서 '앞으로 문예일꾼으로 계속 살아야 되겠다. 그러면 내가 잘하는 게 뭔가?' 하는 마음을 가지고 여기저기 많이 찾아다녔어요. '일터'라는 노동연극 단체도 찾아갔었고, '희망새'라는

2019년 3 · 1혁명 백주년 만북울림 중 경상권 상쇠 연행

노래극단에도 가서 문예일꾼으로 살아가는 것에 대한 고민도 얘기해 보고, '남산놀이마당'도 찾아가서 어떻게 해야 할지 물어봤어요. 그 과정에서 전업 일꾼으로 살아가는 데는 역량이 중요하다는 결론을 내고 선생님을 찾아갔어 요. '풍물굿이라는 것을 나에게 제대로 전해 줄 수 있는 사람이 누굴까?' 하 는 고민 끝에 배관호 선생님께 배우러 갔어요. 대학 새내기 때의 그 첫 인연 은 정말 오랫동안 이어지는 것 같아요. 곳곳에 훌륭한 선생님들이 많이 계시 지만 배관호 선생님을 찾아간 것도 첫 인연이라는 게 크게 작용한 것 같아요. 그 인연이 아직까지 이어지고 있는 거죠.

춘영 배관호 선생님의 소개를 간략하게 해 주세요.

인수   달성다사12차진굿보존회 단장님이시구요. 상쇠를 하고 계십니다. 또 경상도 외북춤인 '금회북춤'을 보유하고 계십니다. 제가 볼 때 경상도 외북춤의 일인자라고 할 수 있죠.

춘영   '금회'는 지역명인가요?

인수   예, 발상지인 세천리를 금호강이 돌아가는 마을이라고 해서 '금회촌'이라고 불렀습니다. 이름을 따서 '금회북춤'이라고 합니다. 선생님 북춤은 무용하는 사람도 많이 배웁니다.

춘영   배관호 선생님께 배운 내용을 정신적인 거, 기량적인 거, 예능적인 거로 나눠서 얘기해 주신다면?

인수   풍물굿쟁이로서 김인수의 80%는 배관호 선생님의 영향이라고 할 수 있죠. 사물놀이도 한울림이나 다른 작품을 배우지 않았으니까요.

춘영   사물놀이는 누구한테 배웠어요?

인수   배관호 선생님이요. 사물놀이뿐 아니라 농악도 선생님께 다 배웠으니까요. 딱히 꼽자면 조상용 선생님께 '영남성주풀이'를 배웠다는 정도입니다.

춘영   대학 동아리 활동에 대해서 말씀을 해 주신다면?

인수   부산대학교 단대풍물패 연합이고, 저는 상과대 풍물동아리였어요.

춘영   당연히 운동을 많이 했죠?

인수   대학 풍물패는 데모하는 곳이라는 인식을 심어 준 대표적인 동아리였죠. 그때 당시는 한총련이나 부경총련 등 지역별로 대학 학생회 조직이 있었고 그 안에서 풍물패들끼리, 문예패들끼리 연합해서 풍물 하고 길놀이 하고 가투 하고 같이 많이 만들었죠.

춘영   군대는 언제 갔다 왔어요?

인수   군대는 95년도에 입대했어요.

춘영   95년도 3학년 때? 갔다 와서도 계속 풍물을 한 거죠?

인수 95년도 3학년 때 가서, 제대 후에는 총학생회 문화국에 들어가서 아시바 좀 쌓고 앰프 좀 나르다가 결정적으로 이 길로 가겠다 진로를 결정한 거는 통일선봉대를 다녀오면서였어요. 보통은 군대 갔다 오면 이전에 했던 학생운동이라든가 문예일꾼으로서의 역할을 접고 공부와 취업에 매진하잖아요? 저는 거꾸로 군대 가기 전에는 풍물만 열심히 치다가, 군대 갔다 와서는 총학생회 일을 하고, 통일선봉대 다녀오면서 문예일꾼으로서의 삶을 고민하게 되었죠.

춘영 저는 94학번이고 형이랑 한 학번 차이가 나는데 97연대항쟁인가… 그 시기를 겪으셨던 건가요?

인수 97년도가 아니고 연대항쟁은 96년도였고, 저는 그때 군대에 있었고, 97년도 2월에 제대했죠.

춘영 그 무렵에 한총련이 완전 이적 단체로 지목되면서 학생운동이 완전히 꺾이게 되었죠.

인수 정권의 위기를 돌파하기 위한 희생양이었죠.

춘영 97년도부터 99년 무렵까지 문예일꾼, 통일선봉대….

인수 통일선봉대가 98년도예요.

춘영 전업으로 하겠다고 결심하고 처음에는 문예일꾼으로 정체성을 잡았는데 풍물을 하다 보니까 '풍물꾼으로 가야 되겠다.' 이렇게 정리가 된 건가요?

인수 맞아요, 그렇죠.

춘영 그다음 김선관 씨는 어떤 분인가요?

인수 선관 형님은 '극단 일터'의 배우예요. 아주 어릴 때 만났어요. 학교 선배는 아니에요. 대학 1, 2학년 때 풍물패는 농활 문선대로 가는데 마당극을 해야 되잖아요? 그래서 극을 배워야 했어요. 그때 선관 형님이 '일터'에 있었어요. 극을 배우면서 처음 만났어요. 그 이후로는 인연이 거의 없었어요. 그러다가 2010년인가? 그때 부산민예총에서 역할을 맡을 때 다시 만나, 같이 일하게 되었어요. 그래서 처음에는 좀 서먹서먹했어요. 어릴 때 만났지만 그리 친한 관계도 아니었고 장르가 달라서 같이할 기회도 없었고…. 그때 형님이 "소주나 한잔 할까?" 해서 마신 게 소주 7~8병 정도. 그러면서 서로를 받아들이게 되었어요. 그 이후로 많은 일을 함께했어요. '금정산 생명축전'도 함께했고요. 이 형도 탈패 출신이니까 아름다움을 보는 미학적 관점이 있어요. 풍물굿의 미학적인 부분에 대해 생각을 많이 나누게 되었어요. 통하는 것도 많았고. 내가 부족한 부분을 형이 채워 주기도 하고 반대가 되기도 하고. 같이 일하면서 일하는 방식, 이야기를 풀어내는 방식 등을 많이 배웠죠. 풍물을 바라보는 관점, 생명과 세계를 바라보는 관점에서 많은 배움을 얻었어요. 작년에 소리결 정기 공연 '세월을 넘는 길굿'에서 같이 연출을 맡았는데 안 보이는 것들을 보려고 하는 게 많았어요. 우리는 풍물을 할 때면 '대동놀이'를 많이 하는데요. '대동'에는 항상 '소이'가 따라붙어요. '대동소이(大同小異)'라는 말을 풀어 보면 '대충 비슷하고 모두가 다른' 거예요. 지금까지의 풍물이나 운동의 세계관은 '대동'만 강조된 것 같아요. 다 같이해야 된다는. 근데 원래는 '각자가 다 다르다' 이런 것들을 일깨워 주는 역할을 많이 해 주는 형님이에요. 그걸 계속 일깨워 주면서 좀더 작은 것, 좀더 평범한 것에서 아름다움을 찾고자 하는 모습에서 많은 영감을 받아요. 그 전에는 소리결도 무대 공연에만 집중했거든요. 사물놀이나 무대 공연. 그런데 형을 만나고서부터는 작은 것, 조금 느린 것, 좀더 단순한 것, 화려하지 않은 것에서 아름다움을 찾으려 하죠.

춘영 김선관 선배님이 굿적인, 전체적이고 고유하고 전통적인 세계관을 갖고 있고, 예술성이나 감수성이 탁월한 분인 것 같아요.

인수 최근에 김원호 선생님의 '정화수 의례굿'을 처음 봤을 때, 예전에 선관 형님이 했던 얘기가 떠올랐어요. "모든 축제는 정성을 모으는 일이고 그건 우리 어머니가 달빛 아래에서 장독대에 물 한 그릇 떠놓고 온 정성을 다해서 비는 그 마음으로 정성을 모으는 일이다."라고 했거든요. 그것이 정화수 의례굿에서 얘기하는 거라고 느꼈어요. 그래서 저는 신기했어요.

춘영 통하니까?

인수 예, 통하니까.

풍물굿의 명칭 문제, 굿이 맞나?

춘영 다음은 명칭 문제예요. 우리가 하는 행위를 풍물굿이나 굿이라고 주로 불렀는데요, '굿'이라는 용어에 대해 부정적인 인식이 많아요. 미신으로 몰아가려는 사회적 분위기도 있고, 한편으로는 유네스코에는 '농악'이라고 등재되었고요. 경상도에서는 '매굿' 이렇게 쓰기도 하고요. 이런 전체적인 상황에 대해 드는 생각이 있다면요?

인수 '굿'은 기본적으로 정성, 염원을 모아 내는 일이라고 생각해요. 그 과정을 통해서 '하는 자'에게도 변화가 일어나고 '보는 자'에게도 변화가 일어나고, 그것을 함께 '나누는 자'에게도 변화가 일어나는 것이 '굿'이라고 생각해요. 그런데 일반적인 '굿'의 개념이 기복이나 신앙, 무당, 미신이라는 인식이 강하기 때문에 계속 써야 되나 말아야 되나 고민이 되는 것 같아요. 저는 '풍물굿' 또는 '굿'이라는 말은 애써서 지키고 꼭 붙잡고 가야 한다고 생각해요. '금정산생명문화축전'이라고, '제' 대신 '전'이라고 했어요. 제사를 지내는 게 아닌 거죠.

춘영 '전'이 무슨 '전' 자예요?

인수 '법 전(典)'이에요. 법, 책 이라는 뜻 외에 '가르침', '의식'이라는 뜻이 있어요. '축제'라고 하지 않고 '축전'이라고 했던 이유가 있어요. 어쨌든 '굿'이라는 것은 우리가 붙잡고 가야 되는 거라고 생각해요. '풍물'이나 '농악'이라는 단어로만 가게 된다면 그 본래의 역할, 음악과 예술을 통해서 범죄율이 낮아지는 것을 포함한 굿의 사회문화적인 측면, 교육적인 측면에서 놓치는 부분이 있다고 봐요. 변화를 일으켜 내는 것이 '굿'이고 그것을 통해 공동체의 사회, 문화적 변화를 일으켜 낼 수 있다고 봐요.

춘영 아주 깊이 공감되는 말씀입니다. 풍물굿이라는 명칭으로 가야 되는 밑바탕에는 '굿'이라는 더 넓은 세계가 있다고 봐요. 부산에서는 뭐라고 써요?

인수 보통 풍물굿위원회. 민예총에서 풍물굿위원회라고 많이 써요.

춘영 지역에서? 전통적으로?

인수 지역에서는 지역문화재인 '부산농악'도 '농악'이라고 써요.

춘영 부산에서는 전통이 거의 단절이 돼서 새롭게 구성되고 있다고 봐야 하나요? 그래서 풍물굿이나 굿이라고 쓰는 게 서울도 마찬가지예요. 서울이라는 지역도 원래 이런 행위나 내용이 없었기 때문에 재구성이 아니라 이제 새롭게 시작하는 거거든요.

인수 저는 '풍물굿이 꼭 전통이냐? 현재에 맞게 새롭게 할 수 있지 않겠느냐.' 생각해요. '옛날 것'이라는 개념 자체가 갇히게 되는 면이 있어요. 대중이 원한다면 '굿'이라는 말을 빼고 다른 말로 쓸 수도 있다고 봐요. 소리결도 마찬가지예요. 처음 배우는 사람들 모둠을 '풍물 기초반'이라 하지 않고 '소리결 농악반'이라고 해요. 마음 편하게 오시라는 뜻이에요. '농악'이라는 말이 사람들에게는 편하게, 쉽게 받아들여지는 말이라고 생각하거든요. 풍물굿을 하고자 하는 분들도 이런 것들은 얼마든지 수용할 수 있다고 생각해요. 저는 풍물굿이 '전통' 또는 '옛날 것', '지켜야 할 것'으로만 머물지 않고 당대에 충분히 역할을 해낼 수 있다고 확신해요. 풍물굿, 전통예술 교육을 통해서 사람의 인성, 사회문화적 가치를 교육시킬 수 있다고 봐요. '풍물굿'은 우리가 꼭 붙잡고 가야 된다고만 하기보다, 무형문화재에서 '농악'이라고 하는 것은 제도적인 문제일 뿐, 같이 가면 된다고 생각해요.

순영 예, 안타깝게도 지금 많은 사람들이 풍물굿이 현대, 당대에 충분히 역할을 한다는 생각을 못 하는 면이 있고, 또 현실적인 면에서, 경제적으로 어려움이 있잖아요? 얼마간 연동된 면이 있다고 봐요. 실천하기 어려운 조건, 풍물굿으로 드러내기 어려운 면, 뚫고 나가기 어려운 부분이 있어요. 우리를 한계 짓는 것들이 뭐냐? 제도권, 국가, 언론, 기존 교육 체계에서는 풍물을 모르잖아요. 또 전통음악, 전통문화를 잘 몰라요. 이런 게 풍물 진영만의 문제는 아니지 않나? 왜 '풍물굿이 당대, 현재에 사회적 역할을 할 수 있다'는 생각을 못 하지? 그런 걸 물어보고 함께 얘기해 보고 싶은 거예요.

인수 퍼뜩 드는 생각은 '파편화되어 있어서 그렇지 않을까?' 하는 겁니다. 뜻이 같은 사람들이 합일이 안 되니까. 다들 보존회나 문화재에 소속돼서 거기 전수조교가 되고 보유자가 되는 것에 집중을 할 수밖에 없는 구조. 전공하는 사람들 경우에는 팀을 결성하거나 시립이나 국립에 들어가거나, 작품 활동을 하는 등 각자도생할 수밖에 없으니까. 풍물굿의 사회적인 역할과 풍물굿 진영의 역할을 확인할 수 있는 계기가 없잖아요. 그러다 보니 역할에 대해 고민을 못 하는 것 아닐까요? 지금 나라풍물굿이 지속적으로 이어져 가야 하는 이유를 서로 확인하는 게 필요하다고 봅니다. 풍물굿 활동을 하는 것이 나만이 아니고 '전국에서 많은 이들이 같은 뜻으로 하고 있구나.'를 확인하는 거죠. 올해 3월 1일 만북울림이 그걸 확인하는 장이었어요. 그 힘으로 4월 13일 판을 하게 되는 거구요. 그것에 이어서 '경계를 넘는 길굿'을 추진하고자 하는 의지가 강해지는 거죠. '나 혼자 이렇게 한다고 뭐가 되겠어?'가 아니라 '이렇게 하면 같이할 풍물꾼들이 전국에 무수히 많이 있구나.'가 확인되는 거죠. 그래서 만북울림이 중요하다고 생각하는 거예요.

춘영　그와 관련해서 풍물굿 진영이 젊은 전공자, 학생들과 함께하는 문제가 있어요. 그 친구들이 학교에서 전공을 한 친구들인데 세월호 관련 현장이나 촛불집회 현장에 오지 않았거든요. 무대나 공연 중심으로만 가고. 크게 보면 우리랑 다르지 않은데, 결국엔 우리가 제도권화되려면 전공자, 학생들도 함께해야 하지 않을까요? 명칭도 이 친구들은 '풍물굿'이라는 말을 안 쓰거든요.

인수　그렇죠. 팀 이름이나 공연 제목을 봐도 그렇죠.

춘영　연희라고 하거나 사물놀이, 농악이라고 하죠.

인수　아니면 광대라고 하거나….

춘영　그래서 어떤 명칭을 쓰느냐가 중요하거든요. 그 명칭 아래 사람들이 모이는 거거든요. "사물놀이 모여." 하면 쫙 모이고, "농악 모여." 하면 쫙 모이고, "풍물굿 모여." 그러면 굿쟁이들이 모이잖아요? 길고 넓게 얘기해 보면 현실과 이 명칭이 만난다고 봐요.

인수　역량 문제 아니겠어요? 무형문화재는 농악이고, 우리는 풍물굿 진영이고, 또 젊은 전공자들이 있고. 크게 보면 이렇게 세 갈래가 있다. 그리고 이제 이 명칭 논의를 시작했잖아? 우리가 이 풍물굿을 꼭 붙들고 있지 않으면 결국엔 이쪽으로 갈 수밖에 없는 게 현실.

춘영　형님 말씀은 풍물굿이란 이름을 중심으로 풍물굿의 정신과 내용, 당대성, 예술성의 중심을 잡고 가야 된다?

인수　그걸 잡고 가야 그들을 견인해 낼 수 있지 않을까 생각해요. 시간은 걸리겠지만 그렇게 가야 한다고 봅니다.

춘영　지금 우리가 시대와 예술 양식을 얘기하고 있어요. 예술 양식이란 공연만이 아니고 굿성이라고 하는, 소리나 놀이나 종교적인 측면 그리고 정치,

교육, 사회적인 여러 측면을 아우르는데, 형님이랑 저는 같은 세대이기 때문에 공감대가 있는 것 같아요. 지금 대학 풍물동아리의 경우도 일부를 제외하고는 공연 위주로 생각하는데, 그래도 잘하는 대학 동아리도 있어요.

인수 내가 지도하거나 인연을 맺고 있는 대학 동아리 중 부산내 '단풍연' 친구들은 촛불길놀이에 적극적으로 결합하고 또 후배들을 키워 내고 있고, 동아대의 경우에 졸업한 선배들이 '난쟁이'라는 졸업생 모임을 만들어서 풍물굿의 굿적인 모습을 찾아가는 활동을 하고 있어요. 그것을 잘 견인해 주고 살려 주는 게 우리의 역할이 아닐까 합니다.

소리결의 상쇠

춘영 다음으로는 상쇠 역할을 중심으로 한 풍물굿 이야기로 넘어가겠습니다. 상쇠는 어떻게 되셨어요? 소리결의 상쇠가 된 계기는 무엇인가요?

인수 뭐, 만들었으니까 상쇠가 됐지. 하하하. 원래는 단체에서 이은규 단원이 상쇠를 했었어요. 저는 장구로 시작했고요. 중간에 단체가 여러 가지 문제로 한 번 흩어졌어요. 은규도 경제 문제나 여러 문제로 그만두게 됐죠. 지금은 직장생활을 병행하면서 단원으로 같이하고 있지만…. 그 이후에는 제가 혼자 남아서 소리결을 끌어가다 보니까 자연스럽게 상쇠를 하게 되었어요.

춘영 김인수라는 사람은 어떤 악기가 가장 잘 어울리는 것 같아요?

인수 처음에는 소고재비, 상모로 시작했어요. 그런데 군대에서 손을 다치게 되었어요. 저는 못 할 줄 알았어요. 그게 오른손인데 전역하고 다시 풍물을 하려고 할 때 '장구가 가장 잘 맞지 않을까?' 해서 장구를 하게 되었어요. 그렇게 소리결에서 활동하다가 종환 형님, 의철 형님 등 부산농악 형님들하고

'사물놀이 프로젝트팀'이 결성되었는데 거기서는 북을 맡아서 했어요. 어쩌다 보니 여러 악기를 다 했어요. 소리결에서는 달성다사농악을 하거나 판굿을 하거나 할 때 판을 이끌어 가는 게 중요하기 때문에 그 역할을 다 할 수 있는 사람이 없어서 자연스럽게 상쇠를 하고 있죠.

춘영 본인이 제일 편하고 좋아하는 악기는요?

인수 북이에요.

춘영 좋아하는 이유는요?

인수 일단은 단순하고 재미있어요. 모든 악기마다 매력이 있지만 북은 내가 더 할 수 있는 부분이 많은 것 같아서 좋아요.

춘영 그럼 상쇠의 역할을 할 수 있는 단원이 나온다면 소리결 상쇠 역할을 넘겨줄 수도 있다는 건가요?

인수 그렇죠. 당연히.

춘영 본인이 상쇠 하면서 다른 상쇠와 비교해 봤을 때 '이런 부분이 부족하다.', '좀 더 채워야 되겠다'는 부분이 있다면?

인수 어렵다거나 힘들다기보다는 좀 부족하다고 느끼는 부분이 있어요. 상쇠는 치배를 잘 놀려 줘야 되잖아요? 잘 놀리고 판의 분위기를 신명나게 끌어올려 주는 게 중요하다고 생각하는데 그런 부분이 조금 부족하지 않나? 배관호 선생님을 보면 치배들이 정말 잘 놀게 만들어 줘요. 그게 기능적인 부분이라기보다는 성격인 것 같아요. 선생님을 볼 때마다 나도 저렇게 잘하고 싶은데 그게 잘 안 돼요. 선생님에 비해서는 아직 많이 부족한 것 같아요.

춘영 소리결에서 대표로서, 리더로서의 역할은 제가 볼 때 충분히 잘하고 있는 것 같아요. 그것과 다르게 풍물굿의 상쇠로서는 본인이 느끼기에 아직 부족한 부분이 있다? 알겠습니다. 그럼 풍물굿을 잘 모르는 사람에게 어떻게 해야 풍물굿을 쉽게 설명할 수 있을까요?

인수　완전히 어려운데요! 하하하.

춘영　풍물굿이 뭐예요? 대중에게 쉽게 설명하자면?

인수　그냥 재미나고 즐겁고 신나고…. 전 그게 제일 큰 거 같아요. 그러니까 제가 겪은 것을 얘기하면, 풍물을 치다 보면 쌓이는 맛이 되게 좋아요. 똑같은 장단을 계속 치잖아요. 한 장단을 20분이고 30분이고 계속 치다 보면 맨 처음에 쳤던 소리와 한 시간이 지난 후 소리는 분명히 달라요. 나의 기운과 느낌도 분명히 변해 있고요. 내 소리 느낌도 달라진다, 그게 굿이다, 풍물굿의 맛이다. 쌓여 가는 맛! 이거는 아무리 말로 설명해도, 직접 한 시간을 쳐 보지 않으면 모르는 거거든요. 제가 어려서 처음 영산줄다리기를 갔을 때 그 느낌이 강했어요. 영산에서는 한 장단으로 하루 종일 치거든요. 그게 전혀 지루하지 않고, 지겹지 않고, 그러면서 스스로가 계속 변하는 거예요. 스스로가 흥이 많이 오르고 많이 풀어지면서 뭔가 다른 느낌이 나오는 거예요. 그게 풍물굿의 진짜 매력이 아닌가? 그래서 수많은 사람들이 풍물을 한다고 생각해요. 단순히 연주나 역량, 기량을 키우는 일이었으면 이렇게 대중적으로 확산되지는 못했을 거예요. 쌓여 가는 그 맛, 쌓아서 드러나는 멋이 있는 게 풍물굿인 것 같아요.

춘영　말씀하시는 중에 "풍물굿이 확산되었다."고 하셨는데 그렇게 생각하시는 근거나 내용은 어떤 것이 있을까요?

인수　각 동이나 지자체에 풍물반이 있어요. 제가 보기엔 거의 다 있는 것 같아요. 그것이 지역마다 생겨나게 된 계기는 여러 가지겠지만, 그것이 생겨나고 또 이어지고 어른들이, 주부들이 계속 유입되는 건 풍물만의 매력이 있기 때문이라고 생각해요.

춘영　풍물굿의 전망을 긍적적으로 낙관적으로 보고 계신 거군요?

인수　예, 아주 낙관적으로 봐요. 우리가 제대로 준비되어 있으면 할 수 있는 사람은 무수히 많다고 봅니다. 그런 면에서 아까 얘기했던 나라풍물굿과 여타 과정들이 아주 중요하다고 생각해요.

춘영　형이 지금까지 겪었던 아주 인상적인 풍물굿 현장, 풍물굿판, 평생 잊을 수 없을 정도로 좋았던 굿판 두세 가지만 말씀해 주세요.

인수　첫 번째는 대학교 1학년 때예요. 처음 풍물동아리에서 겪었던 거예요. 대동제 때였는데 3일 밤낮을 풍물과 함께 살았어요. 낮에는 공연하고 길놀이하고, 끝나고 나서는 뒷풀이를 해. 또 저녁에는 주막 지신밟기 하면서 풍물을 쳐요. 밤늦게까지. 마지막에는 풍물패들끼리 남은 신명을 풀다가 어느 계곡에서 쓰러져 자요. 학교 안에 계곡이 있어요. 다음 날 또 일어나서 공연하고, 길놀이하고 풍물 치고 뒷풀이하고…. 그게 정말 재미있었어요. 스스로를 많이 놓게 되는 그런 계기? 지금 생각하면 그때처럼 놀 수 있는 때가 또 올까 싶어요. 두 번째는 영산줄다리기! 거기 처음 갔을 때 '그렇게 많은 풍물패가 있을 수가 있나?'라고 느꼈어요.

춘영　영산줄다리기에서 풍물패가 많아서 좋았던 건가요?

인수　아뇨, 아까 얘기했듯이 하루 종일 한 장단으로 그렇게 많은 풍물패가 그렇게 신나게 노는 모습이 정말 인상적이었어요. 옆에 막걸리 통도 있고 가난했던 학생 때니까 막걸리 통이 있고 자유롭게 마실 수 있다는 게 얼마나 좋았겠어요.

춘영　그때가 90년대 말쯤이었나요?

인수　그때쯤이었던 것 같아요.

춘영　저도 2000년 초반쯤에 몇 년 갔었어요. 저도 엄청 좋았거든요. 그때 완전히 걸쭉할 때지. 요즘엔 갈수록 조금 기운이 떨어지는 느낌인데….

인수　그때는 싸움도 막 났어요. 하하하. 근데 그게 재밌는 거야. 술도 많이 되어서…. 어쨌든 정말 기억에 많이 남는 풍물판이었어요.

춘영 또 인상적인 굿판이 작년 촛불집회 과정이지 않나요?

새 나라로 가는 길굿: 부산 촛불집회 풍물굿판을 이끌다

인수 소리결의 활동이 세월호 이후 촛불까지 이어지는 상황에서 많이 변화가 있었고, 특히 촛불길놀이 이후 많이 단단해지고 '새로운 길로 가고 있다'는, 풍물굿에 대한 확신을 다지는 계기가 되었어요. 촛불길놀이, 그 속에서 보이는 굿성을 굳이 생각하지 않더라도, 끝없이 계속 이어 가면서 무엇인가를 넘어간다, 새로운 방향으로 간다는 의지를 만들어 준 계기가 되었어요. 그게 가장 컸죠. 어쨌든 소리결의 활동에서 큰 전환점이라고 할 수 있어요.

춘영 촛불에서 풍물굿 길놀이는 그 자체로 감동적이었고 다른 곳에서 느낄 수 없었던 경험과 사례가 있을 것 같아요. 그중에 하나만 소개한다면?

인수 무수히 많지만 사람이 제일 많을 때가 두 번째인가 세 번째인가…. 부산에서는 10만 군중이 모인 적이 별로 없었는데, 그때 10만이 모였어요. 소리결도 갔고…. 또 그 다음주에는 15만 명이 모였대요. 서면에서 문현로터리까지 행진을 하는데 사람들이 너무 재미가 없다는 거예요. 행진을 하는데 음악도 없고 뭐도 없고 대오가 기니까…. 우리 부산의 예술가들이 중간중간에서 음악도 틀고 노래도 하고 연주도 하고 했는데 사람이 너무 많으니까 그게 뒤에까지 전달이 안 되는 거예요. 그때 풍물패에게 "길옆에서 좀 쳐 줄 수 없냐?"는 거예요. 그래서 옆으로 빠져서 열심히 쳤죠. 근데 줄이 안 끝나. 한 시간 쳤는데 진짜 줄이 안 끝나. 10만, 15만이 지나가니까. 행진이 끝이 안 나는 거예요. '사람들의 걸음이 이만큼 대단하구나.' 생각했어요. 작년 2017년 소리결의 정기 공연 '세월을 넘는 길굿'의 주제가 '걸음'이었어요. 한 걸음 또는 첫걸음, 그것이 두 걸음이 되고 세 걸음이 되고 열 걸음이 되고 몇천 걸음이

2016년 12월 31일, 부산 탄핵촛불행진 길굿 후 평화의 소녀상 제막 길놀이

되고, 그렇게 걸음이 쌓여 가는데, 제가 팜플렛에서 마지막에 이렇게 적었어요. 2,014,041,620,171,222걸음, 이렇게.

춘영 뭐예요, 이게?

인수 날짜예요, 날짜. 이 정도의 걸음이 되지 않겠나? 이건 공연 날짜고 이건 세월호 날짜랑 우리 정기 공연 날짜. 그걸 숫자로 적어 본 거예요. 그 '수많은 사람들의 걸음이 이 정도 되지 않았을까?'라고 생각해 본 거예요. 그게 '어느 누군가의 첫걸음부터 시작되지 않았을까?'라는 생각을 한 거예요. 저도 처음엔 할 수 있을까 생각을 했었지만 한 걸음을 딱 걷고 나니 이만큼까지 걸어지더라고요. 이때 생각한 게 사람들의 걸음이라는 게 작은 일이 아니구나 하는 거예요. 보통 길굿이라고 하잖아요. 기본적으로 여기에서 저기로 나의 몸을 이동시키는 게 '걸음'이잖아요. 그 '한 걸음'이 쌓이고 쌓여서 새로운 나라로 간 것이 촛불길놀이라고 생각해요. 그때는 진짜 감동적이었습니다. 또다시 그런 기회가 올까? 또 오면 안 되는 건데…. 그러다 보니 광화문은 못 갔어요. 부산에서 계속하다 보니까. 1, 2월까지 이어지다 보니 기획팀이 운영되고 자연스럽게 풍물팀들을 내가 계속 맡아서 하게 되었어요. 그 일이 우리에게, 또는 나에게 큰 전환점이 되었어요. 그때까지 무대 또는 연주의 한계에 갇혀 있던 상황에서 새로운 길을 찾은 거죠. 물론 기본적으로 사물놀이 연주와 연행에서는 기본 역량을 갖추어야 되는 것이고요. 우리가 추구해 나갈 방향이 이 길이 아닌가 하는 생각을 했어요.

춘영 저도 촛불을 계기로 많이 단단해진 것 같아요. 저는 아직까지도 촛불길놀이의 감동을 가지고 있어요. 그리고 '이 일(기록)은 내가 해야 할 일이다.' 라는 생각을 하게 되었어요.

인수 내가 이거 하나는 보여주고 싶었어요. 작년 우리 공연 팜플렛 '세월을 넘는 길굿!'(팜플렛을 보여주며)

춘영 좋습니다. 촛불집회, 촛불시민혁명을 계속 거슬러 걸어가 보면 아무리 못 가도 세월호까지는 가게 되는 것 같아요.

인수 작년 정기 공연에서 표현하려는 주제가 '세월'과 '새로운 나라로 가는 길굿'이었고, 그것을 이어 주는 것이 '걸음'이었어요. 실제로 10만 명이 걸음을 걸었으면 그 걸음의 숫자는 도대체 얼마였을까? 그걸 셀 수 있을까? 그건 걸음이라기보다는 강이 되고 바다가 되는 거라고 생각했어요. 그렇게 걸음이 쌓였다는 것, 그래서 새로운 세상을 열었다는 걸 정기 공연에서 풍물로 이야기하고 싶었어요. 이렇게 하면서 세상에 많은 변화가 일어났고, 우리 스스로에게도 많은 변화가 일어난 것 같아요. 이게 큰 '굿'이었어요.

상쇠 수련과 상쇠 학습

춘영 상쇠가 되기 위해 어떤 수련과 노력을 했는지? 꽹과리 수련이라기보다는 판을 운영하는 역할로서 상쇠가 되기 위해서 어떤 노력을 했어요?

인수 배관호 선생님께 많은 것을 배우고 익혔고, 한 가지 더 얘기하자면 조상용 선생님께 '영남성주풀이' 소리를 따로 배웠고, 부포나 이런 거는 배관호 선생님께 배웠어요.

춘영 부포를 여기서는 뭐라고 불러요?

인수 부들부포라고 하죠.

춘영 이 부들부포는 털을 썼나요?

인수 종이, 종이를 얇게 잘라서 만들죠.

춘영 이 부들푸포 모양이 웃다리 북상이랑 비슷한 거 같은데 웃다리하고는 또 다른가요?

인수 웃다리도 같은 형태인 걸로 알아요. 근데 잘 몰라요. 김복만 선생님이 하시는 것 보니까 부들부포를 하는데 비슷한 것 같았어요.

춘영 부들부포를 돌리는 사위가 많이 있나요? 재주의 이름 같은 거.

인수 사위는 잘 모르겠지만, 채상이랑 거의 비슷해요. 중요한 건 이슬털기나 몇 기술이 있는데 채상하고 거의 비슷해요.

춘영 부포는 누구에게 배운 거예요?

인수 배관호 선생님이요.

춘영 상쇠 수련에서 노래, 부포 등 전혀 다른 선생님이 계신 건 아니잖아요? 형이 부들부포를 쓴다고 하면 어떤 느낌이에요? 어떤 생각이 들어요? 무슨 말이냐면, 지금까지 전국 상쇠들 인터뷰를 하면서 보니까 부포의 종류가 상당히 많아요. 전라좌도의 부들부포가 있고 전라우도의 뻣상모가 있고, 북상이 있고 픽상모가 있어요. 그다음 채상모가 있고 열두발이 있어요.

인수 픽상은 함안 화천에서 쓰는 걸 얘기하나?

춘영 아니요. 강원도에 픽상이라고, 털이 달렸는데 가운데에 하얀 핫도그 같은 게 달려 있어요. 얘기하고 싶은 건, 풍물의 머리쓰개가 아주 많다는 거 예요. 이런 지역의 상모 말고도 고깔도 있고 잡색들마다 다양한 머리쓰개가 있잖아요? 그런 머리쓰개가 문화적인 상징성, 문화적인 의미 아니면 예술적 인 측면이 있는데 이런 차원에서 여쭤보는 거예요. 부들부포를 쓰고 연행하 는 방식 또는 능력을 묻는 게 아니라 부포를 쓰고 하는 느낌? 아니면 상쇠로 서 이걸 왜 쓰는지? 또는 어떤 멋을 부리고 싶은 건지에 대해 묻고 싶어요. 부 포를 통해서….

인수 꽹과리를 하다 보면 가락으로 신호를 주거나 넘기는 경우가 대부분인 데 간혹 부들상모로 신호를 주는 경우도 있어요. 가락이 바뀌면 상모짓이 바 뀌거든. 그걸 다른 치배들이 신호로 받아들입니다. 일단 부들을 쓰면 이것을 잘 돌리고 멋스럽게 해 보고 싶은 것은 기본이고, 지금 하고 있는 판에서는 하나의 신호로서 역할을 하고 있다는 게 중요하죠. 지금 제가 하는 다사진굿 이 진굿이거든요. 군사적인 요소가 아주 강하죠. 훈련끈까지 다 있으니까.

춘영 훈련끈까지? 꽹과리가 부들부포를 쓸 때와 안 쓸 때가 많이 다른가요?

인수 많이 다르죠.

춘영 좀 설명을 해 주신다면?

인수 안 쓰면 뭔가 안 한 것 같은 느낌, 갖춰야 될 것을 안 갖춘 느낌이에요. 상쇠든 부쇠든 쇠재비가 머리에 아무것도 안 쓰고, 또 다른 재비들이 고깔을 안 쓰는 식으로 머리에 아무것도 안 하면 뭔가 안 갖춰진 느낌이에요. 그것이 어떤 느낌인지는 구체적으로 말씀드리기는 어려운데, 맨머리로 하는 것은 뭔가 덜 갖춰진 느낌이 있어. 물론 그렇게 해야 할 상황이 있고 또 맨머리로 해야 될 여러 상황과 판들이 있어요. 그것과는 별개로.

춘영 다사농악의 고깔은 하얀색으로 엄청 크잖아요? 고깔을 좀 묻고 싶은데요. 고깔은 어떤 의미로 이야기를 할 수 있을까요?

인수 따로 의미가 있다기보다는 대구, 경북 지역 그러니까 경상도 북쪽은 대부분 그렇게 고깔이 커요. 구미, 무을, 김천, 다사 등이 다 비슷한 크기에요. "왜 그렇게 크게 만들었냐?"라고 물어보면 그건 저도 잘 모르겠어요. 근데 큰 고깔을 쓰고 북을 치거나 할 때 고깔짓이 있거든요. 악기마다 장단을 맞추어서 '쿵 쩍 쿵 쩍' 들이박거나, 고개를 좌우로 흔드는 동작이 있어요. 그게 멋스럽기도 하고 보는 사람으로 하여금 좀더 풍성하게 만들어 주는 것 같아요. 어떤 의미로 그렇게 크게 쓰느냐, 아니면 색깔을 그렇게 쓰느냐 하는 부분은 제가 공부가 얕아서 잘 모르겠어요.

춘영 색깔은 하얀색인가요?

인수 네, 하얀색. 온통 하얀색이죠.

춘영 구미의 경우는 중간에 색깔이 들어간 것 같던데요.

인수 중간에 색깔이 들어가 있더라구요. 그 이유를 물어보진 않았는데 우리가 복색을 갖출 때 좀더 화려하고 눈에 띄게 하는 그런 것이 아닐까 짐작할 뿐이에요. 그게 계속 전해져 내려오다 보니 그 단체 또는 농악의 형식으로 자리잡힌 게 아닐까 생각해요. 계속 하얀색을 하다가 어느 순간에 다른 색으로 바뀔 수도 있다고 봐요. 세월호 예술인행동을 할 때는 머리에 쓰는 꽃천을 노랗게 물을 들여서 쓰기도 했으니까요. 그때그때 맞춰서 하는 게 아닐까 생각해요.

춘영 예, 그럴 수도 있죠. 이런 문화가 아주 소중해서 여쭤보는 거예요. 나라풍물굿을 할 때에도, 결국 이런 부분이 고유한 우리 색깔이고 고유한 전통이라고 보거든요. 나라풍물굿에서는 "총천연색 고깔을 쓰자." "총천연색 삼색띠를 두르자." 이런 의견들이 있어요. 고깔이나 머리쓰개는 얼마든지 의도에 맞게 만들어서 쓸 수 있지 않을까 생각해요. 그런 창조력으로 보면 부들부포도 색이나 재료나 형태도 상당히 개발할 게 많거든요.

인수 예전에 노무현 대통령이 탄핵되었을 때 레드카드를 들고 시민들이 "한나라당 OUT!"을 외쳤는데 그때 이은규 씨가 소리결의 상쇠를 하고 있었거든요. 머리에 쓰는 깃털부포를 빨간 염색약에 담궈 빨간 부포를 만들어서 나간 적도 있어요. 그때 참 웃겼죠.

춘영 그때 느낌이 어땠어요? 완전히 빨간색이잖아? 빨간 부폰데 그거 쓰고 나서 버리는 거 아냐? 빨면 다시 하얘져요?

인수 아뇨, 계속 빨간색이지. 염색했는데…. 하하하 포기하는 거지.

춘영 아직도 있겠네…. 몇 개를 그렇게 한 거죠?

인수 상쇠 하나만 하고 다른 치배는 고깔을 다 빨간색으로 해서 나갔어요.

춘영 그렇게 생각할 수 있네요. 전통이기만 한 게 아니라. 그런 적도 있었네.

인수 얼마든지 할 수 있다고 봐요. 시기와 상황에 맞게 얼마든지 변화할 수 있는 거예요.

춘영 이제 꽹과리로 넘어갈게요. 경상도 꽹과리의 맛, 경상도의 색깔을 얘기해 주신다면?

인수 소리가 분명하죠. 지금 하는 다사진굿의 꽹과리는 가락 수가 다 정해져 있어요. 타법은 박아 치는 타법이 주를 이루고. 경북 북부가 대부분 그런 타법인 것 같아요. 꽹과리의 성음을 생각하면 금쇠의 '땅그랑 땅그랑' 하는 느낌보다는 얇은 막쇠의 철벅철벅한 느낌의 소리를 많이 쓰고 잘 맞는 것 같아요.

춘영 타법에서 꽹과리의 막음쇠(접지)는 어떻게 쓰나요?

인수 농악에서는 막음쇠(접지)를 잘 안 쓰는 것 같아요. 계속 흘려 치는 소리를 많이 내니까. '구라'나 '꾸당' 같은 겹박이 들어갈 때 막음쇠(접지)를 쓰고.

춘영 막음쇠(접지)는 전라도랑 조금 다른 것 같아요. 전라도는 왼손 막음쇠가 섬세한데 경상도는 오른손 놀림이 빠르면서도 많이 쓰이는 것 같아요.

춘영 형님이 연행할 때 부포와 꽹과리의 상관관계는 어때요? 부포를 돌리는 것과 꽹과리를 치는 것의 상관관계를 말씀해 주신다면?

인수 꽹과리 장단을 치려고 하면 발림이나 기본적으로 몸의 호흡이 들어가야 되잖아요? 그것이 표현되는 것이 부포인 것 같아요.

춘영 이것을 통해서 표면화가 되는 거지.

인수 꽹과리로 무엇인가 소리를 내려고 하면 호흡을 해야 되고, 또 뭔가 움직임이 있어야 되지. 그것이 아래쪽으로 드러나는 것이 발짓이나 발림이고, 위쪽으로 표현이 되는 것이 부포라고 할 수 있어요. 예전에는 '웃장놀음' '밑짱놀음'이라고 많이 얘기했어요.

춘영 상쇠의 덕목 세 가지를 말씀하신다면?

인수 첫째는 가장 기본적으로 판을 운영할 수 있는 능력이라고 생각해요. 그것이 되어야만 상쇠 역할을 할 수 있어요. 여기에는 치배를 놀리는 부분, 판을 넘겨주는 부분 등 여러 가지가 포함될 거예요. 둘째로는 기획력이에요. 판 자체가 아니라 일을 만들어내는 것을 말하는 거예요. 상쇠라고 한다면 단순히 풍물만이 아니라 공연이나 판을 꾸릴 때 어떤 내용으로 어떻게 이야기를 풀어낼 것인가? 어떻게 보면 연출력….

춘영 기획, 연출력이라고 할 수 있겠네요. 옛날에도 상쇠들은 판을 많이 벌였죠. 일을 꾸미는 거죠. 판을 조직해 나가는 거고.

인수 사람도 꾸려야 하고, 재정도 만들어야 하고 어쨌든 기획, 연출가로서의 능력이나 역량을 갖추어야 한다고 봐요. 셋째는 시대적 소명이 아닐까?

그 시대가 요구하는 부분에서 움직일 수 있어야 한다고 봐요. 당대에 해야 하는 역할을 판단하고, 그에 맞게 움직일 수 있는 활동력이 있어야 할 것 같아요. 부산에서 '나라풍물굿 부산추진위원회'를 구성하려고 후배들을 만나요. 그 자리에서 "이건 시대적 과제다."라는 얘기를 많이 하는데, 이걸 받아들이는 친구도 있고 받아들이지 못하는 친구도 있어요.

춘영 저도 "상쇠의 역할이 뭐냐?"라고 할 때, 여러 가지가 있는 것 같아요. 종교 지도자이기도 하고 교육자이기도 하고 리더이기도 하고 예술가이기도 하고, 연출가이기도 하고…. 제가 상쇠의 덕목 세 가지를 물어보는 의도는, "풍물굿이 뭐냐?"라고 했을 때 무용가나 가수와는 다르잖아요? 풍물굿을 이해하기 위한 또 다른 질문이거든요. 여러 사람한테 계속 물어봐요.

인수 본인한테도 끊임없이 물어봐야 하는 질문이라고 봐요.

시대를 넘는 문굿, 분단을 넘는 길굿

춘영 저는 형님이 제안하시는 일 중에서 '문굿'이 굉장히 인상적이고 좋아요. 고민을 많이 하시는 것 같은데 언제부터 이 고민을 하셨어요?

인수 구체적인 형식을 생각한 것은 촛불길놀이 이후 '분단을 넘는 길굿'을 생각하게 되었고, 이렇게 하고 싶다는 생각은 소리결 결성할 때부터 갖고 있었어요. 소리결 이름이 '민족의 소리 통일의 물결 풍물굿패 소리결'이거든요. 6·15공동선언이 한반도, 한민족의 평화를 어떻게 만들어 낼 것인가 하는 물음에 답을 담고 있는 것이니까 이것을 실현시키는 전통예술 공연단체로 활동을 해 나가자. 그래서 '우리 민족의 소리로 통일의 물결을 만들어 내겠다.'는 의지로 소리결을 결성했어요. 이제 때가 왔다고 생각해요. 제 인생에서 이 시기를 그냥 흘려보내면 소리결이 하고자 했던 것을 할 수 있는 기회가 또 있을까? 그래서 풍물로서 한반도의 가장 큰 경계인 분단을 넘어가 보자. 우리 소리결이 원래 하고자 했던 일이 이거예요.

춘영 형님의 시대의식이라고 봐요. 경계가 있다면 정규직과 비정규직이 있고, 남성성과 여성성의 젠더 문제가 있고, 남과 북의 문제, 동과 서의 갈등이 있고, 가진 사람과 가지지 못한 사람의 갈등 관계, 경계가 있죠. '나는 이쪽에 있는데 저쪽 사람을 내가 왜 봐?' 하는 사람도 있죠. 이런 경계를 어떻게 풀어 낼 것인가? 나는 이렇게 풀어 가겠다는 하나의 방법인 거죠. 그런 부분에 시대적 사명이 있다고 보고, 저도 실천해 나가고 있죠. 그 연장선상에서, 이 시대에 풍물굿이 놓일 자리는 어디인가? 촛불집회에서 할 수 있는 역할을 한 거예요. 풍물굿을 통해서 시대의식을 반영해 나가는 것 같아요. 내일모레 남북정상회담이 있는데 '이 시기에 우리가 변두리에 있지 않고 주체라는 차원에서, 역사 인식의 주체로서 내가 준비해서 맞이하고 같이한다.' 그런 마음인 것 같아요. 이 '문굿'에 대해서 조금 더 얘기를 해 주시면 좋겠어요. 2018년 올해, 나라풍물굿 조직위원회를 만들고 형님이 '분단을 넘는 길굿'을 적극적으로 제안하시고 역할을 맡으신 걸로 아는데 좀더 상세하게 얘기해 주시면 좋겠습니다.

인수 우선 경계를 넘는, 분단을 넘는 문굿을 생각하게 된 계기는 제가 유럽 특히 독일을 자주 다녀오거든요. 그쪽에 있는 친구들을 만나면서 든 생각이에요. 그 친구들은 다른 문화, 다른 사회, 또는 다른 생각을 가진 사람들을 만나는 데 장애물이 없어요. 그냥 걸어서 또는 자전거를 타거나, 버스나 기차를 타거나, 자동차를 운전해서 쉽게 국경을 넘어가서 만날 수 있죠. 그에 반해 우리 대한민국은 다른 사회, 다른 문화를 만나려고 하면 배를 타거나, 비행기를 타거나, 월북을 해야 되는 상황, 여권이 필요하죠. 그래서 든 생각이 많이 갇혀 있다는 거였어요. 지리적으로도 갇혀 있지만 마음속으로도 많이 갇

2019년 4월 27일, 임진각. 남북정상회담 1주년 기념 DMZ 인간띠잇기. 분단을 넘는 길굿

혀 있는 것 같아요. 북쪽이 우리와 같은 말을 쓰고, 같은 문화를 가진 같은 민족인데, 아주 쉽게 만날 수 있는데 그걸 못 하고 있다. 이 상황이 현재 한반도에서 가장 큰 억압이고 경계가 아닐까 하는 생각을 했어요. 그래서 분단이라는 상황을 풍물굿 길굿의, 걸음의 힘으로 한번 넘어가 보자는 생각이 컸어요. '문굿'은 보통 지신밟기를 할 때 들어가면서 하는 거잖아요? 저는 반대로 생각해서 우리가 현재 갇혀 있는 상황에서 '문을 열고' 또 다른 세계로 나아가고자 하는 그런 의도가 커요. 그렇게 되면 통일이라는 말도 필요 없어요. 다른 문화, 다른 세계와 만나는 것, 새로운 세계로의 문을 여는 것이 '경계를 넘는 길굿'이라고 생각해요. 그것을 나라풍물굿에서는 풍물굿 형식미로 '문굿'으로 이야기하는 거죠. 한 가지 더 얘기할 것은 통일은 어떤 정치적인 결정, 정부 간의 협의를 통해서 완성된다고 생각하지 않아요. 내가 내 '걸음'으로 갔

다가 오면, 그런 사람이 두 사람이 되고 백 사람이 되고 천 사람이 되고 수만 사람이 되면 자연스럽게 통일이 되는 거라고 생각해요. 내가 내 발로 분단된 이 상황을 걸어서 넘어가면 '이거 진짜 아무것도 아니구나!'라는 마음이 생길 거라고 봐요. 우리가 풍물 치고 갈 때 뒤에 일반시민들이 조그만 깃발 하나 들고 분단선을 넘어가요. 그리고 또다시 돌아서 넘어와요. 이 일이 아무것도 아닌데 마음속에 그 경계가 있기 때문에 넘어가고 넘어오는 게 그만큼 주저하게 된다는 거죠. (필자주: 실제 이 인터뷰가 있던 다다음날인 4월 27일에 남북 정상이 판문점에서 만났고, 그 상징적인 분단선을 두 남북 정상은 아무렇지도 않게 넘어갔다가 다시 넘어왔다.) 제가 하고 싶은 '경계를 넘는 길굿'은 그 마음의 경계를 무너뜨리는 일이라고 봐요. 분단을 한 번 넘는 일이 한반도 평화와 통일에 직접적인 효과를 불러오지는 않겠지만 그 '길굿을 하는 자'에겐 엄청나게 큰 변화가 일어날 것이 분명해요. 또 그것을 '보는 자'에게도 큰 변화가 있겠죠. 그것이 우리가 이야기하는 '굿'의 모습이기도 하고요.

춘영 마음이 많이 커지는 느낌이에요.

인수 그냥 갔다 오면 다른 사람에게 보여지는 것이 아니라 스스로에게 엄청난 변화를 안겨 주는 거죠. 영화 〈JSA〉를 보면 남쪽 병사가 한 번 건너가는데 '자유의 다리' 거기 경계선이 있잖아요. 거기를 선임병이 후임병을 데리고 넘어가려는데 후임병이 망설이고 선뜻 못 넘어가는 장면이 있잖아요. 근데 한번 넘어가잖아요. 그다음부터는 아주 쉽게 그냥 왔다 갔다 하는 거예요. 그게 '첫걸음'이라고 봐요.

춘영 첫걸음. 풍물은 걸음이니까. 풍물굿이 현재 놓일 자리가 가장 크게 여기라고 생각을 하고 그것을 위해 준비를 하는 거죠?

인수 그렇죠. 제가 생각하는 건 그렇고, 무수히 많은 다른 풍물꾼들도 이 시대에 풍물굿이 있어야 할 자리에서 자리매김하고 있을 거라고 생각합니다.

춘영 풍물굿의 전망을 이야기하면서 낙관적으로 보고 계시다고 하셨는데 그 부분을 좀더 얘기해 주시면 좋겠어요. 낙관적으로 보는 근거나 이유?

인수 대중들이 많다는 거죠. 풍물굿을 배우고 익히고자 하고, 굿이라는 개념이 아니라 단순히 장구를 배우고 싶고 꽹과리를 배우고자 하고, 북을 잘 치고 싶어 하는 욕구로 시작하는 분들이라 할지라도, 그들이 풍물이라는 세계에 들어오면 풍물굿의 힘, 쌓여 가는 맛을 꼭 한 번은 경험하게 될 거라고 봐요. 그런 면에서 기본적으로 풍물을 하는 대중들이 있으면 전망이 밝다고 봐요. 그런 대중들이 어떤 풍물굿의 세계로 나아갈지는 현재 풍물굿 진영의 준비 정도에 따라 확연히 달라지겠죠. 이 대중들이 어느 방향으로 갈 거냐? 아까 얘기했던 전공자 쪽으로 갈 것이냐, 문화재 쪽으로 갈 거냐, 아니면 우리 풍물굿 진영으로 올 거냐? 이건 우리의 준비 정도에 따라 달라지는데, 중요한 건 풍물 대중은 굉장히 많다는 거예요. 배우고자 하는 사람들, 하고 싶어 하는 대중들….

춘영 중앙과 지역, 서울과 부산의 지역적인 위상이 있잖아요? 이런 구도를 어쨌든 깨야 하거든요. 소리결이 부산에서 촛불집회를 지켜 낸 저력과 마음이 상당히 건강하고 주체적이라 생각해요. 그런 갈등이 있을 수 있어요. 지역에 있는데도 광화문에 집중을 하니까 "서울로 가야 되지 않겠어?" 하는 사람이 있을 수 있잖아요? 이런 문제는 어떻게 생각하세요?

인수 지금 현재 구조상 그건 어쩔 수 없는 것 같아요. 사람이 제일 많은 곳이고 그에 따른 영향력이나 파급력이 차이가 있기 때문에 어쩔 수 없다고 봐요. 인구를 분산시키지 않는 이상 이번에 나라풍물굿을 부산조직위원회와 함께 준비하면서 느낀 게 뭐냐면, 부산이 함께함으로써 나라풍물굿이 큰 힘을 갖게 된다는 거예요. 수도권에서 열심히 준비하는 분들을 보며 나도 힘을 얻지만, 반대로 제가 이렇게 적극적으로 움직이니까 그분들도 많은 힘을 얻지 않나? 서로서로 북돋아 주는 관계로 봐요. 서울은 서울대로, 수도권은 수도권 대로 나름대로 어려운 부분이 있을 거고요. 부산은 또 부산이라서 쉬운 부분도 있을 거예요. 그 반대의 경우도 물론 있겠죠. 서로 북돋아 주는 지금 같은 모습은 좋은 사례가 될 거라고 봐요. 저는 부산이지만 김원호 선생님은 원주에서 왔다 갔다 하시고, 임인출 선생은 성남에서 왔다 갔다 하시고, 김포에서도 그렇고, 저는 이게 서울 집중의 문제가 아니라고 생각해요.

춘영 큰 문제가 아니다?

인수 큰 문제는 아닌 것 같고, 중앙과 지방의 문제는 우리가 해결할 수 있는 문제가 아니고 국가정책으로 행정수도 이전 같은 선상에서 해결할 문제라고 봐요. 우리는 중앙과 지역, 서울과 부산으로 구분하기보다는 같은 선상에서 서로서로 북돋아 주는 관계로 생각하면 된다고 봐요.

춘영 무형문화재 제도는 어떻게 생각하세요? 과거 중심적이고 국가주의가 개입돼 있잖아요? 풍물굿 진영에서는 무형문화재를 어떻게 바라봐야 되나?

인수 기본적인 생각은 무형문화재 제도 자체가 획기적으로 바뀌지 않으면 사장될 수밖에 없다고 봐요.

춘영 제가 말씀드린 내용에 공감하신다는 거죠? 풍물굿 진영에서 어떤 내용을 준비해서 무형문화재와는 어떻게 관계 맺어야 할지 고민이 많이 돼요. 이 부분을 적극 활용해야 한다고 보는 견해도 있어요.

인수 각자 처한 입장에 따라서 다를 수 있겠죠. 부산에서도 나라풍물굿을 꾸려 내려면 분명히 문화재분들도 함께할 수 있게 해야 되니까요. 제가 문화재가 아닌 입장에서 거기에 대해 말하는 게 조심스러운 면이 있어요. 지금의 문화재 제도는 보유자 또는 보유 단체를 너무 권력화하는 구조니까, 그로 인해서 다른, 작은, 또는 소중한 것들을 사라지게 만드는 결과를 가져온다고 생각해요. 획기적인 변화가 있어야 한다고는 생각하는데 그게 어떤 것인지는 고민을 많이 해 봐야 할 것 같아요. 그들에게도 사정이 있고 각자의 입장이 있으니까 함께 고민을 해 보자, 이런 정도로….

춘영 마지막으로, 제가 물어보지 못한 게 있나요? 풍물굿이 놓일 자리에 대해서 하고 싶은 말이나, 이 작업에 대해서 하고 싶은 말씀이 있으신지?

인수 아주 중요한 작업이라고 생각해요. '경계를 넘는 길굿'은 풍물을 통해서 이 사회가 가진 수없이 많은 경계를 허물어 내는 일이고 그 첫 시작이 '분단을 넘는 일'이고, 다음은 비정규직 문제일 수 있고, 성차별 부분일 수 있고, 아니면 환경이나 탈핵 문제일 수 있다고 봐요. 이 많은 문제 속에서 우리 풍물굿이 수없이 많은 경계, 결국에는 차이, 억압과 질곡을 극복하는 행위니까 그게 나라풍물굿 조직위원회에서 잘 준비했으면 좋겠어요. 나는 춘영 씨가 하는 이 작업 '21세기 풍물굿 상쇠론'이 그 일을 더 북돋울 수 있는 소중한 매개체가 된다고 생각해요. 저도 이 작업을 계기로 이렇게 이야기하면서 스스로도 정리되는 부분이 아주 많거든요. 굉장히 중요하고 필요한 작업이라고 봐요. 좋은 결과물로 나왔으면 좋겠습니다. 수고 많으셨습니다.

춘영 여기까지 끝. 고생하셨습니다.

6. 인천 더늠
상쇠 이찬영

일시: 2018년 4월 26일

장소: 인천 '더늠' 공간

면담자: 이찬영(남, 40대 후반, 인천), 풍물굿패 더늠 상쇠 / 인천자바르떼 대표 / 부평풍물대축
제 마당 총연출

면담 의도와 상황: 1990년대 청년 풍물굿쟁이 이찬영은 노동운동 풍물판의 스타급 강사이
자 상쇠였다. 대학생이었지만 일찌감치 노동 현장의 강사로 아스팔트 위 최루탄 풍물
판의 선봉에서 판을 이끌었다. 그도 그럴 것이 덩치는 산만 하고 성격이 불같아서 마주
하는 이를 압도하는 카리스마가 넘친다. 인천의 노동자 풍물패 '더늠'의 원년 멤버로,
인천의 노동운동과 풍물굿판 그리고 인천 자체의 변천을 몸으로 겪어 온 굿쟁이 활동
가다. 2016년 박근혜 국정논단 촛불집회 초반 풍물인도 시민들과 함께 일어나 목소리
를 내자는 '풍물인시국선언'을 최초로 제안하며 풍물인시국선언 굿판을 벌였다. 또 우
연히 2017년 음력 정월대보름날 헌법재판소 앞에서 '대동강강술래' 판을 벌여 수십만
시민의 마음과 몸을 들었다 났다 했다. 박근혜 대통령의 심장을 들었다 났다 논 거다.
메트로시티 인천에서도 굿은 필요하다고, 하지만 더 작은 마을과 동네로 들어가서 풍
물굿판을 벌여야 한다고 이찬영 굿쟁이는 말한다. 풍물굿쟁이가 동네로, 마을로 들어
가 이웃과 생활해야 이 시대의 굿을 기획하고 실천할 수 있다는 거다. 동네와 시대, 굿
과 변혁을 이야기하는 그의 굿길을 소개한다.

대학 운동권 풍물패의 스타 상쇠

춘영 풍물패 더늠 상쇠이시죠?

찬영 그렇지, 은퇴하고 싶은 상쇠.

춘영 풍물굿쟁이로 어떻게 살아오셨는지 간단하게 소개해 주세요.

찬영 이찬영입니다. 풍물은 대학을 들어가서 대학 풍물패로 1991년에 시작을 했고, 우리 학교 풍물패 중에 단풍연에서 활동하면서, 인천 노동운동 진영하고 일정하게 노학연대 투쟁을 주로 했어. '더늠' 전에 인문연 풍물패가 있어. 그때가 노문연이 있던 시기인데, 인천에는 인천문화운동연합이 있었어. 그 인문연 내의 풍물분과에 노학연대로 결합을 한 거지. 나는 학생 멤버로 왔다 갔다 했어. 그러다 92년 대통령 선거가 끝나면서 인문연이 해산하고 그해에 '더늠'으로 전환이 되는 거야. 인문연 풍물분과 사람들만 남아서 '더늠'을 만들어. 그때 나는 학생으로 들어와서 활동을 했어. 그러다 인문연이 해체되면서 문화운동 단위도 분열을 해서, 어려운 시절도 있었지. 그런데 인천은 그나마 노동운동이 살아 있었고 노동자 문화패를 중심으로 하는 활동이 있었어. 92, 93년. 내가 그때 인하대의 학생문예 조직 대표, 의장이었어. 그런데 풍물패니까 학생운동이랑 병행했지. 처음엔 노동운동 지도 라인하고 같이했다가 학생 신분을 정리하고 노동운동으로 들어오는 과정에서 상근자는 아니었지만 의장을 맡게 된 거지. 94년도에 내가 인하대 문연 의장이었는데 그때까지 더늠에서 주로 선배들 보조강사 역할을 했어. 악기를 잘 쳤으니까. 인하대가 악기를 잘 쳤어. 그때 나는 자신이 있었어. 전국 학생들이 모여서 당시 민중 후보를 지원하는 전국대회에서 풍물을 친 적이 있는데, 다 시답잖은 거야. 별게 아니네 했지. 어릴 때부터 빨리 배웠던 거지. 그 당시에 전수를 갔다 오지 않았는데도…. 그러다가 94년도에 내가 방위를 가요. 출근은 국방부로 하고 퇴근하면 노동자 풍물 수업을 했어. 격동기였거든. 노동운동도 합법화되는 과정이야 민주노총으로…. 그 당시 방위하면서 수업했던 게 8개 정도가 돼. 퇴근하고 밤늦게까지 강습하고, 같이 술 먹고 다음 날 새벽에 출근하는 거지. 그러면서 학생운동을 끊게 되었어. 그 무렵에 동기들이 학생운동을 주도하기 시작하는 시기였는데, 나는 그렇게 더늠에 있었어.

춘영 더늠에 뼈를 묻었구나.

찬영 그러다가 제대하고 복학을 했어. 처음엔 안 가려고 했는데, 굳이 학교를 안 갈 이유가 없는 거야. 그때는 이미 공장으로 갈 수가 없는 거지. 갈 이유도 없었고. 이미 내가 노동운동 판에서, 풍물 치는 판에서 일할 수 있는 상황이니까. 그때 수도권에는 세 단체가 있었어. 삶터, 터울림, 그리고 더늠. 서울 터울림은 구로공단 중심으로 했고, 삶터는 수원과 경기 남부 쪽. 인천 쪽을 우리가 했어. 그게 95, 96년 상황이지. 96년도에 학교 가려고 돈 벌면서 더늠을 왔다 갔다 했는데, 그해에 큰 사건이 터져. 그거 때문에 더늠에서 상근을 하게 돼. 그게 뭐냐면 96-97 총파업. 김영삼 정권이 노동법을 날치기한 거야. 총파업 문선대를 같이하자는 제안을 받고 인천 지역 총파업 문선 상황실에 결합했지.

춘영 그게 전국 조직이었나요?

찬영 그때는 민주노총이 전국적으로 총파업을 했어. 인천도 총파업을 엄청 세게 했지. 인천 지역 전체 담당자를 모아서 했다고. 노래 문선, 풍물 문선할 때 인천 지역 풍물패가 깃발 든 사람만 100명이었어. 내가 거기 선생이었고. 얼마나 거만했겠냐고? 96년도에 26살이었는데 거만의 끝장이었지. 그럴 때 학교에 다닌 거야. 그리고 방위 다니면서도 더늠의 일을 했으니까 졸업하고 나서는 자연스레 더늠에 상근하게 된 거야. 노동운동을 한창 열심히 할 때지. 방위 다니면서도 방위 빼먹고도 집회 가고 그랬어. 하하하. 그때 걸렸으면, 지금 생각해 보면 아찔하지. 그런데 98년 전에는 돈은 받아 본 적이 없어. 그런데 학교 졸업을 했으니까 돈을 벌어야 되잖아? 그래서 월급을 받기 시작한 거지. 내가 더늠에서 처음 받은 월급이 30만 원. 그렇게 1998년부터 2007년까지 상근을 해. 그러다가 2008년부터는 자바르떼라는 사회적기업으로 자리를 옮겨. 상근자 아닌 활동가로 활동하는 상황. 그런 정도로 지금까지 활동했어. 사회적기업도 어느새 10년이 됐네.

춘영 현재 인천 자바르떼 대표이시죠?

찬영 그렇지. 그 과정을 얘기하자면, 인천 노동운동이 확 꺾이는 시기가 왔어. 산별노조가 건설되는 과정. 2002년 인천에서 대우자동차가 주력사업장이었어. 내가 주력 강사였는데, 자동차 회사가 되게 중요해. 울산에 현대자동차가 있는데, 그곳 현대자동차에서 수업하는 쇠부리가 울산의 문화센터 결을 만들었거든. 기아자동차 화성공장, 이게 삶터 이성호의 활동 기반이고, 터울림은 구로공단 중심으로 활동했지만, 자동차 공장으로 보면 지금 시흥에 있는 기아 소화리공장에서 홍성민 선배가 주력으로 활동했고, 인천의 대우자동차에 우리가 가게 된 거지. 그런데 대우자동차가 2001년도에 정리해고를 세게 맞아. 그때 풍물패가 100프로 정리해고 당해. 풍물패가 망하게 된 거지. 그 투쟁에 결합하고 2004년 이후에 노조 안에서 어려움이 생기기 시작해. 그 무렵부터 자연스럽게 우리가 노동자 문화패로 활동을 하는 게 어려워져. 일정한 수익이 있어야 단체가 유지되는데, 더늠이란 단체가 노동운동을 지원하면서 회원 모임이 있었는데, 어느새 회원 모임이 더 중요하게 된 거지. 자연스럽게 그렇게 됐어. 그래서 예전에 하지 않던 학교 수업도 할 수 없이 하고, 기금도 써 보고 굿판도 만들고. 굿판은 그때까지 계속 만들었지. 그건 1997년도 처음 풍물굿판을 만들고 2012년 20주년까지 계속해. 마당에서 불도 피우고. 그런데 2012년 20주년까지 하고 그 이후부터는 야외 공연을 못해. 더늠이 변화되는 과정이었지. 더늠은 사실 이찬영이라는 사람과 강사 중심으로 회원들이 있는 조직이었는데, 그 무렵부터 전문가 그룹이 들어와서 공연을 해야 되겠다, 하게 된 거지.

춘영 전문가 그룹은 전공자를 말하는 거죠?

찬영 그렇지. 우리 때는 전공자가 없었지. 대학 풍물패 출신이나 전문가 그룹이 팀을 구성해서 활동하기 시작한 게, 우리 세움이가 군대 제대하고 시작했으니까 2008년, 노동운동이 확 꺾일 때 그때 팀을 구성해서 4, 5명이 사물놀이 활동했어. 그때는 나하고 정기 형하고 창훈이가 메인 멤버였지. 정기 형이랑 꽤 오랫동안 활동했는데, 또 한 번 또 변화를 맞은 건 사회적기업을 하면서 더늠 티오로 전문가들을 더 영입하는 시기였어. 그게 2010년, 2011년도. 더늠 단원 티오로 팀이 8명이 돼. 스무 살짜리 네 명. 그때 있던 애들이 준범이, 기연이….

춘영 아주 어린 친구들이네요.

찬영 그렇지 준범이 어릴 때지. 우리가 단원 8명을 유지하고 태평소까지 해서 9명이고 나까지 포함하면 10명이 되는 그런 단체였어.

춘영 대단하네. 형편에 따라 빨리빨리 전환을 한 거예요.

찬영 그럼 탁탁 하는 거지. 또 노동운동 단체 더늠 시절의 회원들, 그 회원들도 활동을 꾸준히 해요. 회원 모임은 여러 가지 부침이 있었는데, 지금의 회원들이 이때 많이 생겨. 회원들이 공간 유지하는 건 같이하지. 매주 모이고, 그 전엔 해 본 적이 없는데 2010년도 넘어서는 단체가 망하겠다 싶어서 후원자 모집을 해. CNS 후원자. 지금은 더늠 공간 월세랑 전기세는 회원 회비로 내는 구조야. 그래도 어쨌든 더늠은 회원과 단원들이 살아 있어. 그러다가 단원들이 군대를 가면서 2013년 이후 다 나가게 돼.

춘영 자연스럽게?

찬영 그렇지. 풍물 치고 열심히 활동하다가 군대 갔다 와서 여수시립에 가 있는 놈 있고, 광명시립 간 놈 있고 지금 기연이랑 정민이 남아 있고…. 지금 새로 단원 뽑고 있는 중이야. 나이를 먹었으니까. 2016년부터 인원이 4명으로 줄어서 기연이 승철이가 마지막까지 있다가, 승철이도 지금 연희단 비류로 독립해서 나간 그런 상황이지.

춘영 같기도 하고 다르기도 한 비류가 더늠이랑 뿌리가 같은 거고….

찬영 의미가 다른 게 있어. 사실은 더늠이 이 지역에서 운동권 이미지가 세. 그래서 뭘 하려면 걸림돌이 많지. 대학에서 학생운동 하거나 사회운동 하다가 풍물 전문가가 되는 건 조춘영이 마지막이라고 봐. 전업이란 개념은 중대, 한예종 나온 친구들이랑 실력 비등비등하고, 사물놀이 하고, 상모 돌리고 다 하는 거야. 그 친구들 말고 연희자로 하는 거는 우리가 마지막 세대지.

춘영 대학 출신으로.

찬영 박은현이가 마지막 세대야. 조춘영이 박은현이랑 동기 아닌가? 그 밑에 애들은 이제 없고 다 전공자들이지. 근데 전공자들은 운동성이 없어요. 광장에 나가기가 어려운 거야. 그래서 더늠 애들을 억지로 데리고 나가고, 노동운동 집회 때도 나가지. 이제 질적 전환이 필요해. 어쨌든 더늠이 계속 전문가 집단으로서 자기 역할을 할 때, 새로운 전문가를 영입해야 한다는 생각이 있었고, 전공자들이 들어올 수 있는 판을 만들려면 일정하게 수익을 만들어야 된다. 그래서 운동적인 더늠을 그대로 두고 새로이 팀을 만들려고 한 게 비류지. 그런데 중간에 어그러지면서 완전히 독립해 나가는 형태가 됐어. 지

2019년 3 · 1혁명 백주년 만북울림 수도권 상쇠 연행

금 단원들, 여기서 먹고사는 애들은 단원인데 옛날처럼 운동성은 없더라도 반듯한 생각으로 살아갔으면 좋겠다는 생각이지. 우수한 시민으로…. 이게 지금까지 더늠이 온 과정이야. 나는 거기서는 주로 회원들이 하는 굿판에서 상쇠 역할을 했고, 단원들 많이 둘 때는 단장 역할을 했어. 상쇠를 안 하고.

춘영 꼭두쇠 역할이죠? 운영을 하는 대표.

찬영 상쇠는 우리 애들이 했어. 그러다 애들 군대 가고 나서는 다시 상쇠로 뛰어들어서 열나게 하고 있지.

춘영 운동성 얘기를 많이 했는데, 형님이 시작할 때 운동성과 지금 운동성은 좀 다른가요?

찬영 많이 변화했지. 우리는 노동운동으로 시작했고 계급운동을 했던 거야. 실제로는 노동자계급 해방운동 중심의 활동을 했던 단체이고, 나는 정파운동 하던 사람이야. 그런데 학생운동 내에서 문화운동을 했기 때문에 대중운동으로 진입이 빨랐던 거지. 95년은 내 동기, 친구들이 대학 학생운동 리더를 할 때인데 나는 노동자대회 연출을 했어. 노동자대회 풍물 연출을 하니까 애들이 보기엔 신화 같은 존재지. 나는 계급운동을 했던 단위고, 지금도 여전히 계급운동을 한다는 생각을 하고 있는데, 계급운동의 변화는 이 정도로 설명할 수 있는 건 아니어서…. 지금은 더늠 회원 중에는 운동하는 사람은 별로 없고, 노동자 풍물패도 거의 없고, 회원들은 옛날에 노동운동 한 사람도 있지만 지금은 양심적인 시민 수준으로 떨어졌어요. 옛날에 더늠은 메이데이를 어떻게 치러야 하고, 지역 사업장들이 어떻게 투쟁하는지 이런 것도 매주 논의를 했어. 그런데 지금은 그런 얘기 하면 큰일나. 얼마 전에 메이데이 영상 하나 보고 얘기하는데 회원 하나가 들어왔다가 금방 나갔어요. 자기랑 안 맞는 거지. 지금도 더늠은 여전히 그런 단체예요. 그래서 지역에서 오래됐으니까 기금도 받지만, 인천에서 운동을 내세우고 나설 수 있는 유일의 단체가 아닐까?

이찬영 풍물굿쟁이의 정신적 스승 조성돈

춘영 아까 대학생 때 다른 학생들보다 악기를 잘 쳤다고 했잖아요? 굿쟁이와 예술가로서의 이찬영의 풍물굿 세계가 어떻게 형성된 거예요?

찬영 나는 학교에서 풍물을 시작했어. 학교 선배들한테 먼저 배웠지. 90년대는 사물놀이의 시대잖아. 우리 학교 풍물패도 사물놀이 연주를 했어. 영남사물놀이, 웃다리사물놀이…. 데모를 많이 하니까 북춤을 많이 쳤고. 그러다 그때 선배들이 판굿을 쳐 보자고 해서 전라도로 판굿 전수를 갔어.

춘영 어디요?

찬영 전라도 전주. 지금은 돌아가셨는데 이준용 선생님이라고 백구농악단에서 꽹과리 치던 분, 이부산 씨 아버지야. 왜 이준용 선생님이냐? 그때 전수관에 대해서 지역 선배들한테 물어봤더니 선배들이 여기가 좋겠다고 했어.

춘영 아주 전문적이네요. 대단하네.

찬영 그게 노문연의 역할이지. 굉장히 중요한 흐름이 있어. 인천 지역 풍물패 선배들이 잘 치는 사람들이 많았어. 그 당시만 해도 혁명적이었다고. 상모 돌리는 선배들도 있었어. 그 시절에. 운동판 풍물에 인천풍물의 역사가 있지.

춘영 대성목재요?

찬영 그거랑 완전히 달라. 다른 흐름이지. 터울림, 살판의 선생이 누군지 알아?

춘영 방승환 선생님이요.

찬영 방승환 선생. 방승환 선생이 민속촌 출신이야. 민속촌 농악을 하게 된

경위가 있는데, 서울에서 노문연이나 민문연 활동을 할 때 우리 운동권에서는 성향이 달라서 연결이 잘 안 됐지. 그런데 서울대 탈반 황선진 선배가 인천 출신이야. 이 양반이 도발이 시절에 민속촌에 가면서 애들을 물들인 거야. 빨간 물을 들인 거지. 그중 제일 빨간 물이 든 사람이 조성돈 선배인데, 서울 노문연에서 풍물 학교를 해. 그때 같이한 멤버들이 방승환, 조성돈. 그래서 서울 터울림하고 살판은 방승환 선배가 가르치는 거야. 그런데 인천 선배들도 풍물을 배워야 될 거 아냐? 그래서 노문연 캠프를 갔어. 선배들이 보기에 강사가 풍물 잘 치고 똘똘한데, 생각도 좋은 거야. 그게 조성돈 선배야. 그래서 밤새 술 마시면서 조 선배를 꼬신 거야. 야, 인천 내려와라. 그래서 성돈이 형이 인천으로 와.

춘영 완전 상쇠 모시기네.

찬영 조성돈 선배가 그때 27, 28살쯤 됐겠지. 그때 벌써 성돈이 형이 대한민국에서 소고재비로 일등이었어. 워낙 잘하는 사람이야. 운동을 해서 그 형이 선생 노릇을 잘 안 해. 그런데 노동운동을 지원하는 조성돈 선배하고 서울대 탈반이었던 조현주 선배, 터울림의 이해경 선배 이런 분들이 인천에 풍물 하는 '한광대'라는 걸 만들었어.

춘영 한광대가 단체예요?

찬영 그래. '더늠' 이전 단체지. 그때 박창규, 박헌규 이런 선배가 풍물을 배워. 이 사람들은 사물놀이로 빠져서 김덕수 사물놀이로 갔어. 그리고 형들이 와서 지역에서 활동을 한 거지. 그러니까 풍물을 잘 칠 수밖에. 잘 치고 잘 놀아. 그들의 주요 역할이 대학에 전수 가는 건데 그때 인하대에 간 거지. 노문연 만들 때 서울대에서는 학생문화운동연합을 만들었는데, 인하대는 정보가 느려서 서울대 학문연이 망할 때 인하대 문연이 생겨.

춘영 무슨 문연?

찬영 인하대문화예술운동연합. 거기서 풍물 치는 선배들이 후배를 가르치는 거지. 그렇게 됐고, 우리 선배들도 악기를 좀 치는 선배들이 있었어. 그 선배들이 지역에 전수도 가고 그래서 작품을 짜게 된 거지. 그때 유행했던 사물놀이.

춘영 예….

찬영 그때만 해도 대학에서 사물놀이를 거의 안 했거든. 그런데 사물놀이나 삼도설장구를 열심히 한 거지. 상모를 돌리지는 못했지만 그만큼 기술이 좋았던 거지. 운동성으로는 우리가 일등이었고. 그걸 가지고 다른 학교 가서 쳤단 말이야. 그러니 전국 대학 풍물패가 다 모였는데, 내가 보니까 다들 실력이 별로야. 걔네들은 전수 가서 할아버지들한테 배우니까 얼마나 배웠겠어? 우리는 쉴 새 없이 쳤으니까, 잘 쳤지. 사물놀이 치는 게 인기가 있었어.

춘영 전수는 많이 간 건 아니네요?

찬영 전수는 많이 안 갔어. 전주 한 번 가고, 개인적으로 고깔소고 배우러 고창에 간 거. 터울림이 가는데 같이 가자고 해서.

춘영 90년대 후반?

찬영 90년대에 가서 고깔 좀 배우고, 악기는 나중에 서울의 진쇠 캠프, 뭉치 캠프에서 배웠고, 그다음에 선생님 모셔다 배웠지. 장구 치는 홍규 형 모셔서 배우고 부평문화원 캠프 할 때 사물놀이 북 치는 강민석한테도 배웠고, 그리고 나중에 전공하는 애들이 들어오고 연습하면서 같이 치니까 실력 더 늘었지. 그래서 '더늠'이 다른 단체처럼 전수 열심히 다녀서 자기 콘텐츠로 하는 거 잘 안 해. 사물놀이나 판굿 하고 대동놀이 하는 거지.

춘영 형님의 풍물굿 세계 형성 과정을 보니까 사람을 찾아봐야 되겠네요. 예를 들어서 조성돈처럼, 형에게 영향을 많이 준 사람은?

찬영 조성돈 선배하고 대학 선배들. 그다음 박헌규 형하고도 연습 많이 했어. 지역 선배. 헌규 형하고 성돈 형한테 많이 배웠지. 헌규 형 모시고 일주일 동안 워크숍하고 그랬어.

춘영　한 분을 모셔서 판굿 전체를?

찬영　아니 장구 치는 거.

춘영　그럼 조성돈 선배한테 배운 거는?

찬영　어릴 때 배웠지. 소고, 상모도 좀 배우고….

춘영　꽹과리는 누구한테 배운 거예요?

찬영　헌규 형한테도 꽹과리는 배웠지. 그러고는 거의 독학이야.

춘영　그러면 부포는?

찬영　부포는 상모를 오래 배웠으니까, 독학으로 훈련했어. 전수 가서 배운 게 아니어서 공연은 하지만 개인놀음을 잘 못해.

풍물굿패 더늠의 역사

춘영　이제 '더늠' 얘기를 좀더 할게요. '더늠'의 성격은 처음에 노동자 풍물 공간 더늠으로 92년도에 만들어졌죠? 더늠의 회원 활동을 분류해 보면 주로 강습과 공연인데, 조금 더 세부적으로 이야기해 주신다면?

찬영　오래돼서 기억이 잘 안 나는데, 더늠은 출발이 노동자 풍물패 강습하는 거였어. 지금은 거의 없는데 옛날에는 인천 지역 노조마다 풍물패가 있어서, 많을 때는 10개 노조 풍물패를 강습했지. 지금은 GM이지만 당시 대우자동차, 안암정공, 안암반도체, 삼익악기, 영창악기, 민주택시, 민주버스, 건설노조, 레미콘노조, 직업상담원노조, 동운전기… 하여튼 줄줄이 강습을 했고, 그때 강사비가 엄청 쌌어. 우리가 돈을 내고 한 적도 있지. 그 후에 학생들도 가르쳤고. 학생들을 가르치는 건 단원을 영입하는 것과도 연결되고. 또 학교

가서 수업도 했지. 고등학교, 중학교, 초등학교 전부. 최근에는 창훈이가 지역 아동센터 수업을 많이 했고, 지금은 풍물 수업을 많이 안 해. 한다고 해도 기금을 받아야 수업을 하지, 그냥 강사비로만은 못 해. 자발적으로 하는 건 회원 모임밖에 없고, 청년 단체 한두 군데 내가 가르치고, 주민센터에서 하는 건 예산이 있으니까 하는 거고. 강습은 그 정도고 풍물 수업은 많이 줄었어. 지금 국가정책이 문화예술교육이라는 걸로 전환되는 과정에서 다시 만들어 보는 중이지. 개인적으로 사물놀이 공연은 많이 했는데, 더늠이란 단체 이름을 걸고 공연을 한 건 주로 풍물굿판을 만들자는 방향이어서….

춘영 저도 몇 번 봤어요. 90년대에.

찬영 굿판운동을 97년부터 했는데, 그때 굿판에 이름을 달자 그래서 '살어리 살어리 해방 세상 살어리'를 2012년까지 해. 거의 매년. 2008년까지 야외에서 하고 그 이후에는 실내. 그러다가 2012년 이후 굿판 하는 걸 없앴어. 할 수가 없어. 돈도 없고 사람도 없고 힘들고. 그러니까 2012년 이후에는 회원들이 하는 '더늠' 공연이 없어진 거야. 아쉽지. 다시 하려고 해도 너무 힘들어. 대신 '인천풍물대동굿한마당'이라고, 인천 민예총에서 하는 데에 참여해. 작년에도 풍물굿 연대가 수도권에서 같이하자고 그랬는데 잘 안 됐어. 터울림 애들이 내려왔는데…. 우리는 웬만하면 수도권 팀을 부르는데, 삶터하고 친하니까 불렀고, 터울림이랑 살판을 많이 불렀어. 대동굿한마당 회원들을 주축으로 하고, 더늠 회원들은 판굿으로 하고, 지역에 있는 우리랑 친한 단체들, 부계 2동 풍물단 등을 불러서 같이한 거지. 그리고 학생들도 있고. 마지막 대동놀이 난장치는 거, 너무 힘들어하지. 그래도 작년까지는 했는데 2년마다 걸러서. 결국 돈이 나와야 할 수 있어. 옛날엔 굿전 모아서 했는데 지금은 그렇게 못 해. 또 2011년 이후로는 단원들 많아지니까 창작 공연을 무대에서 처음으로 했어. 무대에서 하지만 굿판 형식으로 하고 싶었고, 굿의 염원

2017년 1월 박근혜국정농단 촛불집회 음력 정월보름 강강술래 후 기념사진

을 모으고 풀고 나누는 방식으로 2012년에 '향기'라는 작품을 해. 사람들 속의, 민중 속의 신화라는 개념으로⋯. 우리가 원래 등 밝히는 의식을 하잖아. 초도 만들어서 띄우고 마지막에 대동놀이도 하고 최은희 씨 불러서 같이했어. 그 작품을 기금 받아서 한 번 하고 다음해에 '향기' 두 번째 이야기는 우리 돈 들여서 했어. 앞굿, 본굿, 뒷굿 개념을 가지고 무대에서 했지. 그리고 2014년(?)에 쌍용자동차 노동자가 너무 많이 죽어 나가는 거야. '노동자들의 한을 어떻게든 풀어야 한다' 해서 '진혼굿'을 작품을 만들었지. 제목을 '민중진혼'이라고 했는데 재단이 돈을 주더라고. 그래서 진혼굿을 쌍용자동차 이야기로 풀어서, 풍물하고 굿가락이랑 섞어서 했어. 연출은 연극하는 후배를 불러서 하고. 그게 괜찮았던 것 같아. 2015년에 우리가 상주 단체가 돼. 그때 '광대의 꿈'이란 작품을 만들었지. 이때는 도둑잽이를 주제로 했는데, 그래도

더늠의 운동 색깔을 버릴 수 없어서 이항대립적인 방식으로 하지 않고 도둑을 잡는 굿거리, 옛날에 도둑잽이도 있고 일광놀이라고 하잖아? 일광놀이 중심으로 작품을 짜서 연희하는 애들이랑 같이했어. 이때부터 객원 개념이 생겨. 그 전엔 '오부리'라고 해서 잘 안 했거든. 2014년 이후 3년째 하면서 객원을 써서 무대 공연에 세워. '광대의 꿈'하고, 또 그해 세월호가 넘어져서 세월호 관련 공연을 계속했지. 너무 빨리 해서 문제이긴 했는데, 무대에 노란 리본 걸고 공연했고, '세상을 품은 광대' 작품은 완전히 세월호 얘기야. 그 다음 해에도 두레를 중심으로 비슷한 공연을 하는데, 지금도 두레가 고민이야. 인천에는 서곶, 삼산에 두레가 있는데 그중에서도 서곶이 지금의 김포평야야. 지금의 두레 음악이 다 김포통진두레놀이 음악이랑 비슷해. 모 찌고 모 나누는 노래가 있어. 그걸 원용해서 인천 난장 두레 개념으로 창작을 했어. 2016년. 그게 가장 최근이네. 지금도 두레 관련 공연을 하고 싶은데 재단 지원을 못 받으면 공연은 어렵고, 그래도 풍물대동굿은 작년에 했어. 대동굿은 더늠 혼자서 하고 싶지 않고 수도권 단체들이 같이했으면 좋겠어. 돈을 주고서라도 그렇게 하고 싶은 마음이야. 우리도 그냥 오란 소리 안 하고 대신 '다른 단체들도 우릴 불러라.' 하지. 더늠이 그런 활동을 하는 거지. 그러면서 2012년에 없어진 회원들 굿판을 대신해서, 그걸 풍물축제에 가서 푸는 거지. 시민난장. 시민난장에 신청을 해서 회원들끼리 공연을 해.

춘영 부평풍물축제 말씀하시는 거예요?

찬영 그래 풍물축제. 우리 회원들이 1년에 한 번씩 연습을 해서 부평풍물축제 가서 공연을 해. 그때는 시민난장에 들어가서 하는데 나랑 단원들은 빠지고 회원들끼리 상쇠를 세워서 해. 그게 3, 4년 됐어. 그게 회원들은 만족도가 높아. 왜냐면, 대동굿한마당 때는 많아야 200, 300명인데, 풍물축제는 사람이 많거든.

춘영　그렇죠. 그것도 활용할 수 있는 장이죠.

찬영　그럼. 올해는 단오굿을 대동굿으로 해 보려고 준비 중이야.

춘영　더늠 중심으로 단오굿을 한다고요?

찬영　그냥 대동굿한마당처럼 하려고 해.

춘영　판제 이야기는 좀 이따가 진행하고요. 형이 굿이라는 단어를 쓰셨어요. 저도 아주 좋아하는데, 우리가 하는 행위, 그걸 우리는 풍물이라고도 하고 굿이라고도 해요. 우리랑 정서가 비슷한 세대이신 황선진 선배가 제안해서 쓰잖아요? 농악, 풍물, 사물놀이, 굿 이런 명칭에 대해서는 어떻게 생각하세요?

찬영　'더늠'이라는 이름을 전문 연희단체라고 바꾸자고 하는데 나는 반대야. 풍물패는 풍물패야. 그러니까 풍물굿을 치는 거지. 더늠 공연을 하면 풍물 판굿만 하는 게 아니고 고사도 지내고 대동놀이 할 사람이 없으면 우리가 악이라도 신나게 한 시간 치고 그런단 말야. 그건 풍물은 굿이라고 생각하기 때문이지. 사물놀이는 또 다른 하나의 장르고. 그냥 사물놀이라고 봐 주면 돼요. 풍물굿이 사물놀이화됐다고 얘기하지 말고. 사물놀이는 풍물굿을 바탕으로 만든 새로운 창작품이야. 우리는 그 작품을 통해 돈을 버는 거야. 그걸 뭐라고 비하할 필요가 없어. 더늠은 풍물굿을 해야 되기 때문에 굿 정신 이야기를 많이 하지. 옛날엔 굿 공부를 많이 했어. 홍주 형 강의도 많이 들었고, 홍성민 선배랑 굿판에 대한 논의도 같이했고. 지금은 회원들이 다 굿쟁이가 되기는 어렵고, 더늠 회원들은 풍물을 즐기는 사람들이지만, 그래도 기술만 배우지 말고 휘모리를 맛깔나게 치자, 이런 얘기를 많이 해. 농악이란 말은 안 써. 풍물이라고 그러지.

춘영　굿 정신의 핵심이 뭐라고 보세요? 그 핵심이 형이 만드는 판에 어떻게 반영되는지, 그거를 설명해 주신다면?

찬영 굿이라는 건 연희자나 전문가들만 하는 것이 아니라고 봐. 옛날 뜬쇠가 하는 게 아니란 말이야. 더늠의 기본 정신이 두령쇠 정신이라고 할 수 있어. 동네 안에서 일하는 사람들이 즐기는 풍물. 그 안에서 장단을 잘 못 치더라도 같이 노는 거지. 지금 잘 치는 사물놀이는 하지 마라, 굳이 할 필요 없다고 해. 전문가가 더 잘하니까. 오히려 재밌게 치는 판을 해라, 이거야. 그래서 더늠이 풍물 할 때는 앞굿 뒷굿 다 하는 거야. 나는 돈 버는 10분짜리 공연을 하더라도 그런 판을 만들고 싶은 거지. 실제로 그런 판에 참여하는 거고. 그리고 시대정신을 읽어야 해. 나는 굿은 삶과 공동체에 기반해서 그 안에 있는 사람들이 즐기는 문화라고 봐.

춘영 그 연장선상에서 1992년에서 2012년까지 했던 '해방세상 살어리' 이야기를 더 해 주신다면?

찬영 더늠굿은 처음에는 풍물 창작이라고 했는데….

춘영 마당에서 하는 거죠?

찬영 그렇지, 다 마당에서 했지. 사실은 좋은 굿을 터울림이 가지고 있었어. 터울림이랑 친했던 덕분에 벤치마킹도 하고 같이 고민도 했으니까 당연히 그렇게 하고 싶었지. 그래서 불 피울 수 있는 곳을 찾아서, 인하대에서 한 거야. 어떤 면에서는 불만이 많았겠지만, 잔치를 벌인 거지. 일주일 전부터 모여서 연습도 하고 고깔도 만들고, 회원들은 넉 달 정도 연습을 하면서, 판굿 자체보다는 노동자의 삶 이야기가 있으면 좋겠다 해서 노동자계급 이야기로 작품을 짠 거지. 그런 고민을 했어. 그 공연 작품을 매년 짠 건 아니지만 97년부터 2010년까지 앞굿, 본굿, 고사 풍물 치고, 놀고 불 피우고, 며칠씩 음식 준비하고 했지. 아무튼 본굿은 내용성이 있어야 한다고 봐. 이야기는 노동자계급에 대한 거고 풍물굿 방식을 취하려고 했던 거지. 그렇게 네 번, 2010년도까지 했어. 2010년 이후 내부 논의 과정에서 풍물굿을 잘 치면 되지 그걸 해야 되나 하는 이야기가 나왔어. 힘들었거든 사실.

춘영 창작이 어렵죠.

찬영 단원들이 아니고 회원들이 너무 힘들어하는 거야. 2010년까지 네 번 하고 "그냥 우리 판굿을 치자." 해서 판굿 중심으로 돌아갔지. 아까 얘기한 대로 터울림, 살판, 삶터 판굿이 비슷한 건 모두 민속촌 농악이기 때문이야. 그중에 우리는 성돈 형의 판굿을 하면서, 고창농악 등에서 좋은 건 차용하고, 호남우도에 기반한 민속촌 농악 판굿 짜서 한 거지. 그러면서 개인놀이도 하고 대동놀이도 하고. 대신 의미는 깃발로 표현하자. 깃발을 다 걸어 놓고 노동자도 와서 한마디 하게 하고 철거민들도 와서 풍물 치게 하고…. 그렇게 더늠 굿판은 재밌게 놀고 풍물 치고 논다 이런 개념으로 전환이 됐어. 그럼 그 굿의 주체는 누구냐? 당연히 그것을 하는 사람은 민중, 노동자지. 민중이 주체가 되는 놀이판을 만들어 가야지.

춘영 존경스럽네요. 그런 판이 5년에 한 번이라도 있었으면 좋겠어요.

찬영 그럼. 굿판 만들기가 참 어려운 게 인천도 대도시기 때문에 불 피우는 게 힘들어서 관이랑 엄청 싸웠어. 달집에서 불을 봐야 사람들은 흥분하고 좋잖아. 지금은 그 정도까지 하려면 동력이 있어야 하는데 그러기에는 회원들이 나이가 많이 들었어. 40대 중반 넘어 후반 다 되어 가는데 좀 힘들더라고. 보통 일이 아니잖아? 완전히 이사 갔다 오는 거랑 똑같아. 그거 하고 나면 2, 3일을 앓아야 돼. 그런데 회원들도 그걸 할 열정이 안 되는 거라. 옛날 형들은 이미 50대가 돼서, 그분들 일 시키기는 어렵고, 젊은 놈들은 안 들어오니까 이제 대동굿한마당을 하는 거야. 쉽잖아? 자기 기량 뽐내면 되니까. 여전히 한 단체가 자기 굿을 가지고 있는 건 굉장히 중요해. 더늠은 그 두 가지 중에 회원을 위한 공연도 있어야 하고 창작공연도 있어야 하고. 창작공연을 해야 기금도 받고 돈도 받아서 뭐라도 할 수 있으니까. 또 그래야 상근자도 유지하지. 단체가 노쇠해 가는 건 그런 걸 고민 안 하기 때문이야. 그렇게 해 가지고는, 개인은 먹고살지만 단체를 키우지는 못해. 내 생각은 그래.

메트로시티 인천과 더늠에서 상쇠의 역할

춘영 이제 상쇠의 역할 이야기를 해 볼게요. 지금까지 이야기를 들어 보면, 형은 개방성이 장점이에요. 남의 좋은 거를 받아들이는 데 주저함이 없는 것. 더늠에서 상쇠의 역할, 이찬영의 상쇠의 역할을 보면 여러 번 변곡점이 있는 것 같아요. 형이 50 다 되어 간다고 하는데, 90년대는 강습하고 연출하는 활동이 주였다면 지금은 자바르떼 활동을 하면서 더늠에서는 조력자잖아요? 그 가운데 중요한 변곡점을 꼽는다면?

찬영 처음에는 노동자를 가르치려다 보니까 꽹과리를 칠 수밖에 없었어. 내가 학교에서 상쇠를 했거든. 인하대 풍물패가 한마디로 쎘어. 풍물패가 모두 길놀이를 할 때는 최소 200, 300명인데, 그때 상쇠를 내가 했어. 그래서 내가 많은 사람 데리고 노는 거를 잘해. 첫 번째는 역시 대학교 때. 처음에는 장구 쳤는데 2학년이 되자 선배들이 군대 가고 내가 꽹과리를 잡게 됐어. 좀 잘났겠어? 당연히 제일 열심히 했지. 수업도 안 들어가고 꽹과리를 쳤어. 그때 '갠 지갠 지 갠지개갱'부터 시작했어. 가르쳐 주는 사람이 없으니까 옆방 선배들한테 "어떻게 쳐요?" 물으면, "그냥 기갠 만 쳐." 그래. 내가 성격상 집요하잖아. 될 때까지 쳤지. 사실 풍물 말고는 그렇게 집요하게 하는 게 없어. 꽹과리 처음 잡을 때가 첫 번째 변곡점이라고 할 수 있어.

춘영 그러면서 진입을 한 거지.

찬영 꽹과리로 진입한 거지. 그때, 손톱이 나갈 정도로 열심히 했어. 그다음은 더늠에서 판굿 할 때. 그때도 연습 참 많이 했어.

춘영 1997년도, 상근하면서부터?

찬영 그렇지.

춘영 졸업하고 상근하면서 제2의 전성기? 연출도 했어요?

찬영 그때 중요한 굿판 상쇠를 한 거지. 나는 꽹과리 치고 기획만 하고. 혼자서 다 못 해. 준비 과정이 복잡해. 각 파트를 회원들이 나눠서 했지. 참 어리고 힘이 좋을 때니까 며칠 밤새서 술 먹으면서도 해낸 거야. 그게 꽹과리 입장에서 두 번째 변곡점. 그런데 내 꽹과리는 데모 가락이니까 당연히 거칠지. 그 무렵에 꽹과리를 치면서 '내 꽹과리가 변해야겠구나!' 생각이 들었어, 애들이 새로 들어오고 전문가들하고 공연하면서 작품 연출을 내가 했는데, 그때 꽹과리 치배가 둘 있었어. 그때 상모도 하고 남동구립풍물단 예술감독도 하고 꽹과리 치면서 보니까, 꽹과리를 다시 배우게 되더라고. 지금도 배우러 가는데 기술 배우는 거는 다닐 수 있어. 시간이 없어서 못 가지. 그게 세 번째 변곡점.

춘영 예, 좋습니다. 다음으로, 이 작업은 20세기 상쇠가 아니라, 21세기 풍물굿 상쇠론이거든요. 제가 볼 때 형님은 개방성을 가지고 여러 번의 변신을 거치면서 자기 계발을 계속하는 게 장점이에요. 21세기 상쇠의 역할, 이것을 풍물굿 단체 혹은 풍물굿 활동과 연계해서 말씀해 주신다면? 그게 나오면 다음에 21세기 상쇠의 덕목이 나올 것 같아요.

찬영 상쇠의 역할, 그런 걸 누가 좀 정해 주면 좋겠어.

춘영 누가 정해 줬으면 좋은데, 그런 걸 해 주는 사람이 없으니 제가 이 작업을 통해 그걸 찾는 거예요.

찬영 나는 21세기는 모르겠고 상쇠는 첫째로 소통을 잘해야 돼. 물론 기본적으로는 기술이 있어야겠지. 그러나 상쇠라면, 함께하는 사람들이 뭘 원하는지, 뭘 치는지를 정확히 파악하고 소통하는 게 제일 중요한 거 같아. 둘째는 사람을 잘 놀리는 거. 상쇠가 좋은 기술로 아름다운 걸 보여주는 것도 좋지만, 더 중요한 건 사람들을 잘 놀려야 한다는 거야. 가끔 이런 얘길 해요. "아주 잘 못 치는 사람들하고 쳐도 대충 치지 말고 열심히 쳐라." 전문가들 보면 그럴 때 대충 치거든. 그런데, 그럴 때 오히려 평소보다 더 열심히 쳐야 돼. 그래야 그 사람들이 풍물 좋아하게 되고 같이하게 된다고. 그리고 풍물을 하다 보면 판굿도 하고, 길놀이도 하고, 전투도 하는데 그때마다 그 판을 잘 읽는 거, 그게 중요해. 도시화가 된 마당에 이제 '제'는 버려야 돼. 전라도 제, 경상도 가락, 다 그 나름 맛이 있어. 그걸 못 따라가. 손영만 선생이 하는 걸 어떻게 따라가겠어? '제'는 그 지역 농악하는 사람들이 하면 돼. 우리는 인천농악을 얼마 전에 만들었는데, 인천풍물은 다른 전통을 전승하는 개념이 아니라 경우에 따라 좌도로도 치고 우도로도 치는 거지. 이제는 통신이 발달돼서 좋은 건 받아들이는 거지. 저건 '전라도굿' 저건 '경상도굿' 하는 건, 지금 도시 풍물패 상쇠들은 그럴 필요 없다고 생각해. 도시는 온갖 것이 물밀 듯이 밀려오는 곳이기 때문에 잘 소통하고, 사람을 놀리는 게 중요한 거지. 풍물은, 무대에서 치더라도 관객하고 사이에 건널 수 없는 강을 건너 주는 거, 그게 중요해.

춘영　그렇지!

찬영　그리고 상쇠를 계속하려면 아우라가 있어야 돼. 아우라가 별게 아니라, 뭐라 그러나…?

춘영　기세, 기운.

찬영　그렇지. 기운. 그게 21세기 상쇠의 핵심 역할이 아닐까?

춘영　지금 인천 지역에서, 더늠에서 형님이 그렇게 잘 하시는 거 같아요.

찬영　잘 놀려야 돼. 꽹과리 속도, 타법은 배우면 돼. 예술가냐 기술자냐 할 때 기술은 연마하는 거고, 자꾸 치면 돼. 기본적으로 애를 상쇠로 키워야 될 것 같다고 그러면 달리해야 돼. 전라도에서도 그랬다는데, 잘 치는 애가 상쇠 하는 거 아니라는 거지.

춘영 결국 상쇠의 덕목이랑 연결되잖아요? 상쇠의 덕목은 사람과의 관계도 그렇고, 시대를 읽는 눈이 필요하다, 그 의미를 부연 설명하자면?

찬영 풍물굿은 여전히 민중 속에서 출발하기 때문에 민중의 정서를 읽어야 한다는 거야. 지배계급이 아니라 민중의 정서. 민중들이 어떻게 사는지, 노동자들의 상황은 지금 어떤지…. 또 소수자, 성소수자든 장애인이든 옛날에는 연대라는 이름으로 웬만하면 참여했거든. 물론 무조건 몸으로 때워 주는 건 아니고, 의미를 가지고 가서 해야지. 상쇠는 자기 팀을 데리고 다니는 사람이잖아. 기획자가 있지만. 그때 상쇠는 그 판의 사람들이 뭘 생각하는지 고민해야 하지. 그러니 소리도 해 보고 사설도 해 보고 성호 형처럼 대동놀이도 진행하는 거지. 잘하든 못하든 그런 게 필요하지 않을까? 민중들 삶을 정확하게 읽어 내는 거.

촛불집회 풍물인시국선언을 제안하다

춘영 촛불집회 얘기를 좀 해 보죠. 풍물이 왜 촛불집회에 참여했나….

찬영 촛불집회는 대세였잖아. 참 열심히 했지. 나는 사실 풍물이 밀렸다고 봐. 예를 들면 촛불연대(퇴진행동)가 만들어지면서 무대 진행을 할 때 풍물 공연은 안 했잖아? 사물놀이도 잘 안 했다고. 끝날 때쯤 몇 번 하긴 했지만 메인 프로그램으로는 운영이 안 됐지. 지금은 언어의 세대, 언어의 시대야. 그러니까 비언어적인 풍물이 설 자리가 좁아지고, 그중 노래만 가는 거야. 노래를 중심으로 하는 음악의 세기. 풍물의 선명성보다는 노래로서 말하는 것이 훨씬 대중이나 사람들에게 잘 각인되는 시대이기 때문에, 풍물이 밀렸다고 봐.

또 하나는 풍물 하는 사람 중에 중앙 판에서 풍물로 기획, 연출하는 사람이 없는 거야. 조직적으로 그런 걸 못 했기 때문에 중앙 무대에서 밀렸던 거고, 예술인 텐트촌에 결합할 때도 풍물은 그냥 가서 치는 형태였어. 그래서 나는 처음에 풍물 막 하지 말자고 했어. 나는 처음에 촛불만 들고 갔어. 나중에 광화문에 함께 모여서 풍물 치자 그럴 때도 나는 재미없었어. 그 시기에 전문가 애들도 하는 새 판을 만들 수 있었는데 여전히 나이 많은 사람들이 중심이라. 내가 스물여섯 살 때 100명 데리고 풍물 연출하고 상쇠 했는데, 지금 내가 마흔 후반인데도 판에 가면 선배들이 너무 많아. 시대에서 밀린 거지. 젊은이들 문화에서 밀린 거고. 나는 그게 안타까운 거지. 그래서 풍물실천대회, 풍물인시국선언 하자고 할 때도 원호 형이 상쇠를 나보고 하라고 해서 하긴 했어. 그런데 광화문을 한 바퀴 행진하고 오는데 이쪽에서 따로 집회를 하고 있는 거야. 정확하게 얘기가 안 된 거지. 우리끼리 모여서 했던 거야. 옛날에 노동자 대회 때도 그렇게 안 했거든. 판 전체 연출하고 같이 이야기해서 큰 판으로 진행했지.

춘영 풍물인시국선언 하던 날 말씀이죠?

찬영 그래 그날. 다 같이 가야 되는데, 광장에서 자기들끼리 그냥 따로 왔다 갔다 하는 거야. 아니 왜? 운동을 몇십 년 했는데? 풍물 30, 40년 한 선배들이 왜 그런 취급을 당해? 그래서 그다음에는 오라고 해도 잘 안 갔어. 우리 회원들 다 같이 갈 때만 갔지. 매주 촛불만 들었어. 그때 터울림 쪽에서 왜 안 치냐고 그러더라고. "안 쳐 나는. 우리 회원들 가면 가고, 나는 촛불만 들고 간다. 풍물도 초대받아야 한다." 이랬지. 여기저기서 풍물 들고 오지만, 그건 2, 30대 애들 하는 거지, 50년 넘어서 그렇게 하는 거 나는 반대야. 그런데 대보름 전에 연락이 왔어. 더늠은 대보름을 안 해. 상처가 있거든. 내가 스물 몇 살 때 황선진 선배가 인천 연수동 신도시에서 대보름굿을 하자고 해서 며칠 준비를 했지. 그런데 막상 가 보니 동네가 휑하고 가야 할 집도 섭외가 안 된 상태라. 말하자면 기획을 못한 거지. 풍물만 잠깐 치고 끝나고 나니까 너무 허무한 거야. 그래서 그때부터 우린 대보름굿을 안 해.

춘영 그런데 2017년 대보름 즈음에, 다른 풍물패는 대보름 공연을 가니까 광화문에 못 갈 테고, 전화가 어디서 왔어요?

찬영 퇴진행동. 다른 풍물패에 전화해 봤겠지. 다들 대보름 간다면서 "더늠은 대보름 안 한다."고 했나 봐. 퇴진행동 기획실장이라면서 "대보름 때 와서 한 번 해 주시면 안 되겠냐?"고 해. 어느 무대냐고 했더니 퇴진행동본부래. 거기는 블랙텐트 메인 무대가 아니거든. 고민을 했지. 우리는 풍물을 치지 대동놀이 하는 데가 아니니까. 그래서 내가 홍성민한테 전화를 해서 작전을 짰어. 먼저 최은희 선생을 섭외하고 진행을 붙였어. 그런데 풍물패가 없어. 더늠이 회원이 약해서 나 포함 단원 2, 3명, 회원들 두세 명 해서 여섯 명밖에 안 됐어. 그런데 애정이 누나가 도깨비굿 하는 빨간 옷을 꼭 입어야 된대. 그걸 살려야 된다고. 그런데 퇴진운동본부에 갔더니 아는 애들이 있더라고. "어떻게 할래?" 그랬더니 자기 계획을 얘기하며, 그렇게 해 달라는 거야. 그때 최은희 씨도 벌써 가슴이 쿵덕쿵덕, 공연하는 사람이 무대 올라가면 그러잖아. 그리고 또 살판 애들이 왔어. 거 왜, 키 작은 여자분.

춘영 최현경.

찬영 최현경 씨. 소리 좀 하는 걸 알거든. "뒷소리 받아 주라." 하고, 또 강강술래 진행하시는 박영희 씨가 오셨더라고, 강강술래 한다길래 내가 "강강술래 하지 마시고, 그냥 펄쩍펄쩍 뛰고 놀자." 했지. 그렇게 급하게 판을 짰어요. 그러니 다들 걱정이 태산이야. 그래서 내가 "걱정하지 마세요. 다 돼요." 했지. 퇴진행동 애들이 경복궁 올라갔다가 넘어와서 풍물 쳐 달래. 그쪽에 대학생 풍물패들이 있더라고, 같이 치자 했는데 애네들이 안 하겠대. 그래서 여섯 명이 치기 시작했지. 그렇게 헌법재판소까지 행진해서 거기서 마무리하면서 만장 태우고…. 그런데 또 대동놀이를 하자는 거야. 그때는 기운이 좋잖아? 싸울 때니까. 최은희 씨가 "중간에 빨리 쳐 줘요." 그러고 무대에 올라갔어. 그렇게 떵떵거리면서 풍물 치고 놀았는데, 그쪽에 온 시민들이 15만 명이었어.

춘영 엄청 많았어요. 그날 50만 명 이상이었을 거야.

찬영 그때, 참, 마이크 소리 들리는 데까지는 다 펄쩍거리고 노는 거야. 최은희 씨도 막 소리 지르고 엄청 잘하시더라고. 풍물대동놀이를 한 시간도 넘게 했어. 여섯 명이서 치는데 내가 풍물 치면서 판을 못 막을 정도로 했거든. 그러고 쿨하게 내려왔지. 그러고는 본부에 있는 담당자에게, "나, 간다." 했지. "가시게요?" 하기에 "나중에 밥이나 사라." 하고 내려왔어. 퇴진행동은 그게 좋았나 봐. 드디어 메인 무대에서 연락이 왔어.

춘영 바로 다음주.

찬영 그렇지. 퇴진행동에서 공연을 해 달라는 거야. "메인 시간은 아니지만 엔딩에 하는 게 좋겠습니다." 그래. 처음엔 당연히 안 한다고 했지. "논의해 보고 전화 드리겠다. 그런데 당신은 직책이 뭐냐?" 팀장이래. 그렇게 끊었는데, 곧 실장이 전화를 했어. "선생님, 지난주 너무 좋아 가지고…." 그래서, 논의해 보고 한다고 했지. 그게 첫 무대야. 홍성민 선배에게 전화를 해서 "메인 무대에서 전화가 왔는데 빼기면서 하자." 했지. 다 욕심이야. 성민이 누나도 욕심 있어. 메인 무대 선다는 게 욕심나잖아? 당연히 그러고 싶은데, 마침 은희 씨가 왔어. 그래서 판을 같이 짰어. 풍물패가 많으니까 누군 위에서 치고 누군 아래에서 쳐야 돼.

춘영 저는 그게 되게 좋았어요.

찬영 그때 "바닥은 동일이 니가 맡아라, 위는 내가 맡을 테니." 그랬더니 성민이 누나가 "상쇠가 올라가는 건 터울림에서 했으면 좋겠다."는 거야. 그래서 터울림이 올라간 거야. 성민이 누나는 터울림 애들을 세우고 싶은 거야. 내가 터울림 용범이 형 잘 아니까 그렇게 하시라고 했지. 그러고는 나도 위로 올라갔어. 우리 애들 한두 명, 정민이도 올라오고, 숫자로는 터울림이 많이 올라갔지.

춘영　많이 올라갔어요. 한 스무 명. 아래까지 하면 50명이 넘었어요.

찬영　그렇게 올라가서 치는 거에 욕심이 나는 거야. 원래 각본이 있는데….

춘영　몇 시간 전부터 리허설도 했잖아요? 사람들이 다 들떠서….

찬영　제일 흥분한 게 하 여사야. 원래 계획은 최은희 씨를 올리고 소리 잘하는 사람을 붙이자는 거였는데, 애정이 누나가 자기가 뒷소리 받겠대. 그런데 웬걸, 마이크 받더니 거의 사회를 봐요. 딱 그렇게 하고, "이제 그만하자. 더 하면 안 된다." 그런데 그다음에 또 연락이 왔어. 하지 말자고 했는데, 애정이 누나가 또 허락한 거야.

춘영　필봉서울전수관 쪽 사람들이랑 같이했어요.

찬영　내가 하지 말라고 그랬거든. 그렇게 하면 값어치가 떨어진다고. 우리가 대접받으면서 판도 짜고 공연도 할 수 있는 사람들이잖아. 무대화된 공연, 김원호 선배의 정화수 의례나, 박근혜 죽는 퍼포먼스…. 이렇게 제안할 수가 있는데, 애정이 누나가 그렇게 하는 바람에 대동놀이패가 된 거야. 무대 공연을 한 번도 못 해 본 거지. 밀당을 못 해서 그래. 마지막 박근혜 탄핵되고 나서도 메인 무대에서 할 수 있었거든. 풍물이 대중들에게 보여줄 수 있는 게 대동놀이 말고도 많다는 걸 알렸어야 했는데….

춘영　하여튼 신난다. 풍물인시국선언을 형님이 최초로 제안했다고 다 인정을 하더라고요. 그 마음과 그때 상황을 얘기해 주세요.

찬영　그때는 시국선언을 여러 군데에서 했어. 그래서 내가, 이제 풍물 그만 치고 풍물 치는 사람도 시국선언을 하자, 했지.

춘영 그게 언제쯤이에요?

찬영 그때 몇 사람한테 문자를 보내서, 카톡에다가 "시국선언 하자."고 그랬지. 사람들이 "아, 시국선언 좋다." 하고, 풍물 쪽에서 그런 거 연출할 사람은 홍성민밖에 없어. 그래서 홍성민하고 내가 주선한 거지. 주로 홍성민 선수가 서울 사람들 모아서 판을 벌였지. 나는 잘했다고 봐. 풍물패가 시국선언을 풍물 치면서 하는 것도 좋고, 자기 발언을 하는 게 굉장히 중요한데, 광장, 대중이 있는 곳에서, 맨날 동원돼서 하지 말고 자발적으로 하는 게 중요하다는 거지. 그런 점에서, 요즘 쌍용자동차 현장에서 풍물 치고 길놀이 하잖아? 나는 그만 하라고 그래. 연대의 판은 짤 때 풍물을 아는 사람이 짜야 풍물패를 아름답게 잘 세워. 다른 애들이 하면 잘 못 해. 그러니까 계속 동원되는 거야. 난 안 해. 그건 이미 옛날에 다 했어. 이소선 어머니 돌아가실 때, 그런 덴 당연히 가지. 쌍차 당연히 가야지. 그런데 그 판을 기획하는 동등한 수준에서 하지 않으면 몸 대주다가 힘들어서 죽어. 단체는 못 해. 그리고 민중운동, 노동운동하는 사람들도 예산이 다 있거든. 한두 번은 그냥 가지만 예산을 세워서 해야 된다고 말을 해 줘야 해. 그런데 스스로를 못 세우는 거야. 또 노동자 판이면 노동자 풍물패들이 설 수 있게 열어 줘야 돼. 왜 우리가 가서 해? 좋은 마음인 건 알지만 그렇게 하면 본인도 지치고 힘들어. 아무튼 광장의 역할은 1년이 지났지만 여전히 나라를 뒤흔들었기 때문에, 풍물 치고 시국선언 했던 거 되게 중요했다고 생각해. 그리고 광장을 주도했던 퇴진운동본부가 있었지만, 풍물패도 여러 단체가 자발적으로 나와서 쳤잖아? 그것도 굉장히 의미 있는 거고, 우리 회원들도 데리고 올라간 게 그런 거지.

상쇠의 악기 꽹과리

춘영　꽹과리 얘기로 넘어갈게요. 연주자로서 쇠를 연주하는 사람이 상쇠인데 꽹과리 성음부터 얘기할까요? 형이 추구하는 성음이 있나?

찬영　그건 너무 어려운 얘기지. 나는 평소에도 꽹과리는 본인이 좋아하는 성음이 있다고 얘기해. '암쇠네' '숫쇠네' 하지만, 다 자기가 좋아하는 소리가 있어. 나는 그 사람이 좋아하는 꽹과리 소리가 결국 자기 목소리라고 생각해. 내가 목소리가 약간 높아. 저음이 아니지. 꽹과리 쳐서 고르는 거 보면, 목소리가 저음인 사람은 저음을 좋아해. 반면에 고음인 사람은 고음 소리를 좋아하고.

춘영　아, 그래요? 처음 듣는 얘기네요.

찬영　자기 목소리를 마이크로 들으면 어색하잖아? 사실은 자기 목소리가 제일 익숙한 거야. 자기가 좋아하는 목소리는 자기 목소리야. 누구나 자기애가 있기 때문에. 그래서 내 꽹과리 소리를 들으면 소리가 높아. 나는 저음으로 내는 둔탁한 꽹과리 소리를 썩 좋아하지는 않아. 어떤 사람과 작업을 하는데 그 사람 목소리가 좀 낮아. 그 사람이 장구 치면 내 꽹과리 소리가 너무 높다고 얘기해. 그런 얘기를 많이 하더라고.

춘영　결국 자기 목소리에 근접하는 소리를 꽹과리로 내려고 한다?

찬영　나는 그렇게 생각해. 그건 전문가든 아마추어든 다 똑같은 거 같아. 자기 목소리 음역의 소리를 좋아한다….

춘영　상쇠는 풍물패를 이끌어야 되잖아요? 그러다 보니 개인 성향 말고도 다양한 차원에서 고려할 점이 있어요. 부쇠와의 관계, 다른 악기와의 관계…. 그러면서도 전체를 이끌어야 하기 때문에 선명하게 표현할 부분도 있고….

찬영 박으로 치면 상쇠는 단박을 잘 쳐야 돼. 홑박으로 '갠'을 정확히 내 줘야 된다는 거지. 첫 박을 찍어 주는 걸 잘 해야 되지만, 또 무조건 세게 치지 않는다는 거. 나는 무조건 세게 치는 거에 익숙해. 데모를 했으니까. 첫 박만 '빵' 내 주면 따라오더라고. 뒤에 꽹과리 치는 사람이 많으면 다 알아서 잘해. 길에서 칠 때는 단박을 정확히 치는 게 중요하고, 성음은 특히 상쇠 소리가 약간 높아야 돼. 그래야 전달이 잘되지. 그다음에 상쇠는 여유가 있어야 돼. 공연할 때 상쇠가 여유가 없으면 뒤가 힘들어 죽는 거지. 사물놀이는 달라. 사물놀이는 각자 독립된 음악을 하는 거고, 그 호흡 안에서 밀면 되기 때문에 자기 기술을 쓰기 유리한 거지. 풍물은 치배가 둘만 돼도 결을 맞춰 줘야 한다는 거. 전문가들하고 공연하면 힘든 게, 다들 잘났어. 엄청 볶아 대. 미칠 것 같아. 그렇게 안 해도 되는데, 저쪽 소리가 세지니까 내 소리도 세지는 거야. 그런 게 좀 있더라고. 타법은 확실히 박아 치는 걸 잘해야 돼.

춘영 왜요? 어떤 의미에서?

찬영 박아서 '정' 소리를 잘 내야 되는 거야. 직타를 정확히 잘 쳐야지. 좌도도 '그랑' '자브라갱' 이런 기술이 몇 개 없잖아? 첫 박을 정타로 치는 게 잘하는 상쇠야. 그다음 직타. 직타를 못 치면 긁어 치고, 엎어 치고, 말아 치는 게 의미가 없어. 말아서 치더라도 직타. 나는 휘모리를 쳐도 '지갠'을 먼저 가르쳐. 이게 돼야 그다음에 '기쟁'으로 넘어가고 '다당'이 되고 '그랑'이 되는 거거든. 한 배지 한 배. 그리고 동네마다 치는 스타일이 달라서 그런 기술은 기술대로 잘 배우면 돼. 경상도 스타일이 긁어 대는 이유가 있어. 꽹과리 가락 타법 다 치고 가잖아? 전라도에서는 '갠 지라 개갱' 하고 흘려 치고, 장구도 그렇게 치면 돼. 호흡을 맞춰서 가는 거지.

춘영 어쨌든 형의 꽹과리를 이해하기 위해서는 전라우도 판제, 그 정서를 바탕으로….

찬영 처음엔 그렇게 했지. 그런데 결국 우도농악만 한 게 아니어서…. 요즘엔 사물놀이도 많이 하지.

춘영 꽹과리는 왼손과 오른손이 중요하잖아요. 또 막음쇠가 중요하잖아요. 먼저 꽹과리를 어떻게 잡아요?

찬영 난 이렇게 잡지. 하나 걸어서. 전라도나 웃다리나 같아.

춘영 놀리는 것을 표현하자면?

찬영 어릴 때는 우도를 했으니까 막음쇠를 다 했어. 그런데 요새는 사물놀이나 웃다리농악을 많이 해 보니까 웃다리는 첫 박을 안 막아. '갱' 할 때 안 막는다고. 그래서 사이박인데 왼손 자체가 하나의 박이야. 그리고 우도를 많이 하면 왼손을 거의 못 써. 우도 하는 사람들, 웃다리 하는 애들은 이걸(팔과 어깨를 반복적으로 날갯짓하듯이) 같이 쓴다고. 좌도는 이렇게 안 쓸걸? 왜냐면 꽹과리 타법을 다 해야 되니까 이 동작을 할 수가 없어. 웃다리가 이걸 하는 이유가 있어. 첫 박을 안 막기 때문이야. 나는 두 개를 다하는 편이지. 나는 잡스러워.

춘영 이런 이야기를 왜 하냐면 지역마다 다르고, 사람들이 왼손 이쪽을 모르잖아요?

찬영 우도는 꽹과리를 치기도 하고 대기도 해. 당기기도 하고. 그건 기술이야. 기술을 전수하는 건 선생님마다 차이가 있는데, 내가 전수해 보니까 확실히 요즘 애들은 잡스러워. 사물놀이 조로 변한 친구들이 많아. 그래서 얘(어깻죽지)를 놀리는 거야. 우리 단원 애들이 "꽹과리 쳐 보세요 형님." 그러면, 내가 꽹과리를 이렇게 치거든. 이쪽(왼쪽) 손이 완전히 바보야. 안 치고 있더라고.

춘영 그러니까 요즘에는 형님이 다 놀리려고 한다? 협응, 협업.

찬영 또 하나는 막음쇠가 있기 때문에 사잇가락으로 당겨 주고 밀어 주는 걸 왼손이 해. 오른손은 직타가 중요하고 '그랑'도 첫 박을 갱으로 잡아 주는 거야. '갠지갯지 갠지갯지' 하는 이유가 있어. 웃다리농악에서는 '갠지갯지 갠지갯지' 하기 때문에 갱을 처음에 쳐 줘야 되거든. 애들이 모르니까 '그랑 그랑' 하는 거야. 그거 못 고치는 애들은 평생 못 고쳐. 거기에 맞춰서 꽹과리 쳐 주는 거지. 그러니까 어찌 보면 닭이 먼저일까, 달걀이 먼저일까 같아. 얼마 전에 춤추는 사람이 그 얘기를 하더라고. 가락에 몸을 얹는 걸까, 춤을 추는 몸에 가락을 얹는 걸까? 무슨 얘기냐면, 가락을 칠 때 몸을 얹어서 춤을 추는 건지, 아니면 춤을 추는데 가락을 얹어서 추는 건지? 풍물은 악기를 매고 춤을 추니까 요샌 그 부분이 화두야. 춤추는 사람은 가락이 먼저라고 얘기하더라고.

춘영 가락에 몸을 얹는 거라고? 제가 보기엔 우리 풍물은 전체가 같이 가는 거예요. 무용하는 사람들은 장단을 못 치잖아요? 풍물은 내가 장단을 깔고 가야 돼. 이끌고 가야 된단 말이지.

찬영 그게 무용하는 사람들 입장인데, 나는 풍물에 있어서는 꽹과리도 마찬 가지고 장구도 마찬가진데 동작, 호흡이란 얘기를 많이 해. 가락은 그 빠르기에 따라서 몸 쓰기가 달라지고, 그거에 따라 춤사위가 달라지는 거라고. 그거는 꽹과리 치면서 하기는 어려운데, 상모·장구를 치면 확실히 보여. 기운이 채부터 여기까지 왔을 때, 호흡이라는 걸 깊고 멀리 할 때는 당연히 느린 가락이야. 가락이 재면 간격이 줄어들지. 그러면 장구 칠 때도 손을 들어서 어디서 치느냐? 여기서 치느냐 좀 멀리 치느냐? 이렇게 칠 순 없잖아.

춘영 멀리서!

찬영 그렇지, 멀리서. 오른손의 간격을 공간과의 간극을 안에서 만드는 거잖아? 기가 있다면 손끝에서 채 끝까지 가느냐? 요런 부분이 풍물에서는 중요해.

춘영 장단이라고 할 때, '갱'은 멀리서 길게 '지'는 가까이서 짧게 가니까 장-단이죠. 장단이 '갱 지갱 지…' 하면서 동작도 실제로 장은 길게 공간적으로 멀리 가고 그다음에 단은 짧게 가서, 길고 짧게 길고 짧게 가는 게 크게는 대삼소삼이죠. 그리고 이게 왼손과 오른손이 같이 간단 말이야. 또 부포나 전립이나 채상모까지 협업 면에서 보면 발걸음이랑 악기가 같이 가잖아요. 굴신할 때도, 내려오는 건 빨리 내려가더라도 올라오는 건 천천히 올라오잖아요?

찬영 나는 그렇게 생각 안 하고….

춘영 뭐냐면, 떨어질 때는 확 떨어지는데 '하나 둘 셋, 둘 둘 셋~' 이렇게 돌아가면서 불균등이 생긴다는 거지. 장단도 대소도 불균등이고 굴신도 불균등이고 이런 게 꽹과리를 중심으로 있다는 거지. 그리고 형이 좋아하는 장단은 어떤 게 있어요?

찬영 내가 좋아하는 장단? 덩덕궁이 재밌지 않나? 삼채지. 제일 편하지.

춘영 저도 쳐 보면 자진모리가 되게 어려워요.

찬영 어려워. 제일 많고….

춘영 그렇죠. 덩덕궁이라고 하는데 필봉에는 자진모리, 삼채, 사채, 중삼채, 된삼채, 반풍류, 자진호허굿까지 엄청 많아요.

찬영 필봉은 그 이름을 잘 붙였어. 똑같은 걸….

춘영 그게 똑같은 게 아니라니까요. 동작마다 다르고 발걸음도 달라요. 다른 지역에 가 보면 자진모리 류가 장단 이름이나 속도마다 다 다른 데, 똑같다고 표현하면 안 되지 않을까? 너무 획일화되는 게 아니냐 이거죠.

찬영 나는 그 덩덕궁이를 느리게도 치고 빠르게도 쳐. 한참 공부할 때 메트로놈으로도 해 봤는데 결국은 삼박, '하나 둘 셋' 삼박을 가지고 노는 게 풍물이 특이한 거잖아? 다른 단박, 두박, 네박과 다른 삼박이 가지고 있는 매력이 있어. 아무것도 아닌 것 같지만 삼박 안에서 당기고 밀고가 있잖아? 댕기기도 하고 밀기도 하고 또 박의 경계를 계속 물고 가는, 풍물은 박의 경계를 물고 가는 게 있으니까. 딱 끊어서 가는 게 아니라….

춘영 박수박수박수 하다 보면 수박수박수박이 되죠.

찬영 계속 물려서 가지. 다른 데 가서 보면 덩덕궁 삼박을 쳐야 되는데 이박으로 치는 경우가 있어. 그건 상모를 돌리면 나타나는데 좌도, 우도, 전라도 다 똑같은 거 같아. 가락은 덩덕궁이를 내고 휘모리로 맺거나 덩덕궁이에서 맺이굿을 치거나…. 그 흐름은 결국 '내고 달고 맺고 푸는' 거지. 그런데 삼박인 덩덕궁이를 이박처럼 놀고, 이박은 삼박처럼 노는 휘모리도 그런 게 있어. 예를 들면 삼채를 '궁 구궁따 궁 구궁따, 하나둘셋 하나둘셋~' 이렇게 가잖아? 이거를 '궁따따궁따따궁따따궁따따' 하면 삼박이라고 보기엔 애매한 거야. 그렇다고 딱 이박이라고 보기도 어렵고. '궁따따궁따따' 이게 삼박일까, 이박일까? 삼박잔데 느낌은 이박으로 치는 거지.

춘영 밀어서 댕기고 하는 게 아니라 '갠지갠지갠지~~.'

찬영 당김음이라는 개념 안에선 말고 가는 건데 삼박과 이박을 사실은 풍물이 가지고 논다는 생각이 많이 들어. 사실은 좌도도 그걸 하는 거지. 우도에서도 보면 '갠 지갯지 갠 지갯지…' 이런 가락은 휘모리 안에 삼채를 집어넣은 거잖아? 삼박, 이박의 경계가 모호해질 때가 있는 게 풍물의 매력인 거 같고, 그걸 꽹과리를 치면서 호흡을 해 보면 삼박 호흡을 하면 안 맞아. 이박 호흡으로 해야 되거든.

춘영 지금 말씀하신 건 참 재밌는 표현이에요. 굿거리 안에 자진모리 2개가 들어가잖아요? '당 따 당 따 당 그당 당 따, 당 따 당 따 다당다당당다다단…' 지금 얘기하신 게 삼박 '딴 딴 딴' 이게 삼박인데 뒤는 '딴딴딴딴딴딴' 이박으로 가는 거야. 그런 가락을 잘 놀린다는 거죠?

찬영 그것도 있고, 또 하나는 굿거리 삼박인데 휘모리 이박을 집어넣는 경우도 있잖아? 사물 치는 사람이 박을 잘 쪼개지. 그런 느낌들이 안에 물려 있는 부분이 있어. 꽹과리를 쳐 보면 박아 치는 것만 하면 시끄럽고 재미없어서 기술적으로 흘려 치는 것도 많이 해야 돼.

춘영 여러 가지 기술적으로 구사해야? 듣는 사람이 지겹지 않도록. 그런 게 묘인 거지.

찬영 그리고 상쇠를 하는 사람들은 확실히 잘 친다는 개념보다는 그가 앞에 있을 때 사람을 끄는 그런 매력이 있어.

춘영 저도 그게 있어요. 성음 얘기를 왜 하냐면, 자기 혼자 만족이나 아름다운 소리를 내는 게 목적이 아니라, 사람들이 좋아하는 소리를 찾아서 사람들 신명을 불러일으키려고 하는 거죠. 신명을 충동질하려면 여기 안에 마음이 실려야 돼요. 혼자서 '나는 잘났어. 나는 빨라.' 그거는 상쇠가 아니라는 거지.

꽹과리와 부포놀음의 어울림

춘영 꽹과리 치면서 부포놀음을 할 때는 느낌이 어때요?

찬영 나는 부포를 잘 놀리는 편은 아니야. 그저 불편하지는 않은 정도. 요새는 뻣부포, 우도부포가 있고, 사물부포는 북상을 하는 거라서….

춘영 북상은 웃다리 쪽이죠?

찬영 지금 사물놀이는 다 북상이지.

춘영 뻣상모도 하지 않아요?

찬영 뻣부포를 하는데, 뻣부포가 다르더라구. 우도 쪽 뻣부포는 징자는 세게 감아서 세우면 안 떨어져. 사물놀이는 웃다리 했던 사람들이라서 북상을 가지고 노는 방식이라, 부포가 헐렁하게 잘 돌아가. 다른 거야 그냥. "뻣부포는 그래야 돼." 막 우기지 말고, 뻣부포는 그대로 매력이 있는 거야. 유지화 선생님이나 유순자 선생님처럼 하는 거고, 사물놀이 하는 애들이 결정해야 되는 거지. 우도에서 배운 애들은 뻣부포 세우는 걸 잘하거든, 웃다리 배운 애들은 부포 가지고 놀아. 호흡 안에서 그걸 가지고 노는 거지. 그래서 부포는 자기 스타일을 만드는 게 중요하다고 생각해.

춘영 그래서, 그걸 어떻게 노느냐?

찬영 세워서 놀아.

춘영 부포를 가지고 표현하는 건?

찬영 난 특별한 건 없고, 사람들이 부포를 이렇게 저렇게 표현해야 한다고 하는데 내가 부포를 열심히 공부하진 않아서….

춘영 채상모를 안 배웠을 때랑 다르게 배웠을 때, 학습하고 습득하면서 느껴지는 부분이 없었나요?

찬영 채상모를 하면 오금을 하게 돼. 그런데 오금보다 더 중요한 게 솟음이야. 사람들이 오금을 오금질로만 표현을 하는데, 오금은 사실 우주의 기운이 잖아? 내려가면 올라가야 되는. 그게 솟음이잖아? 상모를 하면서 오금, 솟음을 정확히 구별해야 하고, 또 하나는 상모를 하면 소리를 먹어 줘야 세게 가잖아? 뭐냐면 '웃 떵! 웃 떵!'을 쳐야 된다고. '웃 떵!'을 솟음에서 치게 된다고. 그거는 소고도 마찬가지야. 잘 치는 애들은….

춘영 포인트에 따라 다르지 않아요? 변곡점인 거지. 시계 12시 같은….

찬영 내가 볼 때, "쟤 잘 친다." 그러면 정박에 치는 게 아니야. 오금 때 치는 게 아니고 솟음 때 친다고….

춘영 무슨 얘긴지 알아요. '웃 떵!' 하면서 '떵' 소리가 명확하고 알차거든요.

찬영 상모 제대로 못 배운 사람이 흔들기부터 배워. 나는 그렇게 하지 말라는 거야. 더 쉽게 할 수 있어. 상모는 돌리는 물건이 아니라 세워 놓고 제자리에 갖다 놓는 거야. 그게 외사야. 외사가 전부잖아? 여기 있으면 그냥 돌리면 돌아가잖아? 그게 아니라, 얘가 여기 있는데 세워 놓고 제자리에 갖다 놓는 거야. 돌린다는 개념이 아니라 제자리에 갖다 놓는다는 개념으로….

춘영　원리를 이해하면 굴신하고 숫음을 하면 얘가 돌아가는 거지. 표면적으로 돌아가는 거지 실제로는 오금에서 목만 살짝 써 주면 얘가 돌아가는 거지.

찬영　'목을 안 쓰고 오금으로 한다.' 이건 거짓말이고 목을 당연히 쓸 수밖에 없어. 그렇지만, 목으로만 하는 게 아니라는 거지. 목을 쓴다는 것은 결국은 턱도 쓰는 거지. 이쪽 중심축과 저쪽 중심축을 맞춰서 돌려야 하는데….

춘영　그렇지. 지구가 약간 돌아가 있는 것처럼….

찬영　중심축에 맞춰서 돌려야 하는데, 요즘 애들은 상모를 여기다 써, 머리 뒤로. 그런데 머리 위로 써야 돼. 그래야 목도 안 다쳐. 뒤로 쓰면 억지로 하게 돼. 그런데, 전립을 왜 썼을까? 나는 잘 모르겠어. '상모를 안 돌리는 거보다 돌리는 게 멋지지 않을까?' 정도. 나는 풍물 치는 사람들이 굉장히 개방적이었다고 보는 사람이야. 옛날 남사당 여섯 마당도 서커스 같은 게 들어와서 변형시킨 거잖아? 지금도 새로운 문화를 받아들여야 해. 전립도 내가 제일 싫어하는 건 꽃만 쓰고 공연하는 거야. 그건 반대야.

춘영　상쇠의 기능과 역할이 여러 가지가 있지만, 특히 다른 장르에서는 이걸 쓰는 데가 없잖아요. 무용에도 없고 탈춤에도 없고 대금 불 때도 없는데, 고유하게 풍물굿에만 꽹과리와 부포가 있으니까, 연주하는 쇠재비가 그것을 통해서 무엇을 표현하고 소통할 것인가, 그런 것들을 계속 끄집어내는 거예요.

찬영　옛날에 배울 때는 성적인 표현도 많이 했잖아? 성적인 표현을 하도 많이 들어서 정말 그럴까? 공연할 때 보면 그렇게 보이기도 하고 사물놀이는 그렇게도 표현하더라고. 나는 부포 하면서 그렇게 생각한 적이 없어서….

춘영 반반이에요. 형처럼 얘기하기도 하고, 없다는 사람도 있기는 있어요.

찬영 많이 있어. 그러니까 꽹과리를 치면서 꽹과리가 남성적 악기일까 여성적 악기일까 하는 의문은 들지. 학자들은 어떻게 얘기해?

춘영 동양의 음양사상은 남자한테도 여성성이 있고, 여성한테도 남성성이 있어서 복합적인데, 제가 볼 때는 어떤 것과 대비하느냐에 따라 또 달라요. 꽹과리 안에도 숫쇠가 있고 암쇠가 있어서 획일적으로 얘기하기는 어려워요.

찬영 꽹과리를 남성성이란 측면에서 보면, 남성성 있는 여자 상쇠들의 기운이 좋아요.

춘영 예, 유순자 선생님도 기운이 좋아요.

찬영 유순자 선생님, 유지화 선생님 다 남자 같은 여자야. 또 장구 치는 애들은 남자라도 여성성이 더 많은 느낌이야. '태'도 그렇게 나와. 그래서 여자 상쇠 중에 잘 치는 분들이 그림이 좋고 에너지가 좋아. 당연히 여성이니까 여성성이 있지만 거기에 남성성이 가미되니…. 그분들을 그렇게 얘기해. 나를 보고 사람들이 상남자라고 하는데, 사실 난 원래 예민한 사람이야. 두 가지가 다 있지. 예민한 부분이 강할 때는 꽹과리가 날카로워져. 근데 털털하게 칠 때 사람이 품이 넓어져. 그런데 일단 꽹과리를 치면 사람이 괴팍해져. 꽹과리 치는데 성격이 좋으면 '꽹과리가 부드럽다' 그러는데, 나는 아니야. 괴팍해야 되고 자꾸 괴팍해지더라고…. 그리고 무엇보다 꽹과리재비는 좋은 장구재비를 만나야 돼. 요즘에 쇠 치면 재미없는 게, 나는 정기 형하고 오래 쳤는데 형이 요즘 장구 안 치고 직장에 들어갔단 말이야…. 젊은 애들이랑 치면, 뭔가 이상하게 안 맞아. 그걸 설명할 순 없는 거야. 〈슈퍼스타 감사용〉 그 영화에서 투수가 포수를 짝지, 부인이라고 얘기하잖아? 그런 거 같애…. 물론 꽹과리 잘 치는 게 중요하지. 근데 결국은 좋은 장구재비가 있어야 내 소리를 받아 주는 느낌이 있어요. 대개는 장구를 잘 쳐도 잘 못 받아 주는 느낌이 있어요. 내 소리를 받아 주는 장구재비가 있어야 사람이 많이 붙어도 힘이 나는 거지. 비등비등해야 돼.

춘영　예, 비등비등해야 되고 갈등도 있어야 되고….

찬영　나이도, 실력도 다 비등비등해야 돼. 선생님이 50대인데 스물 몇 살짜리 제자랑 치면, 제자가 힘은 좋지. 그런데 쫙쫙 잘 안 맞아. 내 느낌엔 그래. 내가 한창 때도 정기 형한테 장구 잘 친다는 말을 안 했거든. 그런데 최근에 드는 생각이 정기 형이랑 칠 때가 좋았구나 싶더라고. 합이 잘 맞았구나…. 물론 운동 성향도 맞고. 그런 게 필요한 거 같아.

춘영　선수가 됐을 때는 예민하죠. 합이 잘 맞아야 팀이 잘 나가죠.

찬영　동거동락했든 뭘 했든 그런 합을 가지고 있을 때 꽹과리를 받아 주는 느낌이 있어. 꽹과리가 세게 낼 때 장구도 세게 내면 전쟁이잖아? 꽹과리가 세게 내면 슬쩍 받아 주고, 장구가 띨 때 꽹과리가 슬쩍 놓아주고 이게 완전한 그들만의 호흡이거든.

춘영　순간순간 서로 주고받는 거잖아요? 그러기도 하고, 그런데 사실 상쇠는 장구 말고도, 모든 치배들과 끊임없이 소통해야 하잖아요?

찬영　그건 당연하지. 그리고 북이 중요해. 못 치는 사람보고 북 치라 그러는데 맞지 않는 얘기야.

춘영　징도 중요하죠.

찬영　그럼. 사람들이 못 치니까 징 치고 북 치는 거 아니냐고 하는데, 맞지 않는 말이야. 북과 징도 굉장히 중요해. 나는 오히려 꽹과리, 징, 장구, 북 여러 악기 같이 치는 거를 좋아해. 태평소도 들어오고 나각도 들어오고 나발도 들어오고, 기타도 들어오고….

춘영　기타도 들어온다?

찬영　세월호 때 기타랑 협연을 해 봤는데, 재밌더라고…. 풍물이 못 내는 소리가 들어오는 콜라보의 맛이 있어. 나는 그런 것도 재밌어 하는 편이야. 그때 서양음악 하는 애들이랑 해 보니까 '아, 꽹과리 소리를 이렇게 해야 쟤네가 살고 쟤네가 할 때 우리가 이 부분을 신경 쓰면 살고….' 이런 게 있더라고.

춘영　좋은 얘기 많이 하고 있는데, 아까 잠깐 하려다 만, 풍물굿의 성담론까지 얘기할 수 있다는 생각이 드네요. 무슨 말이냐 하면 이것도 몇 사람한테 물어봤어요. "부포에 성적인 게 있냐 없냐?" (핸드폰 속의 꽃 사진을 보면서) 확장해서 계속 고민하는 생각이 최근에 고창에서 어떤 꽃을 보면서 이게 부포 아닌가? 이 꽃이 오므리고 있는 모습이 이게 여성의 성기의 상징이 아니라, 꽃 자체가 사실은 성기인 거잖아요? 더 단순하게 여성의 성기가 아니라 '아, 이게 생식을 하는 거니까 버끔버끔 하면서 조개가 열고 닫는 것처럼 꽃이 오므렸다 열었다 하는구나.' 하면서, 유사 주술 얘기도 하는데, 그런 면이 있다는 생각이 들고, 풍물굿의 성담론도 시원하게 얘기해야 되겠다는 생각도 해요.

찬영　그렇게 해석할 수 있지. 나는 부포 하면 닭이 떠올라. 닭이 모이 쫄 때 목을 쓰는 게 딱 부폿짓이야. 선조들이 그걸 보고 따라 한 건 아닐까? 성기까지 나는 생각해 본 적이 없는데, 우도 부포에서 특히 뻐끔질을 많이 하잖아? 뻐끔질이란 게 결국은 세웠을 때 꽃이 보였다가 사라졌다가 이걸 잘해야 되는 거거든. 그다음에 옛날 어르신들은 부포를 몸에 맞게 하려고 상모를 안 돌리고 목을 확실히 많이 써.

춘영　유지화 선생님도 목을 쓰세요. 허리까지 쓰시고….

찬영　지금 상모를 해 보니까 연배에 따라 방법이 달라야 돼. 옛날에 귀거리 상이라고 있었잖아? 요즘 애들이 상모를 이렇게 돌리는 걸 정석으로 알고 있어. 허튼상을 하더라도 이렇게 정확하게 하는데, 옛날 어른들은 달라. 그걸 지운하 선생이 잘해. "갠 지갯지 갠 지갯지" 툭 치면 얘가 쏙 들어가거든. 옛날 어르신들은 귀거리상을 많이 했어. 귀에 걸린다 그래서, 상모가 위에서 돌리는 게 아니라 옆에서, 귀에서 돈다는 거야. 그런 걸 요즘 애들이 잘 못하는 거지. 강릉농악 할아버지들도 이렇게 하잖아? 그건 상을 못 돌려서 그런 게 아니고 옛날엔 다 귀거리상을 했어. 왜 그러냐면 상모를 오금으로 돌리는 줄 아는데, 가슴으로 돌리는 거야. 힘이 가슴에 있다고…. 김용래 선생님도 호흡이 가슴에 있어. 사물놀이는 새로운 장르잖아? 상모를 돌리면서 악기를 쳤기 때문에 악기의 호흡에 상모를 돌리려고 하니까 호흡이 깊어진 거야. 호흡이 어디에 있느냐에 따라서 악기 소리가 달라지는 거야. 가슴에 있거나 목에 있을 수도 있고, 단전에 있을 수도 있지. 내가 터울림에 상모를 가르치러 간 적이 있어. 터울림 사람들이 상모를 잘 못 돌려. 오금이, 굴신이 깊은 거야. 굴신을 단전에 줬을 때는 깊은 게 좋은 게 아니야. 세상에 제일 힘 센 게 지구 아니니? 지구를 어떻게 이겨? 내려가는 힘이 셀 수밖에 없는 건 지구가 당기기 때문이야. 반동의 힘으로 올라와서 참는 게 수련인 거지. 그러니까 장구 치고 올라와서 참았을 때 그다음 박을 먹어 주고 갈 수 있거든. 꽹과리도 마찬가지지. 꽹과리도 같이 치는 거 아니잖아? '웃 깽 웃 깽 갱그라개갱' 이렇게 간다고, 그러니까 오금은 짧게 하지만 그 짧은 시간 안에 깊이 있게 하는 게 훈련이라고….

춘영 예, 공력을 통해서 오랫동안 수련을 해야….

찬영 그렇지, 그 훈련을 해야 하는 거야. 그래서 상모를 하면 장구를 이렇게 세게 치는 게 아니라 여기서 힘을….

춘영 스냅? 그리고 순간의 힘이 있어야 뚝 떨어지면서 속도가 붙죠.

찬영 그걸 꽹과리들이 배워야 돼.

춘영 지금 형이 말하는 건 뚝 떨어지면서 또 솟음이 있잖아요.

찬영 그거를 상모를 해야 배워.

춘영 맞아요. 무용할 때는 굴신을 조종하잖아? 운용을 하는데, 상모는 계속 무한 반복을 통해서 떨궈 주고 솟아오르고, 떨궈 주고 솟아오르고….

찬영 그건 훈련할 때고, 공연할 때는 좌우새도 있는 거야. 꽹과리도 좌우새를 하잖아? 이게 자연스러운 거라고. 옛날에 소고재비들이 상모 돌릴 때랑 다르게 꽹과리재비들만 부포를 했으니까. 그러면 오른발, 왼발 뭐가 먼저냐? 많이 따지잖아? 근데 그게 무슨 상관이 있어? 오른발 나가야 되면 오른발 나가면 되지. 그런데 그렇게 쓰는 이유가 있고 방식이 있다고…. 꽹과리 치다 보니까 상모에 의해서 그게 달라지는 거야. 얼마 전에 유순자 선생님 공연을 봤는데, 그 선생님 부포는 상모에 기반이 있어.

춘영 돌아가신 백남윤 선생님한테 배웠죠.

찬영 그분이 상모를 그렇게 돌리시거든…. 우도의 발바치라는 개념으로 상모를 돌려서. '웃 궁 웃 궁 웃 그라개갱' 부포도 유순자 선생 부포는 '웃 그랑 깨깨깨' 이렇게 하는 거야. 유순자 선생님 본인이 아시는지 모르겠지만 상모에 기반한 게 있어. 유순자 선생한테 배우는 애들이 그걸 아는 거야. 우도 치시는 분들 보면 오금 많이 안 하신다고….

춘영 젊을 때 그렇게 훈련을 했으니까 가볍게 되는 거죠. 그러니까 공간을 자유롭게 쓸 수 있는 거야.

찬영 또 우도나 웃다리는 합가락이 달라. 합을 치는 가락이 사물놀이 들어오면서 발달한 거야. 앉아서 연주할 때는 박을 쪼개는 게 발달했고, 서서 칠 때 합이 발달한 이유는 뭐냐면, 악기 매고 상모를 돌려야 하기 때문에 합 가락을 쳐야 돼. 그런데 우도농악 치는 애들은 이렇게 치잖아? '따궁 따궁~.' '따궁'으로 쳐. 덩을 다 쪼개서 친단 말이야. 그 박 쪼개는 거는 뭐였을까? 그건 딱 드럼이더라고, 사물놀이 김덕수는 드럼을 잘 치는 거야.

춘영 리듬 쪼개는 감각? 감각적으로?

찬영 아니, 그 감각이 아니야. 어릴 때 드럼을 배운 거야. 드럼을 쳤기 때문에 사물놀이 가락을 쪼갤 수 있는 거지. '더구따따, 따구구따.' 휘모리에 장구 기깍기 있잖아? '저구따따 구따구' 이런 거 치잖아? 이게 다 모둠북에 나오더라구. 그건 드럼 가락이야. 일본 가락이라고 그러는데 틀린 얘기고 일본 게 어딨어? 그 드럼이라고 하는 리듬을 장구로 수용한 거지. 장구가 수용한 만큼 음악적으로 업그레이드하는 부분들이 있고, 요즘에 굿 가락 치는 애들도 그런 의미가 있는 거야. 꽹과리로 박을 쪼개는 부분은 한계가 있어.

춘영 꽹과리로 박을 쪼개는 건 장구보다 한계가 있죠. 두 손으로 하는 걸 한 손으로 만들기는 어려우니까. 그런데 풍물 관점에서 봤을 때는 꽹과리가 주도하고, 풍물의 목적은 박을 쪼개는 게 아니거든요.

찬영 그렇지. 지금 풍물굿을 치는 데서는 별로 의미가 없는 얘기야. 그걸 음악으로, 공연 장르로 할 때, 우리도 공연을 하니까 쪼개는 걸 보게 되고, 꽹과리를 칠 때도 박 쪼개는 걸 고민하는 거야. 계속 음악적 고민을 하는 거지. 상쇠나 꽹과리를 치면서 옛날에는 부포를 쓰면 열심히 돌렸는데 요즘엔 잘 안 해. 쓰고만 있어. 귀찮아서….

인천부평풍물대축제

춘영 다음 주제로, 형님은 부평풍물축제에 어떤 마음으로 임하고 있습니까?

찬영 부평풍물축제를 만들자고 제안했던 건 운동권에 있던 선배들이야. 파인아트란 말을 써서 웃기긴 하지만, 더늠은 원래 참여를 안 했어. 초창기에는 당신들, 다 개량주의자라고 하면서 안 했는데, 몇 년 됐지? 2007년, 2008년 그때 같이하자 그러더라고.

춘영 2008년? 어쨌든 10년 정도 됐네.

찬영 중간에 또 안 하다가 또다시 시작한 게 3, 4년 됐지. 풍물축제는 관에서 하는 행사지만 우리가 관을 이해하면서 풍물굿 치는 사람들의 판을 만들고 싶었던 게 있어. 그런 작업을 하고 있고, 잘될 것 같아. 굉장히 좋지 않냐? 대한민국에서 풍물이란 단일 주제를 놓고 창작, 연희 하는 애들 다 오고 무대도 있고 난장도 있고….

춘영 아 좋죠. 무대도 있고 난장도 있고 동호회도 있고….

찬영 다 나오라고 해서 풍물축제에서 거리 난장을 폈을 때, 몇 사람들은 그래, "좀더 횡단해야 된다."

춘영 횡단? 가로지르기? 다른 장르와 뭐?

찬영 그게 아니고, 사실 관에서 하다 보니까 규제가 많다고. 불을 피운다든지, 음식을 먹는다든지 하는 부분에 규제가 많아.

춘영 위험에 대한 실험, 시도가 제한적인 거지?

찬영 그런 걸 해야 된다는 거지. 옛날에는 많이 했다 그러더라고. 그런 걸 더 하고 싶고, 광화문에 있었던 사람들을, 예산도 있고 지방 사람들도 있어서 다 담을 수는 없지만, 같이 참여할 수 있는 판을 만들었으면 좋겠다.

춘영 작년에 길굿도 재밌었고 잡색도 재밌었고….

찬영 재밌었어. 잡색 부분은 작년에 춘영이가 엄청 고생했지만, 올해는 더 업그레이드를 할 생각이야. 참여하긴 하지만, 공무원들이 있으니까 마음대로 할 수 있는 건 아니야.

풍물굿쟁이의 시대의식과 마을공동체

춘영　저도 부평풍물축제가 계속 발전해 갔으면 좋겠어요. 형 페이스북을 보면 열우물이라든지, 지역이라든지 여기서 지역의 작은 축제, 잔치, 굿판 얘기도 많이 올리는데, 지역성이나 지역공동체에 대한 부분들이 있잖아요? 그런 건 어떤 활동인지? 개인적인 건지, 더늠과 관련된 건지.

찬영　자바르떼를 하면서 내가 만드는 건 아니지만, '신나는 학교 자바르떼'가 만들어지고 나서 더늠하고 형제 같은 단체가 되는 거야. 그런데 자바르떼는 문화예술교육을 중심으로 자기 역할을 모색하는 곳이라 자연히 공동체운동에 맞닿게 돼 있어. 그중 한 지역이 부평 열우물이지. 철거민인데, 거기에 들어가서 문화로 가는 마을공동체 사업을 2010년부터 했어. 거기서 할 만한 건 다 해 봤지. 마을공동체, 창작소, 주민들 할머니 할아버지 노래방, 소소한 문화파티, 마을잔치, 단오굿 다 했어. 그리고 또 영구임대아파트 주민들과 자바르떼, 그리고 더늠이랑 함께하는 게 있지. 더늠이 지역으로 실제로 들어가는 건 공간을 움직인다는 거라 쉽지가 않아. 그렇지만 내가 사는 지역에서 지역성을 획득하고, 그에 기반하여 활동을 하는 건 굉장히 중요해. 공동체의 일원이 되는 거.

춘영　공동체의 일원이 돼야 하는 거잖아요. 거기서 살아야 되잖아요?

찬영　단체가 있든 내가 거기 살든. 난 십정동에 살았지. 아무튼 풍물패의 거점이 된 거지. 이때 지역공동체를 어디까지로 볼 거냐? 옛날에는 인천광역시 수준이었다면 지금은 동 수준으로 떨어져야 해. 더 미시적으로. 나는 살판 동일이가 성미산에서 자리잡고 있는 건 굉장히 훌륭한 일이라고 봐. 다들 부산 지역이 어쩌고 광주 지역 어떻다고 하지만 사실은 광주 광산구의 어디 깊이 들어가서 그 지역 주민들이랑 활동하는 게 풍물패에게 더 중요하지 않을까? 부평풍물축제의 경우도, 부평이라는 하나의 구 단위에 동네마다 풍물패가 있는 거. 그걸 무시할 수는 없잖아? 지금 꼴은 그런 쪽으로 가기 때문에 선배들이나 우리가 많이 장악하게 되는 거지. 같이하는 거지. 나는 마을을 그렇게 보는 거야.

춘영 이제 시대의식이란 주제를 이야기해 보죠. 일반적인 시대의식이 아니라, 풍물굿이 새로운 시대를 어떻게 준비할 것인가? 예를 들어서 촛불시민혁명도 있고, 미투도 있고, 사회가 엄청나게 급박하게 굴러가요. 외교, 정치 부분뿐 아니라 블랙리스트 문제 같은, 문화적으로도 필요한 것도 많아요.

찬영 우리가 풍물운동 차원에서 현장에서 여러 가지 활동을 많이 했잖아? 풍물 치는 곳에서 집회나 데모, 스트라이크를 할 때 거기에 맞는 공연 방식을 개발했으면 좋겠어. 본래 길놀이를 하는 이유는 가투에서 경찰들하고 싸울 때 전쟁에서 치는 느낌이란 말이야. 지금은 다르지. 길놀이는 80, 90년대에 성공했다고 봐. 지금 21세기 입장에서 볼 때, 하는 방식이 그때랑 다른 게 별로 없잖아? 그냥 있는 기량 보여주는 거지. 양북, 설장구 보여주고 사물놀이 해주는 식인데, 그게 아니라 현장에 맞는 양식을 개발해야 한다는 거야. 예를 들어 사람들이 모두 노래를 부르면서 풍물을 따라 박수를 친다든지, 소고를 한다든지 그 가락을 들으면서 공동으로 춤을 추게 한다든지… 시대정신이라는 건 그 장르가 거기 있을 때 의미가 있어야 돼. 또 하나는 이슈가 있는 곳에서 정치적인 건 이미 오래했어. 이제 거기 너무 매몰되지 말고 풍물을 치는 사람들이 지역 사람, 동네 사람이 돼야 된다는 거야. 박제화하지 말고….

춘영 더 넓어져야 된다는 거죠?

찬영 단체는 다 마을로 들어가야 돼. 더늠도 마을로 들어가고 싶은데 시끄러워서 못 들어가잖아? 그런데 마을 내 활동을 더 넓히고, 그 마을굿이 되어야 되는 거지. 부평구 십정동에서 치는 굿은 십정동굿이야. 좌도 우도를 넘어서 십정동굿이야. 삼채, 휘모리 쳤는데 십정동굿이야. 이렇게 개념을 바꿔야 한다는 거야. 전라도 익산에서 치면 익산굿이고, 부평도 부평굿이 되는 거지. 옛날에 '제'가 있다고 하는 그건 문화재하면서 제를 만들어 놔서 그런 거고, 지금 시대의식은 우리 공동체나 마을에서 즐길 수 있게 해야 돼. 마을 행사를 할 때도 마을 사람들은 풍물 가지고 안 놀아.

춘영　노래방 기계….

찬영　당연하지. 그래서 풍물 치고 노는 게 정말 즐겁다는 걸 자꾸 보여줘야지. 공연하는 것도 중요하지만 같이 치고 논다는 개념이야. 지금 귀농한 사람들이 풍물을 많이 하는데 그것도 좋은 계기지. 단순하고 간단한 가락이라도 즐겁게 칠 수 있는 거, 그게 필요한 거 같아.

춘영　마지막입니다. 굿쟁이 이찬영이라는 사람이 앞으로 20년 뒤 어떻게 살고 있을까? 풍물굿과 연관해서 어떻게 살고 있기를 바란다?

찬영　무대 공연은 나이가 들면서 점점 덜하게 될 텐데, 나는 더늠에서 오랫동안 했으니까 그때도 여전히 더늠에서 함께 풍물 치고, 회원들 교육하고 그런 걸 하고 싶어. 옛날, 초창기 때 멋모르고 교육했던 거보다….

춘영　원숙한? 지역에 밀착, 생활형?

찬영　그렇지. 나는 그런 걸 하고 싶지. 기술보다 교육하고 함께 노는 공동체.

춘영　같이 노는 작은 판을 만들고 싶다?

찬영　그렇지.

춘영　21세기 풍물굿 상쇠론 이야기를 하면서 형이 현장에 맞는 양식을 개발한다는 걸 포함해서 깊이 천착해서 들어가 본 거예요. 꽹과리 얘기도 하고 부포도 얘기했는데 아직도 얘기할 게 많아요. 혹시 놓친 이야기나 마지막으로 하고 싶은 말씀이 있다면?

찬영 나는 꽹과리를 치지만, 다들 상쇠가 중요하다고 말하는데, 사실은 치배는 다 평등하다고 생각해. 꽹과리 치는 사람이 판을 넘겨주지만, 언제쯤 치배들이 다른 가락으로 넘어가고 싶어하는지, 얼마나 더 놀고 싶어하는지 이걸 아는 게 중요하고, 그래서 평등하다는 거야. '상쇠 영감'이라는 전라도 방식을 별로 안 좋아해. 상쇠는 그 안에서 지휘자 역할을 하는 거지. 물이 차면 넘치듯이 자연스럽게, 가락이 차면 넘겨주는 걸 누군가 신호해야 하는데 꽹과리 소리가 강렬하고 시끄러우니까 넘기는 역할을 하는 게 아닐까?

춘영 예, 동감입니다. 치배 안의 평등성이 결국은 뒷굿이 되고 난장이 됐을 때 치배들이랑 관객들이 전도가 되는 데까지 가요. 풍물패랑 관객들 역할이 바뀌게 되잖아요? 상쇠도 그때는 중심이 아니라 퍼져서 스며들고 내려놓고 다른 사람이 꽹과리를 잡아서 계속 굴러갈 수 있으면 정말 좋은 판이 되는 거죠.

찬영 그렇지. 옛날에 김금화 만신이 하는 배연신 굿을 한 번 봤는데, 그때 김금화를 큰 무당이라고 부르는 이유를 절감했어. 김금화 만신이 바지선을 타고 바다 가운데 나가서 굿을 해. 그해에 내가 갔을 때 풍물 치는 사람들이 악기 들고 왔어. 동네에서 왔더라고. 굿을 하고 한쪽에선 고등어 굽고⋯. 그런데 김금화 만신이 자기 굿 끝났는데, 보니까 풍물패에 섞여서 노는 거야. 한쪽에선 굿을 하는데, 바지선이 크지 않다 보니 서로 간섭을 하게 되지. 선생님이 화를 낼 거 같은데, 웬걸, 풍물 치는 사람들이랑 같이 놀더라고. 굿이 오히려 품어 주는 거야. "내가 굿하니까 시끄럽게 하지 말고 저쪽으로 가."가 아니라. 그 풍물패가 동네 아주머니들이 하는 거라 장단이 어설펐어. 그런데도 거기서 김금화 선생이 춤을 추고 놀아 주는 거야. 그러니까 판이 훨씬 더 좋아지지. 때를 아는 거야. 언제쯤 놀아야 되는지를 아는 거지. 질적으로 변화하더라고. 굿을 보고 있다가 넘어가는 포인트에 쉬는 때가 있어. 그때 딱 치더라고….

춘영 상쇠가 그런 역할을 해야 한다는 거죠?

찬영 굿이 굉장히 중요한 거야. 오히려 그걸 배워야 한다는 거야.

춘영 자, 여기까지 하겠습니다. 고맙습니다. 얼쑤~.

7. 수원 삶터
상쇠 이성호

일시: 2018년 5월 9일
장소: 수원 삶터 공간
면담자: 이성호(남, 50대 중반, 수원). 풍물굿패 삶터 터장 / 경기민예총 이사장 / 전)수원역집결지 폐쇄 및 여성인권 지원을 위한 연대 공동대표 / 전)수원시지역사회보장협의체 실무협의체 위원 / 전)경기도 양성평등 실천 거버넌스 전문위원회 전문위원 / 수원평화나비 운영위원
면담 의도와 상황: 이성호는 수원 삶터의 창립 멤버이자 20여 년간 대표를 맡고 있다. 수원 지역 풍물패, 사회단체와 더불어 풍물굿은 물론 다양한 정치, 사회 활동에 적극 참여하고 있다. 또 풍물굿쟁이로 전국 다양한 지역의 풍물굿과 민요, 놀이 등을 사사하였다. 삶터는 연중 공연, 행사가 100여 회를 상회하며 집회에도 적극 참여한다. '세월호 진상규명을 위한 수도권 풍물모임'의 주요인물이며 세월호 관련 행사에 적극적이며 주도적으로 참여하고 있다. 그 결과로 블랙리스트에 이름을 올렸다. 박근혜게이트 촛불집회에서는 거의 빠짐없이 풍물을 울렸다. 광장의 풍물굿 난장에서 그의 신명은 시민들을 웃고 울고 놀고 즐기도록 이끌었다. 현장에서 연행되는 그의 비나리는 즉석에서 만들어지고, 관객과 더불어 노래하고 춤추었다. 상쇠보다는 굿쟁이, 굿쟁이보다는 잡놈으로 불렸으면 좋겠다는 '잡놈 이성호.' 마당 판에서 그처럼 끊임없이 사람과 사람 사이를 오가고 놀거리를 만들어 가는 굿쟁이를 본 적이 없다. 지역의 사회문제에 적극 참여하고 주도적으로 실천해 가는 풍물굿쟁이를 본 적이 없다. 30년 이상 수원에서 도시 속 풍물굿판을 벌여 온 삶터의 이야기를 소개한다.

상쇠보다는 굿쟁이, 굿쟁이보다는 잡놈

춘영 5월 9일. 풍물굿패 삶터 이성호 상쇠님을 모시고 21세기 상쇠론 이야기 시작하겠습니다. 삶터의 상쇠이신데 본인 소개를 부탁드립니다.

성호 상쇠가 초점이라기보다도 풍물굿쟁이 이성호로 알려지길 더 바라지. '쟁이'가 굉장히 좋은 말이야. 한 방면에 아주 뛰어난 사람을 말하잖아. 요즘엔 '달인'이라는 표현을 쓰는데 생활의 달인 보면 그 분야에 숙련되고, 전심전력하는 사람이 달인이잖아? 풍물굿쟁이는 풍물굿 달인이지. 환쟁이, 글쟁이 같은 말도 있는데, 쟁이란 말을 아무한테나 붙이는 게 아니라고 봐. 예전엔 낮춰 부르는 거지만, 나는 풍물굿쟁이라는 말이 굉장히 좋은 말이라고 봐. 또 잡놈이라는 말도 천한 사람이라고 얘기하지만 그게 아니라 이것저것 잘하고 어디 내놔도 잘 살 수 있는 장돌뱅이 기질이 있는 사람들 그런 사람이 잡놈이라고 봐. "에라이 잡놈아!"라고 얘기하는 것처럼 나는 굉장히 좋은 말이라고 봐. 풍물굿쟁이, 잡놈 이성호로 불리는 게 나는 좋아. 지금 내가 잡놈이라고 부르는 애들이 몇 명 있지. 순창의 석균이, 또 소리하는 국립창극단의 우지용이 그놈도 잡놈. 그딴 놈들, 실력도 좀 되고 사람 좋은 놈을 잡놈이라고 부르지. 그다음에 소고잽이 홍국이도 잡놈 기질이 세지. 어느 방면에 뛰어난 것도 있지만 고집도 있어야 돼. 자기 거에 대한 고집이 있어야 잡놈이지.

춘영 '잡놈론', '쟁이론' 재미있네요. 어쩌면 풍물굿 하는 사람으로 역사에 남기를 바라는 마음이 아닌가 해요. 제가 21세기 풍물굿 상쇠론을 기획할 때 이성호 상쇠를 포함한 20명 정도가 떠올랐어요. 특히 형님이 풍물굿이나 굿쟁이에 대한 나름의 철학이 확고하시고 실천적으로 풍물굿 활동을 펼쳐 나가시는 것을 보면서 '이 시대에 새로운 관점에서 굿과 상쇠 이야기를 정리해야되겠다.' 생각이 든 거예요. 지금 풍물굿쟁이, 잡놈 이성호라고 불려졌으면좋겠다고 하니까, 풍물굿쟁이 이성호와 상쇠 이성호의 차이점을 이야기해주신다면?

성호 군이 상쇠론을 땡겨 온 건데, 나는 상쇠나 설장구 명인으로 세분화하는 거보다 풍물굿 전반으로 봐야 된다는 생각이 강해. 북의 달인, 장구의 달인 이런 거보다도 굿이라는 거에 초점을 맞춰야 될 것 같단 말이지. 내가 원하는 굿은 모든 사람이 함께 굿을 치고 참여한 사람 전부가 주인이 되는 굿이야. 그 가운데 상쇠면 어떻고, 부쇠면 어떻고, 잡색이면 어떻고 뭐면 어떠냐? 그 판 안에 내가 주인공이 돼서 움직이면서 동시에 주변 사람을 주인공으로만들어 내는 풍물굿, 그게 상쇠 이성호보다 더 소중하다. 그걸 하는 사람이풍물굿쟁이, 잡놈 이성호다, 이 말이지.

춘영 예, 좋습니다. 제가 '상쇠론'과 비슷한 주제로 '풍물굿쟁이론'도 정리하고 있어요. 판소리에서 광대가를 보면, 인물이 어떻고 소리가 어떻고 하잖아요? 그런 방식으로 볼 때 과연 풍물굿이 무엇인가? 우리는 말을 안 해도 농악과 풍물굿에 대해 아는데, 바깥에서 풍물굿을 전통문화로만 받아들이고 전통악기 두드리는 어떤 것으로만 알고 있거든요. 또 천시하고 낮춰 보려고 하는 사람들도 있죠. 기득권층, 언론도 그렇고 교육도 그렇고 풍물의 가치를 인정하지 않는 사람. 그래서 저는 이런 기록과 출판을 통해서, 풍물굿에 깊은의미가 있고, 시대의식을 가지고 활동하는 굿쟁이가 있고, 이 풍물이란 예술양식이 고유하게 미적 가치, 문화적, 예술적 의미가 있다는 것을 공식적으로정리하고 싶어요.

성호 너무 거창해. 시대의식을 가지고 굿을 친다. 누가? 그동안 만난 사람들이 다 그러더냐? 나는 내 삶 자체가 풍물이었고, 굿이었어. 이 굿을 치는 데 방해되는 세력과 싸웠지. 그게 시대적 양심으로 비치는 거지, 시대적 양심으로 살겠다고 풍물굿을 치는 건 아냐. 중요한 건 삶이야, 굿적인 삶. 우리가 맨날 얘기하는 게 굿이 곧 삶이었으면 좋겠다는 거잖아. 실제로 삶은 굿적이지 않거든. 가식적이란 말이야. 비근한 예로 어제 풍물 공연을 양로병원으로 갔는데, 형님 한 분이 어르신들이 뽕짝을 더 좋아한다면서 뽕짝 음악을 트는 거야. 설왕설래했지. "형, 우리 풍물 공연하러 왔어요." "아니 어른신들이 뽕짝을 더 좋아해." "그러면 민요를 틉시다." "민요보다 뽕짝이 더 신나잖아?" 내가 볼 때, 그건 굿적인 게 아니지. 난 뽕짝보다 민요가 훨씬 신나거든. 춤추고 놀 때 민요 한 자락 하는 게 훨씬 신나거든. 풍물 치고 나서, 춤추고 놀 땐 뽕짝 부르고 이러진 않거든. 풍물을 한참 치고 놀다가 기운이 오르면 또 민요를 부르는데 민요를 모를 때 그들과 함께 뽕짝을 할 수는 있겠지만, 기준이 다른 거야. 그래서 굿적인 삶이라는 건 내가 일부러 그것을 하려는 게 아니라 그게 좋은 거야. 굿을 치는 게 너무 좋고, 민요 부르며 노는 게 좋고 행복한 거…. 그게 내 삶인 거야. 그리고 굿을 치면서 살고자 하는 세상, 그것이 내 세상이 돼야지. 내가 만들고자 하는 세상. 근데 내 삶은 그러지 않아. 오늘도 점심 먹고 왔는데 너무 놀랐던 게, 수원은 도시재단이란 게 있어서, 이사장이 있고 그 안에 여러 센터가 있고 센터장이 있는데, 한 센터장이 도시재단 이사장한테 "제가 밥을 갔다 드릴게요. 앉아 계세요." 하는 거라. 저 새끼들이 미친 새끼들이지. 생각해 보니까 나는 안 그러는데, 우리가 민예총 이사장님 밥 가져다 드릴게요, 이런 사람 하나도 없잖아? 우리가 얘기하는 평등은 그러지 않는 거야. 일상생활에서….

춘영 그렇지 않은 관계가 훨씬 많은 거죠.

성호 우리는 편하게 일상생활을 하잖아? 남들이 보기에 풍물패 사람들은 이상한 놈들이야. 선후배가 없는 것 같으면서도 나름대로 규율이 있고, 규율이 없는 것 같기도 한데 어쨌든 잘 굴러가. 우리가 얘기하는 평등, 평화가 몸에 배어 있는 거. 암묵적으로 나이 많다고 선배 찾다 보면 후배들에 대한 폭력일 수 있는 거거든. 내가 원하는 건, 굿판의 그 평등 평화의 삶이 일상생활에도 똑같이 가야 된다는 거지. 그 속에서 상쇠라고 하면 말 그대로 지휘자야. 지휘자는 각기 요소에 사람들을 배치하고, 또 한 사람이 튀어나왔을 때 그 사람이 자기 걸 표현할 수 있도록 해 주고, 그러면서도 전체를 조화롭게 만드는 역할도 하는 거지. 또 판을 '내고 달아 맺고 푸는' 원리 그대로 해 나가는 게 상쇠지. 사람들을 말 그대로 놀게 해야 한다는 거야. 치배들이 오늘 기분 상태가 어떤지 봐서 그 치배들이 함께 잘 놀게 해야 한다. 그런데 더 중요한 거는 그것이 상쇠만의 일인가? 요즘 문제가 뭐냐면, 상쇠는 안에서 전체를 지휘하라고 얘기하는데, 문제는 상치배들이야. 상징, 상장구, 상북. 이 친구들은 그런 생각 안 해. 난 늘 우리 삶터에서 "상장구 너는 뒷장구 챙겨라. 너 혼자 잘났다고 풍물 치는 거 아니다. 앞만 보고 치지 말아라."라고 말하지. 예를 들어 우리가 아마추어 300인을 이끌고 풍물굿 한다 그러면 내가 회원들한테 "니네가 상쇠 역할을 해라. 중간에서 네 악기 가지고, 너는 이만큼 책임져라." 하면 "저희는 못해요. 안 해 봤어요." 그래. 치배는 상쇠 역할을 해야 돼. 근데 상장구랑 상북이 각자 뒤에 같은 악기 치는 사람들을 책임지고 그들을 놀게 하고 전체 판 안에서 상쇠가 하는 것처럼 자기 치배들을 잘 놀게 해야 된다는 걸 배운 적이 없는 거야. 그것이 상쇠만 하는 일이 된 거야. 그래서 오히려 나는 '상쇠, 상쇠' 하는 게 더 마음에 안 들어. 서양의 지휘자가 그런 거야. 상쇠는 그런 식의 지휘자가 아닌 거야. 지휘자이지만 서양과 다른 거야. 많이 다르지.

춘영 다른 면이 있죠. 서양 오케스트라 지휘자와 상쇠는 다르죠.

성호 완전 다르지. 마찬가지로 그것이 모든 치배들한테 다 적용돼야지, 상쇠만 그래야 되는 게 아니란 거지.

춘영 예, 그럼요.

성호 예를 들어서 아마추어 300, 400명 있다. 내가 혼자서 다 장악을 못 한다. 그러면 여기 있는 장구 하나가 자기가 가락을 맺고 끊고 할 수 있어, 상쇠를 보면서 자기 영역을 책임져야지. 그러지 않고서는 판이 망가지는데. 그래서 나는 상쇠론이 필요할 만큼 상쇠의 특징이 있지만, 전반적으로 풍물패 치배들, 모든 풍물패들에게 적용돼야 된다는 생각이 강해.

춘영 사실 여러 사람이 상쇠 수업을 받고 단체 내에서 상쇠를 번갈아가면서 할 수도 있는 거잖아요? 이런 굿에 대한 철학은 확고하지만 언어적으로 풀어내지 못하는 분들이 많죠.

굿, 우리가 하는 행위와 문화의 명칭에 대하여

춘영 명칭 얘기로 넘어가 보죠. 풍물굿, 두레, 농악 이런 말이 있는데 가장 핵심적인 거는 굿이라는 말이에요. 우리끼리는 문제가 안 되지만, 사회적으로 이 '굿'이라는 말이 논란거리가 될 수 있거든요. 저는 당연히 형이랑 같은 입장이죠. 그런데 명칭 문제를 이야기하자면, 우리가 하는 행위를 어떻게 규정하여 전략적으로 만들어 나갈 것인가, 그런 과제가 있더라구요. 우리가 하는 행위를 형님은 뭐라고 하죠? 풍물굿, 풍물굿쟁이 맞죠? 예를 들어서 청도 차산에서는 농악도 아니고, 풍물도 아니고, 매구라는 말을 쓴대요.

성호 그럼, 지역 특성이니까 있을 수 있지.

춘영 이 용어를 통일할 것인가 말 것인가?

성호 아니지. 냅둬야지.

춘영 다른 분들도 대개 그런데, 왜 그런가요?

성호 굿이라는 건 단순히 풍물 치는 행위로만 바라볼 건 아니라는 거지. 영어로 good(굿)이라고 볼 수도 있잖아. 굿이야! 멋져! 하면 신나는 표현일 수도 있고. 굿이라는 말이 가장 중요한 것은 모두 함께한다는 의미가 크다는 점이라고 생각해. 그런데 나는 꼭 굿이라는 명칭을 쓰지 않아도 그 의미로 쓴다면 뭐든 된다는 입장인 거지. 선조들이 그것을 풍물, 풍장, 매구, 굿, 두레 이런 말들로 불렀다면 당연히 다 써도 된다고 생각해, 명칭이 아니고 내용이 초점이지.

춘영 사실 현장에 있는 분들에게는 크게 문제가 아닐 수 있죠. 예를 들어 사과라는 과일은 그 아래 범주로 홍옥, 부사 이런 게 있지만, 사과면 다 사과지, 이거를 굳이 분류할 필요가 없다고 생각하는 방식.

성호 전반적으로 사과지. 그 아래 특징을 구별할 수 있는 사람은 이 방면에 전문가들만 세부적으로 구분할 수 있는 거고, 보통 사람들은 사실은 풍물굿이란 것도 모르고 다 농악이라 그러지. 그게 문제지. 다들 농악이라 그래. 그거만큼은 막아야지. 농악이라는 말 만큼은….

춘영 농악 혹은 사물놀이.

성호 농악, 사물놀이 두 가지 명칭은 막아야지.

춘영 이 명칭에 대한 화두가 있는데, 어떤 말을 골라 써서 우리가 하는 행위를 설명할 것이냐와 20세기 마을굿이에요. 지역적인 맥락에서 하니까 지역 것을 쓴다는 것은 인정이 돼요. 저는 연구자로서 '풍물굿'을 통칭으로 해야 하지 않나 생각했는데, 말도 표준어만 있는 것이 아니라 사투리가 있는 것처럼 각 특성을 살려 가야겠다고 새롭게 정립을 한 거예요. 그럼에도 불구하고 이 '풍물굿'이라는 말을 대표선수 격으로 쓰니까. 우리는 설명할 필요가 있다….

성호 보통은 이론 하는 사람들, 데모하는 사람들, 학생운동을 했던 사람들이 옛날에 마당극에서 마당굿으로 이론을 세워 바꿔 갔던 것처럼, 풍물이 풍물굿으로 가야 된다고 주장을 하는 것뿐이야. 그런데 그런 건 사실 농사나 노동 속에서, 생활 속에서, 노동 가운데서 풍물을 치지 않는 사람들이 내세우는 생각이라고 봐. 그냥 시골에서 늘 두레를 해 왔던 사람들은 일 속에서 두레로 하는 게 몸에 배어 있던 거고, 우리는 지금까지 두레라고 불렸던 거잖아? 그런데 이론이 계속 바뀌어 왔어. 그런데 그 바뀐 것도 또 현실이지.

춘영 사회가 바뀌었지.

성호 우리는 세상이 바뀌면 스스로 바뀌어 왔다고 생각해. 농촌은 많이 안 바뀌었어, 사실은. 신지식이 들어간, 먹물이 들어간 사람들이 쉽게 바꾸지. 바뀌어야 된다는 게 우리의 오류일 수 있다는 생각이 들어. 늘 나는 "굿이 최고야. 굿이 좋다."고 했는데, 그래서 자연스럽게 풍물굿이 익숙한 용어이기도 하지만, 또 한편 풍물굿을 강조하는 사람들은 '서울놈'들, 흔히 자기가 중앙이라고 생각하는 사람들, 자기들이 하면 전국적이다, 라고 생각하지 않나 싶어. 지역에서 하는 사람들, 경상도, 전라도에서 자기들이 하는 일을 전국적이라고는 표현 안 할 거라고…. 서울만 유난히 그래. 그런데 수원도 그래. 경기도에 31개 시군이 있는데, 나는 수원에 있단 말이야. 그런데 수원 사람들은 수원 플러스 경기도의 행사를 하는 거야. 우리가 결정하면 우리가 경기도 행사를 하는 거야.

춘영 예? 나머지 지역 시군은 다른 생각을 가질 수 있잖아요?

성호 안양이나 부천 사람들은 "저 새끼들 뭐야?" 그러지. 우리는 늘 수원에서 활동하고, 우리가 움직이면 수원인 거고, 더 넓히면 경기도야. 한편에서 보면 서울놈들이 자기들 몇 명이 하는 행사를 꼭 전국행사라고 하고, 우리 이론이 옳다고 생각하면서 강요하지 않았을까, 그런 생각을 해. 그래서는 안 되겠다. 각 지방에 다른 이름이 있다면 그걸 키워 주는 게 훨씬 맞겠다, 그게 더 낫다, 그것이 그 지역을 대표하니까. 우리는 풍물 획일화는 반대한다고 하면서 알게 모르게 우리가 획일화되어 가고 있어. 그런 건 하지 말아야지.

춘영 중요한 지적인데, 획일화되어 가는 여러 문제가 있죠. 이유가 여러 가지 있는데 특히, 사물놀이의 영향, 전통연희과의 영향으로 획일화되어 가는….

성호 옛날에는 어르신들에게 각기 개인의 특성이 다 살아 있었다는 생각이 들어. 장구 치는 사람들마다 다. 요즘 우리 판을 보면, 다 비슷해. 어떻게 이렇게 됐지? 옛날에 같이 장구를 치면 홍주 형이 그랬거든. "성호 네 모습 진짜 독특한 거니까, 너 그거 살려." 그랬는데 어느새 내 거 살리는 게 아니라, 남들과 비슷해져 가고 있는 거야. 그 팀만의 특징, 예를 들어 경상도굿, 전라도굿 특징이 있어야 되잖아? 옛날에는 있었는데 요즘은 그 특징이 많이 사라져서 비슷해졌지. 좋게 얘기하면 핸드폰 영향일 수도 있고, SNS 영향일 수도 있지만 우리가 암묵적으로 '이게 좋은 거다.'라는 몸짓들, 호흡들, 정리된 이론들 그거에 자기 몸에 맞추려고 연습을 했기 때문이지 않을까? 그래서 삶터에서도 고민이 저 거울을 없앨까 말깐데, 거울이 자기 모습을 보면서 연습하는 데에 효과적이지만, 거울 보면서 연습하니까 육방을 안 써. 거울 속 나를 봐야 되니까. 위아래랑 앞뒤만 쓰지, 사방만 쓰는 거야. 옆을 안 써. 좌우를 안 써. 그러면서 거울을 못 보는 거야. 그런 영향이 굉장히 많은 거 같은데…. 매스컴 영향, SNS 영향 그리고 교통이 발달해서 너무 쉽게 서로 볼 수 있고 그런 것이 다 영향을 끼쳐서 우리들마저도, 획일화까지는 아니고, 다양성이 사라지고 있는 것 같아. 획일화는 사물놀이 쪽이 그렇고, 풍물은 다양성이 사라지고 있다….

2010년 수원시민대동제 비나리하는 이성호 상쇠

춘영 예, 동감이에요. 제가 이 문제를 계속 얘기하는 건, 20세기 아닌 21세기 풍물굿은 환경이 많이 바뀌었다는 거죠. 지역만 바뀐 게 아니라 시대도 그렇고 제가 만난 상쇠들도 어쩔 수 없단 말이에요. 예를 들어 청도도 지역 근거해 있지만 활동하는 사람은 대구 사람이야. 달성다사농악도 대구에서 활동해요. 왜 그라냐면 도시로 나와야 밥 먹고살고 전승 받는 학생도 있으니까 지역을 벗어나서 그 마을에 있던 사람들도 그 거점 중심도시, 전라북도는 전주, 전라남도는 광주, 그리고 대구, 부산 이쪽으로 와서 활동하다 보니까 지역색이 사라지는 거예요. 획일화가 아니라고 하더라도 굿쟁이들이 마을에서는 젊은 사람들이랑 만날 기회가 없는 거예요. 지금 현재 형 포함해서 50대 상쇠가 제일 많은데, 보면 완전히 1세대가 아닌 거예요. 예를 들어 배관호 선생님도 아버지가 1세대인데, 이미 배관호 선생님은 어릴 때부터 여러 지역을 돌아다녔잖아요. 다섯 살 때부터…. 무슨 말이냐면 시대와 우리 삶의 환경이 달라진 측면 때문에 다양성이 사라지고 명칭 문제가 새롭게 대두된다는 거예요.

성호 나중에 보면 왜 다양성이 사라졌냐는 논의가 있을 수 있지. 그러나 정치적인 지평에 따라서 고민이 바뀌는데, 그동안 한국은 너무 중앙집중적이었어, 무조건. 권력 중심이 중앙에 집중되었고, 어쨌든 그나마 지방자치제가 되면서 민선 6기까지 왔지만, 지역 분권이 제대로 이루어졌냐면 그렇지 않거든. 특히 교육, 치안 등은 전부 중앙집중이야.

춘영 네, 지자체에서 할 수 있는 게 제한돼 있어요.

성호 예를 들어 수원시 예산이 2조 정도인데, 거기서 시장이 재량껏 쓸 수 있는 게 2천억 정도밖에 안 돼, 자기 공약 사업을 할 수 있는 게. 나머지는 뭐냐면 도로 수리 비용처럼 무조건 할당되는 거, 중앙정부에서 할당되는 복지 비용 등이지. 그런 거 빼고 나면, "제가 수원시장 되면 이렇게 하겠습니다."

할 때 쓸 수 있는 돈이 1/10도 안 돼. 최근에 문화예술계에서도 분권을 얘기하기 시작했거든. 그래서 지금 도종환 문화부장관은 올해부터 자기는 지역 분권을 하겠다면서 문화 권력을 지역으로 분산하겠다고 해. 그러면서 '지원을 하되 간섭하지 않는다.'는 표현을 써. 이건 뭐냐면 옛날에는 삶의 현장인 각 마을에서 제각기 자연스럽게 굿을 했던 게, 근대 이후 중앙집권적화될 수밖에 없는 구조였다면 이제 바뀌었다는 거지. 우리가 사는 곳, 다시 삶의 현장으로 돌아올 수 있는 길이 열리고 있어. 그래서 지금 굿쟁이가 고민할 게 '전국적으로 한데 모여서 굿 치자.' 이런 거보다도 자기가 사는 지역에서 굿을 어떻게 펼쳐 나갈 것인가, 하는 거예요. 삶터의 경우 그 지역이 수원인데, 수원이 무엇이 중점이 되고 무엇을 풀어야 하는지를 파악해서 그것으로 굿을 풀어 나가는 게 과제야. 다시 옛날로 돌아간다는 거지.

춘영 이제 마을에서 지역으로 넓어진 거죠. 풍물패에서 감당해야 할 범위가.

성호 삶터는 이제 수원을 책임져야지. 플러스 경기도까지는 책임지지만 전국을 책임지지는 않겠다. 이제는 그렇게 가야 된다는 거야. 다시 생활 속에서 굿으로 준비할 때다. 그래서 21세기는 오히려 지역을 화두로 준비할 때다.

춘영 지금 명칭을 얘기하다가 자연스럽게 지역 문제로 넘어갔다가 삶의 현장도 얘기했어요. 이 명칭 문제는 쉽게 끝을 낼 수 있는 문제는 아닌 것 같아요. 다음 이야기 주제로 올해 삶터가 31주년이잖아요? 삶터의 1년 중 활동은 어떤 게 있는지 소개해 주세요.

31년 수원 삶터의 한해살이

성호 삶터는 원래는 홍주 형이랑 같이 김매물 만신이랑 새해맞이굿을 하다가 이걸 지역에서 해야 되지 않냐, 해서 2000년 1월 1일 새해맞이굿을 시작해서 지금 8회까지 했고 그다음에 정월대보름굿이라고 해서 칠보산달집축제를 벌써 15년 했고, 수원 재래시장이 남문에 9개 시장이 모여 있는데, 재래시장 지신밟기를 올해까지 해서 26년째 했네. 재미있는 에피소드가 수원시장에 순대타운이 처음 생기던 해, 그때 시작한 거야. 그때 아주머니들이 나이 들어 애들을 낳고 걔네들이 커서 엄마 아빠 일을 이어받은 그 세대까지 하는 거지.

춘영 한 세대를 한 거네.

성호 그래서 수원 남문은 보통 오래 간 집이 20년 간 거니까. 그 사람들은 우리가 안 가면 안 되는 거야. 삶터가 안 오면 한 해 농사, 한 해 장사가 어떻게 될지 모르는 의례로 생각하는 거지. 옛날에 여기 있다가 나간 사람이 거길 갔더니, 그 사람들이 "여기는 오는 사람들이 있다."고 했대. 이 집은 작년에 아들이 장가를 갔는데 이런 것도 다 알아. 작년에 두 집이, 우리가 항시 절했던 아저씨 두 분이 돌아가셨더라고. 그러면 이제 마음을 치유하는 굿을 그 집에서 하는 거야. "힘 내시라고…." 이것이 굿이지. 그들의 삶이 어땠는지, 그들의 애환이 뭔지, 그들이 가장 필요한 게 무엇인지 알고 하는…. 또 아들 둘 있는 집안에 아들이 군대 갔다 와서 애인이 없는 게 고민이야, 1년에 한 번밖에 안 가지만 그런 걸 서로 알고 있는…. 옛날에 무당들이 그렇게 하지 않았을까? 그 집에 강아지 새끼를 몇 마리나 낳았는지 다 알고 그 마을의 대소사 다 찾아다녔던 그것이 굿이지 않냐 이거야. 굿쟁이들이 원래 그런 걸 해야 되지 않냐? 그런데 1년 내내 하는 건 좀 힘들고, 삶터의 1년 중에 지신밟기는 그런 걸 하고 있는 거지.

춘영 지금 지신밟기를 2, 3일 내내 하지 않아요?

성호 우리는 몇 군데를 하지. 여기저기 하고 남문시장은 하루 만에 하지. 대보름굿 하고는 상반기는 호미모둠굿이라고 음력 2월 15일 했거든. 호미모둠굿은 겨우내내 묵혀 놓았던 호미를 씻어서 부뚜막에 올려놓고 절을 하던 풍습인데, '우리의 호미는 악기다.' 하는 맘으로, 장구, 꽹과리, 징, 북 올려놓고 '올해 1년 농사 잘 짓게 해 달라. 잘 굴리게 해 달라.' 비는 거야. 무당들이 그 표현을 잘 쓰는데, 북이나 장구를 잘 굴려야 한다. 잘 써야 된다는 뜻이야. 잘 굴려야 굿이 잘 되니까. 한동안 했었고 최근에는 잘 안 하고 있네.

춘영 이건 삶터 내에서의 우리의 굿이네요? 단체의 모임이네요.

성호 우리의 악기를 놓고 호미모둠굿을 했고, 그다음에 4월에는 풍물대동놀이한마당이라고 해서 수원 지역 인근에 있는 여러 풍물패들이 서로 자기 기량을 뽐내는 경연대회 이런 게 아니라, 서로 봐 주면서 막걸리 한잔하고 함께 노는 그것이 올해 14회까지 했네. 옛날에 농사짓는 사람들이 밭농사가 끝나는 날 음력 7월 15일에 호미씻이굿을 했었는데, 우리는 그때가 돼도 아직 악기 칠 날이 많으니까, 여름에 회원들하고 함께 야외 나가서 하루 굿 치는 행사를 진행했지. 또 가을에 '살맛나는 우리 터전 걸판지게 벌려 보세.' 삶터 가을굿판을 20회까지 했네. 작년에. 그거 끝나면 동지굿. 12월 말에 23일 전후로 동지굿.

춘영 이게 여러 군데서 했었잖아요?

성호 계속 돌아다니면서 했지. 경기대 후문에서도 했고, 팔달산에서도 했고, 매탄동에서도 했는데 갈수록 어려워. 왜냐면 옛날에는 돼지 한 마리 잡아서 고기 구워 먹고 풍물 치고 놀았는데, 이 도심에 점점 구워 먹을 곳이 없어지고 풍물 치면 신고 들어가고⋯. 그나마 고기 구워 먹는 걸 포기하면 놀 데가 많아지는 거고, 고기 먹는 거 포기 안 하면 점점 장소가 없어지지. 그래서 동지굿을 하고 그다음에 12월 말 해보내기굿…. 이런 1년 사업이 있네. 중간중간 열풍이라고 그래서 한 달에 한 번씩 '열심히 풍물 치는 날'을 4, 5년 진행했었는데 나중에 힘들더라고 행사가 많으니까…. 어쨌든 삶터 안에서 1년 전통행사에 맞춰서 굿을 진행하려고 했던 게 강하지.

춘영 세시절기에 맞춰서….

성호 그런 게 우리는 강하지.

춘영 하지만 이런 가운데 지역에서 노동자 문제나 사회적인 모순이나 이런 부분들이 있을 때는….

성호 무조건 나가야지.

춘영 집회. 그런 걸 뭐라고 하죠? 집회풍물?

성호 아니야, 그것도 일종의 삶인데 무슨 집회풍물이야? 그것도 일종의 삶….

춘영 이거랑 성격이 다르지 않나?

성호 아니지. 나는 그것도 일상으로 봐. 풍물을 치는데 내가 치고자 하는 풍물은 우리가 더불어 함께 다 잘 사는 세상을 만들고 싶은데, 그것을 방해하면 그곳에 가서 쳐야 된다. 그래서 불평등이 있는 곳, 내가 원하는 세상이 아닌 곳, 차별이 있는 곳 그런 데 가서는 굿을 치면서 거기서 다 함께 사는 세상을 만드는 몸짓을 해야 한다. 그것도 풍물패가 해야 할 일상적인 삶이란 거지. 그런 것들을 '집회'라고 보는 순간 나랑은 상관없는데, 저쪽을 도와주는 것으로 생각하는 사람이 있어. 난 그게 아니다, 그냥 그건 내 삶이다, 내 삶의 일부다, 내가 풍물을 잘 치기 위해서 필요한 일이기 때문에 그냥 내 삶이다, 이렇게 보는 거지.

풍물굿쟁이 이성호 삶과 죽음을 드나드는 굿판

춘영 모임이든 삶이든 아니면 일이든 정말 여러 활동을 하고 있다는 건 분명하네요. 그러면 이성호 풍물굿쟁이에게 정말 인상적이었던 굿은? 인생에 영향을 줬다든지 시대적 의미든지…. 그러면 이성호라는 굿쟁이를 종횡으로 더 잘 이해할 수 있을 것 같아요.

성호 이상하게 무대에서나 풍물판, 풍물 공연 그런 것들이 멋있고 정말 인상에 남고 이런 건 없어. 많은 사람들이 그런 거 좋아하는데, 멋진 공연 하고 자긴 그런 거 했다는 거 나는 별로, 일상에서 활동한 거랑 똑같고 별로 안 중요해. 오히려 인상에 남는 건 평택 미군기지 대추리 투쟁 할 때 대추초등학교에 있을 때, 진압경찰이 초등학교를 뽀갰어. 거기를 비우는 날이었는데 지신밟기를 여기저기 돌아다니면서 굿을 쳤는데, 내가 쇠를 치다가 갑자기 학교 무너진 잔해 위로 올라갔어. 사람들이 만류하는데도 올라갔어. 올라가서 그때 정태춘, 박은옥 선배가 함께 있었는데 "정태춘, 박은옥 니들 열심히 잘하는 거다."라고 하면서, 사람들 표현으로는 신들렸다고 했는데, 우리가 대추리 투쟁 하면서 아쉬웠던 점들이나 이런저런 얘기를 주저리주저리 했던 적이 있어. 뭐라고 얘기했는지는 기억이 안 나.

춘영 평소에 형님 생각이랑, 소신이랑 같은 거니까….

성호 '신들려서 저기서 지랄했다.'지. 그런데 그 모습이 아직도 기억에 남아 있어. 그냥 내가 그 위에 올라가서 소리 치던 그 모습. 치배들은 밑에 있었고 나 혼자 올라갔는데, 그게 어쨌든 쇠를 치면서, 풍물 치면서 그렇게 한 그게 너무 좋았어. 그때가 행복했지.

춘영 내가 풍물 하길 잘 했다….

성호 너무 신났지. 비 맞아 가면서, 다들 내가 떨어질까 걱정했다는데, 나는 신나게 풍물을 쳤으니까. 건물 무너진 잔해 위에서 하는데 얼마나 미끄러웠겠어? 그 풍물이 기억에 남고, 그다음에 소리를 하면서 기억에 남았던 거는 강정마을에서 구럼비바위를 간 거야. 다 막혔으니까…. 카약을 타고 구럼비바위를 갔어. 거기서 노래를 했는데, 그때 홀로아리랑을 했어. 구럼비에 관련된 내용과 우리들 투쟁에 관련된 내용, 문정현 신부님 활동하는 내용을 순간적으로 가사로 만들어서 한참 불렀어. 늘 가사를 바꾸지만 그때는 진짜 어렵게 거기에 간 거잖아? 목숨 걸고 가서 그들한테 힘이 되고 그 투쟁에 힘이 되고 싶어서, 우리가 지내 왔던 내용을 가사로 쭉 불렀던 기억이 있어.

춘영   순간순간 개사를 하면서, 그 현장의 이야기를 풀어내면서? 현장의 이야기를 함께 나누고….

성호   그 사람들한테 힘을 주면서, 나 자신한테 힘을 주는 걸 수도 있고. 그때 여러 가지로 가사를 바꿔서 불렀던 그 일이 기억에 남네.

춘영   카약을 타고 바다를 건너서 구럼비바위로. 생사를 넘나들며 간 상황이야.

성호   하하하. 어쨌든 위험하기는 했지. 넘어가서 사면이 다 막혀 있는 바위에서 우리들끼리 굿을 하고 다시 카약을 타고 나가야 되는 그런 극한상황에서 불렀던 그 소리들이 너무 좋았어. 그리고 진짜 기억에 남는 건 굿, 김매물 만신하고 했던 굿에서 두 개가 있지. 장갑차에 치어 죽은 미선이 효순이 굿할 때.

춘영   그게 2002년인가요?

성호   미선이 효순이 굿을 우리가 언제 했지? 2005년인가 2006년. 미선이네 동네 가서 했거든. 김매물 만신이 굿을 하고 내가 주관을 했으니까. 12, 13년 전이니까 김매물 만신이 60대 후반이었는데 그때 막 뛰어가면 못 쫓아갈 정도였어. 효순이네 집에 들어가더니 문 앞에서 바로 "아빠, 아빠 나 여기 왔는데…." 이러시는 거야. 그러니까 효순이 아버지가 벙 쪘지. 나보다 나이 많은 인간이 무슨 아빠야? 효순이 남동생이 막 울어. "너 왜 우냐?" 이러고 있는데, 어젯밤에 누나가 꿈에 나타났어요. "아 그래?" 만신님이 안방으로 들어가서 아버지랑 얘기하는 거야. "아빠, 아빠 나 왔어요." 벙 쪄서 이 양반이 어쩔 줄 모르고 있는데, "아직도 그 위에 고가도로 안 지었네. 아빠가 그날 나가지 말라고 했는데…." 막 이런 얘길 하는데 갑자기 효순이 아버지가 만신님을 끌어안으면서 "효순아~!" 그러는 거야. 둘이 뒹굴었어. 그러면서 둘이 얘기하는 거야. 만신님한테 내가 준 정보도 없는데 그냥 막 얘기하는 거야. '야, 저게 굿이다. 진짜 효순이 아버지 가슴에 있는 거 다 끄집어내지 않냐?' 그게 정말 기억에 남고, 그리고 또 하나가 용산 참사굿 할 때야. 용산 참사굿 할 때 남의 땅에서 굿을 하는데, 처음에 만신님이 상산맞이 신들을 맞이하는 의식을 해. 그러다가 나를 부르더니 "나라 아빠 나라 아빠 이상해." "왜요?" "저 사람들 타 죽은 거 아니야." 첫마디가 이거야. "왜요?" "위는 탔는데 밑에는 안 탔어." 이거는 미치는 거지. 그런데 유족들한테 그 말을 했더니 실제로 시신 중에 그런 시신이 있었다는 거야. 우리가 밖에서 죽은 사람, 맞아 죽은 사람을 그 안에 넣었다고 의혹을 제기했었어. 그 안에 있는데 위에만 타고 아래는 안 탔어. 위에만 탄 사람이 있었어. 그러니까 그다음부터 유족들이 어떤 말도 안 믿는 거야. 이거는 무당이 봤다는 거잖아? 눈앞에 나타나서…. 굿을 한번 그렇게 하니까 유족들이 실무자들이 얘기하는 거 듣지도 않는 거야. 그런데 무당이 그런 건 증거가 될 수 없는 거잖아? 굿이 참 그런 거지. 그래서 나는 김매물 만신 같은 그런 경험을 하지는 않지만 덕담이나 비나리를 하면서 가능하면 그들의 마음을 끄집어내려고 하지. 김매물 만신이 하는 것처럼 굿이 그렇게 가야 되겠다. 풍물굿이 그런 걸 보여주는 판으로 가려는 거야. 그렇게 안 하면 사람들 마음을 끄집어내지 못한다는 거야. 그래서 진짜 굿, 지금 얘기한 미선이 효순이 굿, 대추리에서 경험했던 굿, 이런 굿판을 자꾸 열어야겠다고 생각해. 삶터가 하는 지신밟기처럼 그들 삶 속에 있어야 되겠다. 그들은 일 년에 한 번 삶터가 와야 되는 게 삶의 일부가 돼 버렸어. 안 오면 너무 허전하다는 거야. 그게 굿이다. 다들 열심히 공연 준비해서 하는 거 말고…. 아닐 수도 있겠다. 매년 정기 공연 기다리는 사람도 있으니까….

춘영 거기서 놀기도 하니까. 보여주기만 하는 것도 있으니까.

성호 공연을 탓하는 건 아니지만, 어쨌든 내가 지향하는 건 그런 굿이 맞다. 그래서 기억에 남네. 하나 더 생각나는 게 있다. 우리가 이소선 어머니 상엿소리를 했거든 모란공원에서. 그때 전태일 열사 상엿소리 하면서 중간에 "태일아, 태일아 내가 왔다." 소리 질렀던 기억이 나. "태일아 내가 왔다. 네 소원 못 들어줘서 미안해!"라고 외쳤던 게 생각 나. 이소선 어머니가 늘 그러셨어. 전태일 열사 대신에 당신이 노동기본법부터 고치고 이러저러한 세상을 만들고 싶었는데 못 만들고 돌아가신 당신의 한 그게 있지 않았나? 그게 울면서 부르짖었던 게 기억 나. 2011년에 어머니가 돌아가셨네.

춘영 형님도 이것을 평생 해 오셨는데 안에서 정리된 것이 왜 없겠어요? 중요한 건 대중들한테 풍물굿의 가치와 의미를 알리는 작업을 계속하는 거예요. 풍물굿의 예술성과 시대성 그리고 교육적, 예술적 측면을 소개하는 거예요. 다음 후반 얘기는 그런 부분들이 섬세하고 깊이 있는 얘기가 되더라고요. 이제 그런 점을 좀 얘기해 보죠. 이성호라는 굿쟁이가 학습하고 모셨던 선생님들은 어떤 분들이 있나?

성호 별로 없어.

춘영 이성호라는 굿쟁이의 굿 세계를 형성하는 건 특정 선생님일 수도, 어떤 활동일 수도 있고, 특별한 경험일 수도 있는 거예요. 이 주제는 이성호의 굿 세계를 형성 어떻게 했나? 풍물굿 학습 과정을 보려는 거죠.

굿을 학습하고 민중 속에서 나아가다

성호 풍물을 스무 살부터 쳤는데, 1998년 황재기 선생님께 처음 전수를 받아. 내가 85년에 처음 풍물을 시작하고 13, 14년 동안은 전수를 해 본 적이 없어. 맨날 투쟁만 다녔지. 2008년이니까 20년 전이네. 내가 지금 쉰넷이니까 서른넷에 황재기 선생님을 처음 만났어. 선생님 만나면서 재밌었던 게, 당시 학생풍물축제라는 경연대회를 기획했는데, 그런데 경연대회는 싫은 거라. 그때 선생님 모시고 심사를 봐 달라고 했는데, 학생풍물축제를 한 500명이 모여서 하면서, 화성 일대에 다 모여서 자기 만장을 쓰게 했어. 이름을 쓰든 얼굴에 그리든 할 수 있는 걸 다 줬지. 그걸 심사위원들이 쫓아다니면서 심사를 했어. 그리고 500명이 치고 들어가, 기를 다 모아서 기고사를 했지. 그러고 나서 어쩔 수 없이 수원 행사니까 기념식 하고 경연대회를 잠깐 했어. 각 팀 공연을 하고 그것도 심사를 해. 마지막으로 대동놀이를 다 같이 뛰고 놀았어. 처음 만장 만들 때부터 점수 매기고 구경하는 모습까지 점수를 매겨. 공연하는 모습만이 아니라 합굿 하는 것도 매겨서 나중에 상을 줄 때는 풍물축제상, 잘 노는 상 만들어서 줬지. 풍물축제상 상품은 장구 꽹과리 징을 줬지. 돈이 아니라. 그 결과로 그다음부터 초중고등학교에서 사물놀이 하던 친구들이 서서 풍물을 치는 거야. 여기 나오려고…. 그게 황 선생님 영향이었고 선생님이 굿을 그렇게 얘기 많이 하셨어. 일단 선생님이 가장 강조하셨던 게 굿쟁이들 맨머리 굉장히 싫어하셨어. 맨머리는 진짜 안 된다. 무조건 반대하셨고 "고깔을 써라. 삼색띠 제대로 갖춰라." 선생님이 의상, 예의 이런 것들을 굉장히 강조하셨던 굿쟁이야. 또 하나. "소고춤은 노는 것이여. 소고춤은 공연이 아니라 노는 거여."라는 말씀을 하셨어. 황재기 선생님께 소고춤을 98년에 처음 배운 거야.

춘영 형님 굿 세계에서 꼭 스승이 아니어도 되고, 당시 풍물패 70, 80 %가 다 운동권으로 시작을 했죠. 그 얘기도 해 주세요.

성호 2000년 전남 고흥 월포굿 갔었네. 가장 큰 에피소드는 대포수 어르신이 당시 80세, 동네 이장님이 70세 정도 됐어. 내가 그때 서른다섯인데, 그분들 눈에는 학생이지. 이장이 대포수 어르신한테 "형님 한 잔 받으세요." 하니까 대포수 어르신이 "일 없네. 난 좀 있다 학생하고 먹을 거네." 그러서. 그러자 갑자기 이장이 대포수 어르신 앞에 잔을 놓더니 절을 하는 거야. "아이고 형님, 형님 돌아가시고 한 잔 올리면 뭐하나? 살아계실 때 한 잔 드려야지." 이러니까 대포수 어르신이 원샷을 하는 거야. 술 먹이는 방법인 거야.

춘영 노는 방법이네.

성호 저게 굿이다. 나는 그 얘길 잘 써먹어. 저게 굿이다. 그 사람을 움직인 거잖아? 멋쟁이 굿이다. 그다음에 2000년에 홍주 형하고 몇 사람 설장구를 시작했어. 여성농악단 설장구 했지. 홍주 형은 주로 이론으로 가르쳤지. 형은 자기가 가진 굿이론을 가지고 설장구를 해석해서 그 방식으로 설장구를 했지. 그때 나랑 현경이, 하애정, 정운이 등 많았어. 그 친구들이랑 같이했고, 어쨌든 그때 굿이론을 처음 접했지. 굿이론은 홍주 형한테 많이 배웠어. 그다음이 1999년인가 2000년인가? 우리 은아네 할머니가 진도에서 90세에 돌아가셨거든. 그래서 진도까지 내려갔어. 손주사위라고 상복을 입고 딱 갔는데 누가 앞에서 소리를 해. 앞에서 북을 치고 따라갔지. 김길선 선생님인지 누가 "자네 칠 줄 아나?" 하서서, "예 조금 흉내냅니다." 하니 "와서 치게나." 이러는 거야. 장인어른께 맞아 죽을 각오를 하고 물어봤지. "가서 치래." 그래서 쇠를 잡고 쳤어. 산에 올라갔는데 산에는 이미 고기 구워 먹고 있고, 그 소리하던 양반하고 굿 치던 양반들이 다 거기서 술 먹고 뽕짝 하고 놀아. 난 거기서 놀았어. 이쪽에서는 장인어른이랑 은아는 하관하는데 나는 술 먹고 뽕짝 하고 놀았어. 그분이 조공례 선생이었고 김길선 선생님이었어. 문화재 두 분이었어. 어쩐지 잘하더라고, 끝내주는 판에 감히 쇠를 친 거지. 아 잘 놀았어. 하관하는 옆에서 뽕짝 하고 춤추고 놀았는데, 내려와서 장례 끝나고 장인어른하고 큰아버님에게 칭찬받았어. "당신 가시는 길에 잘 놀았다고…." 칭찬까지 받았으니 이건 도대체가 있을 수 없는 일이 벌어진 거지.

춘영 장인어른은 상주 아냐. 진도는 그런 장례문화가 완전히 굿일세.

성호 그럼. 칭찬받았다니까, 내가 오히려. 그게 나한테 굉장히 영향을 미쳤지. 굿은 이래야 된다.

춘영 굿에 대한, 본인이 하는 방향에 대한 자신감. 내가 잘하고 있다….

성호 조공례 선생님이 그때 소리하고 마지막이셨어. 바로 돌아가셨어. 그길로, 2001년부터 계속 진도에 내려갔지. 그리고 2002년부터 고창 바람이 불어서 전부 고창 내려갈 때였어. 하애정, 살판, 삶터….

춘영 이때가 전취모(전수가 취미인 사람들의 모임)죠?

성호 음 전취모. 매년 몰려다닌 때가 2001년, 2002년 이때야. 그 뒤로 문정숙 선생님 만난 게 2005년. 2007년에 나금추 선생님 만나고, 주로 선생님들을 그때 만났구나. 98년부터 2007년까지 그 10년 동안…. 부포 한다고 유순자 선생님 전수 한 번 들어갔었고.

춘영 굿 세계를 형성하는 데 어떤 경험이나 스승 등 여러 가지가 요인이 있잖아요? 처음 풍물굿 진입하게 된 그 시대 얘기를 조금 해 주시면?

성호 고등학교 때 이미 교회에서 학생회장을 하면서….

춘영 교회를 다녔어요?

성호 중고등부 학생회장을 했는데, 그 당시에 노래책이 〈젊은 예수〉라는 책이 있었어. 기독교장로회에서 만들었나? 주로 그 당시 데모 노래들이 다 거기 있지. '내 백성의 땅에서', '뜻 없이 무릎 꿇는' '와서 모여 하나가 되자' 그때는 집회 때 노래가 많이 없어서 이런 노래를 부르면서 했거든. 우리는 교회에서 이미 기타 치면서 그 노래 불렀거든. 그때 우리는 금요일마다 삼각산기도원엘 가. 구파발에 삼각산기도원이라고 있었어. 금요일에 철야기도원 가면….

춘영 기도원이요?

성호 산에서 철야기도를 하는데, 우리 학생 명부를 가져가. 예를 들어 이런 거지. "주여, 춘영입니다. 요즘에 이런 소원이 있습니다. 고민 해결해 주시고요…." 이런 식으로 기도를 했어.

춘영 거의 무당굿이네.

성호 그냥 내가 기도하면서 한 명 한 명 보면서 기도하는 거야.

춘영 선배나 누가 지도해 주는 선생님은 없었어요?

성호 삼각산기도원 가면 그냥 산이었어. 산에 가면 요만한 기도터가 있는데, 내 개인기도 하면서도 학생 명부를 놓고 기도하는 거야.

춘영 그 친구들, 그분들의 복을 같이 빈 거네요? 나 혼자만 기도한 게 아니라. 마음이 좀 다르네요.

성호 나는 그랬어. 학생부 회장이잖아? 한 명 한 명을 빌어 준 거야. 그렇게 내 삶이 시작이 된 거지. 그러다가, 대학 들어가기 전부터 화염병 던지고 다녔어. 대학로에 흥사단이 있거든. 흥사단 출신이야. 재수할 때. 흥사단아카데미 다니면서 78, 79학번 선배들이랑 합숙하면서 화염병 던지고 다녔지. 대학 들어가기 전에 대학교 1학년들이 하는 학습을 이미 끝내고, 이미 노래 다 알고 그리고 대학 들어간 케이스.

춘영 특이한 케이스네.

성호 그렇게 들어간 대학 1학년 4월 19일이었어. 18일 전날에 수학과 선배하나가 "너 상엿소리 할래?" 그래서 "왜요?", "내일 민주주의 장례식 하는데 상엿소리 할 사람이 없어." 이러는 거야. 1학년인데 워낙 나는 선배들한테 찍혔지. 모꼬지 가서 바로 데모가 하는 걸 보고. 그러니까 선배가 4월 18일 그렇게 제안을 하고 형이 한 대목 가르쳐 줬어. 다음 날 내가 한 시간을 노래했어. 가사를 바꿔서, 왜냐면 나는 이미 4.19 학습을 다 하고 들어간 사람이고 5.18 내용 다 알고 민주주의가 뭔지 다 아니까 그 내용으로 상엿소리를 했어. 한 시간….

춘영 1학년 때 수원에서?

성호 학교가 다 뒤집어진 거지. "저 새끼 누구냐?" 선생님들 뒤집어졌고, 교직원들 뒤집어졌고, 선배들 뒤집어지고, 경찰도 뒤집어졌고, 갑자기 다음 날 요주의 인물이 된 거지. 여러 군데에서 제안이 들어왔어. 그때 일주일에 다섯 번 학습했어. 나는 여러 팀 다 들어갔어.

춘영 학습이라는 게 어떤 방식으로?

성호 책 읽고 토론하는 거. 책 엄청 읽었어. 우리 때는 책 이만큼 쌓아 놓고 합숙하면서 웬만한 거 다 읽었어. 그리고 학교 언더팀에 들어가서 1년 동안 운동을 하다가, 주로 우리 언더팀들이 학교를 장악하고 학교 운동을 실제로 리드하는 팀이니까. 그런데 나는 실제로 리드팀이고 그렇게 활동할 때가 총학생회가 오픈하기 시작할 때야. 그때는 더이상 언더가 아니라, 학생들 곁으로 바깥으로 나와서 운동해야 된다고 바뀔 때였어. 그러니까 85년 겨울이지. 선배들이 명령을 내린 거야. "너 풍물패 가입해라.", "저는 싫습니다." 왜냐면 우리 때만 해도 풍물패는 운동 안 하던 놈들이었어. 우리는 진짜 학습 열심히 하고 있는데 저 새끼들은 매날 노는 애들이잖아? "안 들어간다." 땡깡부리고 울고 별짓 다 했지. 어쨌든 강제로 들어갔어. 워낙 민요도 하고 끼가 있으니까. 내가 풍물패 들어가자마자 86년인가 건대사건이 일어났어. 그래서 건대 옥상에 다 몰려서 몇백 명이 잡혀가고 우리 팀은 다 거기 간 거야. 나한테는 그런 지시가 안 내려온 거지. 거긴 언더 사람들만 간 거고 나는 알려진 사람이라 이거야. 그때 땡깡 부렸던 기억이 나. "내가 이래서 풍물패 안 한다고 하지 않았냐?" 어쨌든 풍물 하면서 재밌던 게 풍물패 들어갔더니 84학번 선배인데 장구를 삼채 하나 가르쳐 줬어. 다음 날 선배가 경찰에 잡혀갔어. 선배가 없는 거야. 풍물 아무한테도 안 배웠어. 그때가 이한열 열사 싸우던 87년. 그때는 선배들이 가르쳐 준 게 아니라 우리들끼리 그냥 치는 거지. 그래서 기억에 남는 게 이한열 춤을 추는데 '바람맞이춤'을 했어. 이애주 선생이 연대 앞 로터리에서. 그때는 잘 못 봤고 그 뒤로 몇 번 더 했어. 연대 노천극장에서. 한 번 보러 갔는데, 춤을 봐야 되잖아? 아, 악을 너무 잘 치는 거야. 보면서 수첩에 적었어. '덩 덩따궁' 내가 제대로 적겠어? 그냥 들리는 대로 메모했지. 그러고 나서는 학교 서클실 옥상에서 혼자서 쳐 봤어. 그다음에 또 보러 갔어. 마지막에는 선생님 춤을 봤어. 그 동작을 대충 그렸어. 그걸 가지고 학교에서 춤추고 그렇게 배웠던 세대야. 그냥 눈짓으로 배웠던 세대지. 그렇게 대학 4년을 마쳤지. 그러고 나서 서울에 민문연이라고 민중문화운동연합이 만들어졌어. 나는 군대를 안 갔으니까 4년 내내 대학에 있다가 4년째 되는 날 그게 언제냐면, 우리 후배를 총학생회 당선시킨 날, 그날 첫차 타고 서울로 와서 다음 날부터 활동 시작했어.

춘영 민문? 뭐요?

성호 민중문화운동연합. 민중문화운동연합이 그때 "자, 우리 손을 잡자." 이런 거 했던 팀이야. '꽃다지' 집체극 그런 거 했던 팀이야. 근데 여기는 완전히 마르크스-레닌주의 사상 쪽이야. 그래서 문익환 목사님 방북할 때 제일 먼저 "소영웅주의, 기회주의 규탄한다."고 성명을 냈어. 완전 마르크스-레닌주의. 어쨌든 다음 날부터 활동을 해. 선배들한테 기초부터 다시 배웠어.

춘영 내가 아는 선배 누가 있죠?

성호 김영희 선배 알 거야. 그 외에는 니가 모를 사람들이고, 그때 민문연 3분과가 연행과였는데 굿패 해원 출신이야. 옛날에 굿패 해원이 있었거든, 철저히 굿을 했던 형들이야. 풍물만 배운 게 아니라 춤 배웠고 여러 가지 몸동작 배우고 그래서 그때 내가 고성오광대랑 봉산이랑 양주별산대랑 동래학춤이랑 이런 것들 다 배웠어. 내 춤 기본 동작이나 태가 거기서 나왔고 가장 소중한 때가 그때였어.

춘영 지금 형 얘기들은 모두 다 중요해요. 고등학교 때도 특이했고요. 대학 때도 의미가 있네요.

성호 이제 드디어 배우는 거야. 그러니까 그때 그냥 풍물만 하는 게 아니라 춤도 추고 소리도 하고, 또 창작공연을 했고 그걸로 전국 돌아다니면서 활동했지. 기억나는 게 연대 노천에서 "자, 우리 손을 잡자." 할 때 풍물패가 50명 정도 친단 말이야. 꽹과리 3~4명, 징 2명, 장구 2명, 북 40명. 그때 내가 장구를 쳤어. 선배들이 "장구는 장작 패듯이 쳐라." 그래. 장구 둘인데 열채 소리가 연대 노천에서 다 들렸어. 북 40명씩 치는데. 이렇게 잡고 조지는 거야. 집회풍물이라 뻥뻥 쳐야 돼. 그게 아직도 영향이 있어. 집회풍물들, 내 몸집이 커졌던 게 집회풍물이야. 요즘처럼 마이크 전혀 대지 않았던 시절의 집회풍물.

춘영 그럴 때가 정말 재밌지. 비 오면 미치고….

성호 동작이 크고 소리를 세게 낼 수밖에 없었어. 그렇게 하다가 1년 만에 수원으로 내려왔어. 내가 가장 존경하는 문익환 목사님을 소영웅주의라고 하는데 거기 어떻게 있어? 나도 참 부지런했지. 아침에 일어나서 한겨레신문 배달하고 그때 5만 원 벌어서 생활비 썼어. 하숙이 경기대 근처였거든. 아현동에 숙소가 있었고…. 학교 가서 내 책을 읽는 거야. 나는 NL이거든. 그래서 나는 그 책을 경기대 도서관에서 아침에 읽고 출근하는 거야. 출근하면 거기서는 마르크스-레닌주의를 학습시켜. 생활을 그렇게 한 거야. 내 공부도 하고.

춘영 정치노선은 대학에 들어갔을 때 선배들의 노선이었던 거죠?

성호 그렇게 하다가 1년 만에 수원으로 온 거지. 그다음부터 삶터 활동 시작했어. 그게 89년. 수원 삶터 전신이 수원문화운동연합이거든, 수원문화운동연합에서 문화공간 삶터로 바뀌었고, 풍물굿패 삶터로 바뀌는 거지. 그 활동이 이다음부터 시작된 거지.

풍물굿 공연이냐, 굿이냐?

춘영 이제 상쇠론의 핵심으로 들어갑니다. 저는 전반적으로 형님이랑 생각이 같은 부분이 많아요. 저는 풍물굿쟁이 정체성을 가지고 있거든요. 형님이 풍물 시작하고 10~20년 정도까지는 대학에서 진입한 풍물굿쟁이들이 많아요. 특히 고창굿보존회 친구들은 풍물굿쟁이나 풍물굿문화를 안단 말이에요. 그런데 갈수록 젊은 친구들, 전공이 생기면서 풍물굿보다는 무대 공연에 치중하게 돼요.

성호 단체들도 그래.

춘영 제가 21세기 풍물굿 상쇠론에서 풍물굿이 어떻게 나아가야 되는지를 활자화해서 이런 매체를 만들려고 하는 거예요. 그렇게 저는 문제의식이 똑같다고 보고 싶어요. 풍물굿쟁이들이 많이 줄어드는 것 같다는 전제에서요.

성호 중요한 건 '초점이 어디냐?'야. 공연을 준비하다 보면 우리 삶터 내부에서도 그러는데, 지난번 〈천하의 상쇠 나금추〉 이거 준비하는 마음가짐과 삶터 가을굿판을 준비하는 마음가짐이 달라. 고창 애들도 그래. 그게 뭐냐면? 요즘 경기민족굿연합 사람들도, 마당에서 판을 한다 해서 준비하는 마음과 실내에서 조명 받으면서 하는 공연을 준비하는 마음이 달라. 실내, 조명, 의상부터 동작 하나하나 이거 다 신경 써야 된단 말야. 마당은 그런 거 신경을 안 써. 왜 그럴까 나는 이해가 안 돼. 나한테는 둘 다 오늘 하루 노는 거네, 내가 선생님이랑 공연 한 번 하네, 이건데, 얘네들은 굉장히 소중하게 생각하고 끝나고 나서 정말 자랑스럽다고 생각해. 나금추 공연 한 것보다 나는 가을 굿판이 더 자랑스럽지.

춘영　저는 이해를 했다고요. 문제는 뭐냐면 형처럼 생각하는 사람이 줄어드는 거고….

성호　줄어드는 것을 어떻게 할 것이냐? 어쩔 수 없이 굿판을 만들어야 된다는 생각이 들어. 나는 일종의 사명감도 되게 큰데, 우리는 민족굿 1세대라 그래. 민족굿연합 차원에서는 1세대가 박희정, 하애정 살판의 창범이, 삶터의 나, 성남 임인출 이런 사람들이란 말야. 이 인간들은 굿판을 하려고 해. 2세대라고 지칭되는 애들이 동일이가 들어가지. 은아는 1세대 나이지만 결혼하고 애 낳고 쉬잖아? 그래서 2세대로 보고 승택이 이런 애들이 2세대란 말이야. 명훈, 성준이, 재연이가 1세대라면 광휴나 성수 이런 2세대는 굿에 대해 생각이 다르지. 얘네들은 전반적으로 놀지를 못해. 노는 판을 안 해 본 거야. 성향, 개인적인 성격도 있지만 잘 못 놀아. 이쪽 무대 판을 자꾸 해서 그럴 수도 있고…. 이 세대는 무대 판에서 돋보이는 걸 좋아해. 그런데 만약에 1세대가 없으면 그렇게 되겠지. 삶터에 있을 때 그런 거지. 성호, 은아, 승택이 있는데 내가 봤을 때 삶터가 굿판을 포기하지 않을까?

춘영　자꾸 실내 공연으로 가지 않을까요?

성호　그렇지. 포기하지 않을까 싶었던 거야. 어떻게 하면 좋겠냐? 이거는, 아 지랄 같아도 계속해야지. 그 길밖에 없어. 자꾸 그런 판을 만들어야지. 나 같은 경우 강습을 하면 처음 초보자들 손잡고 이런 거 안 해. 첫날 바로 삼채인사굿 이런 걸 가르쳐. 가락, 기초 가락 한 달에 끝내. 굿거리, 삼채, 이채, 양산도 이런 거지. 바로 서. 바로 세워서 진짜는 걸 가르쳐. 나눔진, 합진 그러면서 몸을 움직이면서 그제서 가락을 하나하나 잡아 줘. 이렇게 치는 게 아닙니다. 요즘 후배들은 앉아서 가락을 다 하잖아? '합 더궁따구궁따구궁따' 하면서 배가 딱 맞을 때까지 연습시키잖아? 나는 그냥 치게 해. 이 동작 할 때나는 삼채 '덩 덩 덩따궁따'를 가르쳐. 그다음 두 번째 '덩 덩 덩쿠궁따'를 가르쳐. 이 가락입니다. 2, 3년 지나면 '저궁'을 한 번 도전해 봅시다. '덩 덩 덩저궁따' 이건 되게 어렵거든. 그리고 "이 동작을 해 보십시오. 저 동작을 해보십시오. 선조들이 이 동작을 칠 때 이 가락을 치는 게 제일 안전빵이고 제일 멋있기 때문에 그렇게 하는 겁니다. 가락을 배우는 게 초점이 아니고 동작을 배우십시오. 이렇게 나랑 놀아 봅시다. 그 동작엔 이렇게 칩시다." 이렇게 말하지. 나는 처음부터 주장하는 게 판굿을 가르치면서 앞사람 대가리를 따라가지 마라. 오른쪽 어깨를 보고 가라. 그다음에 육방, 여섯 방향을 써라. 그러면서 서로 놀게 하고 웃게 하고, 웃지 않으면 안 된다. "1번 웃으십시오. 2번 소리 지르십시오. 3번 여섯 방위를 쓰십시오. 그리고 틈만 나면 나와서 노십시오." 내가 가르치는 사람들은 1, 2년 지나면 그냥 놀아. 그런데 앉아서 2년 친 애들보다는 가락은 딸려. 하지만 서서는 선반 애들보다 잘 놀아. 장단점이 다른 거야. 기준을 어디에 두느냐인데, 많은 애들이 가락 쪽으로 기준을 두는 거야. 나는 노는 사람을 만들겠다가 기준이야. 내가 놀기 위해서 가락이 필요하다. 가락 하고 나서 노는 거 절대 못 해. 진짜 안 돼. 웃으라고 그러면 후배들이 "나중에 공연할 때 웃을게요." 그러는데, 절대 안 돼. 악을 시작하자마자 놀아 본 사람들은 판에서 웃는데, 앉아서 쳐 버릇한 사람은 안 웃어져. 불가능한 일이야. 육방? "공연할 때 쓸게요." 안 돼. 장구 치는 애들은 동작이 안 나와. 그 동작은 가락이 나올 수가 없어. 동작이 달라져 버려. 삼채설장구 가락 수를 이만큼 배우지 않느냐? 왜 판굿만 들어가면 이상하게 악만치냐? '정구궁짜구 궁따구궁따' 이것만 치냐? 다른 거 쳐라. "정 궁 정그라자

2013년 팔도풍물굿쟁이전 "삶의 터전에서 걸판지게 놀아보세"

자, 정저적정그라자자, 합 저구자구정저구자, 이런 거 왜 안치냐?", "쳐야죠."
하는데 안 돼. 쳐 본 적이 없어….

춘영 관점을 제시를 안 해 줘서….

성호 아니야. 선생들이 애초에 안 가르쳐서, 그거만 치는 거야. 그래서 나는
강습 딱 들어가면 기존 강습에 들어가도 나랑 칠 때는 '정구궁짜구 궁따구궁
따' 못 칩니다. 빼고 치라고 해. 막 사람들이 쥐가 나. "그 가락 안 좋습니다.
그 가락 치지 마십시오." 그런데 그 사람들이 처음엔 잘 몰라. 나중엔 알게
돼. 삶터 내부에서도 당장 강사인 은아도 안 되는 거야. 나만 서서 치는 거야.
은아나 승택이는 앉아서 강습을 해. 미치겠어. 그런데 영향을 끼친다는 거
야. 이성호 같은 꼴통들이 있으면 우리 회원들이 어쨌든 터장님은 잘 놀고 저
렇게 놀아야 되는데 잘 안 돼요. 우리 지연이 삶터 들어온 지 얼마 안 됐잖아?

3년 차 들어가는데, "터장님처럼 안 돼요." 그래. 당연히 안 되지. "니가 배운 적이 없는데, 한 적이 없잖아?" 요즘 은아랑 지연이가 미선이한테 살풀이를 배우러 다니는 거야. "춤 필요한 거 인정한다. 하지만 나는 너한테 더 필요한 건 탈춤이라고 본다. 우리 풍물판에 탈춤이 더 필요하다." 몰라 그거를…. 춤을 예쁘게 추는 데 도움이 돼요. "얘, 풍물 호흡 되고, 풍물 춤부터 하고 그거해. 너한테 진짜 살풀이 필요하다 싶으면 보내 줄게." 그래. 얘는 내가 못 가게 하는 게 불만이야. 그런데 몰라서 그러는 거야. 풍물을 내가 놀고 싶은 동작으로 하면서 가락이 익숙해지고 몸에 배면 진도북을 배우든 뭘 배우든 다 그렇게 치거든. 그때 새로운 거 배우고 싶다, 그러면 춤 배우러 가면 돼.

춘영　저는 무슨 말인지 알아요.

성호　그래서 이제 이런 꼴통들이 그걸 계속해야 되는 거지. 내가 삶터에서 계속 내 몸짓을 하고 있는 것이 은연중에 사람들한테 계속 영향을 끼치고 있다는 거야. 우리 회원들한테. 사람이 줄어들수록 오히려 굿쟁이들이 굿을 틀어줘어야 한다. "저 형은 나이 들어 가지고 저것만 강조해." 이런 게 아니라 현장에서 쳐야 된다. 굉장히 중요한 거야. 상쇠로서 나이 들면 빠지고 "나는 이제 안 쳐." 이러지 말고 직접 현장에서 계속 보여줘야 된다는 거야. 나는 그게 사라지는 굿쟁이들 걱정을 그나마 상쇄시키는 역할을 한다고 생각해. 어차피 굿쟁이들은 굿을 끝까지 쳐야 돼.

춘영　끝까지? 죽을 때까지?

성호　응. 될 때까지 해야 돼. 그게 굿이 살아남는 비결이야. 그리고 또 하나는 나랑 같이 이런 식으로 풍물 한 사람들, 이 맛을 들인 사람들은 무대 위에서 보이려고 하는 것도 있는데, 노는 걸 좋아하게 되더라고. 노는 게 좋다는 표현을 써. 그래서 아주 신명나게 노는 판을 만들고 자주 그걸 경험하게 하는 거야. 그러면 그 사람은 안 변해. 그동안 그런 경험이 없었던 거야. 지자체에서도 자꾸 공연장만 지원하는데, 그럴수록 우리가 지역에서 판을 벌여야 해. 그래서 그 판을 자꾸 해 보게 하는 거, 구경하게 하는 거, 그것이 우리 굿쟁이가, 우리 굿이 살아남는 길이라고 생각해. 어제 우리가, 요양병원에서 공연했는데 끝나고 나서 원장이 "고맙다. 정말 너무 잘한다." 그러는 거야. "보통 노인네들이 한 시간을 안 앉아 있다. 그런데 오늘은 처음부터 끝까지 앉아 있었다."는 거야. 보통 노래 부르는 사람이 한두 곡 부르면 서서히 나간대. 그런데 한 시간 동안 한 명도 안 나간 게 처음이라 이거야. 어제 우리가 비나리하고 민요 하면서 춤추고 같이 놀고 진도북놀이를 일부러 객석 곳곳에서 치면서 나오는 식으로 했지. 그러니까 할머니들이 공연 보면서 지루할 틈이 없던 거지. 그래서 한마디 했지. "내년에 또 부르십시오. 찾아가는 예술무대 찾으면 그냥 아무 팀이나 오게 됩니다. 꼭 쓰십시오. 우리는 풍물굿패 삶터를 원합니다. 이렇게 꼭 써 주십시오." 그렇게 되면 자꾸 삶터가 알려지는 거고, 삶터가 자꾸 그런 판을 하게 된다. 안 그러면 다 사물놀이로 알아 버려. 그래서 우리가 꾸준히 굿을 해야 돼.

상쇠의 놀이악기 꽹과리 그리고 머리쓰개 부포

춘영 예, 좋습니다. 저는 그런 실천들을 많이 소개해 주고 싶은 겁니다. 이제 악기 쪽으로 가 보죠. 풍물굿의 고유한 성격이 많아요. 진풀이가 있고 악기를 매고 뛰면서 치고, 부포랑 머리쓰개 그리고 상쇠와 악기, 부포에 대한 얘기를 꼭 해요. 먼저 쇠 같은 경우 성음 이야기가 꺼내기 쉽더라구요. 꽹과리라는 악기에 대해서 물어보는 겁니다.

성호 요즘 가는귀가 먹었어. 병원에 가니 "그대로 사십시오. 더이상 안 망가집니다. 지금 현상태 유지하는 거니까 그냥 사세요. 고칠 수도 없고 나중에 보청기 낄 거고, 쇠 치면 똑같을 건데….” 그래. 실내에서 오래 쳤잖아? 그 소리에 이미 내가 적응된 거야. 더이상의 센 소리가 없는 거잖아? 지금 상태가 유지되는 거지. 이미 나빠진 상태에서 더 나빠질 수 없다는 거야. 이미 내 귀는 내 꽹과리에 적응이 돼 있다는 거야. 나는 쇠를 배운 적이 없었지. 풍물 처음 시작하고 14년 동안은 아무한테도. 꽹과리 치는 법을 가르쳐 준 사람도 없었고 꽹과리 장단 배운 적도 없이 그냥 쳤지. 쇠를 배운 게 나금추 선생님이 처음이야. 10년 전에. 그리고 보면 34년 중 20년은 내 마음대로 친 거야.

춘영 자득한 거죠. 저는 꼭 형님처럼 생각하지는 않아요.

성호 쇠는 어떻게 쳤냐면 나는 빨리 치는 연습을 많이 했거든, 두 배 치기 예를 들어서 ’기쟁~ 기쟁~’ 상대방을 치게 하고 나는 두 배 치기 연습, 계속 빨리 치는 연습을 그렇게 했지. 나는 쇠가 애기 우는 소리라는 표현을 써. ’기쟁~’ 울고 있는데 이 상태에서 또 이어서 ’기쟁~’ 제일 높은 소리에서 떨어질 거 아냐? 떨어지기 전에 또 치고 또 치고 또 치잖아? 그러면 얘가 이 음에서 높지도 않고 낮지도 않은 소리, 약간 떨어진 그 음에서 계속 ’쟁쟁쟁쟁~~’거리고 있잖아?

춘영 소리가 계속 울리죠.

성호 ’기~’는 안 들리는 소리거든 원래 ’기쟁쟁쟁쟁~’ 이게 애기 울음소리 같이 들려. 일정하게 같은 음으로 같은 세기로 일정하게 울려. 나 때는 오래 치기 연습을 많이 했거든. 장구 이채 10분 치기. 이 속도로 10분 못 치면 오늘 술 사는 거야. 꽹과리 ’기쟁~’을 쳐서 손이 힘들다는 그 순간의 속도로 가. 처음 속도 처음 세기로, 소리가 강약이 떨어져서도 안 되고 빨라져도 느려져도 안 돼. 그게 됐을 때 미치는 경지에 가는 게 ’쟁~’ 이 소리야. 그 소리에 빠져들어가. ’애앵~’ 소리에…. 근데 희한한 게 늘 들어 오던 소리야. 전화기 왼쪽으로 받잖아? 그게 얘가 계속 훈련된 귀라는 거야. 어쨌든 그래서 꽹과리는 우리 승택이가 지난번에 그러는 거야. 성음이 30가지 소리가 난다는 거야. 자기는 그걸 듣는다는 거야. 나는 못 듣는데…. 그리고 나는 말아 치는 소리가 좋았던 게 황재기 선생님 영향이었던 거 같애. 선생님 살아 계실 때 입장단이 그러셨어. '징그 적그 징그러적 끄, 정 저적 징그러저적, 합 주구짜구 쿵구르저적, 구쿵 구쩌끄 쿵그르저적' 이렇게 하셨어.

춘영 네, 걸쭉하시죠.

성호 아, 완전히 땡기신 거야. 황재기 선생님 소고가 고창 애들이랑 달라. 고창은 쭉 이어 가지만 황재기 선생님 소고는 다 끊어져. '합 쩌 궁짜궁 궁그러저적' 매 동작이 탁탁 끊어졌어. 그러니까 입장단이 그런 거야. '합 쩌 궁짜궁 궁그러저적' 완전 말아서, 황 선생님 쇠를 그렇게 치셔. 아주 죽이는 거야.

춘영 저도 몇 번 소리를 들어서 그건 알아요.

성호 늘 펴서 치는데 펴서 치는 건 싫은 거야. 그다음부터 연습은 '기쟁~'을 했지. '기'는 꾸밈음이다. 장구 '끼딱' 칠 때 첫 번째 '딱'이 초점이다. 그 안에 '끼'는 꾸밈음이다. 마찬가지로 '기쟁'은 소리를 쳐서 잡는다. '쟁'에서 잡아야 되는 건데 잡는 것도 '합'이 날리는 게 아니라 나의 기운을 쭉 끌어들여서 뺑 치는 그 기운, 잡는 기운. 도끼로 나무를 팰 때 이렇게 패는 게 아니라 '퍽' 그 지점. 그게 잡는 거다. 쨍과리는 치는 게 아니다. 기쟁은 '기'를 살짝 건드리고 잡는 거다. '기쟁'이 날리는 게 아니다. 그렇게 하려면 '기'하고 '쟁'이 최대한 짧아져야 된다. 또 하나는 '기'가 작을수록 좋고 안 들려도 좋다. '쟁'이 초점이고 우리는 원박이 가장 소중하다. '뺑'이다. '기덩 기덩 기덩'은 아니다. 좌도가 요즘 애들처럼 '기쟁 기잭 기쟁 기잭' 이렇게 펴서 치잖아?

춘영 펴서 치는 건 '갠지갠지갠지'. 군고 지역에서 많이 치죠.

성호 황재기 선생님이 그런 수업을 많이 했어. 나도 연습시키면서 '기쟁'을 많이 하게 하고 '그랑'은 아예 못 치게 해. "나랑 칠 때는 '그랑'은 없는 거다.

'그랑'은 누구나 합니다. 여러분들이 실력을 늘리려면 기쟁을 많이 연습하십시오. '그랑'은 없다고 생각하고 하십시오." 그러셨어. 보통 다 '그랑'을 배워서 오거든, 편하니까. 아까 얘기한 애기 울음소리를 쇠 강습에서 가장 초점을 두고, 사실은 나금추 선생님 만나기 전에 나는 쇠가 다 컸어. 장구처럼 소리가 다 커. 야외용, 집회용으로 배워서 다 셌지. 그런데 나금추 선생님께 세게 칠 때랑 약하게 칠 때를 확실히 구분하는 걸 배웠어. 칠 때랑 안 칠 때를 확실히 구분하시지.

춘영 맞아요. 막아서 칠 때도 확실하시죠.

성호 확실하시지. 그래서 힘을 줄 때 나머지 가락 치면 안 살지 않냐? 이런 거지. 진도북을 할 때도 '구정 구정 구 짜자쿵, 짜 짜구자구 자짜궁, 자구자구 자구 자궁 궁 짜궁짜궁' 말아서 입장단을 이렇게 배웠단 말이야. 진도북은 그렇게 쳤는데, 왜 쇠는 그렇게 안 쳤을까? 나금추 선생님 만난 뒤로 나도 계속 배우면서 노력하고 점점 바뀌어 가. 칠 때와 안 칠 때, 셀 때와 약할 때가 구분이 돼. 나는 계속 배우고 있다고 생각하고 늘 공부하고 있다고 생각하는데, 그래서 요즘에는 가능하면 쇠를 안 치는 방법을 가르쳐. 꼭 다 쳐야 되냐? 상쇠는 안 쳐도 된다. 부쇠가 하는 거다.

춘영 상쇠와 부쇠는 많이 다르죠.

성호 상쇠는 가락 치는 게 능사가 아니고 판을 휘어잡고 정작 필요할 때 악을 내주고 전체 흐름을 잡고 그들을 잘 놀게 하는 거다. 그러니까 나금추 선생님이 늘 말씀하시잖아. "쇠는 어려운 것이여? 사람들 놀게 해야제. 가끔 시간이 나면 자기도 놀아야제." 상쇠는 사람들을 놀게 하고, 시간이 나면 나도 노는 거야. 그때 가락을 치는 거지. 남들 놀고 있을 때 내가 가락을 치면 어떻게 놀게 하냐? 그래서 초점이 어디냐에 따라서 상쇠가 치고 안 치고가 정해지는 거지. 남을 놀게 하려면, 쇠 칠 시간이 없는 거지. 그러다가, 내가 놀 때,

내가 뭔가 보여줄 때 당연히 치지. 나 선생님도 부포 놀 땐 치시잖아? 그냥 상 쇠 할 때는 다 안 치서. 상쇠는 그런 덕목들을 배워야 되는 거야.

춘영 조금만 정리해 주세요. 상쇠와 부쇠는 같은 쇠재비라도 위상과 역할이 다른 거잖아요?

성호 부쇠는 가락을 또박또박 치고 있어야 돼. 그래서 어르신들이 그런 표 현을 하잖아. 박자를 맞출 때는 징을 보라고 그러잖아? 징은 동네에서 가장 우직한 사람, 나불거리지 않고 우직하게 늘 자기 자리 지키는 사람이 징을 치 잖아. 박자를 거기 보고 맞추는데, 무슨 가락이며, 이걸 볼 때는 부쇠여야 되 는 거지. 지금 어디까지 진도가 나갔고 판이 어디쯤인지 놀다 보면 잊어버릴 때가 있거든, 그때는 그럼 부쇠를 보면서 하는 거다. 중요한 건 부쇠가 또박 또박 쳐야 뒷치배들이 그 가락을 따라간다. 부쇠는 나머지 치배들한테 이런 가락이 이런 속도로 간다는 걸 알려 주는 사람이다. 착한 사람인 거지. 그래 서 그 분위기를 알려 주는 게 부쇠다. 상쇠가 "이런 분위기로 갈 거야." 하면 그 가락을 치고 있어야 되는 게 부쇠야.

춘영 상쇠가 내주는 가락을 충실히 따라가야지.

성호 그래서 부쇠도 잘 치는 사람이 돼야지. 아무나 치는 게 아니라….

춘영 부쇠도 잘 쳐야 되죠. 한 배가 잘 맞도록 안정적으로 가야 되지만 전체 적으로 상쇠는 전체 치배가 놀게 해야 되고, 관객들 신경 써야 되고, 판의 흐 름을 순간순간 판단해야 하기 때문에 꽹과리 연주에 쏟는 에너지를 분산시 키죠. 대신 부쇠는 오로지 가락의 흐름을 끌고 가는 역할을 하는 거잖아요?

성호 그렇지. 그렇다고 상쇠가 쇠 못 치면 안 되지. 자기도 노는 시간이 있 는데, 뭔가 보여줄 시간이 꼭 있잖아?

춘영 좀더 얘기하고 싶은 게 뭐냐면? 꽹과리 치는 장르가 여럿 있어요. 불교 에서도 꽹과리 치고 동해안별신굿에서도 쇠를 치는데, 풍물의 성음은 일종의 대화거든요. 내가 말하는 거야. "따라와. 넘어갈게. 놀 때야." 이런 뜻을 꽹과리를 통해서 전달하는 거거든요. 이 작업은 풍물굿이라는 예술 양식의 고유함을 드러내는 거예요. 그래서 동해안별신굿의 꽹과리와 풍물의 꽹과리가 다르거든요. 장구 같은 경우도 채와 통이 달라요. 동해안별신굿의 채는 딱딱해요.

성호 음 궁글채.

춘영 궁글채가 빠르게 칠 수 있는 데 최적화된 거야. 장구가 작기도 하고요. 꽹과리도 동해안별신굿이나 불교랑 다른 풍물굿 꽹과리의 미학적 지향이 뭐냐 하는 물음을 던질 수 있는 거죠. 결국은 사람들과 어울리는 거거든요. 그리고 진풀이고, 좀 있다 나올 주제가 부포놀음인데, 전국을 놓고 비교해 보니까 풍물굿은 거의 대부분 머리쓰개가 있더라고요. 상쇠들은 거의 대부분 전립을 쓰는데, 그것과 연관해서 총체적으로 볼 필요도 있는 거죠.

성호 놀음을 선조들이 그렇게 본 거 같애. '윗놀음 아랫놀음이 있는데 내 몸이 일단 오로지 악을 치는 곳에 집중해야지. 꽹과리를 잡고 나의 모든 힘은 여기에 치는 곳에 있다. 나머지는 힘을 다 빼야 된다.'라고. 그렇게 치면 온몸이 다 움직이게 돼 있다. 그러면서 볼거리를 제공하려고 하지 않았나 싶어. 꽹과리 소리만 놓고 보면 장구나 북에 비해서 화려하지가 않잖아? 꽹과리가 작잖아. 그러면서 내 몸을 이용한 무언가를 만들어 내면서 윗놀음이 발달하지 않았나 싶어. 일상적으로 판굿 할 때보다도, 내가 놀 때 필요한 놀음들, 그것을 발달시키지 않았나 해. 그거는 상쇠들이 하는 거잖아? 부쇠들은 안 하잖아?

춘영 상쇠들이 하는 부퍗짓을 여기서는 학술적으로 따지는 거 아니예요. 저는 고유하게 형님이 생각하는 거, 살아오시면서 느낀 어떤 부분들을 듣고 싶은 거예요. 전국 30명 상쇠분들 말씀이 각각 의미가 다르고 성음도 다르거든요. 그래서 여기서는 형님 생각을 듣는 게 중요하다고 생각하고, 다만 상쇠의 부폿짓은 군사에서의 어떤 신호나 그런 역할이 있다. 신호적인 차원이죠.

성호   신호라면, 대학교 때 데모할 때 꽹과리로 신호를 줬던 게 생각나. 수원 경기대는 언덕이 엄청 높거든. 풍물패가 앞에 있다가 전경들하고 싸우러 나갈 때는 삼채도 빠른 장단을 치고 나가. 그리고 대치할 때 '쟁 그잭끄~' 살살 기운을 넣고 가락을 넣어. 긴장감이 돌아. 그러면 사람들이 쫙 나간단 말이야. 그러다 최루탄 쏘면 도망을 가지. 그때 갑자기 '쟁 그잭그~'를 쳤어. 그러면 도망가던 사람이 멈춰. 소리만 듣고. 그거를 해 봤더니 할 때마다 그게 돼. 꽹과리 소리로 안다는 거지. 옛날 전쟁에서는 북소리가 그랬다는 거지. 부포도 그게 처음에는 깃발이었지. 그게 실제로 가능하다는 거야. 경험을 해보니까. 그래서 상쇠들한테 내가 "상쇠는 가락을 맺고 푸는 건데 손짓을 하든 소리를 하든, 맺게 하면 되는 거다. 맺는 가락이 따로 있는 게 아니다. 니가 어떻게든 맺게 하든, 그게 맺는 가락이다. 상쇠마다 다 다를 수 있다. 너만의 맺음법을 써라." 하고 얘기하지. 가락이든 동작이든 사람들이 장단을 맺을 수 있으면 되는 거야.

춘영   형님이 지난번 경기민족굿 제주 4.3굿 때 깃발춤을 췄던 게 아주 인상적이었어요. 여러 가지 신호 방법이 특히. 현수가 요즘에 깃발, 기놀음을 열심히 알리고 있는데 그것도 의미가 있고, 사실 깃발-부포가 협응이 되는 거거든요. 역할이나 기능에서….

성호   그럴 수도 있을 것 같아. 신갓, 호수갓이라는 게 있는데, 황해도 무당들 머리쓰개에 털 있는 거 있지? 그걸 신갓, 호수갓이라고 불러. 범접하지 못 하는 상징이라는 거야. 그 털, 깃털. 농기 위에는 장목을 달잖아? 하늘을 날아다니는 새, 인간들이 범접 못하는 신을 뜻하기도 한데, 음식을 여기에 먼저 바치잖아? 무당들이 이 깃털을 쓰면 범접하지 못하는 사람이 되는 거지. 권력을 상징하기도 해. 부포도 그러지 않았을까 싶어. 또 하나는 이 갓을 쓰면서 신이 그걸 타고 내려온다고 해. 신을 불러들일 때 특히 신을 맞이하는 의식을 할 때 호수갓을 꼭 써. 신이 그걸 타고 내려온다고 믿었어. 욕심 많고 탐심 많은 대감님처럼 자존심 세고 아무데나 안 내려오는 그들을 내려오게 하려면 그런 멋진 것들을 마련해야 된다고 믿었어. 신의 권위인 것 같아. 부포도 그처럼 상쇠의 권위를 상징하지 않았나 싶어. 신이 그걸 타고 내려온다는. 그러니까 그것도 다 통하잖아? 여기도 깃털 쓰고 거기도 깃털 쓰고 다 이렇게 통하는 거 같아.

춘영 추정이긴 하지만, 그럼에도 불구하고 전국의 상쇠들이 거의 다 머리쓰개를 쓴다는 게 중요하죠. 어떤 분은 "이건 인간이 할 짓이 아니다." 이런 말도 해요. 이걸 돌리면서 쇠를 친다는 건 어려운 기능이거든요. 윗놀음이랑 장단이 같이 가는 건 정말 오랫동안 연습을 해야 할 수 있는 거죠. 또 풍물굿은 다른 장르와 달리 머리놀음, 윗놀음이 있다는 데 의미를 부여하고 싶어요.

성호 나는 해방 후에 남사당이나 여성농악단 이걸 만들어 내지 않았을까 싶어. 옛날에 그 정도까지 했을까?

춘영 기능적인 것들요?

성호 왜냐하면 91년도에 전남 고흥에 갔을 때, 어르신들이 옛날에 인사굿이 없었다고 하시는 거야. "우리 동네에서 굿 치는데 누구한테 인사해?" 그래서 내가 "그런데 왜 지금은 인사굿이 있어요?" 하고 물었더니 "대회 나갈려구." 하시는 거야. 사실 대회 때문에 인사굿이 생겼잖아? 그리고 판제가 생겼잖아? 뭔가 자꾸 보여줘야 하고 어디로 불려가고 하니까 만들었던 거지. 그러면서 해방 이후에 그렇게 만들어 내지 않았을까? 옛날에 그러지 않았을 거 같아.

춘영 해방 전후로 해서 다양한 기량 형태가 나왔고 유순자 선생님의 선생님

되시는 문백윤 선생님 정도에서 정립이 되지 않았을까요?

성호 그 정도에서 만들었지. 나금추 선생님도 처음 몇 동작 배우고 당신이 만드셨다고 하거든. 옛날엔 안 그랬을 거라는 거야. 현세대에서 만들어졌다.

춘영 그럼에도 불구하고 풍물굿에만 있기 때문에 개발시켜 나갈 수 있는 영역 중 하나인 거죠. 상모, 고깔도 다 그런 의미가 있다고 봐요.

성호 상쇠도 보면 유순자 선생님도 뽕짝 잘 놀잖아? 나금추 선생님도 소리 잘하고 뽕짝 잘하잖아? 근데 우리 때 85, 86년 이때 풍물 치면 무조건 했어. 그냥 하는 거야. 풍물 치다가 민요 부르면서 노는 거야.

춘영 그렇죠. '그날이 오면', '넘어가세', '어디로 갈거나', '꽃아꽃아', '성주풀이…'.

성호 그것 말고도 별의별 것 다 했어. 지금처럼 경기민요 이런 건 잘 안 했지. 그 뒤로 점점 없어진 게 선배들이 소리를 모르는 거야. 더구나 전공자 애들은 아예 안 하고. 대학생들은 전대협 애들을 제일 늦게까지 가르친 사람이니까 가르치다 보면 서울대, 한양대 등 서울은 다 끊겼는데, 유일하게 전남대 애들은 남아 있어. 애네들은 풍물을 치다가 갑자기 민요로 바꾸니까 치다가 다 일어나. 다 춤추고 그게 몸에 뱄던 건데, 소리나 덕담을 자연스럽게 해야 되는 거야. 그런데 이런 것들을 안 해 본 거야. 안 가르치는 거야. 없어진 거야. 상쇠반 이런 게 없어졌잖아. 우리가 일 년에 한 번씩 서부 풍협을 가르치는데 연대, 이대, 상명대, 홍대 상쇠반이 있어. 나는 소리 덕담을 무조건 넣어. 애네들이 발표회 하는 데 소리하고 덕담은 무조건 넣어. 이거 해야 된다, 무조건 해야 된다고 가르쳐. 옛날에는 사실 쇠가 안 했잖아? 대포수가 했던 거잖아? 쇠들이 많이 담당했던 부분인데 사라지는 게 너무 안타깝고 상쇠가 이걸 해야 된다. 상쇠의 덕목이다. 꼭 들어가야 된다고 강조하지.

상쇠의 덕목과 상쇠 학습

춘영 자연스럽게 상쇠의 덕목, 상쇠 수업 그런 거 정리를 해 주시죠.

성호 그러니까 일단 쇠 치는 타법을 처음에 가르치고, 장구의 합처럼 잡는 소리, '쟁 쟁' 잡는 소리를 일단 하고, 무조건 직타로, 모든 악기는 일단은 직타로 쳐야 소리가 크잖아? 비껴 치는 것보다…. 직타로 치게 해. 그다음 처음부터 놀게 하는데 왼손놀음, 쟁 전에 막는 거, 동시에 막는 거, 친 뒤에 막는 거부터 해서 왼손이 쓸 수 있는 여러 가지를 자꾸 해 보게 해. 그리고 '재쟁' '재재쟁' 하면서 '기쟁'으로 이제 넘어가. '기쟁쟁 기쟁쟁 기쟁쟁.' 재재쟁도 기가 들어간다는 거를 자꾸 연습시켜. 그러면서 덕담을 하나하나 가르치지. 그리고 민요를 꼭 한두 개씩 가르쳐. 민요 수업과 덕담 수업과 쇠 치는 수업을 하고 그다음 동작으로 들어가지. "쇠만큼 자유롭게 몸을 움직일 수 있는 악기가 없다, 쇠는 처음부터 육방이다, 전체적으로 다 움직인다", 이런 걸 가르쳐. 그리고 늘 주장하는 거는 상쇠가 웃으며 사람들을 쳐다보면서 그 앞에 가서 "야 너 틀렸어." 하는 건, 웃으면서 그 앞에 가서는 "너 죽었어." 하는 건데 그것도 웃으면서 하는 걸 가르쳐. 그렇게 대화를 하면서 사람들과 하나 되는 걸 만드는 게 상쇠라는 거지. 상쇠 덕목으로 가장 강조하는 건 상쇠는, 내가 잘난 척하는 게 아니라, 잘 놀기 위해서 치는 거다. 내가 잘 놀려면 남들이 잘 놀아야 된다. 그래야 같이 잘 논다. 그래서 남들을 놀게 하는 게 상쇠의 역할이다. 다시 얘기하면 가장 중요한 건 나다. 내가 잘 놀기 위해서, 남들 잘 놀게 해라.

춘영 무슨 말인지 알겠어요. 중심이 나로부터 확장이 되는 거죠.

성호 남들 놀리려고 쇠 치냐고? 내가 잘 놀려면 남들이 잘 놀게 받쳐 줘야 하니까. 나 혼자 잘 논다고 남이 놀아지는 거 아니지 않느냐? 그래서 상쇠 역할이 나를 위한 걸 빼고 남들을 잘 놀리는 것이 진정한 상쇠다.

춘영 제가 보기에는 앞으로 풍물굿쟁이를 많이 기르기 위해서는 프로그램도 많이 있어야 할 것 같고, 일단 상쇠 수업이 많이 있어야 할 거 같아요.

성호 누가 가르쳐 준 게 아니니까 내가 이렇게 짰어. 〈상쇠 강습안〉. 이 상쇠 수업안 보면 "옛말에 부쇠는 죽었다 깨어나도 부쇠라는 말이 있다. 상쇠가 되려면 꽹과리가 아니라 역할을 먼저 배워야 한다. 아무리 가락을 잘 쳐도 상쇠로서의 역할을 해내지 못하면 상쇠가 될 수 없다." 이런 얘기를 먼저 하고….

춘영 와, 이게 다 있네요. 하하하.

성호 이게 2009년도에 만든 거야. 그래서 첫날 상쇠 역할 얘기하고, 가락 쳐 보기, 쇠 기본 타법 하고 '기쟁, 그랑' 이런 겹박 중심으로 해 보고, 그다음에 오래 치기, 이채 오래 치기 연습하고, 이제 손쉽게 손으로 할 수 있는 박자는 없냐? (또는 구호, 구호성 소리 얼씨구 절씨구) 그다음에 꼭 꽹과리를 쳐야 되느냐? 내가 놀고 싶은데 내 앞에 꽹과리가 있어서 치는 거다. 주변의 모든 사물이 악기가 될 수 있다. 주변 모든 것들을 이용해서 모든 주변의 물건이 연장이 될 수 있다. 꼭 네 가지 악기여야 하느냐? 부엌에서 밥 짓던 사람은 솥뚜껑이, 엿장수는 가위가, 우물에서 물 긷는 사람은 물장구가 훌륭한 악기가 될 수 있다. 그런 걸 쳐 보기. 그다음 '재재쟁 재재쟁' 펼쳐 치기, 말아 치기 이런 것도 가르치지. 또 왼손 쓰기도 가르쳐. 그 뒤로 가면 비우는 연습, 안 치는 연습을 해. 그다음 판굿 속에서의 사설, 덕담. 매번 소리는 다 넣어. 하루에 한 번씩 이런 식으로 수업을 짜 놨어.

춘영 굿쟁이를 키워야 될 거 아니야? 장단에 대해서 해 줄 수 있는 말 있어요?

성호 장단에 대해서도 여러 시도를 했는데, 요즘 애들은 전통적인 가락만 연습하잖아? 나는 장단을 늘 반을 쪼개. 예를 들어 굿거리 같으면, '덩 기덕 덩 더러러 궁 기덕 궁 더러러러' 하면 이걸 바꿔 보는 거, 얘를 앞에 보내고 얘를 뒤로하고 그렇게 해 보면 가짓수가 굉장히 늘어나.

춘영 가락들 조합을 여러 가지로 한다? 장단이 가기는 가는데 반배가 앞뒤로 왔다 갔다 하면서….

성호 예를 들어서 '덩 딱기닥, 덩 딱기닥 궁기닥딱~' 쭉 해 놓잖아? 이거를 앞에 놓고 다 쳐 보는 거야. 이런 식으로 하면 굿거리 가짓수가 수백 가지가 될 거 아냐? 삼채도 그렇고. 그리고 몸을 먼저 움직이는 연습, 나는 이 동작을 하고 싶다. 요렇게 춤추고 싶다는 거기에 맞는 가락을 연구하자. 요즘 후배들처럼 앉아서 책 보면서 가락 연습하지 말고. 어쩌다 보면 춤을 추고 놀다가 전혀 배우지도 않은 걸 칠 때가 있어. 이런 게 있는데 '재쟁 잿잿잿 쩡그러 저적' 이런 게 있는데 '재쟁 잿잿잿 ~웃그라재쟁' 해서 엇박을 넣는 이런 게 있어. 이건 춤추다 보니까 나왔어. 그건 내 가락인 거야. 남들이 안 치는. 원래 없는….

춘영 원래 없는 게 아니라 이제 생긴 거지.

성호 나는 자꾸 변형 가락을 연구하라고 하는데, 어쨌든 다 기본 가락 안에 있는 거야. "삼채는 '덩 덩 덩따궁따'가 기본인데, '덩덩 정 저궁다~'로 바꾸고, '정 저궁따궁 정 덩쿠궁따~'로도 가 보자. 양산도는 '덩 덩따궁따'인데 '덩쿠궁따' 칠 수도 있지 않냐? 바꿔라 매번. 니가 배운 가락을 가지고 다른 가락을 해 봐라. 대신 어쩌다 한 번 쳐라. 80%는 기본 가락을 치고 20%는 니가 하고 싶은 걸 해라. 그런 동작에서 특이한 게 나온다. 자기를 보여줄 때 그 동작을 써라. 그 가락을 쓰는, 그런 연습을 해라. 기존의 가락만 고수하지 마라. 아니, 기존에 있던 건 틀렸다고 봐라. 그러니까 늘 치던 건 틀렸다. 오늘은 그거 안 치겠다는 각오로 연습해 봐라. 행사 기획할 때도 기존에 했던 행사는 틀렸다고 생각하고 시작하자. 그래야지 새로운 게 나온다고. 아니면 이건 답습이다." 이렇게 강조하지. 어쨌든 가락도 그런 거 같애. 왜 모든 사람 동작이 똑같으냐? 결국은 가락이 똑같다는 얘기거든. 동작이 똑같으니까 가락이 똑같아지고 동작을 다르게 하면 가락을 다르게 칠 수밖에 없다.

춘영 예, 그 말씀에 공감입니다. 옛날 할아버지들은 다 고유한 자기 몸짓이 나오거든요. 투박하더라도 계속 눈길이 가는데, 요즘엔 너무 매끄럽고 세련된 형태로 가다 보니까….

성호 그냥 예뻐.

춘영 예쁘기만 해요. 장단이 다 똑같아. 굿거리 자진모리 휘모리만 있나? 자꾸 개인놀음을 많이 하다 보니까, 개인놀음이 판제보다 커진 거 아닌가? 배보다 배꼽이 더 커진 거.

성호 판이 제일 화려한 건데 판굿을 안 하잖아. 사람이 없어서 그런 것 같애. 판굿을 하려면 최소 인원이 20명, 아무리 적어도 이 정도는 돼야 재밌잖아? 어느 단체가 그렇게 되냐고? 3명, 4명 가지고 무슨 판굿을 하냐고?

춘영 현실적인 여건이 그렇다?

성호 여건 때문에도 그렇고 판굿을 할 기회가 없는 거야. 다 개인놀음만 하잖아. 석균이가 영산 안 한다고 버럭 화를 내잖아? 영산이 얼마나 소중한 건데 영산을 해야지.

춘영 여러 문제들이 있어요.

성호 시대에 맞춰 적응되는 건데, 어쨌든 의식 가진 사람들이 자꾸 그거를 문제화해야 돼. 안 그러면 잊어버려. 인간문화재 병폐가 굿쟁이들, 무당들이 3박 4일, 4박 5일 하던 것을 "한 시간만 하라." 그러니 이게 돼? 황해도 무당들이 만수대탁굿을 새끼무당들은 해 본 적도 없고 본 적도 없어. 본 적도 없으니까 못 하는 거야. 김매물 만신이 그때 3박4일 만수대탁굿 했잖아?

춘영　꽃맞이굿도 며칠 했는데….

성호　요즘 무당들이 그거 못해. 기껏 해야 반나절 하는 굿만 하는 거야. 늘 하던 굿만 하는 거야. 칠성굿, 무슨 굿 요것만 하는 거야. 기본만 하고 할 줄 모르는 거야. 그래서 인천 황해도 뱅인영감굿이 인천문화재단에 사업 신청 하면서 그렇게 써. 뱅인영감굿 이제 하는 사람이 없다. 김매물 만신이 해야 후학들이 배우는 계기가 된다. 뱅인영감굿 할 때 고기 삶아서, 구멍 뚫어서 탈처럼 쓰면서 하는 것도 있고 내장 같은 거 길게 늘어서 그걸로 놀고, 배치 기 소리 하면서 노는 놀이들이 많아. 그런 걸 할 수가 없는 거지. 그래서 자꾸 판굿을 해야 돼.

춘영　맞아요. 10년만 안 해도 바로 잊어버려요. 풍물굿 장단은 짧은 시간에 이야기하기 어려운 주제예요.

성호　하나하나 다 얘기해야 돼. 가락 하나하나.

춘영　형님 좋아하는 장단, 연습을 많이 하거나 다른 사람들한테 많이 하라 고 시키는 장단이 있나요?

성호　일반인들한테 가장 많이 시키는 건 이채고 휘모리. 이제 나이가 들어 서 그런지 좋은 건 역시 느린 거야. 굿거리도 더 느리게. 요즘은 자진모리도 느린 게 좋더라고 빠른 건 싫고 '정 그 저끄 정 그 저끄' 이런 게 좋고 가락과 가락 사이를 춤으로 메우는 게 훨씬 재밌어. 춤이 안 되는 사람들이 빨리 치 는 거지.

춘영　그렇죠. 아주 논리적으로 맞는 말이에요.

성호　내가 그냥 출렁 편하게 놀고 싶은데, 옛날 젊을 때처럼 '빵' 이런 게 아 니라 세월아~ 네월아~ 이렇게 놀고 싶은….

춘영　좋습니다. 기본기 때문에 이채는 중요하죠.

성호　이채 오래 치기는 무조건 시킨다. 소중하다고 이채 오래 치기….

춘영 형님 이채를 장구로 치면 어떻게 되는 거예요?

성호 '덩 덩 쿵따궁!'

춘영 꽹과리는 구음을 '기쟁 기쟁.' 이렇게 해요? 구음이 다 다르더라고요.

성호 웅, 나는 '기쟁 기쟁'으로 일단은 가고, 초보자들한테는 '쟁 쟁 쟁기쟁'으로 가르쳐. 여기에 기가 들어갔다, 힘들다 싶으면 하나만 넣어라 '쟁 쟁기쟁' 그런 가락은 없지만 숙달이 됐으면 '쟁기쟁 쟁기쟁' 처라. 그다음에 '쟁 기쟁 기쟁 기쟁' 처라. 꽹과리는 요롷게 가르쳐. 그다음에 좀 되면 '기쟁 기재앳 기쟁 기재앳' 시키고 요즘엔 이제 뒷손을 두 번 치는 '기쟁 기잿 기쟁 기잿' 두 번 치는 것까지 요 순서대로 수준에 맞게 가르치지.

춘영 '기쟁'이라고 구음을 하는 건 처음 들어 봤어요.

성호 그래?

춘영 우리는 '갠지갱 갠지갱' 하지.

성호 옛날 분들은 다 '기쟁 기쟁' 그랬지.

춘영 웃다리는 '당 그당 그당 그'도 있고….

성호 '쟁 기 쟁 기 쟁그라 재재 쟁 그라 재잭' 그거 맞아. 이렇게 많이 했어.

풍물이 원하는 세상, 풍물굿쟁이가 준비하는 굿판

춘영 이것도 지역색이 있어서 재밌어요. '캔캔 캔츄라캐갠'. 이런 것도 있어요. 자 이제 풍물굿의 시대적 역할, 놓일 자리 혹은 시대의식으로 넘어가 봅시다. 저는 무형문화재보존회로 가지 않고 서울에서 활동한 이유가 풍물굿이 대안문화로서 의미 있는 것들이 굉장히 많다는 점 때문이었어요. 노래나 동작도 그렇고, 춤추고 노는 것이나 뒷풀이 문화도 그런데, 결국 거기 들어가 있는 공동체적 신명이나 흥이나 이런 문화들이 되게 좋은 게 많다고 생각을 해서, 대안문화로서 풍물굿이라고 생각하면서 활동하고 연구도 하거든요. 그래서 풍물굿이 충분히 시대적 역할이 있을 수 있다고 보는 거죠.

성호 전 세계 어느 공연, 어느 전통악기도 풍물만큼 어울려 노는 게 없는 것 같아. 함께 어울려 놀 때 쿠바 사람들이나 흑인들도 춤을 추는데 우리처럼 화려한 동작을 하고 판을 짜면서 판굿처럼 그렇게 춤을 추는 데는 없어. 그런데 그렇다고 해서 멋있고 화려하게 보이는 것만 하느냐면 그런 것만도 아니야. 그리고 제일 중요한 건 어울려 논다는 거야. 풍물만큼 어울려 노는 게 없어. 그래서 처음으로 돌아가서 나는 집회를 나가는 건 특별하다고 생각하지 않고 '그냥 삶이다.' 이런 표현을 썼잖아? 내 삶이야. 앞으로도 나가는 거야. 풍물을 통해서 함께 노는 세상을 만들기 때문에 나는 그런 풍물을 쳐야 된다고 생각해. 그렇게 삶이 되지 못하면 풍물을 그만둬야지. 풍물이 원하는 세상, 풍물을 통해서 놀고 싶은 그런 세상을 만들어야 될 거 아니야. 또 나만 칠 게 아니라 다른 사람들하고 같이 놀 거기 때문에 시대 흐름에 맞춰서 풍물을 신명나게 내가 놀고 싶다. 또 그게 시대 흐름이다. 그거에 반대되는 것에 싸운다. 또다시 기본으로 돌아가.

춘영 얼쑤! 좋습니다. 이 질문도 의미가 있고 답도 다양한 방식이 있을 수 있다고 봐요. 너무 거창하다는 말도 어느 정도 인정을 해요. 이런 대답도 공감이 돼요. '풍물이 원하는 세상'이 독특하게 다가오네요. 풍물이 원하는 세상?

성호 박흥주의 이론인데 옛날 마을굿에서 보면, 큰 판에 굿 치는 사람이 있고, 한쪽에 음식이 있고, 한쪽에서는 술 먹고, 어떤 사람은 잠자고, 누구는 싸우고 뭐 이런 거지. 음식 준비하던 사람들이 굿 치고, 굿 치던 사람이 술 먹고, 술 먹고 자다가 일어나서 굿 치고, 그렇게 2박 3일을 보내는 거지. 거기에 우리 일상 삶이 다 들어 있어. 그 자체로 하나의 공동체야. 각자 알아서 자기 자리에서 일하면서 전체가 함께 노는 판. 그냥 공동체 안에 어울림이 있는 거잖아? 이런 세상을 꿈꾼다는 거야. 내가 원하는 평등 세상, 평화 세상, 통일 세상은 이런 세상인 거지. 그래서 풍물 세상이란 표현을 써. 서로 뺏어 가는 거 없잖아? 자유롭잖아? 하지만 자기 역할을 하면서 서로 신나게 놀잖아? 이렇게 놀면서 살고 싶다. 이 얘기는 뭐냐면? 내가 집에서 음식 하는 것도 삶의 일부인 거고, 풍물인거고 잠자는 것도 풍물인 거야. 내가 성질나서 씨발대는 것도 풍물인 거야.

춘영 이게 굿이다?

성호 그래. 굿 = 삶 = 풍물이라고 보는 거지. 그러니까 풍물굿 삶. 이 세상을 만드는 것이 풍물굿 세상이라는 거야. 이 세상에는 지배자가 없는 거잖아? 서로 평등한 거잖아? 서로 자기 역할을 하는 거고. 오늘 라디오에서 왜 스웨덴이나 부탄이 행복지수가 높으냐? 그들은 자기가 하고 싶은 걸 하기 때문이라 그러더라고. 국가에서 강제로 이거 하라 저거 하라 간섭하지 않고 각자 하고 싶은 일을 할 수 있게 보장해 주고, 국가의 간섭을 최대한 줄이고, 각자 자기 하고 싶은 일을 하니까 행복한 건 당연하지. '아, 그거다.' 자기가 하고 싶은 걸 하는 거. 음식 하는 게 행복하면 계속 음식 하고, 풍물 치고 노는 게 행복하면 계속 풍물 치고. 그게 굿적인 삶, 굿적인 세상, 풍물 세상이라는 거야.

춘영 마당극 영역에서는 마당극이냐 마당굿이냐 하는 담론이 상당히 오래 지속됐고 그게 마당극, 마당굿 발전에 상당한 영향을 미쳤을 거라고 봐요. 그걸 풍물굿에서 보면 마을굿 담론이거든요, 마을굿은 어떻게 생각하세요?

성호 우선 옛날 마을굿이 아닌 새로운 마을굿으로 바뀌어야 된다. 현재에 맞게, 도시에 맞게. 이미 우리 삶이 옛날 공동체가 아니잖아? 노동요가 옛날에는 함께 모를 심으면서 불렀던 노래라면, 지금은 하루 일당 7만 원 받으면서 경운기에 실려가면서 부르는 노래로 바뀌어야지.

춘영 편의점에서 일하는 사람들이 일상 속에서 어려운 부분들을 표현하는 그런 시대성을 담아 내야 되는 거고….

성호 또 원래 우리 민족이 잘하는, 춤추고 노래하던 품성을 자꾸 계발해야 된다는 거. 우리 민족만큼 잘 놀던 사람들이 없잖아? 난 쿠바 사람들이 참 부러운데, 쿠바 국민들에게 물어보면 80%가 음악가 되는 걸 바란대. 음악이 그만큼 보편화되어 있는 거야. 일 끝나고 자기 동네에서 두드리고 같이 노는 이런 거지. 그냥 노는 게 아주 생활 속의 일부인 거, 사실 우리 민족이 예전에 그랬잖아? 그게 없어지고 있잖아. 이걸 살려야 돼.

춘영 지금 노래하고 춤추는 경연 프로그램이 엄청 많아요. 한국 사람들이 노래를 잘 부르는 건 맞아. 다만 노래가, 우리가 창작하거나 우리 이야기를 하는 게 많지 않아서 아쉽죠. 풍물이랑 접합했으면 좋겠다는 거죠.

성호 자꾸 그런 판을 만들어야지. 재작년에 수원화성문화제를 하는데 풍물만 치고 행진하고 땡이었어. 작년에도 했는데 화성행궁 앞에서 내가 마이크 달라고 해서 "자 우리가 풍물 칠 테니까 춤추고 싶은 사람 나오고, 아니면 우리 갑니다." 하니까 사람들이 나왔어. 나와서 춤추고 놀았어. 처음 보는 거야. 수원시청 관계자들하고 수원문화재단 사람들이 "이런 걸 하냐?" 당연히 놀아야지. 그 전에 풍물은 길놀이 하고 지나가는 걸로만 인식했던 거지. 지난번에 만나서 올해는 "마이크 몇 개 더 쓴다." 했더니, 흔쾌히 "아, 드릴게요." 그래. 기획하는 사람이 그동안 제대로 노는 걸 안 본 거야.

춘영 못 본 거지.

성호 반응이 좋았거든. 올해 몇 군데 더 하자 했더니, 또 흔쾌히 "더 합시다." 그래. 내가 어느 정도 위치가 되니까 나를 기획자로 부르는 거잖아? 그런 일을 자꾸 해 줘야 돼. 굿쟁이들이 자꾸 앉아서 실내 공연만 하려고 하지 말고….

춘영 마당으로 나와서….

성호 마당에서, 그런 판을 보여줘야 돼. 그래야지 우리 게 좋다는 걸 그들이 알아. 우리 게 얼마나 소중한지 그걸 알게 해야 된다는 거야.

춘영 오늘 저도 과제를 많이 가지고 갑니다. 마지막 질문. 삶터와 이성호 앞으로 10년?

성호 간단해. 10년 뒤에도 난 풍물 치고 있을 거야.

춘영 삶터는 어떤 풍물을 칠 것인가?

성호 지금 하던 그대로. 아까 굿판 26회까지 했다고 그랬잖아? 10년 뒤에 36회 해야지. 지신밟기도 36회 해야지. 지금 하던 거 그대로 할 생각이야.

춘영 그대로? 의미가 있어요. 말씀드리기 송구할 정도로 아주 존경스러운 활동이라고 생각합니다. 21세기 풍물굿 상쇠론 이성호 타장, 상쇠님 모시고 말씀 듣고 있는데 상쇠론과 연관해서 혹시 제가 질문 못 한 거 있나요?

성호 굿하는 사람들한테 얘기하고 싶은 게 "자기 거를 보이려고 하지 말았으면 좋겠다."는 거야. 한마디 더 하면 진도북놀이 배우러 가면 전수관에 그렇게 쓰어 있잖아? "각기 마음대로 논다." 이것이 시사하는 바가 굉장히 크다고 봐. 진도북은 애초에 공연판이 아니었고 "각기 마음먹은 대로 논다" 판이야. 각기 마음 먹은 대로 놀았으면 좋겠다. 요즘 그런 판이 별로 없잖아? 경기민족굿만 해도 그런데, "야 우리 오늘 개 한 마리 잡아서 뚱땅뚱땅 놀자." 이런 게 없잖아. 안 하잖아.

춘영 각기 마음대로 놀아야지 옆에 있는 사람이 감동을 하는 거예요.

성호 그러니까…. 그냥 놀고 싶은 생각이야. 전국의 굿쟁이들이 모여서 자꾸 판을 만들고 뭔가 보여주려고 하지 말고 그냥 자주 만나서 풍물 치면서 술 먹고 놀자. 그런 게 일상생활화돼서 많아졌으면 좋겠어. 옛날에는 터울림 굿 보러 가면 술 먹고 놀았잖아. 이젠 그런 굿판이 없잖아. 지금은 다 공연으로 바뀌었어. 술 먹고 놀지도 않고 이제 술도 안 주잖아.

춘영 형님 말씀이 맞습니다. 춤추고 노래하는 품성을 살려서 그런 판을 만들고, 그 판에서 편한 대로 마음먹은 대로 자연스럽게 놀 수 있는 판, 그래야 관객들이 놀 수 있고 사람들이 그런 모습을 볼 때 같이 또 놀고 싶은 거죠. 부러우면 지는 거야. 부럽게 해야 돼. 수고하셨습니다.

성호 수고했어.

8. 고창농악 상쇠 이명훈

일시: 2018년 5월 10일

장소: 고창농악보존회장 사무실

면담자: 이명훈(여, 50대 초반, 고창). 전북 무형문화재 7-6호 고창농악 상쇠 황규언 사사 / 전북 무형문화재 7호 상쇠 나금추 사사 / 전북 무형문화재 7-6호 고창농악 상쇠(이수자) / 금추예술단 단무장 / 전북대학교 예술대학 한국음악과 석사 졸업 / 전남대학교 예술대학 국악학과 타악 강사 / (전) 고창농악보존회장 및 고창농악전수관장

면담 의도와 상황: 오랫 기다렸다. 고창굿 이명훈 상쇠와의 대화를. 2000년대 초 고창농악 전수 이후 필자는 고창굿을 동경해 왔다. 수많은 전통굿 복원, 재현 과정도 부러웠고 고창의 마을굿, 고창의 명인들 이야기를 조사, 정리해 간 자료들도 존경스러웠다. 사실 '농악 현장의 연구자들' 연구 모임도 2010년 고창의 학술대회에서 시작하였다. 몇 차례 일정을 조율하고 질문지를 미리 전달했지만 장장 5시간에 걸친 인터뷰가 보존회장 사무실에서 진행되었다. 당시 얼마나 바쁘시던지 중간중간 결재를 주고받는 건으로 면담은 수차례 끊어지는 가운데, 겨우 진행되었다. 현재 고창농악보존회의 산증인이라는 사실은 알았지만, 황규언 상쇠를 모시고 멋스런 어르신 굿쟁이들과 고창의 여러 세대가 어울려 발전해 온 역사는 이명훈이라는 개인의 생애이기도 하다. 처음부터 고창에 뿌리를 내리고 전적으로 굿쟁이의 삶을 살겠다고 작정한 것은 아니지만 선대의 굿쟁이 선배들과 고창에서 받은 은혜를 되갚다 보니 오늘에 이르게 되었단다. 실로 풍물굿 단체의 바람직한 모델이기에 긴 시간 고창농악의 역사를 세세히 담아 보았다. 또 천하의 상쇠 나금추 선생님과의 인연은 각별하고 애절하다. 현재 금추예술단의 단무장으로 나금추 상쇠의 예술혼과 굿정신을 오롯이 이어 가고 있는 고창농악의 더 큰 발전을 기원하며 이야기를 시작한다.

고창, 고창굿, 고창농악보존회와 이명훈

춘영 먼저 풍물굿과 연관된 본인 소개를 해 주신다면?

명훈 내가 살아온 내력?

춘영 본인 소개. 풍물굿과 연관해서 상쇠이신지, 풍물굿 안에서 어떤 정체성을 가지고 있는지 확인하는 차원이에요.

명훈 예, 저는 고창농악보존회장 이명훈입니다. 2001년부터 지금까지 고창농악 상쇠를 하고 있습니다. 고창농악을 접한 것은 1991년이고요. 황규언 선생님께 장구도 배우고 꽹과리도 배우고 고창의 여러 굿을 배우고 정리하던 중에 선생님께서 2001년도에 돌아가셨어요. 2001년도 해리면 하련리에서 풍장굿을 한 적이 있어요. 그때 선생님이 췌장암으로 투병 중이셨거든요. 8월이었는데, 선생님이 논에서 풍장굿까지 하시고 나와서 넓은 주차장에서 판굿을 치는데 둘째 마당 오방진 내주고 얼마 있다가 못 하겠다고 "네가 앞에 나가서 해라." 해서 그때부터 그 판 안에서 공식적으로 제가 상쇠를 하게 됐습니다.

춘영 아, 판을 진행하던 중에, 공식적으로?

명훈 그렇죠. 항상 선생님이 연로하시고 힘드시긴 하지만 끝까지 상쇠를 놓지 않으셨거든요. 그냥 "너, 상쇠 해라." 그런 게 아니라 판 안에서 자연스럽게 물려주셨다고 생각을 합니다. 그리고 두 달 후, 10월에 선생님이 돌아가셨어요.

춘영 이 상쇠 이어받는 것, 상쇠 학습이나 상쇠 수련 등 상쇠와 연관된 질문은 나중에 따로 여쭤볼게요. 그러니까 판 안에서 자연스럽게 지명, 뭐라 그럴까 "네가 해?" 해서 자연스럽게….

명훈 예, "네가 해라." 하셨죠.

춘영 또 확인 차원인데요. 고창농악과 고창농악보존회를 소개해 주신다면?

명훈 고창농악보존회는 전라북도 무형문화재 7-6호 보유 단체이구요. 1985년도에 고창문화원에서 고창농악단을 조직했어요. 당시 이기화 원장님께서 고창 각 마을에 살고 계시는, "굿을 칠 줄 아는 사람들은 다 모여라." 해서 고창체육관에 거짓말 보태서 한 500명 정도 모였대요. 그때는 각 마을에서 굿을 치고 있을 때죠. 그때 오거리당산제를 지내려고 하는데, 그 전까지 외지에서 풍물꾼들을 불러서 썼었나 봐요. 그래서 고창 사람들이 직접 해 보면 좋겠다고 고창군이랑 얘기를 해서 각 읍면 마을에 통지를 보낸 거죠. 그래서 심사를 해서 악기별로 잘하는 분들을 뽑은 거예요. 새납, 꽹과리, 징, 장구, 북, 소고, 잡색별로 잘 하시는 분들을 30~40명 정도 뽑은 거 같아요. 그래서 고창농악단을 조직합니다. 이분들이 1985년부터 오거리당산제를 고창농악단 이름으로 하고, 그 이후 활동도 하게 되고 고창을 대표해서 각종 경연대회 나가기도 하면서, 본인들이 모여서 합숙훈련도 하던 와중에 제가 91년도에 이 어르신들을 처음 만나게 된 거죠. 심사를 해서 각 마을에서 한 가락씩 하시던 분들이 모이신 거라 각 악기별로 활동하고 계셨더라고요. 그분들이 전라북도 시군농악경연대회 나가서 상도 받고 전북농악경연대회 상도 받고…. 그러다가 98년도에 전주대사습대회에 나가서 장원을 했어요. 그때만 해도 60, 70대 할아버지들로만 구성이 돼 있었죠(이때 조직된 사람들로만 한 거니까). 제가 91년도부터 이 어른들을 따라다니면서 활동을 하고 있었는데 김민현 당시 회장님께서 "고창에도 문화재가 필요하다. 문화재가 있어야 된다. 그래야 이게 잘 보존이 된다." 해서 정창환 선생님이(1923년생) 1998년도에 고깔소고춤으로 전라북도 무형문화재로 지정받게 하셨고요, 그다음 99년도에 황규언 선생님이 고창농악 상쇠로 지정이 되셨어요. 그리고 2000년도에 고창농악보존회가 보유단체로 지정이 됩니다. 고창농악은 한 사람에 의해서만 이어져 온 게 아니라고 인식하는 어르신들이 계셨어요. 이건 단체 종목이니까 모든 사람들이 문화재다, 꼭 이 두 사람만 문화재가 아니다, 단체로 문화재를 만들어야 되겠다, 해서 2000년도에 고창농악이 제7-6호 전라북도 무형문화재 보유단체로 지정이 된 거죠. 그래서 김민현 회장님께서 "여러분들 모두 문화재입니다."라는 그런 자긍심을 계속 심어 주셨어요. 이렇게 1998년도까지는 고창농악단이었는데 그 이후로 고창농악보존회를 만들게 된 거죠. 고창농악단보존회로 활동을 하다가 문화재 단체로 지정도 되고 해서 2006년에는 사단법인으로 등록을 해서 현재까지 활동을 하고 있습니다.

춘영 오늘 얘기를 길게 해야 하니까, 편안하게 천천히 말씀을 하셔도 되고, 초반에 에너지를 많이 빼면 안 되니까, 여유 있고 편하게 천천히 하셔요.

명훈 말을 길게 해도 된다는 거죠?

춘영 예예, 충분히 길게 해도 됩니다. 저도 고창농악과 2000년대 초반부터 조금씩 교류했고, 또 전수도 오고 서울에서 고창농악 한마당을 할 때도 가끔 갔습니다. 20대 이후에 저도 계속 교류를 해 왔습니다. 그런 면에서 보면 이명훈 현 회장님, 상쇠님께서 이 보존회에 젊은 세대로서 자리를 잘 지켜 주셨기 때문에 이렇게 발전적이고 지속적으로 올 수 있었다고 생각합니다.

굿을 찾아 고향을 홀로 찾아오다

명훈 그 전 얘기를 좀더 하면 91년도에 할아버지들을 처음 만났잖아요? 황규언 선생님을 처음 만났고, 서울에서도 노동자문화예술운동연합 풍물분과에서 활동하고 있을 때, 90년 91년 이때 선배들이 전국의 전수지에 데리고 다니고 공부도 시키고 할 땐데, '내 고향인 고창에는 풍물이 없을까?' 궁금했었어요. 고창문화원에 전화를 했죠? 당시에 이기화 원장님이 계셨고 "저는 이런 사람인데 고창에 혹시 굿 치는 사람들, 어르신들이 계신가요?" 여쭤봤더니, "내려와라." 하시고는 황규언 선생님을 소개해 주셨어요. 황규언 선생님과 통화를 하고 장구를 하나 메고 선생님 마을에 갔죠.

춘영 혼자?

명훈 그때가 91년도니까 스물셋 정도일 땐데….

춘영 방금 말씀하신 서울에서 활동한 단체 이름이 뭐죠?

명훈 노동자문화예술운동연합 풍물분과, 풍물분과 깃발.

춘영 아마도 성호 형이 88년도에 여기 있었을 거예요.

명훈 88년도에는 노문연이 아니고 민문연이었어요. 민문연에서 노문연으로 바뀐 것으로 저는 알고 있는데, 민문연이 노문연 전신이죠. 성호 형은 제가 학교 다닐 때 만났어요. 경기대 민요패셨잖아요? 저는 서울예대 민요패였고….

춘영 예, 알겠습니다. 그렇게 마을에 도착하니?

명훈 장구를 메고 성송면 양사동 마을에 처음 내려왔죠. 91년도 7월이었던 것 같아요. 버스를 타고 내려서 마을로 들어가는데 아무리 가도 마을이 안 나오는 거예요. 그 길이 되게 길거든요. 황톳길을 가도 가도 마을이 안 나옵니다. 이때는 버스도 안 다니는 시절이었어요. 모퉁이를 돌면 또 길이고 거의 한 시간 정도 걸어갔던 거 같아요. 혼자. 선생님이 마을에 계시는데, 그때 황규언 할아버지를 처음 뵀죠. 처음에는 제가 선생님을 할아버지라고 불렀던 것 같아요. 어떻게 왔다고 집에서 그렇게 인사드리고 일주일 동안 선생님 댁에서 밥 먹고 장구 치고….

춘영 바로?

명훈 작정을 하고 간 거니까.

춘영 선생님 댁에서 가족들은?

명훈 할머니랑 두 분이 살고 계셨어요. 그래서 거기서 먹고 자면서 선생님 댁 마루에 앉아서 배웠죠. 저기 사진이 선생님 댁이에요. 나중에 찍은 사진인데. 먹고 자면서 설장구를 배웠어요. 옛날에 선생님들 가르쳐 주는 방식은 죽 같이 따라서 치는 방식이거든요. 굉장히 어렵기도 하고 '저 할아버지가 잘 칠거다.'라고는 제가 예상을 못 했죠 사실은. 그런데 장구 가락이 장난이 아닌 거에요. 그 전에 필봉도 가고, 이리도 가고 그랬는데, 할아버지들에 대한 로망이 있었어요.

춘영 로망이라는 게 뭐죠?

명훈 옛날 어른들이 잘하신다는 거. 또 그런 어른들이 많이 안 남아 계신다는 거. 필봉 양순용 선생님, 이리 김형순 선생님 정도일 거라고 생각했는데 고창에는 황규언 선생님이 그런 분이라고 이기화 원장님께서 말씀을 하시니까 가서 배운 거죠. 설장구를 배우는데 그때는 녹음기도 없잖아요? 계속 따라 치는데 겹가락이 들어가고, 야, 정말 숨은 고수라는 그런 느낌을 받았어요. 일주일 동안 계속 반복 연습하고 가락을 하나하나 따박따박 가르쳐 주시는 게 아니고 계속 같이 쳐 주시는 걸 따라 치는 학습이었어요. 그리고 서울로 돌아갔죠. 그런데 어느 날 선생님한테서 "공연이 있으니 내려오라"고 연락이 왔어요.

춘영 황규언 선생님이? 그해인가요?

명훈 그해인 거 같아요. 배우고 올라간 지 얼마 안 돼서 "고창에 굿 칠 일이 있으니까 와서 장구를 쳐라."고 해서 내려왔죠. 그런데 20대 초반 꼬마가 뭘

2017년 국립극장 KB하늘극장 '천하의 상쇠 나금추' 공연중 상쇠놀음

얼마나 알겠어요. 할아버지들이 30~40명 모여 계시는데 다 잘하시는 거예요. 이게 뭔 일이다냐? 어떻게 이렇게 많은 할아버지들이 활동하고 계시지? 지역에 한두 분 할아버지만 살아 계실 거라고 생각했었는데, 그때 정말 신선한 충격을 받았어요. 그때는 굿의 신천지를 만난 느낌이었어요. 그 어른들이 젊은 여자애가 와서 한다니까 얼마나 귀엽고 예뻤겠어요. 그 후로 고창에서 축제를 하거나 대회를 나가면 계속 내려오곤 했죠. 그렇게 하면서, 85년부터의 얘기를 알게 된 거예요. 그렇게 왔다 갔다 하는데 '이거를 나 혼자만 하면 안 되겠구나.' 하는 생각이 들었어요. '대학생들 데리고 와서 같이 전수받아야 되겠다.' 그때 노문연 풍물분과에 있었다고 했잖아요. 노문연 풍물분과에서 풍물패 서풍연이라고 같이 일을 할 때가 있었는데 그때 중심이 연세대학교 떼 동아리였어요. 89, 90학번 만날 때죠, 제 또래들이. '고창에 가니까 이런 할아버지들이 계시더라. 같이 한번 가자.' 했죠. 그런데 한번 봐야 될 거 아니에요? 5월에 선운사 동백연에 할아버지들이 공연을 하는데….

춘영 이게 장소예요 동백연이?

명훈 동백연이 선운사에서, 고창문화원 주최로 하는 문예사생대회예요. 고창 관내 학생들을 모아다가 글짓기도 하고 그림도 그리고 대회를 하는 행산데, 거기서 공연을 하신다고 해서, "그래, 그럼 가자." 해서 애들 열 명 정도 왔었어요. 그때 조홍국 선생도 왔었어요. 그분이랑 그 후배들이 정읍까지 기차 타고, 버스 타고 선운사까지 갔는데, 막 비가 오락가락하고 있었어요. 비가 오면 못 하나 그러고 있다가 그래도 가 보자 해서 왔더니, 비가 오면 처마 밑에 있다가 비가 안 오면 공연하고 그랬죠. 그렇게 그 친구들한테 직접 보여 주었죠.

춘영 이때는 구경을 하러 간 거네요?

명훈 구경, 보러 가자고 한 거죠. 이때가 5월. 그리고 그해 7월에 고창으로 선생님한테 떼 친구들이 처음으로 전수를 온 거죠.

춘영 마을로 들어왔겠네?

명훈 이때는 93년. 그러니까 제가 91년도에 뵙고 혼자 왔다 갔다 하다가 고창농악 전수가 단체로 처음 진행된 게 93년이라고 봅니다.

황규언 선생님 양사마을 재각, 고창농악 전수를 시작하다

춘영 7월에 있었던 전수 풍경을 조금만 설명해 주세요.

명훈 선생님 마을에 숙식할 데가 없잖아요? 마을에서 약간 떨어진 곳에 재각이 있었어요. 재각 주인한테 얘기해서 거기를 빌려 그 친구들을 데리고 전수를 했죠.

춘영 거기서 먹고 자고. 또 마당도 있을 거고….

명훈 예. 나중에 사진 보여줄 텐데, 마당이 황토 흙바닥이에요. 비가 오면 신발에 황토 흙이 더덕더덕 붙어서 무거워지는 거야. 그 환경에서 전수를 했었고요, 그 친구들 왔다 가고 두 번째로 온 팀이 한겨레신문 노동자 풍물패.

춘영 비슷한 시기인가요? 두 번째 시즌인가요? 같은 여름에 두 번 한 거예요

명훈 예, 같은 여름에. 한겨레 노동자 풍물패도 제가 관련이 있었거든요. 거기도 가자고 해서 온 거죠. 그렇게 해서 처음으로 전수를 시작했고, 그다음 겨울부터 참가하는 대학이 하나씩 느는 거죠. 그때 또 제가 명지대랑 관련이 있어 가지고 재연이네 패가 오고, 또 세종대 친구들이 오고….

춘영 세종대는 무용과가 있잖아요?

명훈 세종대는 풍물패 3패가 왔어요. 그때 임성준, 모형오, 안치경이 왔고, 다음에 이화여대 '어우리'랑 '매호씨' 친구들이 왔었고. 한 시즌에 한두 팀밖에 할 수 없어요. 재각이 좁으니까. 그러면서 알음알음 소문이 났죠. 학교

가 하나씩 붙게 된 거예요. 다른 데 갔다가 "고창에서는 할아버지가 직접 가르쳐 주신단다." 해서 소문 듣고 한 명씩 연락 와서 학교가 늘어났고요, 이때 전수는 황규언 선생님 마을에서 선생님이 꽹과리도 가르쳐 주고 장구도 가르쳐 주셨어요. 같은 마을에 사시던 유만종 선생님도 항상 구경 오셨는데 황규언 선생님이 유만종 선생님 보고 "자네가 소고 좀 가르쳐 봐." 해서 유만종 선생님이 소고 가르치고, 또 아산면에 사셨던 박용하 선생님이 오셔요. 박용하 선생님도 소고 가르쳐 주시고 그러니까 하루 종일 선생님이 가르쳐 주시고 선반 하다가 먹고, 또 가락 치다가 선반 하다가 쉬고 먹고 이런 식이었어요. 처음 배우는 학생들은 어렵죠. 따박따박 가르쳐 주는 게 아니니까. 그래도 그 당시만 해도 학생들 열정이 넘쳤었나 봐요. 그렇게 배웠어요. 고창으로 전수 오는 친구들이 서로 학교가 다르니까 몰라요. 같은 시기가 아니니까. 그래서 98년도인가?

춘영 쭉 이런 형태로, 여름 겨울 방학에 전수를 진행하다가….

명훈 예. 그러다가, 98년도에 전수받은 서울 지역 학생들이 모여 발표회를 해 보자, 해서 어린이 대공원에 모였어요. 그때 임성준도 있었고 모형오도 있을 때여서 서울에서 '고창 전수생 발표회'를 처음으로 했죠. 98, 99년쯤이었을 거예요. 선생님들도 직접 올라오셔서 같이하시고. 이게 '고창굿한마당'의 전신이에요. 전수 얘기를 좀더 하자면, 할아버지들이 오셔서 그렇게 전수하다가, 밤에는 재각에 학생들만 있는 거예요. 선생님은 댁에 가시고 저는 보조로 있다가 선생님 따라서 가거나, 아니면 학생들이랑 같이 있기도 하고. 그러니까 학생들이 밤에는 자기 나름 연습도 하고, 또 그때는 이론 공부도, 자기들이 준비해 와서 하고 그랬어요. 이 와중에 고창농악은 대사습 가서 1등도 하고 보존회도 생기고 이럴 때잖아요? 그래서 그때 "전수관이 있으면 좋겠다. 대규모로 연습할 수 있는…." 그런 의논이 돌았죠. 그 당시 우리를 이끌고 있던 분이 김민현 회장님이셨는데, 회장님이 군수님이랑 의원님들 찾아 다니고 해서 "어디 폐교된 학교가 있으면 알아보자." 해서 몇 군데 돌아다니 셨어요. 여기 학천초등학교하고 제가 나온 예지초등학교하고 저기 고수면에 있는 조산초등학교, '내 마음의 풍금' 찍은 학교 있어요. 그 세 군데를 봤죠. 그 당시 다 폐교가 되었을 때인데…. 근데 성송면 있는 학천초등학교가 선생 님이 사시는 면이기도 하고 상징적인 의미도 있고 넓기도 하고 주변에 인가 도 없고 해서 여기가 적절하다고 해서 고창교육청으로부터 고창군이 무상으 로 임대해서 저희한테 전수관으로 쓰라고 준 거죠. 그래서 2000년 1월에 들 어왔습니다. 1999년 12월까지 양사동에서 전수를 하다가, 2000년 1월에 짐 다 싸 들고 들어왔죠.

춘영 뭐라 그래요? 들어왔다. 입주?

명훈 그러니까 여기가 99년 12월에 폐교가 됐어요. 폐교되자마자 바로 온 거예요. 아무것도 없는 데로….

춘영 99년 12월이 폐교인데, 운이 좋았던 거네요. 정말 전수관이 필요하다 는 건 내적으로 보존회 회원이나 어르신들도 왕성하게 활동하고 기량이 뛰 어나신데, 학생들, 대학생 젊은 친구들이 5년 이상 지속적으로 전수를 오고 말씀하신 대로 보유자 지정도 되고, 전주대사습 상도 타고 보존회도 결성이 되고 2000년에는 고창농악이 보유 단체로 지정되는 그런 과정들이 엮어지면 서….

명훈 그렇게 2000년도 1월에 들어와서 5월에 정식으로 개관을 했어요.

춘영 개관식까지?

명훈 예, 전수관을 개관하고 보니까 대규모 전수가 가능한 거예요. 여러 학 교가 한꺼번에 같이 전수할 수 있게 된 거죠. 그래서 2000년 여름부터 전수 생이 기하급수적으로 늘어나죠.

춘영 2000년부터, 2000년 여름부터?

명훈 그렇죠. 그때 2000년, 2001년까지는 선생님들이 계속 오셔서 함께해 주셨고, 저희는 그때까지만 해도 계속 보조로 했죠. 근데 2000년도부터, 그 전에 전수를 왔던 구재연, 임성준, 모형오, 안치경 이 친구들과 함께했죠.

춘영 모형오, 지금 통영에 가 있죠. 그다음에 한 분이 또?

명훈 안치경. 지금은 안 하고….

춘영 다 알겠는데 이분은 모르겠네.

명훈 세종대, 세종대 다 세종대네, 여긴 명지대고….

춘영 이 시기에 재연이 형이 장가갔죠?

명훈 아니요. 성준이가 제일 빨리 갔어요. 2003년도에 전수관에서 했으니까. 재연이는 서울에서 하고. 그때 이 친구들은 전수 와서 되게 열심히 했고, 방학 때는 거의 살다시피 하다가 졸업하면서 내려오게 된 거잖아요? 이 친구들과 함께 양사동 재각에서 전수할 때 선생님 집에서 먹고 자면서 마을굿 조사를 다니기 시작했죠. 낮에는 전수를 하고 밤에는 인터뷰하고.

춘영 상쇠님 이야기 참 재미가 있네요. 문화재 복원 얘기는 이따 다시 여쭤볼게요. 그 전에 상쇠님의 풍물과 연관된 이력을 여쭤볼게요. 제가 보기에 91년 처음 왔을 때는 20대 중반이잖아요? 노동자문화예술운동연합에서 활동하다가 고창 양사동에 혼자 온다는 판단을 했을 때, 본인의 독자적인 생각이 있었는지, 선배들과 의논을 한 것이었는지?

명훈 선배들이 고창을 가라고 한 건 아니었어요. 그래도 선배들이 전수도 데리고 다니고 공부도 시키고 했죠. 그때 문예진흥원이 덕수궁 안에 있었는데, 거기 가면 영상을 볼 수가 있었어요. 선배들이 목록을 정해 주면 거길 가서 하루 종일 영상 보고 전국의 농악에 대해서 공부를 했어요. 그런데 저는 고향이 고창이다 보니까, 고창에는 없을까 하는 생각이 들었죠. 고창은 말하자면 호남우도 지역인데, 저는 고등학교까지 고창에서 다녔지만, 우리 동네는 작아서 굿이 없었어요. 공부하다 보니, 궁금증이 생겨서 고창문화원에 전화를 해 본 거죠.

춘영 예, 결과적으로 그때 적극적이었던 게, 빛나는 한 수였네요. 선배들이 보기에도 대견했겠어요. 독자적인 길을 가는 거잖아요?

명훈 예. 그랬죠.

춘영 혼자서, 1시간 넘게 마을을 찾아 들어가던 그 장면이 눈앞에 보이는 듯하네요. 이명훈이라는 사람이 그 길을 걸어서 고창굿과 인연을 맺고 그다음에 고창굿이 성장, 발전하는 데서 했던 역할을 조명하고 싶은 게 이 인터뷰의 기획이에요. '내가 태어난 고장에도 있지 않을까?' 하는 마음에서 91년에 처음 이곳 고창에 왔는데 그 이후에 93년까지 계속 연락을 주고받을 때는 서울에 있는 단체, 선배들과 협의하거나 관련이 있는 건가요?

명훈 네. 그때 우리 분과장 언니가 김영희 선배님이셨는데 고창에 이런 굿이 있다고 선배님들을 모시고 왔죠. 그래서 보름굿 칠 때는 선배님도 같이하고 그다음에 제가 96년도에 처음으로 문굿을 했죠. 그렇게 왔다 갔다 하다가 전수도 그렇게 해서 같이 오고 김영희 선배님도 계속 소고춤 하고 다니셨어요. 결혼하고 애기 낳고도 애기 데리고 같이 다녔어요. 또 어르신들께 옛날 굿 얘기를 많이 듣잖아요? 그래서 같이 인터뷰도 하고 조사 다니니까 어르신들이 얘기를 얼마나 많이 해 주셨겠어요? 만날 때마다. 저는 그게 너무 재미있는 거예요. 그래서 어르신들이 얘기할 때마다 듣고 정리해야겠다, 해서 시작한 거죠. 옛날 굿도 저는 본 적이 없는데 "문굿이 최고야. 문굿을 보면 다 본 것이야." 하시는데, 안 궁금하냐구요? 풍장굿 얘기도 많이 하셨고. 제가 93년에 전북대 국악과엘 들어갑니다. 이것을 계속해야 되겠다, 전공을 해야 되겠다는 생각이 들어서….

2000년 고창농악전수관 제2회 고창농악발표회 후 단체사진

춘영 93년도에요?

명훈 예. 그러고는 학교 다니면서 계속 왔다 갔다 했죠. 그러면서 문굿을 하고 싶은 거예요. 마을에서 직접. 그래서 96년 3월 1일, 4학년 되는 날인데, 김민현 회장님, 정창환 선생님이 살고 계시던 대산면 성남마을을 섭외해서 거기서 30여 년 만에 처음으로 문굿을 재현해요. 그 재현을 제가 얘기만 듣고 할 수 있는 건 아니거든요. 그거를 실제로 연행할 수 있는 어르신들이 많이 계실 때 해야 된다는 생각이 들었어요. 전주에 있으면서 자료집도 만들고 어르신들 얘기하는 거 정리도 하고 홍보도 하고 광고도 내고 96년도에 처음 했는데 사람들이 어마어마하게 모였어요.

춘영 예, 좋습니다. 그런데 이번 기획에서는 그런 현상도 중요하지만 그 이면에서 상쇠 이명훈이란 사람에 초점을 맞추고 싶어요. 한 개인이 굿을 궁금

해한다는 게 일반적이지는 않아요. 우선, 그 궁금중이 대견한 거예요. 그 호기심과 적극적인 도전 정신이 있으니까 이쪽 세계로 계속 가는 거잖아요? 구체적으로 질문하자면, 이명훈이라는 굿쟁이는 20대부터 굿을 본격적으로 접했는데, 그러면 '내가 전업으로, 평생 이 길을 가겠다.'라고 생각한 계기와 그 시점은 언제인지? '평생 내가 이 풍물굿, 고창굿의 길을 가겠다.'라고 생각한….

명훈 '평생 해야 되겠다.'는 생각은 한참 후에 했던 거 같구요. 노문연에 있다가, 고창에서 할아버지들을 만나면서 제대로 굿을 배운 거고 이거를 지금 배우지 않으면, 지금 정리하지 않으면 안 되겠다, 그런 사명감이 생겨서 열심히 뛰어다녔던 거고, 그러다가 '전공을 해야 되겠다.'는 생각까지 나아가고, 그래서 학교를 다녔죠. 그러면서 옛날 굿들을 재현하고 정리하는데, 그러면서도 고창에서 살 거라고 생각하지는 않았어요. 굿을 처음 접한 것도 서울에대 동아리에서 처음 접했고, 내가 함께했던 사람들은 다 서울에 있는데, 내가 고창에 와서 해야겠다는 생각까지는 못 했고요, 졸업할 때쯤에야 그런 생각이 들었어요. '내가 이 많은 어른들한테 배웠는데 이거를 고창 사람들한테 풀어 놔야 되겠다. 내가 3년 정도는 고창에 와서 살면서 사람들을 가르치고 뭔가를 해야 되겠다.'

춘영 여러 가지 혜택과 은혜를 받았으니까?

동리국악당 농악반 강사로 고창에 뿌리내리다

명훈 예. 그래서 동리국악당 농악반에 강사로 왔죠.

춘영 그때가 언제죠?

명훈 제가 97년에 강사로 왔어요.

춘영 그럼 서울에서 왔다 갔다 한 건가요?

명훈 아니요. 서울에는 92년까지 있었고, 93년에 전북대로 왔잖아요? 그 사이에 노문연이 해체되고, 그때부터 저는 전주에서 있었죠. 전주에서 오롯이 4년을 산 거죠.

춘영 노문연을 자연스럽게 벗어나게 된 거네요.

명훈 노문연이 없어졌어요. 해체가 됐어요.

춘영 그러면 93년 이후에는 주로 전주에서 전공자들을 만나면서….

명훈 예. 전주에서는 김원호 선배님이랑 김창선, 한종철 선배님이랑 '전주풍물굿회'를 만들어서 활동했죠. 노문연 때 만났어요. 김원호 선배님은 91년도에 전주 노문연에서 올라와 함께했던 인연이 있고, 진안의 한종철, 그다음에 김창선, 지금 국선도 하는 이분들이 다 노문연 멤버예요. 또 김영희 선배님도….

춘영 이분들이 본인의 굿 세계 형성과 연계가 되는 거죠?

명훈 그렇죠. 이런 분들을 만났으니까 제가 활동을 했죠.

춘영 이명훈 상쇠는 고창에서 태어났지만 마을굿의 맥락이 아니라 80년대 학생운동, 운동권 풍물굿에서 시작한 독특한 사례입니다. 그 한 사람이 이렇게 생각하고 활동하고 실천하는 데는 당연히 시대의 가치나 선배나 동지들 혹은 단체와 서로 영향을 주고받은 그런 부분들이 또 중요하다고 할 수 있어요.

명훈 그게 중요한 부분이에요.

춘영 이 얘기는 다른 분들한테도 물어보는 거예요. 어떤 분은 본인의 풍물의 근거가 마을인 경우도 있고, 어떤 분은 동아리, 어떤 경우는 스승이 핵심인 경우도 있어요. 제가 보기에 상쇠님의 굿 세계 기반은 노문연과 마을 어르신들로 구분해서 이해할 수 있는 거잖아요?

명훈 예. 노문연은 오래 활동한 건 아니지만 그때 선배들이 끊임없이 공부를 시킨 게 영향이 적지 않았죠. 또 91년도에 〈1991 연대〉라는 작품이 있어요. 이때 김원호 선배님께서 어느 지역의 무슨 가락을 토대로 해서 이런 정서를 표현했다, 이런 얘기들을 많이 했거든요. 저도 어쨌거나 서울예대에서 그런 활동을 했고, 또 선배들이 "너는 노문연에 들어가라." 해서 들어갔고, 계속하다 보니까 이런 작품들 만나고 노조 풍물패 만나서 교육도 하고, 서풍연 애들 만나서 계속 그런 작업들을 해 왔잖아요? 그런데 제가 고창의 어르신들을 만나고 갈증이 해결된 게 있어요. 공부를 해 보니, 굿은 이념적으로 사상적으로 해서 되는 게 아니라는 거죠. 이거는 삶의 토대에서 자연스럽게 나온 거고 그 삶을 바탕으로 해서 어른들의 몸짓과 가락이 나오는 거였더라고요. 그런데 고창의 어르신들이 그걸 굉장히 잘하셨어요. '아 맞아. 누구나 잘 하면 감동을 주고 뭔가 할 수 있는데 억지로 만들어 내는 게 아니구나.' 하는 걸 확인하고 또 확신하게 된 거죠. 그래서 이때 활동도 중요하지만 고창에 와서 30, 40명 어르신들을 만난 게 정말 소중해요. 황규언 선생님 한 분만 만났다면 이렇게까지 오진 않았을 거예요. 그런데 한 분이 해 줄 수 있는 거하고 30, 40명 어르신들이 저한테 악기별로, 치배별로, 마을의 옛날 이야기별로 한꺼번에 주니까 제가 이렇게….

춘영 스며들 듯이 가랑비에 옷 젖듯이? "굿의 신천지를 봤다."는 표현을 제대로 이해할 수 있을 것 같습니다.

명훈 그래도 고창에 온 초기에는 여전히 '아, 나는 언젠가 다시 서울에 가서 활동을 해야 돼.' 이런 마음이 있었고, '고창에 3년만 있다 가야지.' 하면서 동리국악당에서 고창 사람들을 가르치기 시작한 거예요.

춘영 자, 그럼 동리국악당부터 다시 합니다. 고창에 오기까지 이와 관련해서 선배들과 일상적으로 교감이 있었나 하는 점.

명훈 그런데 그때 선배들은 '명훈이가 왜 고창을 가지?' 했던 것 같아요. '고창 어르신들이 문화재도 아니고 유명한 분도 아닌데, 왜 고창엘 간다는 거지?' 그런 생각을 했던 것 같아요. 그런데 그때 제 생각으로는 당시 고창 어르신들이 최고인데 이거를 어떻게 해야 되겠다 이런 게 이미 강했어요. 그리고 동리국악당에 와서 사람들 가르치는 것도 되게 재밌게 했어요. 군민들을 대상으로 그런 교육 하는 게 처음이었으니까. 그 전엔 대학생을 대상으로 선생님 마을에서 전수한 적은 있지만, 공식적으로 농악반이라고 해서 열린 거는 이때가 처음이었으니까 사람들을 막 가르치기 시작했죠. 지금 생각해 보면 동리국악당이라는 안정된 직장이 있어서 제가 고창에 정착할 수 있었던 것 같아요. 당시 이기창 원장님께서도 고창농악을 위해 많이 애써 주셨어요.

춘영 사람들 연령대와 대상이 군민들?

명훈 학생부터 어른들까지.

춘영 여러 세대. 대학생들이랑 다르죠?

명훈 다르죠. 완전 다르죠. 그렇게 하는 와중에 대사습도 나가고, 문굿은 김창선이랑 준비했는데, 일이 점점 늘어나서, 대회 나가고 교육하고 전수하고 하는 것들은 저 혼자 해서 될 일이 아니라고 생각했어요. 그래서 성준이, 재연이도 내려오고 그랬죠. 그런데 이 친구들은 내려오라고 해 놓고 내가 올라가 버리면 안 되잖아요? 여기는 지역이다 보니까 텃새라는 게 있어요. 이명훈이가 고창 애들도 아닌 애들을 데려다가 뭐 한다고 욕하는 사람도 있었고, 이런 와중에 내가 어디를 갈 수가 없더라고요. 그리고 또 가려고 해도 갈 데가 없어요. 단체들도 많이 없어졌죠. 서울을 떠난 지가 너무 오래된 거죠.

춘영 5년 이상 된 거지.

명훈 그러다가 전수관 생기고 교육하고, 일이 산더미처럼 밀려오는 바람에 계속 앞만 보고 달려온 거죠. 그렇게 자연스럽게 지금까지 이어 오고 있습니다.

춘영 재밌습니다. 2000년 1월에 전수관이 생기면서, 자연스럽게….

명훈 진짜 이 큰 공간이 우리 공간이라고 했을 때 그 뿌듯함은 이루 말로 표현할 수가 없었어요. 그러면서 이때부터 전수도 하지만 성남마을에서 문굿을 96년도에 재현했어요. 문굿이 원래 성했던 마을은 양사동이었요. 그래서 선생님 마을에서 99년도에 또 한 번 해요. 96년도에는 순수한 재현 행사였지만, 99년도는 정리된 상태에서 양사동 마을에서 크게 했었죠.

고창농악의 종류와 판제

춘영 최근 굿의 현황은 판제가 판굿 중심으로 흘러가고, 그중에서도 개인놀음화가 심화되고 또 소고가 전국적으로 채상모가 되면서 가락이나 판굿이 획일적으로 되어 가는데, 여기 고창농악처럼 재현, 복원한 굿의 전통이 많이 없습니다. 그런 상황에서 고창농악에서 연행하는 풍장, 두레, 문굿, 당산굿, 줄굿 이런 여러 가지 콘텐츠, 굿의 형태들은 굉장히 소중한 의미가 있고 전체적으로 모범적이라고 생각돼요. 굿의 종류와 재현 과정을 듣고 싶은데, 아까 문굿을 재현했다고 했잖아요? 그 이후에도 굿을 계속 재현했는데, 먼저 고창농악에서 행해지고 있는 굿의 종류는?

명훈 그동안 제가 보고, 듣고, 행한 굿의 종류를 나열해 보면, 처음에 판굿부터 배웠죠. 아, 그 전에 개인놀음 설장구를 배웠네요. 그건 축제 때나 대회 나갈 때 주로 합류해서 하다 보니…. 그러다가 선생님 마을에서 정월대보름에는 매굿을 친단 말이에요. 그거를 저는 선생님 마을에서 10년 동안 정월 열나흘마다 했어요. 그때 당산굿도 치고 샘굿도 치고 매굿도 치는데, 매굿의 형태는 처음에 마당에 들어가서 마당굿 치고, 조왕에 들어가서 조왕굿, 철륭에 가

2006년 공음면 선산마을 제8회 고창농악 문화재 발표회 '문굿' 시연

서 철륭굿, 또 돌아 나와서 집 안에 샘이 있으면 샘굿을 치고, 그다음 성주굿까지 쳐요. 그 전에는 경운기에다가도 치고 트랙터에다가도 치고 그랬죠. 그 과정에서 문굿 얘기, 풍장굿 얘기를 들었어요. 매굿은 제가 실제로 마을 어르신들이랑 하루 열세 시간, 열 네 시간을 꼬박 같이 뛰면서, 양사동 모든 가구를 돌았어요. 선생님 처음 만날 때부터 돌아가시기 전까지는 양사동 마을에서 매굿을 해마다 안 거르고 쳤으니까, 10년 동안 그거를 했죠. 그리고 문굿 얘기를 계속 하셔서, "도대체 문굿이 뭐냐?" 했더니 "안 한 지 30년도 넘어서 하기가 여간 어렵지 않아. 그 절차는 되게 복잡하고 그걸 다 알아서 하기는 힘든 굿이야. 그런데 문굿을 제대로 하면 그 패의 굿을 다 본 거나 마찬가지야." 이런 얘기를 하시더라고요. 그게 어떤 굿인지 보고 싶어서 96년에 처음으로 어르신들 다 모아서 이야기를 정리하고 어르신들을 직접 모시고 대

산면 성남마을에 들어가서 하루 종일 한 거예요. 그때 문굿만 따로 하려고 하지 않잖아요? 마을에 들어가면 당산굿을 기본적으로 치고 그 마을에서는 당산에 줄도 감았어요. 그 줄도 그 전날 마을 사람들이 모여서 꼬더라구요. 그렇게 전날부터 준비해서 당산굿 치고, 매굿도 치고 당일 마을 입구에 문 잡아 놓고 그걸 했는데, 저도 하면서 배운 거죠. 문굿은 사실 연습을 할 수 없잖아요? 이런 절차 이런 순서가 있고 이런 건 정리를 해서 알지만, 그게 어떤 모양으로 되는지를 이때 안 거예요. 문굿을 한 다음에 마을에 줄 들고 오방을 돌고 모든 사람들이 다 나와서 당산나무에 감았어요. 당산굿 치는 거, 줄굿 하는 거를 한꺼번에 했죠. 그러고 나서 어느 집 마당에 다 모여서 판굿을 치더라구요. '판굿은 원래 넓은 공터나 마당 넓은 집에서 한다.'고 이론적으로 배웠던 거를 저는 처음으로 거기에서 알게 된 거죠. 물론 양사동에서 매굿 치면 보통 새벽 2시, 3시에 끝나는데 판굿 치고 놀지는 않더라고요. 옛날에는 2박, 3박 하며 저녁 내내 판굿 치고 놀았다는 얘기는 들었는데, 삶의 양식이 많이 바뀌면서 그게 진행이 안 됐던 거를, 문굿을 재현하면서 '판굿이 이렇게 되는구나!' 하는 걸 알았어요. 정말, 이 판굿이 그냥 판굿이 아니더라고요, 제가 해 보니까. 그렇게 몇 년 동안 따라다니면서 매굿, 대회굿, 축제굿 들을 했죠. 그건 전부 판을 벌여 놓고 치는 굿이잖아요? 그 과정에서 '당산굿이라든가 샘 굿이라든가 매굿에서 쓰였던 가락들이, 당산제라든가 천제라든가 지내면서 썼던 가락들이 다 판굿에 들어왔구나!' 하는 게 이해가 갔어요. '어, 이거 판굿의 무슨 가락이 원래 당산굿에 쓰이네.' 한 거죠. 예를 들어 당산에 들어갈 때 들당산이라 그래서 당산님이 놀라지 말라고 벙어리 이채를 치고 가는 거예요. 당산에 대한 배려, 굿을 치는 마음이 보이더라고요. 대번에 굿을 치고 당산에 들어가면 당산님도 놀라니까 벙어리 이채를 치는 거예요. 제가 알고 있는 '징 따'였어요. 저는 '징 따'가 가락인 줄 알았는데 벙어리 이채라고 하더라고요. 당산진을 계속 돌다가 삼채로 바꿔서 인사를 정중하게 드리고 나서, 당산에서만 치는 가락이 있어요. 꽹과리 짝두름이라고 '개갱 개갱' 짝두름 주고받는 거는 당산에서만 쳐요. 당산 가락을 그렇게 치다가, 그다음 당산을 놀린다고 표현을 하는데, 당산님을 놀리는 그게 개인놀음이더라구요. 당산을 즐겁게 놀리고 또 날당산굿으로 나와서 샘굿으로 가요. 그러면 샘굿에서만 치는 가락이 있어요. "폭폭 솟아라 하늘같이 솟아라, 폭폭 솟아라 맑은 물만 솟아라." 이런 재담도 하면서 '갱갱 갠지갱 갠지갠지 갠지갱~' 이 가락을 샘굿에서만 치더라구요. 그런데 이게 판굿에 보면 첫째 마당에 나오거든요. '갠지갠지 갱갯 개갱갠지 갠갯' 문굿하고도 연결이 돼 있어요. '아, 요때 쓰이는 가락이 판굿에 들어갔구나!' 하는 걸 알게 되죠. 아까 말씀드렸던 벙어리 이채는 호허굿 마당 전에 허허굿 하려고 '징 따, 징 따~' 판 안으로 들어가 꽹과리 재비들이 판에서 하는 거고. 그렇게 각 장면에 쓰였던 가락이 판으로 들어왔다는 거를 몸소 알게 되는 거죠. 어른들 말로는 "판굿은 굿이 센 마을만 치고 놀았어." 그래요. 모든 동네가 다 판굿 치고 놀았던 건 아니예요. "뛰어난 상쇠나 뛰어난 사람들이 있을 때, 할 바를 다하고 모든 굿들을 다 치고 나서 '한바탕 놀아 보자.' 해서 한판 벌여 놓고 치는 굿이야."라고 얘기하셨거든요. 사실 당산굿이나 샘굿이나 매굿은 놀자고 하는 굿이 아니잖아요?

춘영 목적이 있죠.

명훈 일 년 동안 우리 마을이나 집 안에 묵었던 액들을 굿 소리로 몰아내고, 그리고 새 기운, 새 복을 받아들이려고 하는 거잖아요? 그 할 바를 다하고 나서 이제 우리 할 도리를 다했으니까 놀아 보자, 하는 게 판굿이라는 거죠. 이 판굿은 지금처럼 1마당, 2마당, 3마당 쭉 치는 게 아니고 그냥 판 벌여 놓고 치는 굿 자체가 판굿인 거예요. 그래서 상쇠가 가락을 내면 그걸 치는 거예요. 상쇠 마음인 거죠. 어느 가락을 잇든 붙이든. 그렇게 한바탕 치고 나서 한

참을 먹고 마시고 놀다가, 또 "너 소고 한번 해 봐." "너 꽹과리 한번 해 봐." 하면서 개인놀이가 이어지는 거죠. 그러다가 한마당 또 해요. 먹고 놀고 또 하고, "잡색 한번 놀아 봐." 하면, 잡색들도 마을 사람들이 꾸려서 나와 놀았으니까 다들 나와서 또 한바탕 놀아요. 이렇게 했던 판굿인데 '왜 이런 정형화가 됐을까? 언제부터 이렇게 됐을까?' 이런 궁금증이 생기잖아요? 제가 봤을 때는 경연대회의 영향이 가장 큰 거 같고요. 옛날에 개인놀이를 단체로 하는 경우는 없었어요. 다 혼자 나와서 노는 거잖아요? 대회에 나가면 20, 30분 안에 판굿도 해야 되고 개인놀이도 해야 되니까 거기서 단체놀이로 발달했던 거 같아요. 왜 그러냐면 소고 하시는 어르신들이 다 태가 다르고 제가 다르고 순서가 다른데 그걸 어떻게 맞춰요? 또 어르신들 연습하는 거 보면 맞춰서 연습도 안 해. 저도 설장고재비로 따라간 적 있었는데, "연습 좀 할게요." 했더니 "뭔 연습을 해 그냥 따라오면 되지." 그래요. 나는 모르니까 연습을 시켜 줬으면 좋겠는데 그런 게 없는 거예요.

춘영 정형화된 게 없고 그냥….

명훈 예. 그냥 앞 장구를 따라 치면 돼요. 그때 '아 판굿이 이렇게 형성이 되는 거였구나.'라는 생각이 들었어요. 그래서 저절로 익히는 거죠. 제 논문도 그거예요. 「고창농악 판굿 가락 형성에 관한 연구」인데 각 마을에서 행해졌던 가락들이 어떤 가락이 이 마당에 들어오는지에 관한 논문이었어요. 그리고 또 문굿 재현했잖아요? 문굿을 재현하면서 '아 판굿이 그렇게 형성됐다.'는 걸 알고 그 뒤로 계속 눈여겨본 거죠. 그러다가 2000년도에 전수관 개관하고 풍장굿 얘기를 그렇게들 하시는 거예요. 이제 풍장굿을 하고 싶었던 거야. 2000년도 5월에 개관하고, "올여름에 풍장굿을 한번 해 보시게요." 해서 소리하시는 분도 있고 해서, 어른들 다 모아 놓고 풍장굿 얘기를 듣고 정리하고, 운동장에 어르신들 모셔 놓고 연습하고 소리 맞추고, 그렇게 연습을 해서 그해 8월에 신림면 세곡마을에 가서 풍장굿을 했죠.

춘영 신림면 어디?

명훈 신림면 세곡. 직접 해 보니까, 주인은 지게를 타고 상머슴은 소를 타고, 장화를 써서 너울너울 춤을 추고, 기물이나 악기 다 갖춰서 일꾼들이 다 논에 들어가서 김을 매면서 소리를 하고, 그거를 다 하면 다 모아서 손도장 찍고 하더라구요. 소리도 보면 '진소리', '자진소리', '어화둘레', '아리씨구나' 등등 다양한데, 가락 빠르기에 따라서 다른 노래들을 해요. 처음에 '진소리'로 느리게 시작해서 '자진소리', 그다음 '아리씨구나', 그다음 '어화둘레' 하면서 김을 다 매면, 그러면 이게 다 끝난 거예요. 그러면 도장 찍고 손 묻혀서, 그날은 머슴의 날이라고 해 가지고 실제 소에다가 상머슴을 태우고, 지게를 엎어서 그 위에 집주인이 타고 굿을 치면서 노래 부르면서 마을로 들어와요. 주인집 마당에서 닭죽을 쒀서 먹고 또 굿을 치고 계속 노는 그런 거더라고요. 한마디로 되게 재밌었어요. 그때 저도, 문굿처럼 전혀 모르던 거를 실제로 현장에서 한번 해 본 거잖아요? 그래서 그 다음해, 2001년도에 해리면 하련마을 가서 또 했어요. 그때가 2001년 8월 선생님 마지막 굿판, 아까 선생님이 상쇠 물려주셨던 게 바로 그때예요. 그래서 이때는 우리 보존회 어르신이 소리를 했는데, 해리 근방에서 잘하시는 선소리꾼을 찾아서 그분하고 같이했어요.

춘영 일단 풍장굿 설명을 좀더 해 주세요. 두레굿과 같은 건가? 언제 어떤 목적으로 하는 건가요?

명훈 모심고 김매잖아요? 풍장굿은 마지막 김 맬 때 하는 굿이에요. 모심을 때 상사소리 하죠? 우리가 잘 아는 '농부가' 비슷한 소리를 못줄 잡아 모심고 뒤로 가면서, 옆에서 못방구 치고 상사소리 하면서 모를 심잖아요? 모심고는 세 번 김매기를 해요. 15일 만에 초벌매기 하고 그로부터 10일 만에 두벌매기를 하고, 두벌 맨 지 10, 15일 만에 세벌매기를 하는데 세벌매기가 만두레예요. 세벌매기까지 하면 더이상 풀을 안 매도 되요. 모가 풀보다 크니까. 이때가 칠월 백중 무렵이에요. 그래서 이날은 하루 쉬는 날이라서, 풍장굿을 부잣집에서 벌이는 거예요. 그 집 논을 세 마지기 정도 남겨 놨다가 인근 모든 일꾼들이 다 모이죠. 이날은 김매려고 모이는 게 아니라 풍장 치고 놀려고 모이는 거예요. 그래서 그날은 기물들 다 갖춰서 농기, 영기 꽂아 놓고 하루 종일 먹고 놀아요. 지금도 농촌에서는 칠월 백중날 쉬어요. 일 안 해요. 요즘은 버스 빌려서 놀러 가요. 그날 하는 굿이 풍장굿이에요. 그래서 이게 아무 집에서나 할 수 있는 굿이 아니고 부잣집에서….

춘영　예, 한 마을에서 한 집을 잡아서 하는 거죠.

명훈　음식 낼 수 있는 여력이 있는 집에서, 일꾼 상머슴 주도하에 벌이는 굿이에요.

춘영　남원 삼동굿놀이가 유명하고 다른 곳에서는 호미씻이, 파제굿, 파장굿이 여기에 해당하는 굿이죠.

명훈　그렇죠. 다 비슷해요

춘영　아까 말씀하신 대로 모를 심거나 초창기 일을 하면서 하는 거는 두레굿이고, 그 현장은 비슷한데 시기와 목적은 다르네. 풍장굿은 백중 무렵에 하는 상머슴놀이, 호미씻이 하는 형태라고 보면 되겠네요.

명훈　그런데 풍장굿을 해 보니까 풍장굿에 쓰이는 가락이 또 따로 있어요.

춘영　가락을 좀 소개해 주신다면?

명훈　칠채질굿. 질굿을 계속 치고 가다가 한 번씩 맺어 줘요. 그때 징이 일곱 번 들어가요.

춘영　그 질굿이 오채질굿인가요?

명훈　아니에요. 그냥 일반적인 질굿 '갱갱갱 갱갱갱 갱개개갱 갠지갱깨, 당당당 당당당 다다다당 당그당따' 하다가 맺어요. '당당 당 따당그당당따~' 맺고. 또 계속 그게 반복돼요.

춘영 필봉의 외마치질굿 아시죠?

명훈 네 맞아요.

춘영 비슷한 형태인데 각이 필봉은 네 각이에요. 굿거리 배가 한 각, 두 각, 네 각째가 계속 반복되는 거거든요.

명훈 비슷한 질굿인데, 이건 그 중간에 맺을 때 징이 일곱 번 들어가요. '아 이게 징이 일곱 번 들어가니까 칠채라고 부르는구나.' '갱갱갱 갱갱갱 갱개 개갱 갠지갱깨' 아주 원박으로 치면 이게 반복이란 말이에요. 그다음에 맺음 '갱갱 갱 깨 갠지갱 갱 깨, 갱지갱 갱 깨 갠지갱 갱 깨, 갱 개 갱 개 갠지갱 갱 깨' 그러면 징이 여기 들어가요. 여기 들어가요. 계속 반복이잖아요. 하나 둘 셋 넷 다섯 여섯 일곱 그래서 칠채질굿이라고 하더라고요. 근데 이 질굿은 꼭 풍장 때만 쓰는 건 아니구요. 공음면 경우는 그 동네 질굿이 이거예요. 선산 마을 같은 줄들고 오방 돌 때 이걸 쳐요. 이게 일반적인 질굿인데 이때 징을 잘 쳐야 돼요. 이렇게 하고 도돌이풍장 가락이 있구요. 도돌이풍장.

춘영 아 풍장 가락으로 쓰이는 가락이 도돌이풍장. 그럼 이것도 비슷하게 반복되는 건가요?

명훈 이게 웃다리 육채랑 비슷해요. '당 다당 당 다당.'

춘영 아 육채랑 비슷하고 10박 짜리구나.

명훈 이렇게 풍장굿 재현을 어르신들하고 같이했고, 선생님 돌아가신 뒤로, 우리끼리 요 앞에서도 하고, 논에서도 문화재 발표회도 하고….

춘영 여러 차례 했구나!

명훈 계속 문화재 발표회를 한 거죠. 고창농악의 여러 연행 형태가 있으니까 이것도 해 보고 저것도 해 보자. 그다음에 재현했던 게 도둑잽이굿이에요.

춘영 도둑잽이굿. 대략 시기가?

2014년 고창읍성 제16회 고창농악 문화재 발표회 도둑잽이굿 장면

고창의 도둑잽이굿 그리고 잡색

명훈 도둑잽이굿은 2002년도?

춘영 예. 이 무렵에 엄청 여러 가지를 한 거네요.

명훈 예 엄청. 문굿, 풍장굿에 이어서, 도둑잽이굿은 어르신들이 잡색 얘기를 그렇게 많이 하셨어요. 잡색놀이. 잡색들이 어떻게 꾸몄고 어떻게 놀았는지. 우스꽝스럽게 노는 거를 말씀하시면서, 사람들이 다들 잡색 노는 걸 보러 왔다고 하면서 도둑잽이굿 얘기를 하는 거야.

춘영 그 이전에는 잡색들이 많지는 않았나 봐요? 85년도에 생길 때 잡색들도 있었다고 그랬잖아요? 잡색들이 있었더라도 도둑잽이굿은 못한 거네요?

명훈 그렇죠. 어르신들이 얘기가 많았어요. 상쇠 꽹매기를 누가 훔쳐가고,

그 찾는 거를 하는 얘기를, 이 어르신 저 어르신 많이 해 주셨어요. 그래서 어르신들 얘기를 종합해서 우리가 대본을 만들었어요. 그래서 2002년 문화재 발표회 때 저희가 마당에서 했죠.

춘영 대본을 만들고 잡색들이 대사를 쳤는데, 기본 골격은 어르신들께서 말씀해 주신 것으로 했다는 거죠? 도둑잽이의 가장 핵심적인 걸 정리해 주신다면?

명훈 판굿 치고 노는데, 일광놀이라고 있어요. 꽹과리를 엎어 놓고 각 치배들이 뱅글뱅글 8자를 돌면서 노는 놀이가 있어요. 꽹과리가 땅에 엎어져 있고, 거기를 소고도 나와서 돌고, 잡색도 춤추고 나와서 돌고, 북도 돌고, 장구도 돌고, 꽹과리도 돌고 다 순서대로 돌아요. 그때 어느 누가 장난기가 발동하겠죠. 잡색들 중 한 명이 노는 척하면서 상쇠 꽹과리를 훔쳐가는 거죠. 그래서 상쇠가 다시 와서 치려고 하니까 자기 꽹과리가 없는 거예요. 이게 어떻게 된 거냐? 그렇게 해서 도둑잽이굿이 생기지 않았을까? 저는 그렇게 보는 거예요.

춘영 그래서 일광놀이와 도둑잽이가 연계돼서, 일광놀이가 뒤에 오는 도둑잽이의 서막일 수도 있고?

명훈 도둑잽이굿 아니어도 일광놀이는 따로 해요. 도둑잽이굿이 그렇게 자연스럽게 형성됐을 것이라는 거죠. 장난 좋아하는 사람들이 시작해서. 꽹과리가 없는데 누가 가져갔냐 하면서 찾기도 했겠죠.

춘영 예, 일광놀이와 도둑잽이가 같기도 하고 다르기도 하고. 영광 여성농악단 진풀이에도 비슷한 게 있는데, 어쨌든 고창에서는 일광놀이를 하다가 꽹과리를 잡색 누군가 가지고 가서 도둑이 생긴 거니까 도둑을 잡는 놀이. 그래서 도둑을 잡아서 어떻게 되는 거예요? 도둑을 잡는 거라면 연극적인 형태로 넘어가는 거네요. 그 연극적인 부분이 본론에 가까운가요? 지금 대사본도 있다고 하니까.

명훈 대본은 우리가 만든 거고요. 옛날에도 약간의 대사는 있었을 것이고 다 몸으로 표현하지 않았을까요? 잡색들이 재담하면서 놀기보다 흉내내고 춤추면서 놀았잖아요? 그러지 않았을까 싶고, 대포수가 훔쳐갔는데 아니라고 조리중 불러다가 점을 친다는 얘기를 이 어르신, 저 어르신이 모두 해 주신단 말이에요. 그렇게 점을 치다가 대포수가 도둑인 게 발각되고, 이 사람을 죽여 버리는데, 나중에 죽은 대포수 똥구멍에 나발로 바람을 넣어서 다시 살려서, 다 같이 상생하는 굿을 치는 스토리가 전체적인 그림이죠. 그런데 그 과정 중에 조리중 점 치는 것도 재밌고, 망구랑 대포수랑 바람나는 것도 재밌고, 중광대가 각시를 꼬시는 것도 재밌고, 아무튼 이런 얘기들이 다 있어요.

춘영 풍성하게…. 잡색 캐릭터가 워낙 많으니까.

명훈 근데 아까 판굿 얘기했잖아요? 한마당 치고 놀다가 '너 나와서 놀아 봐라.' 그러면 잡색들도 나와서 놀았을 거 아니에요? 그럼 잡색도 그런 한마당을 하는 거죠. 예를 들어 이런 거예요. 중광대는 중이면서 광대예요. 절에서 범패 하는 사람들이죠. 그 중광대가 각시를 꼬시려고 꽹과리를 거울처럼 꾸며요. 옷에 한삼이 달려 있잖아요? 너울너울 춤을 추고 가서 각시 목에 한삼을 착 걸쳐서 나랑 놀자고 꼬시는 거죠. 그때 각시가 싫다고 하면 뭐가 부족한가 하고 다시 와요. 막 이렇게 닦아서 보고 다시 가서 각시를 또 꼬시고. 진짜 멋있게 하고 가야 된대요. 각시가 싫다고 하는 이런 걸 대사가 아니라 동작을 했을 거 아니에요? 누가 봐도 그 내용인 줄 다 아는 거잖아요? 그런 거 하며 죽은 대포수를 살리는데 나발로 똥구멍에 바람을 분다고 그랬잖아요? 나발로 뿌 불면 엉덩이가 이렇게 일어나요. 그래 가지고 뽀로로 저기까지 기어가요. 그러면 거기를 또 불고, 밑에 있는 사람이 불어 가고 이런 게 너무 재밌어서 많이 웃었어요. 그런 걸 종합해서 도둑잽이굿이 됐어요.

춘영 예. 도둑잽이굿을 이렇게 재현을 했다? 고창농악에 잡색 역할이 12개가 있잖아요? 그 부분을 좀 소개해 주세요. 85년도에 만들어질 때 고창농악 잡색들은 각 마을의 캐릭터를 종합해서 만들었을까? 또 나무탈 부분. 나무탈이 전라도 지역에는 많지 않잖아요? 잡색 역할이 12개면 다른 지역보다 훨씬 많거든요.

명훈 그럼요.

춘영 여기에 왜 이렇게 잡색이 많은지를 모르겠어요.

명훈 85년에 고창농악이 만들어질 때 영광의 전경환 선생님이 목탈을 파 주셨어요. 지금 전시실에 있는 탈이 그 탈입니다. 이쪽이 호남우도농악 지역이기도 하지만 영무장농악이거든요. 영무장권 농악은 아시죠? 영광, 무장, 장성 중심으로 해서 함평, 나주까지 이 지역의 잘하는 사람들이 모여서 활동을 했다고 해서 영무장권 농악이라고 하거든요. 영광이랑 고창이 한때는 많이 비슷했을 거 같아요. 그래서 12잡색 탈을 파 주셨는데, 대포수·양반·망구·참봉·각시·중광대·조리중·좌창·우창·비리쇠·홍적삼·동방치마 아가씨 이렇게 12개죠. 이때 각각 입어야 될 의상과 머리에 쓰는 게 다 정해져 있잖아요? 그 특징에 맞게. 그런데 '모든 판에서 12잡색이 다 있어야 된다.' 이건 아니에요. 좌창이나 우창 같은 경우엔 문굿할 때 꼭 필요한 잡색이라고 말씀을 하셨어요. 전령 역할이거든요. 그런데 다른 잡색은 없어도 돼요. 그래서 모든 굿에 12잡색을 다 꾸민다는 원칙은 없어요. 마을마다 다 다르기 때문에. 12잡색 말고도, 엿장수 신사라고 되게 우스꽝스럽게 꾸민 것도 있고, 허재비도 있더라구요. 그래서 보통 12잡색을 갖춰서 하는 거는 최근인 거 같아요. 옛날부터 아무리 큰 마을이어도 잡색을 전문적으로 하는 사람이 있는 것도 아니고, 그냥 내가 알아서 꾸미고 탈 쓰고 나오는 거잖아요? 그렇게 했던 것이 문화재로 지정이 되고 대회에 나가고 차곡차곡 정리가 되면서 그거를 종합적으로 묶은 게 아닐까요? 그래서 요즘에는 열두 잡색을 다 채워서 해야 될까 싶어요. 대부분 여섯 잡색이었데요. 기본적으로 있어야 할 잡색은 꼭 있잖아요. 고창농악 경연대회 초창기에는 신사도 있었고 엿장수도 있었고 각 농악단마다 다르게 잡색들을 꾸리고 나왔어요.

춘영 잡색들이 노는 판들이 있어요. 판굿 안에서는 잡색이나 대포수 역할이 제한적일 수밖에 없어요. 시간도 제한적이고요. 고창농악 판굿도 그렇고 보통 일반적인 풍물굿에서 잡색이 중요한 역할을 하는데, 이게 판굿 위주로 되다 보니까 잡색들이 많이 소외되고, 잡색이 관객과 소통하거나 의례적인 역할을 하는 부분이 자꾸 줄어들면서 연극적 성향이 한정되는 경향이 있죠. 그나마 연극적인 역할을 하는 것만으로도 다행인데, 고창농악에 있는 잡색들이 탈도 독특하지만 소품, 머리쓰개, 탈, 소품, 머리쓰개 모두가 재밌잖아요.

명훈 그런 것들을 어르신들이 잘 전해 주신 거예요. 그런 소품들이 되지 않았으면 못하는 거죠. 그리고 그 많은 어른들이 중광대는 이렇게 춤춰야 돼. 양반은 이렇게 추고 망구는 이렇게 춤을 추는 거야. 이런 것들을 정확히 정리를 해 주셨어요. 그리고 목탈은 전경환 선생님이 만들어 주셨어도 무거워서 잘 안 쓰려고 해요. 대부분 종이탈을 썼어요. 두꺼운 마분지 종이에다가 그림을 그려서 눈 파고 코 파고 입 파서 했다는 얘기를 많이 하셨어요. 그래서 99년에 양사동에서 처음 문굿 할 때는 저희가 종이탈을 직접 만들어서 그거 쓰고 했어요.

춘영 어쨌든 잡색의 역할도 중요하지만, 12잡색이 있지 않아도 된다는 말도 중요하네요. 아무튼 복색, 소품이랑 역할들을 오래오래 지켜 갔으면 좋겠어요. 잡색 얘기 참 잘 들었어요. 영광의 전경환 선생님이 주신 목탈을 잘 받았지만, 그래도 어르신들이 끊임없이 여러 증언을 해 주시고 보여주셨다는 것. 문굿, 도둑잽이굿의 복원과 재현 이후에 전개된 얘기도 있나요?

명훈 당산굿은 현장에서 했고, 문굿, 풍장굿, 도둑잽이굿 정도만 재현이죠.

춘영 여기서 재현이란, 도둑잽이 정도만 재현이고, 그 이후 판굿은 돌아가면서 문화재 발표할 때 실제로 연행을 한 거죠?

명훈 예. 또 개인놀음 부분, 설장구, 소고춤, 북놀이도 정리를 했죠.

춘영 고창농악의 굿 종류는 개인놀음 중에서 들자면, 우선 소고는 뺄 수가 없는 것 같아요.

명훈 일단 설장구부터 해야죠.

춘영 어떤 선생님께 받았다, 이런 걸 얘기해 주세요.

명훈 설장구가 저는 대표적이라고 생각을 해요. 황규언 선생님의 선생님이 김만식 선생님, 김만석이라고 불리기도 하는데, 어르신들이 대한민국 장구의 왕이라고 하시더라고요. 이쪽 어르신들은. 그런 설장구를 황규언 선생님께 배웠죠. 또 양사동으로 김만식 선생님이 말년에 이사를 오셔서 함께 사셨어요. 그래서 황규언 선생님이랑 오래 가르치고 같이 생활하셔서 이분의 설장구를 받았죠. 원래 황규언 선생님이 장구재비셨거든요. 이분의 설장구가 요렇게 이어져 온 거죠.

춘영 이렇게 이어져서 지금 이 설장구를 하고 있는 회원이 구재연, 이성수로 이어진다고 볼 수 있죠?

명훈 예. 이 설장구. 장구재비들이 다 이 설장구. 그다음 소고는 고창에 소고 선생님들이 여러분 계셨는데, 그때까지만 해도 소고가 별로 조명이 안 될 땐데, 이 할아버지들이 워낙 춤을 잘 추셨고 다 특징이 있고, 할아버지들이 각각 소고에 대한 자부심이 있었어요. 또 어렸을 때부터 접하는 게 소고잖아요? 누가 가르쳐 준 게 아니라 따라다니면서 자력으로 익히신 분들인데, 고창의 소고 시조라 그러면 이모질. 이모질 어르신이 그렇게 잘했대요. 성송면 암치 살았다고 하는데, 그분 하는 걸 보고 '저 사람 저렇게 하는구나.' 보고 와서 독학으로 연습을 했다고 하더라고요. 성송면 양사동 자체가 소고가 좀 셌다고 해요. 강대홍 4형제가 그렇게 소고를 잘 추셨다는데 유만종, 정창환, 박용하 선생님들이 대표적인 고창의 소고선생님들이세요. 고깔 소고춤은, 고깔 쓰고 몸을 어떻게 놀리는가 꾸리북 말씀도 많이 하시면서 태들을 잘 가지고 계셔서 저희가 잘 받았던 거 같아요. 그래서 그냥 구색 맞추기 식의 소고춤이 아니고 정말 고깔을 쓰고 추는 소고춤으로서 정착을 한 거 같아요. 여기에 또 고창 출신의 황재기 선생님도 밖에 나가서 활동도 많이 하시고, 어르신들은 어렸을 때부터 기본적으로 접하는 게 소고였고, 소고를 들고 춤을 추면서 자랐기 때문에 잘하시지 않았나 싶어요. 황규언 선생님도 처음에는 소고하셨어요. 옛날에는 악기도 귀하고 꽹과리나 장구를 잘 안 주잖아요? 그래서 소고부터 하다가 잘하면 "장구 한번 잡아라." 이렇게 하셨다고 하더라고요. 박용하 선생님은 소고도 잘하시지만 전국 최고의 대포수 춤을 보여주시는 분이고, 장구도 잘 치고 못하는 게 없어요. 아시는 것도 많고 기억력도 좋으시고. 정창환 선생님은 그 마을의 상쇠셨어요. 처음에 문굿 재현했던 마을. 상쇠도 하시면서 손재주도 좋으시고 소고춤을 잘 추시니까 처음으로 문화재가 되셨고, 유만종 선생님은 양사동 그 마을에서 이분만 평생 소고만 하신 분이에요. 평생 소고만 하신 분은 이분 말고 안 계세요.

춘영 세 분 다 저도 봤어요. 박용하 선생님은 서울에서도 여러 번 뵈었고 두 분은 약간 헷갈리네요. 외모가 조금…. 키도 작고, 아주 순박하시면서도 웃으면서 치시는 분이 유만종 선생님이신가?

명훈 처음 볼 때, 어쩜 저 할아버지들이 몸을 저렇게 가볍게 사뿐사뿐 할까, 그거에 놀랐어요. 세 분 말고도 강대홍 선생님. 유만종 선생님보다 한 살 어리시던가? 1922년생. 박용하 선생님이 1932년생. 이 위에 이모질 어르신이 있었던 거죠. 이모질의 소고를 보고 배워서, 김양술이라고, 김만식 선생님의

2014년 동리국악당 제13회 고창농악경연대회 대동합굿

동생이 또 소고를 잘하셨대요.

춘영 이야기 나온 김에 고창농악 고깔의 쓰임새나 색깔, 다른 전라도 지역이랑 비교, 어르신들이 증언해 주는 고깔 모양, 풍물 칠 때는 고깔과 관련된 규칙 등 고창의 고깔에 대한 이야기를 좀 해 주신다면?

명훈 고깔은 처음에는 사다가 쓴 게 아니라, 정창환 선생님이 고깔을 잘 만드셨는데, 앞뒤가 노란색, 옆이 빨간색, 위에가 하얀색이에요. 파란색이 없어요. 집에서 직접 염색을 해서 쓰셨는데, "선생님 왜 우리는 이렇게 써요?" 하고 여쭤보니, "이게 이뻐!" 그러시더라고요. 악기점에서 사다 쓰는 것도 거부감이 없었어요. 정창환 선생님 수작업으로 만든 고깔을 썼는데, 제가 처음 왔을 때는 장구는 백고깔을 썼어요. 그리고 소고는 노란 고깔을 썼고. 그래서 악기별로 차이를 두셨어요. 그런데 그게 길게 가지는 않았어요. 어느 순간 전부 백고깔을 써요. 어느 날은 또 노란 고깔을 쓰고 있는 거예요. 그것도 정창환 선생님 아이디어 아닌가 생각이 들었어요. 백고깔은 수장고가 옛날에 많이 쓰셨나봐요. 제일 앞에 설장구는 백고깔.

춘영 다른 치배들이랑 차별화해서.

명훈 예. 그렇게 한 적도 있어요. 초창기에 보면 장구재비들은 고깔을 안 썼어요. 꽃을 만들어서 써요.

춘영 그게 천인가요, 종이인가요?

명훈 예, 천으로 접어서 묶어서 이렇게 쓰더라고요. 저 사진도 보면 장구재비 어르신들은 다 꽃을 쓰고 있죠? 노란꽃. 그런 꽃을 직접 만들어서 옆으로 해서 써요. 장구재비는 고깔을 안 쓰고 이렇게 꽃을 달고. 저게 92년도 사진인데, 대회를 나갈 때 백고깔만 쓸 때도 있었고 변화를 줬다가, 언젠가부터 정창환 선생님이 색고깔로 만든 것으로 정리를 했어요. 이 꽃은 이렇게 피는 거예요. 그걸 상여꽃이라고 하더라고 어르신들은. 상여꽃을 만들 때 쉽게 만들려고 그렇게 하는 거래요. 원래는 담배고깔이에요. 꽃 오려서 하나하나 꽃잎 만들어서 하는 거 있잖아요?

춘영 원래는 담배고깔을? 훨씬 어려운데, 시간도 오래 걸리고….

명훈 마을에서 옛날에 굿 칠 때 겨울 내내 정월굿 칠 준비를 하잖아요? 악기 손질도 하고 고깔도 만들고 여러 날 걸려서 만든 거죠. 그래서 상여꽃이라는 표현을 보니까 이렇게 피는 고깔은 그리 오래되지 않았을 거 같아요. 더 쉽게 꽃을 만들기 위해서 지금처럼 했던 게 아닐까?

춘영 자꾸 쉬워지는구나. 옛날엔 정성도 들어가고 시간도 많이 들어갔는데 요즘엔 사서 쓰지만 옛날엔 담배고깔을 썼다. 정성을 들였다….

명훈 그래서 정창환 선생님께 직접 담배고깔 만드는 걸 배웠어요.

춘영 예. 알겠습니다. 이제 정리를 해 보면, 정말 많은 내용을 어르신들이 증언해 주셨고, 그걸 잘 받아서 실천적으로 계승하고 재현하면서 잘 연행하고 계신 것 같아요. 어떤 보존회는 증언하는 사람이 한 사람이거나 소수일 수도 있는데 고창농악은 다른 어느 곳보다 풍성해요. 특히 고창농악보존회 태동과 연계가 되고, 고창의 각 마을 어르신들이 살아 계시고, 각 마을굿이 살아 있었던 때부터 시작되기 때문에 더 소중한 거죠. 또 그 부분들을 젊은 친구들이 놓치지 않고 지속적으로 조사하고 증언을 정리하는 과정을 거쳐서 오늘에 이르게 됐다는 건, 정말 귀중한 사례라고 봅니다.

명훈   제가 좀더 전문적이었으면 잘 정리를 했을 텐데, 고창의 마을굿도 나오고 예술 세계가 나오기도 했는데, 그때 생각이 뭐냐면 지금 이거를 정리해 놓지 않으면 어르신들 돌아가시면 영영 사라지는 거잖아요. 그래서 무조건 간 거예요. 그래서 내가 궁금한 것만 물어본 거야. 체계적으로 못 한 게 아쉬워요.

고창 어르신들의 이야기와 마을굿을 조사, 정리하다

춘영   보존회 상쇠이자 회장으로서 같이 활동한 재연이 형이나 성준이 형, 송기태 박사도 중요한 역할을 했다고 들었어요. 각 마을 상황 혹은 어르신들 이력의 증언을 정리하는 일들이 그때가 아니면 안 되겠다는 문제의식이 저는 굉장히 중요하다고 봅니다. 그래서 그 과정과, 또 결과물은 어떻게 되었나요?

명훈   일단은 거의 10년 동안 작업을 한 거 같아요. 선생님 마을, 양사동에서 전수하던 그때가 아마 98년도일 거예요. 저랑 성준이랑 형오랑 치경이 넷이 선생님 댁에 살았는데, 1996년도에 문굿을 재현할 때는 저밖에 없었고 그 이후에 후배들이 온 거죠. 그래서 할아버지들이 말씀을 해 주실 때 그냥 듣고 흘려보내서는 안 되겠다 해서, 이 자료를 정리해서 모으자, 지금 해 놓자, 해서 낮에는 대학생들 전수를 하고, 밤에 어르신들 댁을 돌아다닌 거죠. 일단 고창농악단 활동을 하셨던 어르신들을 찾아다녔어요. 그래서 그 마을에 대한 얘기, 그 어르신 굿에 대한 얘기들을 채록했죠. 집에 오면 12시예요. 새벽 한두 시까지 옛날 테이프 그걸 풀고, 잠깐 눈 붙였다가 또 아침에 전수하고 이렇게 그 시기를 보냈죠.

춘영 그 시기가 언제죠?

명훈 98년. 99년 문굿을 준비할 때. 99년 1월에 문굿을 했으니까 그 전해죠. 그렇게 어르신들 만나서 얘기를 들어 보니, 마을마다 굿 형태가 다른 거예요. 당산도 다르고, 이 마을은 줄을 감고…. 얘기가 다 다른 거예요. 그럼 마을굿도 정리를 해 보자 해서 마을을 찾아서 숫대 세운 마을 등 마을의 특성과 당산부터 파악하기 시작해서 그 마을에서 굿을 쳐 왔던 이력들, 현재 남아 있는 굿물, 누가 뭘 잘했는지, 이런 것들을 조사하기 시작했죠. 그게 어느 날 시작하자 해서 한 게 아니고 하나씩 둘씩 계속해서 모아 놨던 거예요. 그게 98년에 시작해서 고창농악 책은 2009년에 나왔어요.

춘영 저 세 권, 시리즈가 한꺼번에 나왔나요?

명훈 아니요 『고창농악』이 2009년이고요, 『예술 세계』와 『마을굿』은 2010년.

춘영 『예술 세계』는 주로 황규언 선생님과?

명훈 아니, 황규언 선생님이 없어요. 그게 아쉬워요.

춘영 정창환 선생님, 유만종 선생님.

명훈 황규언 선생님이 돌아가신 후에 한 거여서. 살아 계실 때는 못 했어요, 정리한다는 생각을.

춘영 고창농악이 보유하고 있는 판제는?

명훈 그것은 그동안 굿을 재현하고 우리가 배웠던 걸 종합적으로 정리를 한 거고요.

춘영 그게 고창농악이죠. 각 마을에서 증언해 주신 어르신들, 각 마을 부분, 그리고 가운데가?

명훈 가운데가 사람을 중심으로.

춘영 고창농악의 주요한 어르신들인 거죠?

명훈 생애담을 정리하면서 가장 안타까운 건 2001년에 황규언 선생님이 돌아가셔서 정리를 못 한 거. 진짜 많은 얘기를 들을 수 있었는데, 나중에야 생애담을 정리하겠다고 송 박사가 얘기를 해서 시작했는데 선생님이 돌아가시고 난 후여서 그게 좀 안타까워요.

춘영 황규언 선생님 증언은 없는 거죠?

명훈 일부만 있어요. 고깔 소고춤 얘기랑 전수하던 얘기도 있는데 체계적으로 선생님의 인생 얘기를 녹음한 것은 없어요. 그동안 듣고 흘려버린 얘기가 너무 많은 거야. 당사자가 없는데 이랬다 저랬다 얘기는 할 수 있어도 선생님 굿 인생이 정리가 안 된 거죠. 이 굿을 그분이 다 주셨는데….

춘영 화룡정점이 없는 아쉬움.

명훈 책에 그 얘기 썼어요. 그게 가장 안타깝다고.

춘영 이 작업도 그때 살아 계신 어르신들이 열정이 있어서 이루어질 수 있던 거죠. 아주 소중한 작업이었고, 지금 그것을 토대로 해서 계속 이어 갈 수 있게 되었다고 봐요. 한 일이 정말 많아요. 다음 얘기. 전라도 좌도, 우도 권역을 여기에서도 쓰잖아요? 좌도 우도의 권역을 왜 구분해 쓰는지에 대한 질문입니다. 또 명칭 얘기를 안 할 수가 없는데, 굿이라는 말에 대한 상쇠님의 생각은 어떤가요? 우선 고창농악에서는 호남우도농악이라고 쓰는 이유가 있나요?

명훈 어르신들은 그냥 우도농악이라고 했고요, 영무장농악이라고 많이 얘기하셨어요. 어르신들의 우도 좌도 구분은 일반적인 지역 구분이 아니고 "우리가 치는 건 우도야. 우리가 아닌 것은 좌도야." 이렇게 말씀하시더라고요. 산간 지대나 강을 중심으로 해서 이쪽이 좌도, 이쪽이 우도, 이런 게 아니라 우리와 연관돼 있는 지역인 정읍, 부안을 포함한 이쪽 지역에서 치는 건 우도농악이라고 하셨어요. "우리랑 다르게 치면 그건 좌도야." 학자들이 구분하는 식과는 조금 다르죠. 나랑 굿이 다르면 좌도굿이라고 하면서 일반적으로 아주 쉬운 구분은 "우도는 오른쪽으로 돌고, 좌도는 왼쪽으로 돈다." 이런 얘기도 하셨어요. 또 "우도굿은 어쩌든지 멋이 있어야 된다." 이런 얘기도 하셨어요. "멋이 없고 뻣뻣하게 치면 그거는 진짜 멋대가리 없다."는 표현도 많이 하셨어요. 농악이란 말은 많이 안 쓰셨고 우도, 우도굿이야. '우도농악이야' 이건 아니고. 그리고 굿, 매굿, 풍장굿, 당산굿, 샘굿, 조왕굿 이렇게 썼지 '농악'이라고 하지는 않았던 것 같아요. 그리고 제가 마을마다 조사를 하며 다녀보니까 굿의 의미가 굉장히 커서, 우리가 일반적으로 생각하는 굿을 하는 거하고 다르더라고요. 농악 하시는 어르신들은 "우리는 굿을 하는 사람이 아니고 치는 사람들이여."라는 걸 강조하면서 굿을 하는 거랑 굿을 치는 것은 다르다고 구분하셨어요. 마을에서 어르신들, 아주머니들이 그런 얘기 많이 해요. "야, 고창에 좋은 굿 들어왔대. 굿 보러 가자." 이런 식으로 가수가 와서 가 보면, 모양성제에서 노래하는 거예요. 그거 보러 가는 걸 "좋은 굿 들어왔대. 굿 보러 가자." 그래서 제가 느낀 것은 굿을 치는 것과 하는 것은 다르고, 뭔가를 하는 건 다 굿인 거예요.

춘영 예. 좋습니다. 지금 이 작업이 현장에서 상쇠들을 모시고 이야기를 나누는 거잖아요? 어떤 분은 이 일을 학술적이라고 하시는데 저는 다른 작업은 학술적인 면에서 하는데, 지금 상쇠론 작업은 학술적인 작업이 아니라 현장의 목소리를 담자는 입장이라는 것을 말씀드리고 싶어요. 그래서 이게 학술적으로 해결되는 부분인지 의문이에요. 좌도 우도 권역을 나누는 것은 언제부터 있었고 어떤 의미일까? 그리고 지금 현재 유효한 구분인가? 답을 구하는 게 아니라 의문 제기를 하는 차원에서 여쭤보는 거예요.

굿문화와 굿정신을 어떻게 다음 세대에게

춘영 '굿' 얘기, 지금 어르신들이 말씀해 주신 사례 얘기는 참 고맙습니다. 그런데 그 말은 20세기에 들었잖아요? 이제 21세기에 즈음해서, 이런 말을 살려 낼 것인가 말 것인가? 혹은 살려 낸다면 어떻게 살려 낼 것인가? 살려 냈을 때 다음 세대들한테 이런 단어와 굿문화와 내용의 핵심, 굿정신을 어떻게 담론화하고 전달해 갈 것인가 하는 실천적인 문제의식이 있는 거예요. 그래서 이 부분에 대해서 상쇠님은 어떻게 생각하시는지 좀 질기게 여쭤본다면?

명훈 저는 지금 고창농악이란 말도 쓰고 고창굿이라는 말도 써요. 고창굿한마당, 고창농악경연대회, 고창농악 문화재발표회. 저는 혼용해야 한다고 봐요. 이걸 농악이라고 해야 한다는 말도 있지만, 농악이라고만 규정짓기에는 우리가 하고 있는 연행 형태가 너무 다양하고 그 의미도 굿거리마다 달라요. 그래서 고창굿하고 고창농악이란 말을 같이 써야 된다고 생각하고…. 연행하는 사람들은 굿이란 말을 강조해 줘야 한다고 봐요. 우리를 무당처럼 치부하는 사람들이 굉장히 많거든요. 그분들한테 끊임없이 얘기해서 더 스스럼없이 쓸 수 있도록…. 우리 후원해 주는 어떤 업체는 고창굿이라는 말을 썼다고 후원 안 해 준다고 했어요. 그래서 제가 끊임없이 설득을 했어요. 무당 굿이 아니라고. 그래서 지금은 많이 완화되었어요. 그렇다고 해서 그 말을 안 쓰면 안 된다고 봐요.

춘영 저도 동감이에요. 어쩔 수 없이 끊임없이 얘기해야 한다, 끊임없이 판을 만들어야 한다…. 대안이 없어요. 우리가 하는 행위의 이름은 우리 안에서 나와야 되는 거지 바깥에서 타자화된 어떤 것은 아니어야 된다는 입장에서도 그래요. 최소한 고창에서는 굿이라는 말을 계속해서 많이 썼으면 좋겠어요. 이 문제는 시대를 넘어서거나, 다른 지역 문제로서 저의 과제로 그냥 가져갈게요. 고창농악에서 이명훈 상쇠님과 이렇게 진지하게 담론을 나누기는 처음인 거 같아요. 그럼에도 불구하고 제가 이명훈 상쇠님과 고창농악 선배들 굿 치는 걸 봤을 때, '굿정신을 명확하게 가지고 있고 건강한 굿정신을 가지고 있으면서 실천하고 있다.'고 보았는데, 오늘 이야기를 들으면서 그런 것을 확인하는 것 같아요. 확인하는 차원에서, 상쇠님이 추구하고 실천해 오신 굿정신, 굿을 정리해 주신다면? 굿 혹은 굿정신을 특히 상쇠님이 살아오신 내력과 연관해서요.

명훈 어려운 얘기네요. 굿정신, 굿이 뭘까? 왜 어른들은 이걸 쳐 왔고, 나는 그것을 받아서 하고, 또 그거를 후배, 후세에게 물려주려고 노력하고 있을까? 이게 뭐지? 생각을 많이 하게 되는 부분이에요. 현재만 보면 안 돼요. 과거에 어르신들은 어떻게 했고, 나는 어떻게 하고 있는지, 그리고 앞으로는 어떻게 해야 될까를 이어서 봤을 때, 굿이 각 마을의 당산이나 매굿이나 치는 의미가 다르잖아요? 우리 마을 사람들이, 우리 가족이 살아가는 삶의 토대에서 이 굿을 침으로써 일 년 동안 묵었던 액들이나 나쁜 기운을 몰아내고, 새로운 기운을 받아서 한 해 살아갈 힘을 얻는 거예요. 그게 굿의 역할이라고 생각해요. 그런 거지, 내가 즐기려고 굿을 치는 것은 아니다. 물론 기본적으로 몸의 즐거움은 있겠죠. 그리고 김을 맬 때나 모를 심을 때 이 굿소리와 노동요와 함께하면 노동의 힘듦을 덜 수 있게 해 주잖아요? 우리의 삶 곳곳에 굿이 함께 있었다는 거죠. 심지어는 누가 아프면 낫게 해 달라고 굿을 쳤잖아요? 주당매기라고 하는 건, 이게 굿이란 말이에요. 우리 삶에 내 삶에 있는 게 굿이에요. 그렇게 마을에서 굿이 왔다면, 연예농악, 전문적인 농악 활동했던 사람들도 있잖아요? 고창에는 당골들을 중심으로 하는 전문 연희패가 있었고 그 사람들은 기량이 뛰어났던 사람들이라 마을 곳곳에 들어가서 마을의 굿쟁이들한테도 영향을 주었을 테죠. 그래서 사람들이 당산굿을 치든 매굿을 치든 샘굿을 치든 결국 당산신한테 가서 우리 마을 올해 농사 잘되게 해 달라고 하는 거고, 아프지 말게 해 달라고 굿을 치는 거죠. 아까 당산을 놀린다고 했잖아요? 이 당산님도 내가 장구로 잘 놀아 줘야 기분이 좋다는 거예요. 같이하는 사람들도 더불어 또 좋은 거고. 그래서 기량을 최고로 치지는 않지만, 굿에서 기본적으로 기량이 뛰어난 분들도 계셔서, 그분들을 보고 옆에 있는 분들도 같이 성장, 발전을 했겠구나 하고 생각해요. 전문 연희패와 마을굿이 서로 주고받는 게 많았겠죠. 또 고창에 굿이 유독 많은 게 고창에 중부자들이 많았던 것도 이유가 돼요.

춘영 아 예. 땅이 좋아서….

명훈 대부자만 있는 게 아니라, 그 면에 천석지기 부자가 서너 집 된단 말이에요. 그래서 그 집에 가서 풍장굿도 벌이고 굿도 치고…. 무장 정방규라는 사람은 그 일대가 전부 그 사람 땅이었는데 농악, 굿을 워낙 좋아해서 그 농사짓는 사람들, 소작농들을 위해서 전국의 굿쟁이들을 다 불렀대요. 그래서 굿을 진짜 잘 치면 겸상을 했대요. 옛날에는 굿쟁이라면 천하게 봤잖아요? 그런데 겸상을 했다는 건, 그만큼 기량을 인정해 줬다는 거죠. 그뿐만 아니라, "너 이 마을에서 먹고살아." 해서, 2년이고 3년이고 그 마을에서 살다가 갔다고 하더라고요. 그렇게 해서 전국에 잘난, 뛰어난 굿쟁이들이 다 고창으로 모인 거예요. 그분들 영향을 받아서 또 마을 사람들도 더 잘하게 됐을 거고. 이렇게 전문 연행의 굿이 있고, 마을의 순수한 굿들이 있는데, 이 둘 다 우리 삶과 유리된 건 아니에요. 마을 어르신들이 몸짓도 투박하고 손도 투박하고 한데 소고춤 추고 북춤 추고 장구춤 추고 꽹과리 치는 거 보면 그렇게 부드러울 수가 없어요. 그분들이 전문 연회패 영향을 받아서 '아 굿은 저렇게 멋있게 쳐야 한다. 멋이 잘잘 흘러야 된다.' 하는 걸 자연스럽게 터득했던 것 같아요. 그걸 물려주시려고 강조해서 얘기했어요. 그러면 지금 우리는 어떻게 해야 하느냐? 처음에 왔을 때는 '마을굿을 살려야 된다.'는 사명감이 컸지만 그게 마음대로 잘 안 되더라고요. 심지어는 어느 마을에 가서 굿을 배웠어요. 그리고 그 마을에서 굿을 가르쳤어요. 마을의 상쇠가 돌아가시니까 안 되더라고요. 상쇠의 중요성을 그때 알았죠. 그래서 어른들이 소고춤을 기막히게 치고, 설장고, 꽹과리 가락이 멋진 것에만 현혹되서 배우고 그거를 추구하다 보면, 굿의 기본 정신은 유리된다고 봐요. 그래서 그거를 놓치지 않으려고 그동안 어르신들 말씀을 책으로 정리하고 연행 굿으로 정리해서 오늘날까지 왔는데, 이제 이거를 어떻게 전해 줄 것인가가 가장 큰 고민이에요. 삶과 함께했던 것들을 아무리 말로 해도 안 되잖아요. 전수생들한테 굿 이야기를 많이 하는데, 애들은 몰라라 해서, 귀에 못이 박이도록 얘기하면 애들은 고민을 하더라구요. 참 이걸 맘으로 몸으로 구전심수한다고 하잖아요? 전해주는 게 보통 일은 아니라고 생각해요. 전수생들한테 강조하는 게, 옛날 마을의 삶이 그랬고, 우리 가족의 삶이 그랬다면 공동체 삶이었잖아요? 오늘날은 뭘까? 우리가 사는 사회는 공동체를 중심으로 한 삶이 아니니까, 사회 전체를 통으로 봤을 때 내가 굿을 가지고 이 사회 문제에 동참해 보는 거. 나는 그게 오늘날에 여러분이 해야 할 굿이라고 본다. 굿정신이라고 본다. 광화문에도 가고 팽목항에도 가서 내가 할 수 있는 자리에 동참하는 게 얼마나 의미 있는 거냐? 나는 이렇게 굿을 쳤으면 좋겠다고 강조하죠. 그런데 실천은 잘

되지 않는 것 같아요. 하하하.

춘영 그건 누가 판단할 수 없죠. 실천이란 부분은 제가 보기에는 여러 현장에서 많이 보고 현장에서 풍물굿을 가지고서 하고 있기 때문에, 이론이나 정신만 있는 게 아니라 실천도 충분히 하고 있다고 저는 보거든요.

명훈 그래서 저는 실천 현장에 많이는 못 갔지만 최대한 가려고 하고 홍보도 하고 애들도 같이 가자 그래요, 가라고만 해서는 안 되죠. 내가 같이해 줘야지.

춘영 굿정신은 정말 잘 들었구요. 다른 보존회나 다른 굿보다도 여기 전수생들 문화는 굉장히 건강하고 건전한, 그리고 지속 가능한 좋은 부분들이 많은 것 같아요. 그런 문화들이 비교적 안정적이고 발전적으로 끊임없이 고민하면서 변화, 혁신되고 있다는 느낌이 들어요.

명훈 맞아요. 그렇게 가르쳐요. 여기서 고창농악 판굿을 가르치지만 꼭 똑같이 할 필요가 없다고 해요. 여러분 동아리에 맞는, 여러분 학교에 맞는 판굿도 만들어 보고 자꾸 굿을 해 보라고 해요. 사실 아이들 발표회를 하면 도둑잽이굿도 마찬가지고 자기네들 것이 있어요. 자기들 얘기를 표출하는 신명이 있더라구요. 너무 예뻐요. 똑같은 꽹과리 들고 장구를 매고 하는 거지만, 애들의 특징이 있는 굿판이 있어요. 그래서 자꾸 권장하죠. 여기 와서 굿을 배워 가지만 배운 대로 지키는 게 의무는 아니고 여러분의 굿을 만들어 가는 건 여러분의 몫이라고 끊임없이 얘기하죠. 그래서 애들이 즐겁게 할 수 있을 거예요.

고창농악보존회의 전수 교육과 전수 문화

춘영 다음은 전수 교육 얘기를 해 보죠. 풍물굿의 전수 교육은 필봉농악이 빨리 시작했죠. 지금 풍물굿 전수는 다양한 형태로 40군데가 넘게 하는 것 같아요. 사물놀이 캠프를 포함해서요. 고창농악 전수 교육이 어떻게 시작됐는지, 어떤 방향으로 나갈 것인지? 마을굿에서는 구전심수로 교육하는데, 지금은 어떻게 대학생 일반인에게 새로운 맥락에서 풍물굿이 전승되고 있는지. 전수 교육관을 통해서 일주일 동안 전수하는 게 가장 기본적인 형태인데 그 안에서 많은 것이 이루어진단 말이에요. 그 과정을 다시 정리해 주신다면?

명훈　고창농악 전수는 1993부터 선생님 마을에서 시작이 됐잖아요? 그때 이미 선생님이 70이 넘으셨는데, 여러 굿과 다양한 연행 형태를 기억하고 계셨고, 또 장구도 잘 치시고 꽹과리나 소고도 잘 치셨거든요. 그걸 '나 혼자만 배우면 안 되겠다.' 싶어서 필봉이나 이리처럼, 고창도 어르신들이 살아 계실 때 전수해야 되겠다 싶어서 친구들을 오라고 해서 시작을 했죠. 처음엔 양사동 재각에서 소규모로 한 패씩 전수를 했는데 그때 철저하게 선생님 중심이었죠. 선생님이 그동안 해 왔던 가락들을 옆에서 같이하셨던 선생님들과 함께 전수하는 거였죠. 그때는 꼭 전수라기보다는 이 선생님들이 해 왔던 것을 같이하면서 배우는 형식이었어요. 그렇게 소규모로 운영되다가 2000년도에 초등학교 폐교를 이용해서 고창농악전수관이 만들어지면서 대규모 전수가 가능해졌어요. 그때부터는 한꺼번에 50~60명 전수가 가능해졌어요. 그래도 선생님 돌아가시기 전까지는 양사동의 전수 시스템대로 했고, 저희들은 보조 역할을 하면서 선생님께 배우기도 하고, 또 때로는 우리가 알고 있는 걸 전수했어요. 그러다 황규언 선생님 돌아가시고 나서 소고 부분은 정창환 선생님이나 박용하 선생님을 모셔다가 하기도 했지만, 기본적으로 젊은 강사들이 전수를 하게 된 거예요. 또 대규모 전수를 하다 보니까 통으로 하는 전수 시스템에서 벗어나서 악기별로 전수를 하게 된 거죠. 사람을 나눠서 꽹과리반, 북반, 장구반, 소고반 이렇게 나눠서. 먼저 악기를 정하는 거죠. 그 악기를 심도 있게 연습하다가 끝에 가서는 전체가 모여서 해 보는 시스템이 지금까지 이어지고 있습니다. 장단점은 있어요. 40, 50명이 되는 많은 사람을 한꺼번에 선생님 시절처럼 할 수는 없어요. 반대로 악기별로 나누어서 하면 그 악기를 심도 있게 배울 수는 있지만 굿을 통으로 보는 능력은 많이 사라졌던 것 같아요. 예전에 선생님은 옛날 얘기, 옛날 굿 얘기도 많이 해 주시고 누가 굿을 어떻게 잘 쳤다는 얘기를 반복해서 해 주셨거든요. 그런데 분반해서 전수하다 보니 그 악기 부분만 가르치고 그것을 모아서 판굿을 하는데 지금 옛날로 돌아갈 순 없지만, 이것을 어떻게 해야 되나 하는 건 저희도 고민을 많이 하죠. 악기별 수업을 하고 사부들과 같이 뛰는 합굿을 많이 늘리고 작년부터는 제가 어른들, 선생님한테 들은 이야기를 토대로 해서 마을을 돌아다니면서 봤던 거, 배웠던 것들을 끊임없이 친구들에게 얘기해요. 그러니까 듣고 또 들어야 귀에 못이 배겨야 내 입으로 나오더라고요. 그래서 매번 다르게 굿 얘기를, 그러나 새로운 이야기가 아니라 있는 얘기를 전해 주려고 해요. 그 시간이 굉장히 중요하더라고요. 단순히 기량만 전해 주는 게 아니고 옛날 어르신들은 이 굿을 언제부터 쳤고, 누가 어떤 과정을 거쳐서 오늘날까지 전해 주어서 우리가 지금 이걸 하고 있는지를 알려 주고, 또 굿의 여러 연행 형태의 의미나 절차를 알려 주면서 애들이 더 잘 배우는 거 같아요. 저희도 끊임없이 고민하면서 이렇게도 저렇게도 해 보고, 7박 8일 일정을 꽉 채워서 진행하고 있습니다.

춘영 예, 고맙습니다. 제 질문의 의도는 예를 들어서 다른 장르, 판소리나 무용은 전수 교육 방법이 풍물과 다르거든요. 판소리는 전승을 위해서 산 공부를 하는데 이게 혼자 공부하거나, 소리꾼과 고수 몇 명, 아주 소수가 진행하는 데 비해서 풍물굿은 혼자서 할 수 없는 장르이고 문화이기 때문에 대단위의 공동체, 많은 수의 인원이 여기서 생활하면서 진행이 되잖아요? 또 판굿이 되는 악기의 기예능만 전수하는 것이 아니라 여러 가지 부수적인, 공동체 속에서 옛 어른들이 살아가던 이야기나 굿정신까지 전수, 전승 교육 안에 녹아들어 있기 때문에 이런 부분을 좀더 소개해 달라는 의미에서 질문한 거예요.

명훈 거기에 한 가지 덧붙이자면, 일주일 전수를 하면 학생들 발표를 해요. 이때 옷을 갖춰 입고 고깔을 쓰고 이런 게 굉장히 중요해요. 옛날에는 대회 연습을 할 때도 옷을 갖춰 입고 했거든요. 평복으로 하지 않았어요. 악기를 배워서 발표하려면 기본적으로 갖춰야 할 게 있어요. 영기가 꼭 있어야 한다든가, 이런 거를 놓치지 않으려고 해요. 영기 없는 굿은 없다. '마을에서 굿을 하려면 무슨 굿을 치든 영기를 꺼내 놓고 당산굿을 치고 와서 굿을 쳤다. 이것 안 들고 다니면 안 된다.' 그걸 굉장히 강조해요. 전수관 여기가 하나의 마을인 거예요. 이 안에 당산도 나무당산, 돌당산 세워 놓고 발표회 하기 전에 거기 가서 인사하고 일주일 동안 배웠던 거 잘 발표하겠다는 의식을 하는 이런 거를 강조해요. 그거 하고 발표하는 것과 안 하고 하는 것은 완전 다르거든요. 기량에만 치중해서 가다 보면 이런 걸 놓쳐요. 어느 순간 방심하게 되더라고요. 그래도 그거를 놓치지 말아야 한다. 고창농악 회원들한테도 얘기해요. 각 읍면 농악단에서 활동을 하고 계시니까 어디 가서 굿을 칠 때 굿패만 가서 칠 것이 아니라 꼭 영기 앞세워서 가고 당기, 농기도 갖고 가고, 이것을 놓고 쳐야 된다. 남들은 몰라도 실제로 이걸 하는 사람들이 등한시하면 안 된다는 거죠. 하늘의 명을 받는 것, 그래서 영기잖아요? 우리가 굿을 치는 사람들인데 영도 안 받고 굿을 치면 되겠나? 그런 얘기들을 많이 해요.

춘영 예, 단순히 악기 교육만 하는 게 아니라 전수관이 하나의 마을이어서 일주일이지만 공동체적 삶을 살아가고, 그렇게 이 전수관 운영이 최대한 옛날 굿 형식에 맞게 이루어지는 거, 마을굿을 활용하고 차용을 해서 그 정신에 맞게 운영을 한다는 거, 참 중요한 이야기입니다.

명훈 특히 요즘 젊은 세대는 마을의 굿을 접할 기회가 전혀 없잖아요? 영상으로 보여주고 사진으로 보여주기도 하는데, 대개는 너무도 몰랐던 얘기니까 재미없어 하는데, 여러 해 하는 친구들은 그래도 관심 있게 보더라고요.

춘영 저는 긍정적으로 봐요. 고창의 전수생, 연수생을 다른 전수관과 비교해 봤을 때, 현재 주력 세대 다음 20대, 10대에게 잘 전승해 주고 있는 것 같아서 한 번 여쭤봤어요.. 다음은 창작풍물 이야기입니다. 창작풍물은 90년대부터 살판이나 더늠 등 여러 단체에서 만들어 냈어요. 창작풍물도 무대화나 공연예술화 측면에서 굉장히 중요한 영역이라고 생각해요. 최근 고창농악보존회 한옥상설공연으로 '감성농악', '도리화 귀경가세' 등을 몇 년 동안 진행해 오고 있는데, 고창농악보존회의 맥락에서 창작풍물굿이 어떻게 시작됐는지, 그리고 창작풍물의 방법론이랄까 이런 부분을 말씀해 주세요.

풍물굿 양식의 창조, 풍물굿 창작

명훈 창작풍물을 제가 서울에 있을 때도 했어요. 그때는 마을에 대한 토대가 없이 활동하는 문예운동이었죠. 그런데 고창에 내려온 이후로는 거의 안 했었죠. 고창 현장에서 문굿, 풍장굿, 도둑잽이굿, 매굿, 당산굿 이걸 다 했잖아요? 그래서 그걸 바탕으로 '풍무'라는 고창농악의 브랜드 공연 작품을 만들었어요. 이 '풍무' 작품에 풍장굿 마당, 문굿 마당, 판굿 마당, 도둑잽이굿 마당 등 네 거리를 만들어 냈어요. 이렇게 보면 완전 창작은 아니고 현장에서 이루어진 굿들을 무대화한 것이죠. 짧게는 20분 안에 풍장굿을 보여주고, 20분 안에 문굿을 보여주는 식으로 핵심을 보여주면서 최대한 굿을 표현해 내려고 했죠. 이런 작품들을 몇 년을 했어요. 현장에서 재현이 없었다면 이게 굴가능했겠죠. 내용과 형식은 완전히 달랐을 거란 생각이 들어요. 지난한 현장 연행 과정이 있었기 때문에 그 작품을 만들 수 있었죠. 이건 어른들이 만들 수 있는 작품이 아니에요. 젊은 이수자들 중심으로 보존회 회원님들과 함께 무대에 올렸어요. 무대 작품이라고 봐야죠. 굉장히 저는 잘 나왔다고 봐요.

춘영 축적된 힘과 인적 자원이 있고 콘텐츠, 정신 이런 게 녹아들어갔네요.

명훈 그러고 나서 한옥자원활용 야간상설공연을 2012년부터 올해까지 5년째 하고 있어요. 처음에는 매굿을 모티브로 해서, 신재효 생가 부엌, 샘, 성주 등에서 사설도 하면서 굿을 했어요. 임승환 선생이 연출했는데 되게 재밌고 좋았어요. 그러다가 2015년 한옥자원활용 야간상설공연을 고창농악보존회 주최로 하게 됐는데, 이때 새롭게 고민을 한 거죠. 풍무까지는 저희 힘으로 했어요. 그런데 우리 힘만으로 큰 상설공연 작품을 하기가 역부족이라는 생각이 들어서 연출 이하 전문가들을 대거 영입을 해서 함께 작품을 만들었죠. 풍물판은 아니지만 마당극판에서 오래 활동했던 연출과 무대감독, 의상, 안무 전문가를 다 영입해서 고창농악 중심으로 감성농악 시리즈를 시작했는데, 이 또한 연출이 특히 중요하죠. 연출이 고창농악도 잘 알고 또 풍물도 잘하는 분이어서 고창의 이야기를 담아 낸 작품을 만들었던 것 같아요. 그렇게 2년 동안 해 오다가 작년과 올해는 각각 새로운 연출을 모서서 하였습니다. 우리가 그동안 축적한 자원을 활용해서 끊임없이 새로운 작품을 만들어야 한다고 생각을 해요.

춘영 예, 고맙습니다. 저도 '도리화 귀경 가세'를 두세 번 정도 봤는데, 저는 창작풍물을 어느 정도 이해하고 지지합니다. 그런데 내외적으로 평가 작업은 아직 이르다고 봐요.

명훈 저희끼리는 평가를 다 했어요.

춘영 허용호 선생님, 정형호 선생님이랑 한 건 알고 있어요. 대외적으로 많이 알려진 건 아닌데, 어쨌든 창작풍물은 풍물굿이 놓일 자리 중 하나라고 생각합니다. 사물놀이가 음악예술 장르로 정립되고 있지만 풍물굿은 아직도 발굴해야 할 많은 내용들이 있기 때문에 무대 작품, 마당 작품으로 새롭게 창작하는 것을 존중합니다. 평가라기보다 어떤 지향을 가지고, 어떤 필요성에서 했는지를 듣고 싶어서 질문했던 겁니다.

명훈　앞으로 이 작업은 끊임없이 해야 될 과제라는 생각이 들어요. 어떻게 보면 창작 욕구가 강한 사람들이 모였으니까.

춘영　창작풍물을 어떤 방법론, 어떤 연출론으로 풀어야 될지 하는 부분들은 앞으로의 과제가 아닐까 해요.

고창 읍면동농악경연대회

춘영　이제 좀 다른 얘기. 다른 장르에 비해서 농악경연대회가 엄청 많아요. 읍면동농악경연대회도 많아요. 또 민속예술축제에서는 농악이 상당한 비중을 차지합니다. 경상도농악의 경우는 농악경연대회에 참여하면서 인적 교류가 많아지는 등 장점도 있고, 반면에 단점도 있었어요. 고창농악보존회도 대회를 나가잖아요? 그것의 좋은 점과 개선할 점. 지금 이 시점에 있어서 대회를 어떻게 바라볼 것인가?

명훈　예, 말씀대로 대회는 장단점이 있죠. 전국의 농악을 활성화하는 데 일조했고 마을굿에 묻혀 있던 것을 대회장에 올림으로써 그 지역에서 잘하는 사람들을 끌어냈죠. 고창농악도 85년도 창립 이후 오거리당산제 지내는 거랑 고창 축제에서 어르신들이 공연하는 게 중심이고, 다음에 고창을 대표해서 시군대회나 전국대회, 또 대사습 나가는 거잖아요? 그렇게 하면서 상도 받고 하면서 더 결속력 있게 결집했던 것 같아요. 또 그것이 문화재 지정으로 이어지고 사단법인 고창농악보존회가 만들어지는 데까지 나아가면서 큰 기반이 되었죠. 그게 없었으면 누가 모여서 했겠어요? 그냥 고창 축제 참가하고 헤어졌을 텐데 어떻게든 고창을 대표로 해서 좋은 성과를 내야 한다고, 특히 어르신들이 의지가 강했던 것 같아요. 그 최정점이 대사습이었고 그 이후로는 거의 대회를 안 나갔어요. 시군농악경연대회는 전라북도에서 의무적으로 가야 되니까 갔었고, 또 저희가 2000년 읍면농악경연대회를 시작했거든요.

춘영 고창 지역 내, 보존회 주관으로요?

명훈 2000년부터 시작해서 올해로 17년이 돼요. 17년 동안 14개 읍면농악단이 다 조직이 됐고, 그 농악단들이 고창농악경연대회를 하는 거예요. 그런데 경연대회라기보다는 고창농악을 통한 14개 읍면 농악인 화합의 장이라고 생각해요. 저희는 그렇게 만들고 싶어서 현재까지 그렇게 이어 오고 있어요. 초창기에는 판굿만 하다가 좀더 다양하게 여러 가지를 해 보자 해서 각 마을의 다양한 굿을 가지고 나오면 가산점을 주었죠. 그래서 어느 면은 문굿, 어느 면은 당산굿, 어느 면은 풍장굿, 어느 면은 풍어제 등으로 다양하게 진행해요. 부침은 좀 있지만 그렇게 해 온 지 몇 년 됐어요. 의외로 읍면농악단들이 판굿을 하기가 더 힘들어요. 당산굿이나 매굿 하기가 편하지. 안 되는 판굿을 하려니까 재미가 없는데, 다양한 굿을 하다 보면, 또 판굿을 하고 싶은 욕구가 생겨요. 저희가 자꾸 유도를 해서 잘해 오고 있습니다. 전국농악경연대회에는 보존회가 나가요. 군에서 지원을 받아 매해 나가는데, '상을 받는 게 중요한 게 아니다. 다른 지역은 어떻게 하는가를 보고 배우며 즐겁게 노는 데 의의가 있다.' 하는 마음으로 나가요. 고창농악 회원들 역량을 강화하기 위해서 매주 목요일에 고창농악보존회 굿모임을 하는데, 그 시간에 준비를 하는 거죠. 그때는 목표가 있으니까 연습이 돼요. 그리고 끊임없이 강조해요. "일등 하러 가는 거 아니다. 놀러 가는 거다. 즐기러 가는 거다. 여러분들이 최고다. 다른 팀은 전공하는 대학생들이 나왔는데, 그런 걸 따지면 우리가 일등 할 수도 없다. 다만 우리 굿의 정신을 보여줄 수 있는 최고의 기회다." 그래서 준비도, 대회 참여도 너무 즐겁게 하고 있습니다. 말씀하셨듯이, 여기저기서 우후죽순같이 대회가 생기는데, 저는 각 도나 시에서 읍면동농악을 하는 건 좋다고 생각을 해요. 제가 한동안 고창농악 일을 해 오면서 다른 지역도 우리처럼 그 지역의 굿을 정리하고 이어받아서 하면 서로 재밌을 텐데 왜 그게 안 될까 생각했어요. 그런데 그렇게 할 수 있는 길이 바로 읍면동농악경연대회더라고요. 깊게 들어가 보면 폐혜도 있고 알력도 있고 복잡하지만 한편으로 그 지역 농악을 활성화시키는 데 굉장히 큰 역할을 한다고 봐요. 우리도 "전국농악경연대회도 유치를 해 보자." 하는 얘기를 하기도 했는데 굳이 고창에서 그래야 될 필요성을 아직까지 크게 못 느끼고 있거든요. 근데 이제 전국대회를 일 년에 한 번씩 나가요. 씁쓸할 때도 있긴 하지만.

춘영 이 부분은 상쇠로서, 보존회 회장으로서 어떻게 바라보는지 가치관의 문제라서 물어보는 거예요. 대회 문제는 많이 얘기할 필요가 있는데, 저도 전국을 다니면서 읍면동농악경연대회를 많이 접해요. 필봉, 김천 등 그 지역 내에 있는 각 동이나 마을이 모여 대회를 하면서 그 지역의 풍물을 보급하는 기회가 되는 것 같아요. 지금 고창과 비슷하게 그런 역할을 한다는 거죠.

명훈 저도 몇 군데 심사 겸 해서 가 봤는데, 깜짝 놀란 건 뭐냐면 모든 읍면동농악단 구성이 똑같아요. 잡색 세 명에 판제. '어쩜 저렇게 획일적으로 하지? 옛날에 전문 연희패가 했던 판굿 형태를 왜 읍면동농악단에서 왜 이어가지? 이게 전부가 아닐 텐데?' 하는 생각이 들었어요. 보존회나 주최 단체가 분명한 철학을 갖고 운영하는 게 중요하단 생각을 했어요. 각 읍면에서 필요한 굿을 칠 수 있게 다양성을 열어 주는 게 중요한데…. 말하자면 굿을 기량으로 잘 치는 게 중요한 게 아니라 현재 우리 지역의 굿을 이어 가는 게 중요하다는 거죠. 획일화시키는 게 많이 아쉬웠어요.

춘영 예, 공감합니다.

명훈 한편으로 이해되는 점도 있긴 해요. 심사를 하려면 기준이 있잖아요? 당연히 기량으로 평가할 수밖에 없게 돼요.

춘영 보이는 걸로 판단할 수밖에 없죠. 기량뿐만 아니라 복색을 잘 입었는지, 영기나 잡색을 잘 준비했는지…. 그 부분에 대한 깊이 있는 담론이 필요한 문제죠. 이 문제는 시간 관계상 이 정도로 할게요. 좋은 지적을 해 주셨어요. 대회 운영을 왜 하는지, 기본 철학이 무엇인지, 특히 마을 사람들이 주체적, 창조적으로 향유할 수 있는 다양성의 길을 열어 줘야 한다는 말씀이 와닿네요.

명훈 그런데 열어 준다고 되는 게 아니고 그거를 관여를 해야죠.

춘영 그렇죠. 일상적인 관리. 아무튼 경연대회는 필요악인 것 같아요.

명훈 예, 저도 '이렇게 많은 분들이 농악을 하는구나!' 하고 깜짝 놀랐어요.

춘영 자 이제, 끝부분으로 갑니다. 고창농악의 상쇠 문화를 소개해 주세요. 상쇠 대접, 상쇠 수업이나 학습 같은 거. 다음 상쇠를 위해서라도 이런 건 굉장히 중요하다고 생각하거든요. 다른 상쇠들 면담하면서 상쇠 학습, 상쇠 수련 이런 표현이 나왔어요. 이게 있는 곳이 있고 없는 곳도 있어요. 예를 들어 필봉에는 다음 상쇠를 키우기 위해 '농구'라는 역할을 맡겨서 굿판에서 학습을 시켜요. 또 어떤 경우는 상쇠가 되기 위해 스스로 학습을 했다, 수련을 했다는 경우도 있어요. 혹시 고창에 그런 문화가 있으면 소개해 주세요.

명훈 상쇠 문화가 특별한 게 있는 건 아니고, 자연스럽게 판에서 배웠어요. 저는 황규언 선생님 따라다니며 장구 치다가, 다음에 꽹과리 치다가 자연스럽게 상쇠가 되었잖아요? 그런데 상쇠는 꽹과리 가락만 잘 친다고 되는 게 아니더라고요. 굿에 대해 전반적인 걸 다 꿰고 있어야 하고 다른 치배들은 어떻게 해야 하는지, 어떻게 치고 판 안에서 어떻게 놀아야 하는지를 알고, 가르쳐 주고 함께 갈 수 있게 하는 전체적인 안목이 필요한 거 같아요. 황규언 선생님은 그러한 모습을 몸소 실천으로 보여주셨어요. 그래서 저도 자연스럽게 습득을 했죠. 선생님은 자주 "상쇠는 아무나 하는 것이 아니여. 여간 어려운 것이 아니란 말여. 치배들도 돌릴 줄 알아야지. 반주도 해 줘야 되지. 나도 놀아야지…." 이런 얘기를 강조하시고, "상쇠가 하는 거 다 따라오니까 상쇠가 어떻게 하느냐에 따라 다르다. 뒤에 따라다니면 평생 뒷쇠밖에 안 된다."는 말씀도 하셨어요.

춘영 부쇠는?

명훈 예. "그런데 뒷쇠가 가락이 좋은 사람이 많다." 이런 얘기를 했어요. 그런데 상쇠가 굿판의 리더잖아요? 그걸 하려면 네가 많이 해 보고 이것도 알아야 되고 저것도 알아야 된다는 얘기를 강조하셨어요.

천하의 상쇠 나금추를 만나다

명훈 특별난 건, 고창 어르신들이 나금추 선생님을 소개시켜 주셨다는 거예요. 제가 황규언 선생님 영향도 받았지만, 또 한 분을 꼽자면 나금추 선생님이잖아요? 나금추 선생님은 노문연에 있을 때 문예진흥원에 가서 영상으로 처음 뵈었죠. 입을 쫙 벌리고 봤죠. 그때까지만 해도 그렇게 잘 치는 여자분이 있는지 몰랐죠. 92년도에 전라도의 춤, 전라도의 가락을 하는데요, 전주에서 제1회를 했어요. 그때 고창의 황규언 선생님, 유만종 선생님, 강대홍 선생님 세 분이 올라가셨는데 저도 당연히 갔죠. 나금추 선생님께서 부포놀음을 하시는 거예요. 우리 선생님들도 무대에서 하는 게 굉장히 좋으셨는데, 진짜 마당처럼 한 거예요. 그때 나금추 선생님이 실제로 하는 걸 처음 봤어요.

깜짝 놀랐어요. '아니 저렇게 젊고 살아 계셔.' 했죠. 그러다가 학교 졸업하고 고창에 와서 동리국악당에 있을 때 어르신들이 "꽹과리 하면 나금추야. 부포 하면 나금추야. 꽹과리 배우려면 나금추한테 배워야 돼." 하면서, "다음 상쇠 로 명훈이를 키워야 되는데, 나금추한테 배워야 한다." 모든 어르신들이 다 그렇게 말씀하셨어요. 그래서 나금추 선생님을 고창으로 모시고 왔어요. 그 때 동리국악당 있을 때니까 98년부터 두세 달쯤 국악협회 돈으로 수업했죠. 그때 부포를 처음 써 봤는데, 할아버지들도 같이 배웠어요. 98, 99년 2년. 또 국악협회 회장님은 정읍 유지화 선생님한테도 저를 데리고 가셨어요. 깜짝 놀랐어요. 명성으로 들었지만. '하 어렵다.' 하고 그 뒤로 안 갔는데, 어쨌든 나금추 선생님이 오셨잖아요? 그런데 이게 어렵고 쉽게 배워지는 게 아니에 요. 당시 부포도 처음 써 볼 때였어요. 그런데 사정이 생겨서 선생님 못 오시 고 국악협회 사정도 있고 해서 2002년도에 다시 전주 전북도립국악원에 계 신 선생님께 갔어요. 도립국악원 강습생들이랑 같이 수업을 받은 거예요. 그 렇게 일 년을 다녔어요. 장구도 배우고 꽹과리도 배우고 부포도 사서 돌리는 데 마음대로 안 되죠. 너무 어렵고. 처음에는 내가 선생님한테 배워서 고창 에 가서 내가 가르치려고 했는데 배워서 가르칠 게 아니더라고요. 내가 식구 들한테 "야, 우리 선생님이 퇴임을 하시고 학원을 도립국악원 앞에 내셨는데 선생님한테 일주일에 한 번씩 가자." 했죠.

춘영　2000년대 초반이잖아요?

명훈　제가 2002년도에 처음 갔고 2003년인가 2004년부터 갔어요.

춘영　완전히 초창기네요. 금추예술단의 전신?

명훈　전신이죠. 그래서 도시락 싸고 악기 들고 봉고차 타고 전주 학원에 일 주일에 한 번씩 일 년을 다녔어요. 너무 힘든 거예요. 그래서 "선생님, 선생님 이 고창에 오시면 안 될까요?" 하니까 좋다고 하셔서, 그 뒤로 선생님이 고창으로 오신 거예요. 그러다가 또 우리만 하면 안 되겠다. 전국의 굿 치는 동료들한테도 선생님 모시고 여름, 겨울 기간에 합숙 2박 3일, 3박 4일 잡아서 한다고 오라고 했죠.

춘영 그 시기가 언제죠?

명훈 2004년, 2005년. 전국에서 온 건 2007년쯤이겠네요.

춘영 전국화?

명훈 예. 그래서 여름, 겨울로 합숙하고 우리는 일주일에 한 번씩 계속 민요, 꽹과리, 장구도 배웠죠. 그러다가 2009년에, 공부만 할 것이 아니라 같이 공연을 해야 선생님이 했던 판제도 정리가 되겠다 생각해서 '천하의 상쇠 나금추'라는 공연을 처음으로 전주 한국소리문화의전당에 올렸어요. 문예진흥기금을 받아서 고창에서 한 번, 전주에서 한 번 무대에 올렸죠. 그때 굉장히 공부를 많이 했어요. 그리고 금추예술단이 결성이 됐죠. 그리고 선생님이 부안으로 이사를 간 게 2007년.

춘영 전주에서 부안으로 넘어가신 거죠.

명훈 퇴임하시고 학원 접으시고 부안으로 오셨어요. 그때 부안에 철호 씨가 폐교 공간을 마련하면서 선생님을 모시고 부안에서 전수를 하게 된 거죠. 저희도 '선생님 부안에 계시고 부안농악으로 문화재가 되셨으니까 당연히 그렇게 해야 된다.' 생각했죠. 금추예술단은 따로 가는 거고. 그때 철호 씨, 기곤이, 영경이가 굉장히 열심히 했죠. 작년에 선생님 팔순 기념으로 서울에서 공연 해 보자 해서 '천하의 상쇠 나금추'를 또 했죠. 2009년보다 더 힘들었던 것 같아요.

춘영 전국 단위로 하다 보니까, 또 촛불 상황이어서….

명훈 시간이 너무 많이 흘렀어요. 그사이에 꾸준히 공부한 것도 아니고, 마음을 모으는 데 3년 정도 걸렸어요. 특히 고창농악 이수자 중심으로 해야 하는데 일이 워낙 많아서, 선뜻 마음을 내기 어려운 거예요. 끊임없이 설득해서 다행히 성황리에 잘 마쳤고 지금까지도 공부하고 있습니다. 그리고 제가 작년에 계획을 세웠어요. '그동안은 주로 단체로 했는데 개인적으로 선생님한테 본격적으로 공부를 해 보자. 내가 올 한 해 선생님을 백 번을 만나자.' 그래서 선생님께 말씀을 드렸더니, "천 번이고 만 번이고 날마다 오기만 혀." 해서 제가 작년 한 해 동안 마흔여덟 번을 갔어요.

춘영 2017년이요?

명훈 네 올해까지 백 번 채우려고 합니다. 그때서야 느낀 거예요. 회장이고 또 상쇠로서 저도 수많은 일을 해 오고 내 청춘 바쳐 왔다면 앞으로 나는 뭐지? 나는 어떻게 살아야 되지 이런 게 있잖아요? 나의 굿쟁이로서의 예인으로서의 삶은 무엇인가?

춘영 예, 이명훈 개인 혹은 고창굿보존회의 미래지향과 연관해서 정리를 해야 될 것 같아요.

명훈 예, 그래서 '내가 연행자로서 제대로 서지 않으면 앞으로 무슨 의미로 살 수 있나?' 이런 게 좀 걸리더라구요. 결론이 '공부를 해야 되겠다. 나는 결국은 연행자다.' 하는 결론이 마흔 넘어가니까 들더라고요.

춘영 나금추 선생님을 보면서, 회장으로서 상쇠로서 전체 판을 위해서 헌신했다면, 이제 본인 중심으로 자기 계발을 해 나가겠다는 결심을?

명훈 생각해 보면 어르신들이 선생님을 모시고 와서 이분한테 배워야 된다고 했기 때문에 지금까지 올 수 있었어요. 우리 어르신들이 마음이 열려 있어서 기회가 될 때마다 "어떻게든 바깥에서 잘하는 사람 있으면 다 따와서 니 걸로 만들어야 된다. 무조건 잘하는 사람한테 배워야 된다. 내가 가르치는 게 다가 아니다."라고 하세요. 모든 어르신들이 다 그랬어요.

춘영 그게 대단한 거 같아요. 다른 분들은 "다른 거 배우지 마라." 하시는 경우가 많거든요. 다양한 공부를 하는 거를, 문제의식 자체를 인정 안 하고 다른 걸 하면 "너 이상하다. 옛날에 안 그랬는데…"라는 식으로 얘기하는데, 고창 어르신들의 그런 마음가짐과 태도 속에서 오늘의 상쇠님이 계신 것 같아요.

명훈 예. 그리고 나금추 선생님은 한마디로 농악, 풍물을 예술의 경지로 올려놓으신 것 같아요. 꽹과리 가락이나 부포놀음이나…. 옛날 할아버지들은 부포놀음 그렇게 하지 않았거든요. 꽹과리 성음이 그렇게 나지 않았어요. 그런 부분들을 여성농악단 하시면서 소리도 배우시고 춤도 배우시고 또 국악원에 근무하시면서 스스로 터득하신 거 같애요. 지금도 가락이 계속 변화 발전하고 계시잖아요? 끊임없이 그런 것들을 강조하세요. 가르칠 때도 똑같은 걸 가르친 적이 한 번도 없어요.

춘영 제가 선생님 영상 찍고, 면담을 하면서 보니까 그런 게 보이더라고요. 철호 형이랑 그런 얘기를 많이 해요. 부폿짓도 제가 그 경지나 내용을 잘 몰라서 그렇지, 얼마나 어려운가…?

명훈 나금추 선생님을 만난 것이야말로 제가 여기까지 올 수 있는 큰 힘이죠. 선생님이 돌아가시면, 참으로 어깨가 무거운데 제가 잘할 수 있을지….

춘영 선생님을 보면서 또 힘을 받으면서?

명훈 그런 거를 심어 준 가장 큰 선생님이시죠.

21세기 풍물굿 상쇠의 덕목과 전망

춘영 제가 느끼기에는 충분히 여러 역할들을 해 오신 것 같습니다. 그런데 21세기의 상쇠는 공연만 잘하는 것이 아니라, 시대가 달라졌기 때문에 시대의 큰 흐름 안에서 풍물굿문화가 어디로 가야되는지, 어디에 놓여야 되는지에 대한 안목도 있어야 된다고 생각해요. 그래서 창작도 하고 복원도 하고 전수관 운영도 하고 대회도 하는 거죠. 그런 전체적인 것을 감안해서, 상쇠 혹은 꼭두쇠, 풍물굿 단체의 수장으로서 미래지향적인 혹은 21세기 상쇠의 덕목이라고 한다면 어떤 게 있을지?

명훈 지역마다 사정이 다르긴 하겠지만, 저는 고창농악보존회장이자 상쇠로서 고민을 많이 해요. 상쇠는 조직의 최고 운영자이고 기획자다. 지도자보다는 운영자, 기획자. 그러면서 한편으로는 상쇠. 그동안에는 분리가 됐었어요. 황규언 선생님은 꽹과리, 장구 치시고, 또 여러 굿들을 우리에게 전해 주신 거고 고창농악보존회를 지금까지 꾸려 온 분은 다른 분이거든요.

춘영 상쇠와 회장님이 다른 분이었다?

명훈 예. 그리고 그동안 저는 그 두 분을 다 모시면서 지내 왔어요. 그리고 이제 저는 그 두 가지 역할을 동시에 수행하는 입장이죠. 21세가 상쇠론을 제가 다 정리할 수 없지만 제 입장에서만 말하자면 최고의 운영자, 기획자, 굿의 연행자로서의 상쇠가 돼야 된다, 즉 삼박자를 갖춰야 된다는 거예요. 기량만 좋다고 사람들이 모이는 게 아니에요. 사람들 마음을 모아 내려면 그들의 얘기를 들어 주고 내 안에 담아 내고 또 그들과 관계를 잘 맺어야 돼요. 때로 상처도 받고 상처도 주는 관계라는 부분이 더 힘들어요. 사실 꽹과리만 치고 무대만 서도 된다면 덜 힘들 텐데, 그럴 수도 없어요. 그래서 오늘날 고창농악의 21세기 상쇠는 그런 삼위일체의 존재이다. 그리고 제가 2007년에 어린 나이로 보존회장이 됐어요. 꿈에도 생각지 않고 있었고, 전임 회장에 이어서 또 덕망 있는 어르신을 모셔야 된다고 생각했는데, 어찌해서 내가 회장이 되고 보니, 처음에는 중간 역할을 해야 되겠다 생각하긴 했는데, 조금 지나고 보니 제가 여자이고 나이도 어린데 제 뒤에 어떤 어르신이 회장 자리로 오겠냐 하는 고민이 있어요.

춘영 예. 하하….

명훈 그래서 처음엔 길어야 3,4년 할 거라고 생각했는데, 어느덧 12년째 하고 있어요. 다음 보존회장님을 모시려고 백방으로 다니면서 그렇게 딱 꺾이더라고요. 물론 지금 회원들은 나이 어린 저를 회장으로 인정해 주시고 잘 따라 주시는데, 다음 회장은 외부 영입은 안 된다, 내부에서도 나이 많은 사람은 안 되고 지금 회장의 후배가 해야 된다, 그렇게 얘기하세요. 그렇게 보면 다음 상쇠나 회장이 같은 느낌으로 가야 된다고 봐요.

춘영 상쇠와 회장을 일원화해서?

명훈 나누더라도, 옛날처럼 완전 분리는 아니고 상쇠와 보존회장이 어떤 식으로든 결합해서 같이 가는 모양새로 가야 된다고 봐요. 충분히 그럴 수가 있다고 봐요, 고창은….

춘영 전체적으로 풍물굿 미래에 대해서는 긍정적입니까 부정적입니까? 상쇠님이 보시기에 풍물굿의 미래는?

명훈 저는 긍정적인 면도 있고 부정적인 면도 있다고 봐요. 고창에서 14개 읍면농악단이 구성되고 지금까지 많은 변화가 있었어요. 특히 고령화되고. 지금까지 17년째 고창농악경연대회를 하고 있는데, 초창기 참여자는 어려서부터 마을에서 풍물굿을 보고 자란 세대였죠. 그래서 60이 되든 70이 되든 할 수 있었어요. 근데 그분들이 80이 되니까 못 하게 되는 거야. 그래서 읍면농악단에는 젊은 사람들이 오는데, 그분들은 굿을 배우는 기간이 오래 걸려요.

춘영 강습하기에 어렵다?

명훈 하는 분도, 받는 분도 다 힘들죠. 그래서 기존 회원들이 옆에서 최대한 함께해 주기도 하는데, 그래도 젊은 사람들이 함께하기에는 어려움이 많죠. 풍물굿은 기량만 주고받는 게 아니라 사람 간의 관계가 중요해요. 한 패의 관계, 농악단의 관계…. 또 하나는 지역적으로 너무 획일화되는 거예요. 지금

하는 것이 전부인 양 획일화되는 거.

춘영 긍정적인 건?

명훈 긍정적인 건 굉장히 많아요. 전수를 하면서 대학생도 가르치고 전승지정학교(항공고) 친구들도 가르치는데 애들이 재밌어라 하는 거죠. 그럴 때마다 '이게 잘 이어져 가겠구나!' 하는 기대가 커져요. 물론 잘 전수해야죠. 기량만 잘 가르치는 게 능사가 아닙니다. 전수관을 통해 마을공동체 생활을 배우게 하고, 그런 걸 통해서 같이 굿을 치는 사람들, 가르치는 선생님들, 윗대 옛날 어르신들, 옛날 굿에 대한 얘기들을 함께 접하게 하는 것도 중요하죠. 그런 데서 전수생들이 재미를 느끼는 것 같아요. 그래서 자기 세대의 굿을 만들어 내려고 해요. 고창농악 전수생들은 늘어나는 추세인데, 가만히 살펴보면 그런 공동체성의 강조가 바탕이에요. 애들과 관계도 잘 만들어 가고 학교 동아리도 잘하게끔 끊임없이 노력하는 전수관 사부들의 마음가짐. 그래서 잘되는 거 같아요. 획일화되고 재미가 없어지는 건 잘 못하기 때문이거든요. 잘 하게 하려면 지난한 시간이 걸리지만 없어지는 건 순간이에요. 그래서 정말 사람이 중요하다고 느끼는 거예요. 91년부터 여기까지 왔잖아요? 진짜 앞만 보고 달려왔어요. 그 열악한 환경에서 단체도 조직하고, 공간도 마련하면서 여기까지 왔는데, 순간순간은 힘들었지만 지금 보면 어르신들을 만나서, 선생님들을 만나서 행복했어요. 그런데 이제 이거를 어떻게 잘 정리할 것인가? 미래가 걱정이에요. 왜냐면 저는 처음부터 쭉 이어 왔지만, 이제는 1년 된 사람도 있고, 10년 된 사람도 있고 사람마다 생각이 다 달라요. 오는 목적이 다르고 하고 싶은 일이 달라요. 저랑 마음이 똑같은 건 아닌 거죠. 그래서 어떻게 하면 잘 유지해 갈 수 있을까 되레 여쭙고 싶어요.

춘영 저한테 물어보는 건가요? 우선은 젊은 친구들이 선배들이 왜 이렇게 해 왔는지는 생각할 것 같아요. 그런 점에서 크게 걱정 안 해도 되지 않을까요? 이명훈 상쇠님은 아직 젊어요. 상쇠님을 비롯한 1세대의 조직력이 앞으로 최소 5년에서 10년 정도는 더 갔으면 좋겠어요. 그러면서 젊은 친구들은 자기 상상력을 극대화하면서 그에 따르는 책임감도 갖게 해 주어야겠죠. 각 세대마다 시대의식이 다른데, 현재의 주축 세대가 앞으로 5~10년은 계속하면서 젊은 친구들의 그릇을 키워 주고 시대적인 안목을 넓혀 주는 걸 보존회에서 잘 이끌어 준다면, 자연스러운 계승이 이루어질 거라고 봐요. 이제 나금추 선생님마저 돌아가시면 전통 명인 시대가 종식되고, 21세기 맥락이 완전한 주류가 되거든요. 미래 준비는 같이 이야기해야 해요. 저는 스스로를 풍물굿 담론가라고 소개하는데, 비평을 하는 것이 아니라 풍물굿쟁이, 사람을 조명해 주는 역할을 하는 거죠. 아무튼 사람에 대한 투자, 사람이 가장 중요하다고 할 수 있어요.

명훈 저도 공감하는데, 공간도 커지고 사람도 많아졌잖아요? 그러니까 일만 하는 거예요. 제가 이렇게 일만 하며 살려고 여기까지 온 것도 아니고, 옆에서 일하는 사람도, 굿쟁이로 성장하는 사람도, 예인으로 성장하는 사람도 좀 더 많았으면 좋겠어요. 제가 어르신들 몸짓, 발짓, 춤짓에 반해서 여기까지 왔듯이 우리를 보고 따라하는 사람들이 생겨났으면 좋겠다는 거죠. 우리는 연행을 하는 연행자로 살아야 하는데, 그 일을 접어놓고 지금 다른 일만 하고 있는 현실이 안타까워요. 말하자면 처음부터 끝까지 우리가 다 해야 하는 상황이 힘든 거죠.

춘영 저도 그래요. 다 해야 하죠. 하지만 시대가 그런 것 같아요. 그래도 같은 처지를 공감하는 사람이 있잖아요. 성호 형이나 배관호 상쇠도 그렇고, 다른 단체들도 모두 다 고군분투하고 있어요. 발전적인 이야기들은 언제든 기회가 있으면 오늘 신뢰를 바탕으로 함께 이야기할 수 있을 것 같아요.

명훈 저는 끊임없이 공부를 해야 한다고 생각하고 일이 정말 많긴 하지만 시간 날 때마다 연습하고, 그렇게 살고 싶어요.

춘영 상쇠님은 충분히 가능성과 능력이 있다고 봅니다. 고생하셨습니다.

명훈 고맙습니다. 고생하셨습니다.

9. 성남 풍류사랑방 일과 놀이 상쇠 임인출

일시: 2018년 5월 28일

장소: 성남 풍류사랑방 일과 놀이

면담자: 임인출(남, 50대 후반, 성남). 풍류사랑방 일과 놀이 대표 및 상쇠 / 사) 민족음악원 단원 / 전) 성남민예총 회장

면담 의도와 상황: 임인출 상쇠는 30여 년 동안 서울, 경기 지역에서 풍물굿을 성실히 일구어 온 풍물굿쟁이다. 터울림 활동을 시작으로 성남에서 여러 풍물패와 함께 20년 가까이 지역의 건강한 풍물굿을 만들어 가고 있다. 성남에서는 1년의 세시절기마다 풍물굿판이 열리는데 그 중심에 임인출이 있다. 서울, 수도권의 집회풍물길놀이에서 전체 상쇠로서 이끄는 모습을 많이 볼 수 있다. 최근 미국산쇠고기, 세월호, 백남기 농민, 싸드 관련 행사 등 시국 현장에 적극 참여해 왔다. 2016-2017 박근혜 국정농단 촛불시민혁명 과정에도 대다수 참여하였고, 촛불 비나리를 창작하여 수차례 연행하였다. 기록자에게는 든든하고 따뜻한 선배 풍물굿쟁이로, 이 기획의 첫 면담자로 그를 떠올렸다. 임인출 굿쟁이의 첫 번째 미덕은 주변에서 '보살'이라고 불리는 데서 알 수 있는 것처럼 그의 헌신성이다. 모든 일에 앞장서지만 다른 이들이 빛나게, 즐길 수 있게, 어울릴 수 있게 아래에서, 뒤에서 받쳐 준다. 행사가 끝나면 모든 마무리까지 직접 챙긴다. 이러한 굿쟁이의 미덕을 마을이나 지역 사람들이 모를 리 없다. 가족 풍물굿, 동네 마당굿, 지역 마을굿, 시대의 나라굿까지 종횡무진하니 모르는 풍물굿쟁이, 예술가, 지역활동가들이 없다. 특히 통일에 대한 신념을 가지고 실천해 온 삶이 향후 통일의 문굿, 길굿에서 열매를 거둘 거라 확신한다. 남과 북 그리고 해외의 한민족이 만날 때 임인출 상쇠의 꽹과리 가락에 모두 대동놀이로 하나될 굿판을 기대한다.

성남의 대동놀이꾼 임인출

춘영 21세기 풍물굿 상쇠론 성남 풍류사랑방 일과 놀이 임인출 상쇠님 모시고 말씀 나눠 보겠습니다. 풍류사랑방 소개와 본인 소개를 부탁드립니다.

인출 저는 성남 풍물굿패 '우리마당'에서 15년간 활동하다가 전문적으로 업으로 하자는 그런 요구가 많아서 후배들에게 우리마당을 넘겨주고, 전업으로 하는 친구들과 풍류사랑방을 만들었습니다. 단체를 만드는 과정에서 이름을 고민했는데 저는 오랫동안 풍물굿을 통해 사람들이 어울리는 대동놀이에 방점을 찍고 활동을 많이 했어요. 정월대보름 때 달집 태우면서 노는 풍물이라든가, 노동 현장에서 노동자들이 한판 어우러지는 풍물대동놀이, 요즘 농민들의 현장에서 강강술래를 통해 같이 어우러지는 놀이를 하면 보람이 크고, 그럴 때 내가 살아 있다는 느낌이 들어요. 그리고 동채를 이용한 쇠머리대기도 직접 만들고 차전놀이도 하고 또 동채로 배를 만들어서 뱃놀이도 하고 줄다리기도 했어요. 여러 가지 대동놀이로 같이 힘을 쓰고 막걸리 먹으면서 놀고 같이 손잡고 강강술래도 하는 그런 게 저는 굉장히 중요했어요. 그래서 단체명을 일하는 사람들의 놀이라고 해서 일과 놀이라고 했어요. 또 그 앞에 뭘 붙일까 하다가 제가 모시는 이광수 선생님이 "풍류천하, 풍류가 이 세상을 맑게 한다." 이런 말씀을 많이 하세요. 그래서 누구나 와서 같이 놀 수 있는 방을 붙여서 '풍류사랑방 일과 놀이' 이런 이름으로 단체를 만들어, 2012년부터 본격적인 활동을 시작했어요.

춘영 거기 대표이자 상쇠로?

인출 그렇죠. '일과 놀이'에서 쇠잡이가 제 역할이죠. 상쇠는 풍물굿을 연행하면서 이끄는 역할이 중요한데, 저는 지역에서 초급자들하고도 놀고, 중급자들하고도 잘 놀아요. 동네에서 노시는 분들인데 20년 이상 된 분들도 있어요. 저는 강습굿도 훌륭한 굿이라고 보고 꽹과리를 잡고, 또 지역에서 여러 행사를 할 때 쇠를 많이 잡아요. 제가 상쇠 자질은 부족하지만 그렇게 하고 있죠.

춘영 현재는 '풍류사랑방 일과 놀이'에서 활동 중이고 이전에는 성남 '우리 마당'에서 활동하셨는데, 제가 뵙기로는 임인출 상쇠님은 2000년 이후에 각종 사회 현장, 예를 들어서 미선이·효순이부터, 쇠고기 파동, 세월호, 백남기 농민 민중총궐기, 촛불집회 때마다 풍물굿쟁이로 참여한 게 굉장히 인상적이었어요. 2000년대부터 이태호 상쇠, 이성호 상쇠와 더불어서 성남 지역을 넘어서 사회의 모순과 연관된 현장에서 풍물굿 상쇠를 많이 했어요. 그중에서 기억나는 몇 가지 사례를 이야기해 주신다면?

인출 저는 원래 어릴 때부터 풍물을 접하지는 않았고 무속 음악이 우리 동네에 있었어요.

춘영 고향이 어딘가요?

인출 목포에 있는 못사는 사람들 동네였는데….

춘영 목포의 무슨 동?

인출 '207번지'라고 옛날 대성동에 한 슬레이트로 지붕이 쫙 이어진 집들이 있던 동네죠. 그런 골목이 예닐곱 개, 200미터 정도 되는 가난한 집들이 다닥다닥 들어서 있었죠. 그중 한 칸에 살았는데 골목마다 몇 군데 무당집이 있었어요. 전라도니까 당골네. 그 당골네의 소리를 듣고 보고 살았어요. 그러다가 풍물하기 전에 사회운동에 먼저 뛰어들었죠. 87년 6월 항쟁 이후에 만들어진 민주헌법쟁취국민운동본부 서대문지부에서 여러 가지 주민사업을 하다가 풍물로 마을 강습을 열었어요. 그때 불광동에 있던 터울림에서 강사를 모셨는데, 그게 88년도였어요. 물론 87년 6월 항쟁 과정에서 대학생들이 풍물 하는 걸 쫓아다니면서 '아 풍물이 좋네!' 하다가 직접 하게 된 거죠. 저는 처음부터 대동놀이, 결국 일하는 사람들의 정서 속에서 항상 있었는데 계속 활동을 하다가 통일문제, 분단문제 등 모순들이 굉장히 힘들고 어렵구나, 또 노동자, 농민, 서민들의 생활이 어렵구나 생각하고 자기가 일한 만큼 대우받고 인간으로서 존중받는 삶을 구현하기 위한 한 방편으로 풍물을 시작했어요. 그러다 보니까 어느새, 앞에, 중심에 서게 되잖아요? 특히 전교조 투쟁 할 때도 앞에 나서서 제가 진행했던 게 기억에 남아요.

춘영 자연스럽게? 하다 보니까?

인출 자연스럽게 제가 놀이를 이끌어 가는 데 마음이 동했던 것 같아요. 그렇게 하다 보니까 풍물도 상쇠를 하게 되고 앞장서게 되었죠. 마음이 있고 열정이 있으니까 여기저기서 행사 때 저한테 그런 요구가 들어와요. 그러다 보니까 통일운동 관련 행사, 8 · 15 행사, 노동절, 11월 전태일 등 90년대 여러 민주화 투쟁 현장에 두루 참여하게 된 거죠. 그중에서도 대규모로 판을 벌여서 거기에 서는 경우가 많았어요. 여기 성남에서 제가 통일한마당을 진행했었는데 그때가 98년? 제가 쇠머리대기도 직접 만들어서 했어요. 쇠머리대기보존회랑 관계없이. 우연히 책자를 보고 알게 돼서 나무를 구해다가 짜서 성남 구시청 자리 그 앞에서 쇠머리대기도 부딪쳐 보고, 상당히 규모 있는 판을 많이 했죠. 대동놀이에서 그런 성과가 있다 보니까 임인출 하면 '대동놀이' 하게 된 거죠. 또 대동놀이 할 때는 반드시 풍물이 따라오잖아요? 풍물도 규모 있게 해야 되는 상황이고, 그 당시 우리마당 사람들과 함께 풍물도 치고 대동놀이를 이끌면서 고민도 많이 했죠. 90년대 말, 2000년대 초에는 안 해 본 게 없는 거 같아요. 차전놀이, 쇠머리대기를 특히 많이 했어요. 줄다리기도 했고 광주 고싸움놀이, 기지시줄다리기도 선생님 만나서 배웠고, 영산 줄다리기 선생님들도 몇 번 올라오셔서 8 · 15광복절 통일 관련 큰 행사를 장충단 공원에서 10,000명 규모로 할 때, 영산줄다리기 했던 기억도 있죠. 여의도에서 노동자집회를 할 때도 거기에서 광산 고싸움을 했어요. 저는 행사할 때마다 항상 마무리는 대동놀이를 하자고 해요. 대동놀이 할 때 길쌈, 강강술래는 기본이고 그때그때 주제에 맞게 대동놀이가 될 수 있는 걸 찾아서 놀이를 했어요. 그러다 보니까 자연스럽게 놀이와 풍물굿이 어우러지는 규모가 큰 판에서도 많이 서게 됐죠. 작년 8 · 15 때도 천북을 했고, 3 · 1절에도 천북을 했죠.

춘영 2017년도 8 · 15에서 천북을 했죠. 그리고 올해 3 · 1운동 백년 행사에서 그걸 기념으로 한 비나리굿도 했고, 임시정부수립 100년 기념으로 한 천북도 있었고 나라풍물굿준비위원회에서 진행한 굿판도 있었죠. 제가 형님을 필봉전수관에서 처음 본 게 98년 즈음이었어요. 그리고 2000년부터는 계속 형님을 봐 왔죠. 그런 대동놀이 경험은 처음 알았어요. 또 다른 면에서 정말 반갑습니다. 제가 21세기 풍물굿 상쇠론 하면서 같이 이야기하고 싶은 건 전통 풍물의 판제 이야기가 아니에요. 이 사회가 새롭게 바뀐 가운데 풍물이 여전히 살아 있고 여전히 사회적이거나 예술적이거나 정치적이거나 또 종교적인 기능을 하는 다양한 현장의 이야기를 나누고 싶은 거예요. 제가 볼 때 성남에서 형님과 우리마당과 솟대와 민예총 등의 단체들이 함께 만들어 내는 굿이 가장 모범적으로 오늘 도시 속에서 살아 있는 굿이고 세시절기 속의 굿이라는 생각이 들어요. 형님이 하시거나 성남에서 이루어지는 1년 동안의 굿을 소개해 주세요.

20년 성남의 세시절기 굿을 이어 가다

인출 성남에서는 1월 1일에 해맞이 행사가 수어장대에서 있어요. 그게 96년, 97년부터 했으니까 오래된 행사예요. 정월대보름 행사도 오래됐죠.

춘영 대략 20년?

인출 해맞이는 97년부터 했고 정월대보름은 조금 늦게 시작했어요. 15년 정도 됐어요 요즘에 분당에서 자리잡은 삼월삼짓굿을 4월에 하고요. 5월 단오굿이 있어요. 우리마당에서 오랫동안 했죠. 합굿으로 시작해서 지금은 내가 우리마당을 나왔으니까 우리마당에서 하는 행사를 같이해요. 그다음에 통일한마당.

춘영 통일한마당은 언제?

인출 6, 7, 8월 중에 형편에 따라서 하는데, 이것도 오래된 행사예요. 지역 통일아리랑 때 한 번 대동놀이 쇠머리대기를 하고, 동체를 해체하기가 아까우니까 또 경기통일한마당 가서도 몇 번 했어요. 통일한마당에 풍물이 참여해서 대동놀이를 함께했던 행사였어요. 그리고 백중이 있죠. 지금은 민예총 주최 백중한마당이 있고 분당에서도 굿을 만들어 보자 해서 만든 게 가을굿이에요. 거기서는 명인전도 하고 도시에서의 풍물이야기굿이라고 해서 분당 야외공연장에서 해요. 그리고 또 송년아리랑이라고 있는데, 지역의 여러 사회단체가 같이하는 행사는 통일아리랑, 송년아리랑 이 두 행사고, 풍물굿이 준비하는 건 해맞이굿, 정월대보름, 삼월삼짓굿, 단오, 백중, 가을굿 등이죠. 이재명 성남시장 당시 민예총이 조금 지원을 받아서 성남의 여러 패들이 모여 행사를 했어요. 요 근래는 지역의 풍물합굿이 있을 때 제가 상쇠를 하는데, 단체별로 이루어지기 때문에 제가 나이가 있어서 가급적 후배들이 많이 할 수 있도록 해요.

춘영 일 년이 쉴 새 없이 바쁘네요. 시민들의 일상 속에서 절기마다 모이는 모습이 인상적이에요. 모여서 놀기도 하고 막걸리도 주고받으면서 정치인들도 인사하고 시장도 와서 인사하는 것도 의미가 있죠.

인출 지금은 주최가 민예총이 되면서 운영위원회를 결성해서 운영위원회에 참여하는 단체들이 행사를 맡아 하잖아요?

춘영 민예총 운영위원회요?

인출 예. 실무적으로 사무국이 진행하죠. 민예총 지원 받기 전에는 주로 우리가 경기문화재단이나 성남시 발전기금을 조금씩 받아서 순수하게 했죠. 그때는 예산도 없으니까 우리가 마음을 모아서 했었고 지금은 민예총이 주도하니까 시에서 보조금을 받으면서 하기 때문에 이 체계 안에서 굴러가는 거고, 제가 마음을 쓰는 굿은 삼월삼짇굿 그다음에 지역의 강습이죠. 애들 셋을 키우니까 먹고사는 방편도 필요하고 또 하나는 지역에서 주민들과 어우러지는 것도 중요해서, 저는 강습을 여기저기 많이 해요. 분당에서 서현문화의 집 풍물반, 본시가지 쪽에서 수진 1동, 판교에서 삼평동 이렇게 풍물 하고 중고등 대안학교인 성문밖학교, 또 성남여고 난장은 지금 22기째 하고 있는데 저는 그게 참 좋아요. 큰 해맞이나 정월대보름이나 백중보다는 요즘 소중한 게 이런 거예요. 삼짇굿 때는 저한테 배웠거나 배우는 분이 다 같이 모여요. 예산 지원 못 받으면 우리끼리 막걸리, 도시락 싸들고 와서 판을 벌이죠. 시 발전기금을 받으면 그나마 홍보물 만들고 음향 준비해서 막걸리 먹으면서 어울려서 놀고, 또 서현풍물패 자체적으로 1년에 한 번씩 발표회를 해요. 이렇게 사람들끼리 모여서 하는 게 소중한 거 같아요. 그분들이 연세들이 있어요. 어렵게 할 수도 없고 쉬운 가락으로 재미난 게 못방구라고 있잖아요? 가락 하나 가지고 리듬 타면서 재미나게 놀고 그걸 끌어낼 수 있는 그런 쪽으로 관심이 가서 만들어 가고 있어요. 그러면서 애들 셋 키우고, 그분들이 모두 동네 사람들이니까 함께 어울리는 게 소중하고 좋은 것 같아요. 물론 잘 치지는 못하고 젊은 사람들처럼 활달하게는 못해도 은근히 마음을 쓰는 게 있어요. 한편으로 아쉬운 건 젊은 직장인들, 젊은 친구들이 많이 할 수 있도록 판을 자꾸 만들어서 좀더 젊은 사람들이 관심을 가지고 그런 못방구를 어울려 놀 수 있는 판을 자꾸 기획하려고 하는데, 좀 놓치고 있죠.

춘영 저는 김원호 선배님이나 논산굿을 보면서 형님이 무슨 말씀을 하시는지 그 마음을 이해하겠어요. 전문적이고 큰 판과 차별되고, 편안하면서도 판제에 연연하지 않는 비교적 자유로운 굿의 형태라고 이해되는데, 형님이 말씀하시는 못방구는 형의 풍물굿이 지향하는 세계와 연관이 있는 것 같아요. 형님이 '풍물굿 판은 이래야 된다. 이 도시 중심 현대 사회 속에서 이런 굿판이 소중하다.' 그렇게 강조하시는 것 같아요. 못방구라는 단어가….

인출 못방구라는 말을 얼마 전에 들어서 무슨 말인지 물어보니까 '일하면서 노는 거'라는 거야. 그 얘기를 듣고, 저는 대동놀이를 좋아하잖아요? 사람들이 놀 수 있도록 하는 거. 그런데 놀려고 할 때는 저절로 놀아지는 게 아니라 이 사람이 마음을 먹게 되거든요. "같이 한번 놀아 볼까요?" 해서 놀려면 어떻게 놀 것인가? 뭔가 흥이 나야 되는데 요즘은 그게 어려운 거 같아요. 대동놀이도 결국은 어떻게 하면 마음을 써서 마음을 줘서 이 놀이에 서로 어울려서 놀아 볼 수 있을까 하는 데서 시작되는 건데. 저도 40대까지만 해도 판굿이나 뭔가 짜임을 가지고 노는 쪽에 관심이 많았어요. 그런데 50 넘어서면서는, 그 전엔 내가 쇠 소리가 엄청 컸는데 지금은 쇠 소리를 줄이고 장구, 북, 징이나 소고까지 그 소리와 몸짓을 내 쇠 소리로 끌어당기는 게 아니라 내 쇠 소리를 낮춰서 그분들의 마음을 모아 내는 그런 쪽에 관심이 많아요. 그런데 지금 우리나라 풍물굿 체계가 그런 시스템이 되어 있는 것 같지는 않아요. 지금까지는 가르쳐 주고 따라오게 하는 시스템이잖아요? 특히 사물놀이를 많

2019년 3·1혁명 백주년 기념 만북울림 파고다공원 앞 길굿 중 깃발놀이

이 하다 보니까. 나는 사물놀이가 풍물굿의 한 장르이지 다른 거라고 생각 안 하거든. 사물놀이는 무대음악, 무대 연주용 음악이긴 하지만 악기를 매고 놀 때, 업으로 하는 사람은 일당백으로 열 사람, 백 사람을 끌어당겨서 같이 놀 수 있는 게 중요하지 내가 잘해서 잘 보여주는 것보다는 그 마음을 얻는 거이게 중요하다고 봐요. 저는 대동놀이 할 때도 항상 그런 쪽으로 관심이 많았어요. 요 근래 내가 막 꽹과리로 끌어당겨서 가려면 참 힘들어. 그런데 학습이 좀 된 상태에서 "한번 놀아 볼까요?" 그러면 처음에는 뻘쭘거리다가 좀 있으면 열리고, 그렇게 열리다 보면 굉장히 재미나게 어울려 놀 수 있어요. 그럴 때가 참 좋아요. 예전에 필봉에서 그런 걸 많이 느꼈는데, 진득하게 놀다 보면 금방은 불이 안 붙어도 나중엔 은근히 불이 붙어서 놀잖아요? 대동놀이도 갑자기 놀자 그러면 안 나와요. 슬쩍슬쩍 붙다가 나중에 '어 재밌어 보이네!' 이러면 자기들도 막 나오잖아요? 그 소리와 풍물과 몸짓과 마음이 일치되면 계속 놀고 싶어지는 거지. 그냥 맨몸으로 놀다가도 악기 치면서 놀 수 있고 악기 못 치는 사람도 리듬을 타다 보면 빠져서 놀 수 있고, 이런 게 좀 더 커지다 보면 거기서 풍물이 두드리는 힘, 여러 악기들이 어우러지는 힘이 접목이 되어 아주 재밌어지는데 저는 그런 걸 필봉에서 많이 느꼈어요.

춘영 예, 얼쑤~! 저도 아주 공감이 됩니다.

인출 그런 것들을 어떻게 하면 만들 수 있을까, 하는 고민들을 해요. 예전에는 가락을 많이 가르치는 쪽으로 했다면, 지금은 어느 정도까지는 하고 그다음에는 악기 매고 같이 한번 놀아 볼까? 그래서 몸짓도 해 보고 자진모리 '하나 둘 셋' 할 때 툭 떨어뜨리면서 몸과 마음을 내려놓는 그런 쪽으로 신경 쓰고 주안점을 두고 있어요.

춘영 저도 형님이 꽹과리 치는 걸 20년 동안 보면서 왔잖아요? 꽹과리 치는 거나 준비할 때, 리허설하고 굿판을 진행하고 정리하고 뒷풀이하는 전 과정을 최근까지도 자주 보잖아요? 특히 오늘은 꽹과리 소리가 작으면서도 치배들이랑 어울리고 과시적이지 않으면서도 조용하게 잦아드는 모습이 좋았어요. 오늘은 모심기 체험행사, 마을 만들기 행사의 일원으로 다녀왔는데 충분히 분위기가 잦아들지 않았나, 행사 시간이 여유가 있었다면 관객들이나 참여자들과 함께 좀더 적극적으로 놀 수 있는 여지가 있지 않았나 싶어요.

임인출 풍물굿쟁이의 굿 세계와 스승

춘영 형님이 말씀하신 걸 보면서 분명하게 느꼈어요. 지역 내에서 또는 지역을 넘어 좀더 넓은 범위에서 형님이 고민하는 굿쟁이, 풍물굿의 본질을 잘 말씀해 주서서 크게 공감이 됩니다. 제 작업의 초점은 하나의 굿패, 하나의 현장, 한 사람의 상쇠예요. 오늘 굿을 통해서도 다시 확인하고 있습니다. 풍물굿에서 형님에게 영향을 준 스승, 사람이 있을까요?

인출 젊을 때 필봉굿을 잠깐 맛보다가 처음에는 터울림에서 활동하면서 이태호 상쇠한테 풍물을 배웠어요. 그때는 잘 몰랐지만 전국의 굿들을 잘 섞어서 터울림화해서 일하는 사람들의 풍물문화를 만들어 간 거잖아요? 특히 노동현장에 많이 가면서 함께하는 게 인상적이었어요. 터울림이 좋은 모델이었고 제가 88년도에 그렇게 한 다음에 89년에 터울림에 다시 가서 배우다가 90년대 말에 성남에 들어왔어요. 그때는 통일운동에 더 마음이 있어서 성남 터사랑청년회에서 활동하다가 국가보안법에 연루돼서 징역 살고 나온 게 96년이에요.

춘영 몇 년 계셨어요?

인출 92년에 들어가서 96년에 나왔으니까 한 4년 가까이 살다 왔는데 공백이 있어서 뭘 할까 하다가 풍물을 하게 됐죠. 너무 좋은 거예요. 이게 너무 좋아서 '야 이거다!' 이런 생각이 든 게 98년경이었요. 96년도부터 조금씩 하다가 98년부터는 본격적으로, 지역 청년 사업도 하고, 99년, 2000년도에는 민족음악원 유인상 악장도 만나서 학습하고 그렇게 살았어요. 그 와중에 필봉을 갔잖아요. 양순용 선생님을 직접 뵙지는 못했지만 선생님 영향을 많이 받은 것 같아요. 제가 91년도에도 필봉을 갔어요. 그랬는데 96, 97년도에 다시 갔어요. 그러니까 터울림, 필봉의 양순용 선생님으로부터 크게 영향을 받았고 그 선생님이랑 제자들도 있잖아요? 조 박사도 그때 만나게 됐고, 99년에는 유인상 악장을 잘 만나서 굉장히 영향을 받았죠. 2004년에 이광수 선생님 문하에 들어가서 선생님 모시고 지금까지 계속하고 있습니다. 풍물이 놀이의 측면도 있지만 음악적으로는 민족음악원에서 지금까지 학습을 해 오는데 끝이 없어요. 지금도 배우면서 계속 느끼고 있어요. 이광수 선생님께는 음악적으로 영향을 많이 받고 있어요. 제게는 저를 가르치신 선생님도 중요하지만, 가장 큰 스승은 저에게 강습받는 분들이에요. 강습하는 가운데 내가 또 배우며 성장했고, 또 하나는 내 몸에서 배워요. 수없이 아프고, 아프다 보면 힘이 들어가는 부분이 고쳐지고 이렇게 해 오면서 사물놀이에 집중했잖아요? 사물놀이 하는 과정에서도 여러 지역 풍물굿을 많이 접했더라면, 기회가 되면 전수도 받고 그러면 좋았을 텐데 하는 아쉬움이 있어요. 마음은 부안 나금추 선생님도 만나고 싶었는데…. 아무튼 굉장히 많은 분들의 영향을 받았어요.

춘영 다른 측면에서 보면 굿쟁이 임인출이라는 사람 풍물굿뿐만 아니라 사회적으로도 큰 스승들이 있잖아요? 그런 분들의 세계가 형님 굿 세계 속에 녹아들어갔을 거예요. 영향을 준 스승님, 예를 들어 백기완 선생님이라든지….

인출 저는 문익환 목사님을 참 좋아했어요. 제가 감옥에 있을 때 돌아가셨어요. 운동 하면서 문익환 목사님하고 먼 발치에서도 뵙고 함께 다녔던 게 제

삶에 영향이 컸어요.

풍물굿 상쇠란

춘영 상쇠론으로 들어갈게요. 이 작업의 의도는 아까도 말씀드렸지만 풍물
굿이 옛날에는 마을에서 연행되거나 전문 연희패 중심으로 연행됐었는데,
현대사회가 산업화, 도시화되면서 한국사회가 역동적으로 급격하게 변화했
잖아요? 그럼에도 불구하고 다른 어떤 전통문화보다도 풍물굿은 곳곳에 들
어가 있어요. 학교나 여러 현장에서 실제로 기능하고, 살아 있는 전통문화 중
하나라고 봅니다. 전국의 상쇠를 찾아서 말씀을 듣는 건 풍물굿이 나아갈 바
를 같이 고민하고 공유하고 싶어서입니다. 특히 21세기 풍물굿에서 상쇠가
어떤 역할을 주로 하는지, 형님이 상쇠라는 정체성만 있는 게 아니라 굿쟁이
일 수도 있고 다르게는 아빠이기도 하고 강사이기도 하고 시민단체의 대표
이기도 한데, 이런 것들을 전체적으로 포함해서 지금 현재 상쇠로서 하는 역
할이 어떤 게 있는지?

인출 상쇠는 정말 중요한 것 같아요. 상쇠 한 사람이 끼치는 영향력은 너무
도 커요. 올바른 덕목을 갖추고 풍물굿을 잘 계승하고 또 시대에 맞게 재창조
해 나가는 역할을 해야 돼요. 일단은 풍물굿이 오랫동안 찬밥이었잖아요? 실
은 풍물이 산업화 이전에는 우리 생활이었고 두레로 힘든 일을 극복해 나가
고 얽히고설킨 일을 이 문화로 풀고 재생산하는 데 활력을 주었죠. 또 함께
놀면서 힘든 작업을 위한 에너지를 재충전하는 게 풍물이었는데, 일제강점
기 때의 탄압이나 유신 때의 박제화 등 수난을 겪었죠.

춘영 새마을운동도….

인출 새마을운동과 맞물려서 문화재로 박제화한다든가 미신이나 허례의식

이라고 해서 여러 가지를 못 하게 했죠. 이광수 선생님 말씀을 들어 보면 남사당패가 100명 있는데 3명한테만 문화재를 주는 거예요. 나머지 97명도 다 업으로 하는데. 그런 것도 있었고 시대 분위기가 풍물굿을 하기 힘든 상황도 있었고. 업으로 하는 분들이 그 지경이었으니 마을에서 풍물 하던 분들도 힘들었죠. 그래도 근근히 시대 상황에 맞게 양순용 선생님 같은 분이 대회도 나가고 인정받아서 문화재 지정도 되고, 뜻이 있는 많은 분들이 계속해 왔죠. 그런데 뜻을 못 세운 사람들, 생활 속에서 일하면서 했던 분들이 많이 떠나갔죠. 그리고 지금 무분별하게 외래문화가 들어오고 종교적으로 샤면적인, 토속적인 문화가 했던 영역을 기독교 등 외래종교가 차지하면서 또 어려워졌죠. 지금은 국악방송이 있긴 하지만 일반 언론사 피디들이 전혀 신경을 안 써요. 케이 팝은 노력해서 상품화하는데 왜 풍물굿 신명은 카메라로 잡으려고 노력을 안 하는지 모르겠어요. 그래도 김대중 대통령이 "국악을 살려 보겠다." 공약을 하면서 전환점이 마련돼요. 물론 그 전에 대학생들이 탈춤부흥운동도 일으키고 풍물패 하면서 큰 힘들이 축적되어 왔죠. 국가정책적으로는 김대중 대통령 때 우리 국악의 소중함이 조금 알려졌죠. 저는 피부로 느껴요. 그때 우리 성남만 하더라고 중고등학교 14~17개 학교가 대회 나왔어요. 지금은 상이 3개인데 두 군데밖에 안 나와요. 이우학교랑 성남여고 난장. 한때는 그 많은 학교에 풍물반이 있었고 선생님들도 많이 배웠어요. 국악이 교과서에서 비중이 높아져서 50%까지 올라갔었죠.

춘영 노동은 선생이 국악 교과화 노력을 많이 하셨죠.

인출 당시 학생들도 관심을 가지고 배웠고 배우는 과정이 지금까지 이어졌다면 더 변화, 발전했을 거예요. 그런데 정권이 바뀌면서 딱 끊어졌죠. 그 당시 기억나는 게 지신밟기를 많이 했어요. 지신밟기가 유행이 돼서 굿쟁이들이 큰돈은 아니지만 굿전이 들어오니까 신이 났죠. 지신밟기에서 돈이 들어

오면서 공간 운영에도 큰 도움이 됐죠. 또 학교도 강습이 많으니까 강사들이 갈 데가 많아지고, 또 몇 개 대학교에서 타악연희과가 생기기도 했잖아요?

춘영 전통연희과요.

인출 지금은 그 학생들이 갈 데가 없어요. 재생산할 수 있는 국악 일자리가 늘어났으면 좋겠는데 학교에서 배우다가 졸업하면 갈 데가 없고 몸부림치다가 어느 날 보면 떠나고…. 그렇게 보면 여전히 어려운 상황이에요. 상쇠를 하기도, 풍물을 업으로 해 나가는 것도 어려운데, 그래도 내가 좋아서 한다면 풍물굿은 자부심을 가지고 해 나갈 수 있는 전통문화라는 이런 점은 국민들이나 적어도 일하는 사람들만이라도 공감해 주면 좋겠다 생각해요. 풍물굿 상쇠나 풍물굿에 역량 있는 사람들은 이런 사명감을 가지고 우리 것으로 자존심을 세울 수 있어요. 세계 어디에 내놔도 빠지지 않게 좋은 것이야. 그런데 피부로 느껴지지도 않고 정책으로 뒷받침이 안 되니까…. 이광수 선생님도 해외를 다녀오면 "선진국일수록 자기 전통을 중시하더라." 하는 말씀을 하세요. 우리나라가 분단 상황에서 어려움을 겪고 있는데, 통일도 되고 나아가 힘 있는 나라가 되려면 우리 전통을 중시해야 한다고 봐요. 지역에서 활동하고 있는 풍물굿쟁이들이 사명감과 자부심을 가지고 매진할 수 있도록 소중하게 만들었으면 좋겠어요.

춘영 상쇠가 어려운 건 새로운 현장을 뚫고 들어가는 것 아닌가요? 형님이 삼짓날에 판을 벌이고 사람을 모으는 걸 여러 번 봤어요. 도시 속에서의 풍물굿이나 해맞이굿, 성남에서 하는 굿들을 보면 지원을 받아서 정형화가 됐다고는 하지만 성남 시민들과 밀착된, 상당히 진정성 있는 굿들이라고 생각합니다. 없는 걸 만드는 거잖아요? 성남에 원래부터 풍물굿의 원형이 있던 건 아니잖아요? 형님도 상쇠 정신을 가지고 굿판을 만들고 새로운 사람을 만나는데, 제가 보기에는 모범적인 실천가로서의 상쇠라고 생각됩니다. 솔직히 전통연희 하는 친구들이 배운 게 기능뿐이고 가르쳐 준 게 기능밖에 없어요. 이 친구들이 찾는 곳은 무대뿐이고, 오늘 같은 모내기 행사라든지 지역 행사는 잘 안 해요. 국가에서는 풍물활성화 사업에 전국 10군데만 지원을 합니다. 하지만 형님은 지역에서 터를 잡아서 다양한 지역 행사를 진행하고, 지역에서 시민들과 호흡하면서 풍물굿이 스며들어갈 수 있도록 노력해 오셨는데 젊은 친구들도 이런 노력이 필요하지 않을까? 무대에서 마당이나 생활현장으로 와야 되지 않나?

인출 저도 수십 년 해 오면서, 특히 50대가 넘으면서 느끼는 건데 내가 20대면 어떨까? 30대면 어떨까? 청년 일자리라고 자기 직업과 관련해서, 전망과 관련해서 혈기왕성하고 사명감을 가지고 활동하기는 쉽지는 않을 거다 생각돼요. 부딪히고 뛰어들고 몸부림친다면, 그 어려운 속에서 국민들이 촛불도 밝히고 정권도 바꾸고 했듯이 우리 젊은 청년 굿쟁이들도 꿋꿋하게 내가 생각하지 못하는 힘과 역량으로 성장할 거라고 생각해요. 저는 젊은 청년들이 기대가 되는데 정책적으로도 청년 굿쟁이들을 많이 지원하면 좋겠어요. 인턴제도도 있잖아요? 그런 걸 풍물에도 적용해서, 청년 굿쟁이들이 사명감 갖고 더 건강하게 사람들 속에서, 사람들과 함께할 수 있도록 지원했으면 좋겠어요.

춘영 상쇠는 단체와 단체의 활동을 연계해서 생각하게 되잖아요? 굿쟁이는 언제든 상쇠가 될 수 있고, 강사나 선생이 되어 판을 이끌다 보면 자연스럽게 상쇠가 되잖아요? 형님도 우리마당에서 상쇠로 있다가 새롭게 단체를 만들면서 상쇠가 됐죠. 그런 경험을 바탕으로, 20대, 30대 굿쟁이들이 상쇠가 되기 위해서는 이러한 덕목이 필요하다 하는 걸, 세 가지만 말씀해 주신다면? 과거의 맥락이 아니라 21세기 풍물굿 상쇠론의 덕목이죠. 풍물굿의 시대정신과 풍물굿 양식을 중심으로 볼 때 상쇠의 덕목은?

21세기 풍물굿 상쇠의 덕목

인출　우선 자기가 상쇠를 할 때 누구하고 주로 할 것이냐 하는 배경을 살펴야겠죠. 업으로 하는 사람들, 프로페셔널한 사람들과 할 수도 있고, 동호인 그룹과도 할 수 있고, 아마추어 동호회와 할 수도 있고, 학생들하고도 할 수 있고, 주민자치센터 강습이나 다른 강습도 할 수 있는데 모두가 다 선생이라는 점에서는 같아요. 저는 특히 강습하면서 많이 배웠어요. 그래서 저는 상쇠가 강습을 많이 해야 한다고 생각해요. 그런데 문제는 그 기회가 항상 불안정해요. 학교 강습은 1년 단위 재계약이죠. 다행히 저는 성남여고 난장은 1기부터 지금 22기까지 20년을 하고 있어요. 그사이 학교 선생님들이 많이 바뀌어서, 지금은 학교 선생님들이 오래되고 알아서 하니까 저한테 그만두라고 할 수도 없나봐요. 일반 강습도 2002년에 성남문화의 집을 시작하고 2003년도 서현문화의 집을 시작했어요. 오래된 강습이에요. 지금도 다 잘 굴러가고 있고 초창기 멤버가 아직도 계십니다. 강습도 그렇게 오래되다 보니까 서로 잘 알고 함께 놀 수 있어요. 그런 거 하나하나 소중하다고 생각해요. 저는 강습 때 저 또한 배우기 때문에 웬만하면 강습생을 '선생님'이라고 불러요. 그러다 좀더 가까워지면 '형님, 누님' 하고…. 음악적 기량은 내가 높을 수는 있어도, 인생에 있어서는 제가 배울 점이 많아서 그런 태도로 가다 보면 서로 아주 가까워집니다. 내가 인정받으려고 하는 게 아니라 수강생이든 동네 주민들이든 "저 선생님은 괜찮아." 자연스럽게 이렇게 될 때까지 열심히 헌신하는 게 첫 번째 덕목이라고 생각해요.

춘영　학생들을 상호 존중하는 관계로?

인출　학생들을 동등한 입장에서 대한다는 거죠. 어리다고 무시하지 않고 나이가 나보다 많으면 형님이 될 수도 있죠. 그분도 자신의 방면에서 인생을 일

2019년 3·1혁명 백주년 만북울림 광화문광장 동청 상쇠단 위에서 상쇠 연행

구어 온 분이잖아요? 뭐든 배울 점이 있고 기능은 같이 논다는 측면일 뿐이니까, 다양한 경험을 동등하게 공유한다는 마음으로 해 가야겠죠. 서로 존중하면 훨씬 내밀하게, 깊이 있게 소통할 수 있게 돼요.

춘영 그다음은?

인출 두 번째는 풍물굿 상쇠는 여러 가지를 두루 살펴야 돼요. 우선 사람들 마음을 잘 읽어야 하고, 사람들을 신나게 만들어 줘야 해요. 전문가든 아마추어든, 학생이든 누구든 그 상황에 맞게 신명을 끌어낼 수 있는 역량이 중요하다는 거죠. 그러자면 알아야죠. 같이하는 사람들 마음을. 그래서 때로 카리스마로 끌고 가는 힘도 있어야 하지만, 난장 때는 누구든지 끌어내고 신나게 어울려서 놀 수 있게 하는 포용력을 갖췄으면 좋겠다는 거죠.

춘영 마음과 실력과 적극성과 다양한 것을 두루 살피는 통찰력.

인출 또 하나는, 풍물굿은 모든 걸 담고 있다고 봐요. 가무악도 그렇고 삶의 내용도 그렇고, 정치적인 풍자를 할 수도 있고 삶의 어떤 드라마를 극으로 만들어서 풍물굿에 넣을 수도 있잖아요? 그렇기 때문에 상쇠는 춤도 잘 춰야 하고 소리도 잘해야 하고 재담도 잘해야 해요. 어쩔 때는 다 내려놓고 한번 나가서 아무것도 안 쥐고 놀아 볼 수 있고. 저는 그걸 못 해요.

춘영 잘하시는데요 뭘.

인출 아무것도 없이 신나게 놀고 막 해 보고 싶은데.

춘영 아무것도 없이?

인출 예, 쫄지 않고 '여기서 한번 놀자.' 하고 놀아 보고 싶은데 그게 잘 안 됐어요. 워낙 숫기가 없어요. 놀 수 있겠다 싶은 마음이 든 게 얼마 안 됐어요. 그동안 내 삶도 어려웠고 나를 구속하는 게 많았는데, 세월이 흘러갈수록 뭐가 더 소중한지 알게 된 거죠. 저는 사물놀이를 20년 가까이 학습하고 있는데 그 밖에도 두루두루 다 해 봤으면 좋겠어요. 경상도 북춤 사위도 배우고, 진도북이나 광양버꾸, 군고라든가 전라도의 사위들, 설장구의 여러 너름새, 버슴새까지. 사물놀이 할 때 이광수 선생님이 연풍대를 뺑뺑이 도시는데도 전혀 흐트러지지 않고 하시는 게 사람들한테 감동을 주잖아요? 소리도 김수연 선생님한테 배우는데 게으르지 않게 계속 배워 나가야 하고, 전국의 좋은 굿들을 직접 보면서 배우고 싶어요. 세월이 많이 흘렀고 애들 키우다 보니까 시간이 별로 없어요. 그래서 날뫼북 전수를 애하고 엄마하고 가는데 내가 따라갔지.

춘영 가족이 같이 전수하는 방식이 정말 좋네요.

인출 저는 학습에서 인성을 강조하는 것도 필요하지만 풍물굿을 전수하는 데에 가서 전수도 하고 학습도 하는 것이 좋겠다고 생각해요.

춘영 덕목을 이렇게 세 가지로? 첫 번째는 학생을 동등하게 대하고, 두 번째는 마음을 내서 판을 신명나게 만들어 낼 줄 알고, 세 번째는 가무악을 포함하는 기능적인 측면이죠?

인출 겸손하게 하고, 열심히 학습하고, 또 헌신적으로 해라.

춘영 상쇠론과 관련해서, 형님은 기능적인 학습을 많이 안 했다고 하셨는데 상쇠의 꽹과리 성음, 타법이나 웃놀음, 이런 부분도 중요하잖아요? 꽹과리 연행에 대해서 말씀해 주세요.

인출 저도 나름대로 노하우가 있어요. 제 몸이 선생이었기 때문에 조금 힘이 들어가면 거기가 아프고 조금 무리하면 몸이 아파요. 이 채를 가지고 치면서 너무 고생을 많이 해서 옛날에는 어깨가 철판이랄 정도로 **뻣뻣했던** 사람인데, 지금은 많이 빠졌어요. 내가 내 모습을 보면 아직도 **뻣뻣한데**, 늦게 시작해서 굉장히 고생도 많이 했고 수없이 아픈 가운데서 그리도 많이 찾았어요. 이제 다른 사람이 하는 걸 보면 '저렇게 하면 아플 텐데?' 이런 게 보여요.

춘영 아파 봤으니까. 그게 결국엔 음악적으로나 전체적으로 좋지는 않다는 거잖아요? 그 부분을 조금 자세하게 말씀해 주세요.

인출 우리는 타악으로 치잖아요? 저는 단전의 기운으로 비트를 만들고 박자를 만들고 팔과 다리와 양팔을 쓰는 버슴새가 단전의 흐름과 맞게 가는 게 중요하다고 봐요. 특히 스냅의 역할에서는 팔뚝이 먼저 가서 스냅을 주는 방법으로 갑니다. 다른 사람들은 손목만 쓰는 경우가 많아요. 그러면 손목에 무리가 가죠. 팔뚝이 가면서 스냅을 주는 방식을 많이 연구했고 그건 강습에서 충분히 검증해 봤어요. 앉은반 사물놀이를 많이 학습하다 보니까 선반에 필요한 걸 놓치고 간 게 많은데, 많이 연습해야 돼요. 서서 단전에 기운을 넣고 양팔로 춤추듯이 하면서 발도 중요하게 살핍니다. 저 나름대로 고민을 많이 했지만 '아직 멀었구나.' 할 때가 많아요. 그래서 어릴 때부터 우리 문화를 접하고 좋아하게 만들고 신나게 놀게 해 주는 게 너무너무 중요하다고 생각해요. 요즘 부모들을 만나면 어린애들 너무 혼내지 마라. 위축되게 하지 말고 좋아하게 만들고 신나게 놀아 보게 해 주는 이런 게 애들한테 너무너무 중요하다고 강조해요.

춘영　어릴 때부터 했으면 좋겠다. 형님 아이들도 둘째, 셋째가 지금 풍물굿을 잘하고 즐기고 있잖아요? 역사적인 현장이나 판 안에서 많이 봤어요. 애들을 어떻게 시키게 됐어요? 애들이 풍물을 하게 된 계기는?

민족음악원 이광수 선생님과 임인출 가족풍물패

인출　애들에 대해서는 민족음악원에 굉장히 감사를 해요. 민족음악원에 매월 1박 2일 캠프가 있고 여름방학, 겨울방학에는 계절 캠프가 4박 5일, 5박 6일간 있어요. 저는 밖에서 주로 활동하니까 제가 캠프를 갈 때는 큰애를 주로 데리고 갔죠. 큰애는 초등 1, 2학년부터 시작해서 6학년까지 계속했죠.

춘영　여름, 겨울로 다닌 거죠?

인출　그렇죠. 여름, 겨울 가고 매월 가서, 지금은 상모랑 장구를 같이 치고 돌리는 역량까지 돼요. 큰애한테 많이 야단쳤던 기억이 있어요. 똑바로 안 한다고. 저도 처음이니까 잘 몰라서 많이 혼내기도 했어요. 요즘은 사춘기라서 잠시 쉬고 있어요.

춘영　중 2인가요?

인출　예. 은하가 한동안 안 하겠다고 그랬어요. 그렇게 보니까 내가 잘못한 것 같고 찔리는 게 많죠. 나중에 "아빠 이게 좋아요." 하기를 기다리고 있어요. 저는 애들이 업으로 가기보다는 다른 벌이를 하면서 그냥 좋아할 수 있게 도와주고 싶은데, 언젠가부터 둘째도 같이 갔잖아요? 큰애가 크니까 동명이도 음악원을 1학년부터 해서 지금 상모도 돌아가요. 민족음악원 분들은 업으로 하는 사람들이잖아요? 직업 세계에서 배울 게 많아요. 또 애들은 캠프에서 굉장히 많이 배워요. 상모반에도 들어가고 다른 반에도 들어가면서 건강하게 배우고 놀기도 잘 놀고, 둘째부터는 북춤도 사람들 앞에서 잘해요. 학교에서 키즈킹이라는 프로그램이 있어요. 제가 가서 반주도 해 줬는데 다음에는 혼자 음악 녹음해서 자기가 상모 공연을 하고 우수상을 받았어요. 또 아빠가 동네 풍물패들하고 공연할 때 엄마하고 같이 와서 풍물도 해요. 그 외에도 파인텍 투쟁이나 촛불투쟁 현장에서 같이하기도 했죠.

춘영 성주도 갔었잖아요?

인출 그렇죠. 그런 델 가면 어른들이 좋아하고 박수도 많이 받으니까 둘째가 잘 컸어요. 막내는 막내라서 끼가 많고 신나 해요. 막내가 2학년인데 음악원 캠프에 올해부터 합류했어요. 동명이가 5학년인데, 계속하고 막내도 2학년인데 계속 배울 거고, 민족음악원에서 참 잘 컸어요. 아빠가 강의를 하고 있으니까 애들 수강료도 안 받고, 오히려 용돈도 주시고 선생님들께 잘 배우고 있어요. 참 고맙죠. 저는 업으로 하는 걸 바라지 않지만 우리 가족이 오래 같이 할 수 있다면 아무래도 좋다 생각하고 있어요.

춘영 본인의 의지가 중요하죠. 어쨌든 지금 시점에서 아이들이 같이하고 잘 즐기고 어울리고 있다는 점이 중요하죠. 아무래도 어릴 때부터 봐 왔으니까 그런 면은 형님과는 또 다른 경우죠. 보기도 좋고 너무도 부럽네요. 민족음악원 내에서도 그런 경우가 많지는 않을 것 같아요.

인출 애기들이 있어도 데리고 와서 하는 게 쉽지는 않아요. 나는 얼굴에 철판 깔고 하는데 애들도 다행히 잘하니까 선생님도 좋아하고, 그래서 더 고맙죠.

춘영 이광수 선생님이 명인이지만, 어린 친구들이 함께하면 참 기특할 거예요. 오늘도 어린 친구들이 하는 게 참 보기 좋았어요. 현장에 애들이 있는 것이 활기가 넘치잖아요? 우리 아이들이 건강하고 밝게 살아가면 좋겠습니다.

인출 아이들하고 우리 5인 가족이 풍물도 잘 배우고 다른 전통 악기도 다루고 소리도 하면서 세계 여행을 한 번 하면 어떨까 생각하고 있어요.

춘영 충분히 가능할 거 같은데요. 막내가 더 크고 좀더 실력이 늘면요.

인출 우리 것을 깊이 있게 내면에서 끌어내는, 그래서 관객들이 함께 놀아보고 싶은 그런 작품도 많이 만들어서 신나게 해 볼 수 있겠다는 희망이 있어요.

춘영 첫째가 마음이 조금 열리고 2, 3년 준비하면 충분히 가능하지 않을까요?

인출 지금 어릴 때 하면 좋은데, 그게 꿈이에요.

춘영 형님 인생에서 인상적이고 강렬한 굿판이 있었나요? 가장 좋았던 굿판 몇 개를 소개해 주신다면?

인출 저는 굿을 하는 구성원들이 얼마나 마음을 다 기울여서 했느냐가 중요한 기준이라고 봐요. 지금은 '일과 놀이'를 하고, 그 전에 '우리마당'과 오랫동안 함께했고, 지금 또 민족음악원과 함께하고, 촛불도 했었잖아요? 각각 쏟아붓는 게 조금씩 다르죠. 촛불의 경우는 그때 국정농단 세력, 적폐 정권을 끌어내려 보자는 신의가 있었잖아요? 거기에 와서 애를 쓰는 마음이 상당히 컸다고 봐요. 그때가 인상적이었는데, 왜냐면 정력을 엄청 쏟아부었잖아요? 매주 나가서 그 자리를 지키고 몸무림쳤던 게 너무 소중한 거죠. 또 하나 민족음악원에서 보면 이번에 40주년 공연을 했어요. 이번 공연 홍보를 하면서 선생님이 52년생이니까 67세고 칠순도 가까워 오는데, 세월이 흐르잖아요. 좋았던 공력과 많은 얘기를 들으면서 한편으로 안타까웠어요. 선생님의 멋과 흥이 오랫동안 간직됐으면 좋겠는데, 여지없이 세월이 흐르는구나 하는 생각. 그런데 선생님이 "열심인 굿쟁이들이 있으니까 그런 멋과 흥이 시대에 맞게 계속 이어질 거다." 이런 얘기를 했거든요. 그날 40주년 때 선생님을 기념하는 제자들 공연이 있었어요. 이광수 선생님이 비나리 하시고 사물 꽹과리도 하고 판굿도 했고, 삼도설장구도 했잖아요. 단원들이 굉장히 마음을 썼어요. 하나같이 다 마음을 써서 추임새도 넣고 오금도 땀 뻘뻘 흘리면서 했어요. 그렇게 굿이 이루어지면 기분이 좋아져요. 깨끗해지고 "좋았다."는 말도 많이 들었어요. 수없이 많은 현장이 있었지만, 마음을 써서 한 모든 굿이 다 소중하다고 봐요. 촛불의 힘으로 천북도 했는데 사실 쉽지는 않았죠. 작년 일과 놀이 정기 공연할 때 티격태격하기도 했지만, 그 어려운 가운데 해냈다는 것도 소중하고. 사실 저에게는 소중하지 않은 굿이 없어요.

춘영 다행히 그 힘으로 마음으로 해서 지금 현재 좋은 방향, 밝은 방향으로 가고 있으니까 힘이 납니다.

인출 나라풍물굿도 제가 볼 때는 잘되려면 아까 같은 애쓰는 마음, 서로 배려하는 마음이 모아지면 큰 굿이 될 거라고 생각해요.

풍물굿의 전망과 나라풍물굿

춘영 풍물굿의 전망이라는 주제로 이야기를 하죠. 나라풍물굿위원회 활동 먼저 소개해 주시구요. 나라풍물굿위원회에 참여하는 마음은 어떻고, 앞으로 어떻게 전망하고 계세요?

인출 '풍물이 힘이 있어야 된다.' '우리 국민들이, 우리 풍물을 소중하게 지켜야 될 자존심이고 우리 문화다.'라고 생각해서 귀하게 여길 수 있어야 되는데, 지금은 그러지 못하잖아요? 하나의 몸부림이라고 봐요. 물론 문화재도 있고, 호응이 좋은 사물놀이도 있고, 유명한 직업인도 있지만, 전반적으로는 풍물이 많이 힘들고 어려운 상황이라고 봐요. 어딜 가나 풍물이 있는 것 같지만, 진지하게 잘 자리매김되었으면 좋겠다는 생각도 해요. 오늘도 논두렁 가서 두레풍물을 쳤는데 우릴 부른 사람이 와서 "고맙다."고는 했지만 세심한 배려가 없어요. 얘기를 하게 하는 자리가 있으면 좋은데 그런 게 없어요. 저도 하고 싶은 얘기가 있어요. '두레풍물이란 건 좋은 거다. 옛날에는 이렇게 손으로 심고 수확했다. 옛날에 풍물 치면서 모를 심으면 훨씬 능률이 오르고 좋았다.' 하는 얘기를 하고 싶은 거죠. 그런 체험 행사에 이런 이야기굿이 있으면 좋은데, 행복마을 하시는 분이 세심하지 못했다고 봐요. 풍물패를 불렀으면 어떤 얘기든 들어 볼 수 있지 않나? 소리굿도 있고 이야기도 있으면 좋겠는데, 사전에 소통이 없었어요.

춘영 지금은 풍물굿의 전망, 풍물굿의 어려움, 풍물굿이 놓일 자리 이런 주제로 이야기하고 있습니다. 나라풍물굿위원회에서 준비하는 굿도 형님이 말씀하셨듯이 풍물이 귀하게 역할하는 자리 중의 하나잖아요?

인출 저는 세종로공원에서 나라풍물굿 임시정부 건국백년 기념굿 할 때 서리화를 다 만들었잖아요. 당일 와서 만들어 대나무에 달았고 전동일 연출이 애를 써서 그런 내용이 나오고, 그런 정성과 애를 쓴 게 나왔기 때문에 좋았거든요. 3·1 천북 할 때도 멀리 원주에서 원호 형님이 오셔서 회의 진행하시고 촛불 때 하듯이 여러 굿쟁이들이 열심히 했어요. 그런 애쓴 마음들이 모아지니까 천북도 가능해지고 사람들이 더 붙잖아요? 여수가 붙고 부산이 붙고 광양이랑 광주에서도 오고, 전국에서 올라와 천북이 성사가 돼서 나라풍물굿을 했잖아요. 어쨌든 3·1절에는 독립을 외치면서 싸웠던 선열들을 생각하는 마음 이런 게 더해지려면 더 많은 헌신과 노력들이 계속돼야 한다고 봐요. 정부 지원이 있어서 잘되면 좋은데 잘되도 고민이에요. 애초의 초심이 변하지 않고 잘 가야 되는데, 하여튼 지금 하시는 분들이 훌륭하신 분들이라 잘될 거라고 생각합니다. 저는 마음이 중요하다고 봐요.

춘영 또 다른 주제로 무형문화재 정책과 제도에 대해서는 평소에 어떻게 생각하고 계세요? 풍물굿의 전망과 연관해서….

인출 한동안 나라가 부패하고 많이 어려웠잖아요? 분단된 상황에서 빨갱이 한마디만 나오면 나라든 개인이든 이상하게 돼 버리는 그런 오랜 세월을 살아오면서 제도에 문제가 없을 수가 없죠. 적폐들이 청산되고 올바르게 자리매김돼야 하지 않을까? 저는 문화재다 아니다, 또 이 사람이 실력이 있느냐 없느냐 이런 걸 떠나서 문화 활동을 하고 있는 사람에 대한 대우가 너무나 척박하고 열악하다고 봐요. 보험 가입도 못 하고 다 계약직, 비정규직이잖아요? 공연도 너무 비정기적이고, 국상이 터지거나 나라에 큰 사건이 터지면 생활 자체가 어려워지잖아요? 공연도 쉽지가 않고 강습으로만 생활하는 것도 힘들고. 다들 애 키우는 가장이고 생활인인데, 국가적으로, 제도적으로 지원책이 있어야 된다고 봐요. 성남에서도 행사에 부르면서 돈이 없다고 그래요. 그래도 나는 해요. 돈이 적어요. 그런데 돈이 없을 때는 나를 부르고 돈이 있을 때는 다른 데 써 버려요. 없을 때 봉사를 했으면, 있을 때도 불러서 제대로 대우해 주면 좋잖아요?

춘영 풍물 하는 사람이나 풍물 진영을 무시하는 거잖아요?

인출 너무 많지. 옷 갈아입을 곳이 없어서 화장실에서 갈아입기도 하고, 대우도 최소한은 해 줘야지. 많이는커녕 제대로 주지도 않잖아요.

춘영 그런 점이 현실화되기 위해서는 전통예술, 문화예술인 전체가 연대하고 공동 대응할 필요가 있죠. 전통연희 전공자들을 포함해서 국가의 패러다임이 바뀌었다고는 하지만, 실질적으로 문화의 시대가 되기 위해서는 많은 고민과 배려가 필요하다는 점에 저도 공감합니다.

인출 스포츠, 국민건강 차원에서 체육도 중요하지만 그에 못지않게 문화도 중요하죠. 특히 문화예술교육 부문에서 100년을 내다보고 교과에서 우리 국악을 대하는 것들도 크게 바뀌어야 된다고 봐요. 요즘에는 스마트폰 영상으로 다 보잖아요? 우리 전통예술을 언론이나 TV에서도 심도 있게 다루고 심혈을 기울여서 만들어야 한다고 봐요. 그렇게 하면 시대에 맞는 문화가 재창조되는 거죠. 어린 친구들이 노래도 잘하고 놀기도 잘 놀잖아요. 그런 데에 많은 아이들이 랩이니 케이팝이니 아이돌이니 하는 쪽으로만 쏠리는데 우리 것으로 돌리기는 쉽지 않죠. 그런데 노력을 해야 된다고 봐요. 예컨대, 땅 넘기, 살판이나 상모돌리기 보면 비보이만큼 힘든 기술이 나오잖아요? 그런 것들이 비보이춤에 들어가고 해학과 풍자가 들어가서 깊이 있는 문화가 재창조될 수 있다는 쪽으로 관심을 기울이고 노력을 해야죠. 저는 목표가 그거예요. 만나서 얘기해 보고 싶다.

춘영 누구를?

인출 문재인 대통령이나 도종환 문화부장관.

춘영 이재명 도지사 후보와 인연이 있잖아요? 풍물굿과 연관된 바람을 전달한 게 있는지 모르겠지만 이런 전망과 어려운 상황을 타개할 수 있는 아이디어를 전달하고 싶은 내용이 있다면? 경기도에서 풍물굿과 연관해서 일자리도 창출하고 문화도 전통 기반으로 발전해 가는 아이디어?

인출 이재명 시장한테는 고마운 게, 우리가 아까 말한 굿들을 계속했어요. 이재명 시장이 되기 전에 아까 얘기했던 해맞이, 정월대보름, 단오, 백중, 가을굿 들을 시에서 지원 안 받고 알아서 각자 했어요. 경기문화재단에서 200, 300씩 조금 주는 그걸로 계속 이어 오고 우리가 애써서 공을 들이고 해 온 것을 이재명 시장이 확실하게 지원을 했죠. 많지는 않지만 마음을 느꼈어요. 지원액이 너무 적어서 여전히 노가다를 해야 하고 여전히 애를 써야 되지만 그럼에도 불구하고 마음이 느껴졌거든요. 간간이 시장님을 만나서 우리 문화에 대한 얘기를 하면 이재명 시장이 나름대로 애써 주는 것 같아요. 지금 경기도지사로 후보로 확정돼서 가고 있는데 도지사 입장에서 문화는 복지나 체육에 비해서 우선순위가 아니겠지만 충분히 얘기할 만하죠. 또 성남에 폐교된 학교가 처음으로 나온다고 해요. 그것을 이재명 시장이 있을 때 성남문화재단하고 문화예술교육센터로 쓴다는 협약식을 한 거 같아요. 풍물교육이나 예술교육이 중요하다는 얘기를 했더니 앞으로 경기도에 폐교되는 학교가 나올 경우에는 문화예술교육센터로 만들겠다는 공약을 하겠다고 이야기했어요.

춘영　예, 아주 좋은 소식이네요.

인출　아이들, 어른들이 같이 문화예술교육을 받을 수 있는 문화예술교육센터로 한다는데, 그것도 좋은 거 같아요. 풍물이나 전통예술 일반에 대한 얘기를 계속적으로 얘기해야 된다고 봐요. 정치하는 사람은 하나만 바라볼 수 없으니까 다양하게 여러 얘기를 듣고 복합적으로 고민해야 되는 사람이기 때문에 그 가운데서 우리 전통예술이 왜 중요한지를 얘기하고 설득하고. 또 그런 방향으로 힘이 되기 위해서도 나라풍물굿을 성공적으로 치르는 게 참 중요하죠.

춘영　마지막 질문 드릴게요. 지금 '풍류사랑방 일과 놀이'의 대표로 계신데, 풍류사랑방을 포함해서 성남 지역에서 풍물굿이 앞으로 10년 동안 해 나갈 활동 방향, 바람이나 계획이 있다면? 나는 풍류사랑방의 활동을 통해 성남 지역에서 시민들이 꿈꾸는 세상을 어떻게 만들고 싶다?

인출　일과 놀이는 대동놀이를 중시해요. 소리하는 최은희 선생이나 날라리 부시는 신동식 선생이 같이하고 있는데 지금은 많이 어려워요. 생활이 안 되니까. 고민이 많죠. 그런 것들을 보면서 계속 거듭나야 된다고 보는데, 저는 개인적으로는 일과 놀이, 대동놀이의 기능이 중요하다고 보고, 촛불과 나라풍물굿을 고민하고 그때그때 실천을 했잖아요? 통일운동이나 민중운동이나

2019년 콜텍 노동자 집회 중 가족풍물단으로 기념사진

이런 데 복무할 수 있는, 여기에 마음을 맞춰서 갈 수 있는 사람들이 많아졌
으면 해요. 그런 굿을 많이 만들어 보고 싶은데, 역량이 아직도 부족한 것 같
아요. 학습을 열심히 해서 그런 게 성취되도록 제가 노력을 더 해야죠.

춘영　그런 운동 지향의 실질적인 내용들을 풍류사랑방 내에서 일상생활 속
에서 준비해 가겠다는 건가요? 아니면 단체를 만들어서 그렇게 가겠다는 건
지?

인출　풍류사랑방도 그렇게 가야 되는데, 성원들이 다 운동하는 친구들이고
마음이 있으니까 그것들을 적극적으로 추동해 내야 하는데 그러지 못하고
있어요. 여기에 살을 붙일 수도 있고, 지금 있는 것을 변화시키기 어렵다면
새로운 틀을 만들어 갈 수도 있는데, 지금 일과 놀이의 구조로는 많이 어렵
죠. 최은희 선생은 객원으로 있어요. 일이나 공연이 있을 때만 붙고 각자 생

활하는 그런 구조로 가고 있기 때문에 쉽지는 않죠.

춘영 앞으로 운동성에 복무할 수 있는 단체로 가고 싶다?

인출 우리가 더 커지든지 아니면 새로운 조직을 모색해서 그렇게 가든지. 뜻을 세운다는 거 자체가 아직은 많이 부족한 거 같아요. 좀더 고민 많이 하고 초심으로 돌아가서 학습하고 지금은 좀더 자신 있게 해야겠다는 생각이 들어요. 소극적으로 해서는 안 될 것 같다는 생각이 들어요.

춘영 지금까지 21세기 풍물굿 상쇠론, 풍물굿의 전망에 대해서 이야기를 했는데, 젊은 친구들에게 혹시 하고 싶은 말씀이 있을까요?

인출 내가 나이가 많으니까 30대, 40대 이런 친구들을 좀 배려하면 어떨까 그런 생각이 들었는데, 요즘에는 내가 부족하다는 생각이 있어서 그런지 다 존중하게 돼요. 나이가 어리더라도 마음을 잘 쓰는 친구들이 있어요. 이런 친구들은 참 커 보이고, 반대로 나이가 많아도 부족한 사람이 있어요. 사람 크기는 나이랑 상관이 없죠. 잘되고 있는 것 같아요. 그런 흐름이 필요하죠. 그럴 때 이 시대를 살아가는 사람으로서 나는 어떻게 가야 되나? 그런 고민이죠.

춘영 이렇게 정리하겠습니다. 고생하셨습니다.

인출 수고하셨습니다.

10. 수원 칠보산풍물마당
상쇠 황순주

일시: 2018년 6월 2일

장소: 황순주 자택 근처 공원

면담자: 황순주(남, 40대 후반, 수원). 수원 칠보산풍물마당 상쇠 / 경기문화재단 지역문화팀장 / 전) 임실필봉농악전수관 전수조교 / 전) 춘천인형극제 기획홍보팀장

면담 의도와 상황: 수원 칠보산 아래 아파트 단지에는 추석 전 주말을 기해 강강술래와 풍물 굿판이 온 동네 사람들을 들썩이게 만든다. "그 아파트 단지 사람들은 다 옛날 마을에서 풍물 치던 어르신들 같애." 제보를 받은 게 5년 전쯤. 실제 그 굿판을 눈으로 확인하였다. 성인 풍물패들은 가벼이 생활한복을 맞춰 입고 풍물악기를 들었다. 어린이집 아이들과 초중고 학생들은 때때옷으로 한복을 차려입고 소고를 들고 춤을 추면서 아파트 단지 사이사이를 가로지른다. 어른과 아이들 풍물 대열에 동네 할아버지, 할머니들도 끼어들어 칠보산초등학교 운동장에 모인 수백 명 인원이 풍물에 맞춰 춤을 춘다. 운동장을 큰 원으로 채우는 강강술래를 소리꾼과 놀이꾼이 이끌며 한참을 논다. 어른아이 할 것 없이 틀리고 말 것도 없이…. 칠보산 아파트 학교운동장은 달빛을 받아 환하고 따뜻하고 자유롭고 신난다. 황순주 굿쟁이는 이 공동체에서 풍물을 이끄는 상쇠이자 판을 벌이는 기획자다. 젊은 시절 임실필봉농악 전수관에서 악명 높았던 조교이자 힘찬 장구재비는 지금 도시의 문화기획자이자 칠보산 풍물마당 상쇠로 굿을 지켜 가고 있다. 아니 굿을 일상 속에서 동네 사람들과 나누고 있다. 성미산공동체와 더불어 이곳 칠보산공동체도 다양한 연구자들이나 언론에서 주목하는 문화 현장이다. 지속가능성을 가지고 진화하는 도시공동체. 그 핵심에 풍물굿쟁이와 풍물굿판이 역할을 하고 있다. 본인은 물론 부인과 두 자녀 모두 풍물을 다룰 수 있고 놀 수 있는 가족풍물패다. 살아 있는, 살아가는 도시공동체 풍물굿 현장을 황순주 굿쟁이의 이야기로 세상에 소개한다.

고등학교 풍물패로 시작해서 도시 굿쟁이로

춘영 수원 칠보산풍물마당의 황순주 상쇠와 이야기 나누겠습니다. 풍물과 연관된 본인 소개를 부탁드릴게요.

순주 풍물을 처음 접한 건 88년이지. 그때 부산에 있는 '극단 자갈치' 30주년 이었어. '극단 자갈치'는 부산 문화운동의 모태라고 할 수 있는 단체인데, 부산 지역 대학에 있던 선배들이 졸업하고 나서 전문 탈패를 꾸린 거지. 마당극 운동을 하던 곳인데, 거기에 시민강좌처럼 풍물하고 탈춤 교실을 열었어. 그 홍보 포스터가 우리 동네에 붙어 있는 걸 보고 가서 배우게 됐지. 사실은 그 이전에 우리 초등학교 때 담임 선생님이 풍물패였어.

춘영 예? 운동권 풍물패 출신?

순주 몰라. 운동권까지는 모르겠는데, 그때 당시로는 상당히 활동적인 분 이었지. 학교 밖에서 동아리로 교사 풍물패를 꾸려서 활동을 하셨으니까. 그 때는 사물놀이로 포장을 해서 풍물운동을 하고 있을 때니까. 그때 우리 선생님이 장구 치는 것도 보여주고 가르쳐 주셨단 말이야. 중학교 땐가 선생님이 초대를 해서 구경을 갔는데, 부산 카톨릭센터 실내 공연장에서 공연을 하더라고. 그 울림이란 게 세상에 태어나서 처음 들어 본 북소리, '꽝 꽝!' 울리는, 말 그대로 온몸을 막 흔들어 놓는 소리였지. '아 내가 언제 저 북을 꼭 배워 봐야겠다'고 생각했지. 그때 뒷풀이한다면서 북을 들려 줬어. 그래서 그때 북을 잡아서 한 번 쳐 보고 언젠가는 배워 봐야지 했는데, 고등학교 2학년 때 지나가다가 그 포스터를 본 거야. 그땐 한참 대학 갈 준비를 할 때인데, 그때 안 배우면 안 되겠다는 생각이 들어서 자갈치를 찾아갔지. 열흘 동안 탈춤 한 시간, 풍물 한 시간, 뒷풀이 2시간 강습을 하는 거야. 그때가 학교 밖 활동은 처음이지. 그때 세상이 달라 보였어. 거기서 민중가요도 배우고 춤사위도 배우고 세상을 보는 눈이 바뀐 거지. 고등학교 2학년 때 요즘 말로 하면 내 인생의 전환기를 맞았어. 강습 열흘 하고 나니, 또 중급반 강습을 한대. 그래서 계속 하게 됐어. 그때 풍물 배우러 온 고등학생이 나만 있는 게 아니고 깬 고등학생들 몇 명 있었어. 내가 다니던 고등학교 애도 있고 여고생도 있었는데, 그때 '고등학생들끼리 풍물패를 만들어야 되겠다.'고 의기투합을 했지. 여차저차 6개월쯤이 지나서 고등학생 풍물패를 만들었어.

춘영 형이 포함된, 형이 주도한?

순주 내 기억에는 내가 주도한 것 같은데…. 연합풍물패야.

춘영 몇 달 뒤면 88년인가요, 89년인가요?

순주 88년. 88년 1, 2월에 풍물 배우고 중급반 활동하고, 그다음 여름 강습 때 학교 친구들 꼬셔서 가르치고 거기 수료한 친구들을 모아서 고등학교 풍물패를 만들게 된 거지. 그 일이 얼마나 크고 힘들고 고달픈지 모르고 그냥 달려든 거야. 극단 자갈치에서는 고등학생이 풍물패를 만들려고 하니 한 사람이 담당을 해야겠다고 의논을 했나 봐. 그때 형 하나가 전담해서 가르쳐 주기 시작한 거지. 열세 명쯤 되는 고등학생 연합풍물패 '얼다솜'을 그렇게 만들었어. 거기에서 어떻게 하다 보니까 내가 꽹과리 치고 상쇠를 하게 됐어. 나는 처음엔 장구가 되게 재밌었는데, 어떻게 하다 보니까 상쇠가 필요하다 해서 꽹과리 연습을 해서 상쇠를 했지. 우리가 1기. 매주 토요일마다 만나서 공간이 부족하면 악기 들고 부산대학교 캠퍼스 가서 연습하고 술 먹고 놀고…. 그거를 한 2년 했어. 고등학교 졸업 때까지. 그게 연이 돼서 나는 극단 자갈치에서 계속 활동했지. 물론 그때 사연이 많아. 그때가 전교조 시대였는데….

춘영 형 인생 전환점은 극단 자갈치네요? 대학교 들어간 건 좀 나중이고.

순주 극단 자갈치. 그 활동이 기반이 돼서 학교 안으로 들고 온 거지. 그 전에 내가 고등학교 3학년 때는 학교 풍물패를 만들었어.

춘영 굉장히 구체적으로 말씀하시네요. 형님 활동은 그때 태동되었던 거예요. 형님의 진취적이고 주도적인 성격이 그때부터 발휘됐네요. 고3 때 이미 학교 안팎에서 풍물패를 만들면서 두 개 활동을 같이하는 거네요.

순주 그러면서 대학을 가야 되잖아? 1년 재수를 했는데, 대학을 선정할 때도 '어딜 가면 이 탈 운동을 더 잘할 수 있을까?'가 기준이었어. 그래서 부산 탈패 역사의 한 축이었던 한두레가 있는 동아대를 선택했지. 한두레엘 들어가서 굿쟁이로서 청년 시기를 보내게 되지. 그리고 필봉굿은 대학교 가서 접한 거지.

춘영 어쨌든 동아대 한두레를 가기 위해서 대학에 진학하게 되었다.

순주 결과적으로는 그런 거지. 내가 삶을 용의주도하게 못 살거든….

춘영 정리는 해야 되니까…. 대학에 가서 탈춤보다 필봉농악을 했다.

순주 탈패문화와 풍물문화가 조금씩 다른데, 동아대 한두레는 탈패문화가 굉장히 셌지. 그런데 대학의 중앙동아리는 아주 선진적인 사람들이 모여서, 그 무렵에는 선진 활동에 그치지 않고 대중화되는 시기였어. 그래서 단과대 풍물패가 생기기 시작했고 그다음에 과 풍물패까지 생겨났지. 나는 중앙동아리에 있으면서 단과대나 과별로 풍물패를 만들고 지원하는 역할을 함께했단 말이야. 그러고는 풍물패연합이 생기고, 동풍연 의장을 내가 했어. 그런 과정 중에 내가 굿패의 삶을 사는 데 가장 큰 계기가 된 건 1학년 겨울방학 때 임실필봉농악 양순용 선생님 만나면서지. 그때는 남원 보절 호복동에 계셨는데, 선생님 댁에 가 봤더니 선생님 근처 비닐하우스를 빌려서 실내에서는 풍물을 가르쳐 주고 나와서는 판굿 치고 이러는 거였어. 아마 그때부터 필봉 굿에 미쳐 가지고 대학교 졸업할 때까지 계속 전수관에서만 살았어.

춘영 4학년 때까지 그랬어요? 학기 중에는 학교에 있다가?

순주 학교에서는 데모를 해야 되니까, 데모를 열심히 하고 여름이면 한 달씩 거기 가서 살다가 또 학교생활 하고 겨울 되면 한 달씩 살다가 오고 그랬지. 그러다가 대학 졸업하고, 극단 자갈치에서 한 2년 정도 활동을 했는데, 그때 내 고민이 뭐였냐면 '풍물을 계속 칠 수 없을까? 나는 전문 풍물인으로 살아야 되겠다.' 하는 거였어. 좀 막연하지만, '더 해 보고 싶다.' 이런 생각이 있었지. 그래서 94년도에 아예 선생님께 "제가 와서 살아도 되겠습니까" 해서, 94년도에 남원전수관을 남생초등학교 자리에 만들었는데, 그 첫해 봄에 가서 선생님 마지막 제자로 들어갔지. 그때 호인이 형하고 내가 마지막 제자로 들어갔는데, 그때부터 도제식 전수 체계 안에 들어간 거지. 부산을 떠날 때 나는 탈도 중요하게 생각하고 좋아하지만 좀 전문적으로 풍물을 쳐야겠다 싶어서, 전북대학교를 가는 거를 목표로 다시 공부를 했지. 그거 외에는 꿈도 없었어. 선생님이 너무 좋고, 거기 모여 있는 사람들이 좋아서 그걸 계속 더 하고 싶었기 때문에 그냥 물 흐르듯이 흘러갔지. 그게 청년 시기 초반에 풍물을 접하고 심화시키고 사람들과 함께 풍물을 꾸려 왔던 과정이야.

춘영 아까 탈문화와 풍물문화가 다르다고 했는데 좀 구체적으로….

순주 탈이라고 얘기했는데, 사실은 극운동이잖아? 종합예술이고 마당도 굿이지. 우리 풍물도 굿이라고 하고 마당극도 마당극이라고 하지 않고 마당굿이라고 하는 게 맞고, 종합연희로서 마당굿을 하는 데 각자의 장치들이 있는 거지. 원래 원형으로서의 굿이 풍물, 음악, 탈춤 등으로 분화되어 왔지. 물론 마당극 형태로 운동을 하고 있는 거였고, 그게 부산 채희완 교수를 중심으로 큰 흐름들이 있었더라고. 그 안에 한 부문으로서의 탈 운동에 내가 큰 의미를 못 느꼈던 거 같애. 물론 연극이라고 하는 것이 되게 매력적인 거지만, 난 음악으로서의 풍물, 악기 이런 것들을 다루는 것에 마음도 몸도 끌리더라고.

춘영 예. 제가 확인하고 싶은 것은, 고등학교부터 시작을 탈로 했고 형이 말씀하신 것처럼 이 문화에 대해 고민을 많이 하셨는데, 저는 탈과 굿이 크게 다르다고 생각하지 않아요. 탈과 굿과 풍물과 민요와 놀이 들이 당연히 같은 굿운동의 한 부문이라고 보는 거죠. 형님에게서 그것이 어떻게 자리매김하고 있나를 알고 싶은 거예요. 자연스럽게 풍물굿으로 넘어오셨다?

순주 '중심을 더 실었다.' 이렇게 표현하는 게 맞을 것 같아.

춘영 굿문화와 연관해서 형님이 스승이라고 생각하는 사람, 형님의 굿 세계에 영향 끼친 사람이 몇 분 있는 것으로 알고 있어요. 양순용 선생님은 말씀하셨고, 또 형님의 굿 세계를 형성하는 데 영향을 준 사람은?

채희완, 김지하의 굿과 생명사상을 접하다

순주 채희완 선생님. 그리고 김지하 선생님. 굿운동이라고까지 할지 모르겠지만 내가 굿을 받아들이면서 기본 텍스트는 김지하로부터 시작했지….

춘영 자세하게 이 분들에게 어떤 영향을 받았는지…. 제가 보기에는 굉장히 적극적으로 찾아가신 거거든요.

순주 아니 일부러 김지하를 찾았다기보다, 그때 기본적인 텍스트였어.

춘영 김지하 선생이요? 저도 이상하게 대학교 1학년 때부터 김지하 선생 책을 엄청 찾았어요. 선배들이 잘 얘기를 하지는 않았거든요. 어떻게 접근했는지 알 수 없는데, 도서관에 가서 『김지하 전집』, 『예감』, 『생명학』 이런 책을 찾아서 봤어요.

순주 그때 기본적인 텍스트라고 그러면, 김지하를 통해서 필터링 된 한국

문학의 원형 같은 거를 우리가 접한 거지. 또 다른 원형은 이어령 선생 같은 분한테 필터링 된 게 있지. 나는 좀 그랬어. 이어령 전집, 김지하 전집이 다 있는데 어릴 때 참 김지하 책 보면서 멋도 모르면서 잘 이해도 못 하면서….

춘영 공부 좀 한다, 책 좀 들고 다닌다, 좀 안다 이런 거죠.

순주 뭐 그랬지.

춘영 그래도 영향을 받은 거예요. 풍물의 내용이나 의미가 표면적으로 드러나는 것보다 더 깊은 세계가 있는 것 같은데 그 세계에 대해서 김지하 선생이 유일하게 어떤 답을 주고 해설을 해 주었던 것 같아요. 무슨 굿이 있다거나, 밥이 똥이고 똥이 밥이라는 식의 파격적인 담론화을 통해 많은 영감을 제공했던 것으로 저는 이해를 하거든요.

순주 김지하는 우리 민족운동 판에서는 1992년 강경대 사건 이전에는 큰형님이었지. '죽음의 굿판을 걷어 치워라'라는 그 글 실리기 전까지 큰형님이었는데, 그 이후에 사실은 김지하는 가만있는데 우리가 해석을 달리하게 된 거지.

춘영 변절이니 어쩌니, 이상하게 《조선일보》에 실려서.

순주 어, 제목도 이상했고. 그러니까 아직도 김지하 원전 텍스트로 이해하는 사람들은 그때 굉장히 안타까워했잖아?

춘영 이건 미완의 어떤 것이고, 그 이후에도 생명학으로 발전시켜 나갔는데 그 이후까지도 의미가 있다고 봐요.

순주 지금도 부정할 수 없는 거는 지금 공공문화재단에 들어와서 밥벌이를 하고는 있지만 나는 문화운동을 하고 있다고 생각하거든. 어쨌든 내가 지금 가진 생각에 자양분을 줬던 사람들과 같은 맥락에서 활동하고 있다고 생각해. 그런 관점에서 여전히 김지하 생명학은 굉장히 중요한 코드거든. 그중에서 공동체론이나 신명론을 많이 보강했던 사람이 채희완 선생이고, 그게 탈춤의 미학으로 드러나서 우리한테 직접적으로 전수가 됐다고 그 당시에.

춘영 예, 저도 그렇게 이해하고 있습니다.

순주 채희완 교수는 부산에서는 거의 큰형님 같았고 나는 제일 막내였으니까. 술은 같이하지만, 같이 앉아서 대적을 할 수 없는 존재였지. 어깨 너머로 보고 귓등으로 들으면서 생각하고 나중에 텍스트로 갈무리하면서 자양분이 됐지.

필봉굿과 영원한 스승 양순용 상쇠

순주 그 관점에서 양순용이란 분을 다시 봤지. 양순용 선생님이 굿을 바라보는 아주 독특한 세계가 명확하게 정리되어 있잖아? 그러니까 흔히 인간문화재 선생님들이 문화재 전수 체계 안에서 촌스럽게 살고 열심히 살려는 것도 있었지만, 사실은 제도에서 물들어 좀 절어 있던 모습들이 많았단 말이야. 근데 적어도 양순용 선생님은 그런 모습이 없더라는 거지. 그 이후에 자기 아들, 자기 제자들이 정리하고 전승하는 문제는 차치하고라도 양순용 선생님은 두레굿에 대해 개념화가 돼 있다고 해야 하나? 물론 배운 것도 있겠지. 본인이 스스로 정리한 것도 있겠지만 학자들이 와서 인터뷰하면서 타자에 의해서 정리가 되기도 하잖아? 그런 흔적도 있긴 한데, 가장 큰 맹아로 있었던 것은 어쨌든 생활굿이라는 거. 굿은 아주 뛰어난 기량을 가진 사람이 하거나 아니면 아주 큰마음을 내서 하는 게 아니다. 그냥 이렇게 우리가 사는 것처럼 굿을 대하고, 그렇게 정리된 게 '푸진 굿 푸진 삶'이었잖아? 삶 속에서 우러나오는 굿적인 것이 제자들 특히 나한테는 세게 다가오더라고. 물론 당시에도 제자 중에 이수자나 전수자가 되고 나중에는 선생님 밑에 이름 올려서 출세하려고 하는 사람도 있었지. 그런데 나나 호인이 형은 참 그런 고민을 안 했

2018년 가을 서수원 교육문화공동체 한가위한마당 상쇠 연행

던 것 같아. 나는 그 부분에는 전혀 뜻을 안 뒀어. 전승 체계 안에 들어가서 뭘 해야 되겠다는 생각은 안 했던 것 같아.

춘영 저도 그렇게 이해해요. 형님들이 순수하게 남원에서 10~15년 정도 필봉굿의 탄탄한 전수 체계를 잡은 게 그런 순수성과 진정성이 있다고 봐요. 저는 94학번으로 형님들이랑 같이 배웠던 세대인데, 순수하게 굿문화를 전승하고 퍼뜨리려는 의식이 훨씬 강했다고 생각해요. 양순용 선생님의 굿에 대한 탄탄한 토대, 철학이라고 형님이 느꼈던 사례를 소개해 주신다면? 양순용 선생님이 큰 굿쟁이구나! 시대의 큰 상쇠구나, 느낀 적이 있다면?

순주 몇 가지 사건이 있는데, 첫째는 93, 94년경에 여름 전수를 갔을 때, 양순용 선생님이 필봉 사람인데 남원에 있었단 말이야. 필봉에 대해서 스스로 정리를 해야겠다는 생각을 하셨는지, 제자들을 한 차에 태우고 필봉 지역 투어를 했어. 그때 지금 있는 필봉전수관, 필봉리에 남아 있던 선생님 생가, 옛날 초가집, 필봉리 대포수 살던 집, 이목리, 필봉 장터, 강진 장 이런 데를 돌아다녔지. 그때 우리도 남원에 있었으니까 필봉굿 실체에 대해 사람들이 다 궁금해했던 거지. 이곳저곳 둘러봤어. 그런데 전쟁 때 난리굿을 쳤던 얘기를 하시더라고. 아마 동원돼서 하셨을 텐데, 이쪽에서 했는지 저쪽에서 했는지는 모르겠어. 아마 남쪽이었던 것 같아. 빨치산 얘기도 하셨으니까. 회문산 인근, 순창…. "그때 동원돼서 굿도 한 번 쳤다."고 하시더라고. 그리고 저녁인가에 강진 장에서 밥을 먹으려고 식당에 들어갔는데, 머리 희끗희끗하신 할아버지들이 식당 밖에서 어슬렁거리면서 자꾸 쳐다보고 가시는 거야. 왜 그러시냐고 물어봤더니 "저 안에 있는 분이 애기 상쇠 양 상쇠가 맞냐고?" 물으시는 거야. 맞다고 그랬더니 난리가 난 거지. "애기 상쇠 양 상쇠가 왔다!" 그러면서 자리잡고 할아버지들이 옛날얘기를 하시더라고. 선생님이 이야기판굿 때 하던 얘기 말고, 객관적으로 그 동네에서 양순용 상쇠를 바라봤던 모습. 양순용 선생님이 7살 때부터 꽹과리를 쳤다고 그러지 아마?

춘영 선생님이 41년생이시거든요. 그러니까 6.25 때면 열 살, 열 한 살이니까 어릴 때부터 치신 거죠.

순주 그래서 그때 되게 인상이 깊었어. 한평생 굿을 치면, 노년의 모습이 어떨지에 대해서. 그렇게 화려하진 않았지만, 아주 대중적으로 인식이 돼서 스타처럼 있는 거지. 물론 양순용 선생님은 인간문화재가 돼서 텔레비전에도 나오는 유명한 분이긴 한데, 그들이 대하는 양순용은 대중가수나 대중예술가하고는 조금 다른 결이 있더라고. 존경하는 눈빛?

춘영 훨씬 생활 밀착형이고 가까이 있는 사람이면서, 존경하는….

순주 왜 그랬을 거 같아?

춘영 낮은 자리에서 사람을 살리는…. 사람을 살릴 수 있는 굿판?

순주 그러니까 양순용 선생님은 필봉리에서 굿을 치긴 했지만 뜬패, 뜬쇠였단 말이야. 뜬두레였다고.

춘영 전문패와 두레패 사이 정도인데, 잘해서 팔려 나가는…. 잘하는 상쇠.

순주 뜬두레. 근데 이 양반이 유명해진 거잖아? 그 뜬두레로 유명해지려면 두레에서 농악이, 풍물이 아주 유효해야 되거든. 각 마을마다 그런 게 있었거든. 나는 그걸 본 거지.

춘영 두레의 기반이 있어야 뜬두레도 되는 거죠.

순주 말로만 듣던 '옛날 상쇠가 어땠다.' 하는 얘기를, 양순용 선생님 어렸을 때 뜬두레 활동하면서 동네마다 굿을 쳐 주고 그들의 스타가 됐던 모습을 보면서 그 실체를 확인한 거야. 그러니까 우리가 텍스트로 읽고 말로 듣던 마을굿의 실제, 그 위상이 이랬구나 하는 것을 확인하는 자리였지.

춘영 본토에서 원래 고향에서.

순주 선생님이 그 다음해, 95년에 돌아가셨으니 그게 마지막이야. 내가 대학교 2학년 땐가 3학년 때. 그 이후에는 그런 투어를 안 했거든. 내가 선생님하고 마지막 투어를 한 사람이 됐지.

춘영 여러 사례가 있다고 하니까, 이 한 사례를 통해 양순용 선생님의 면모를 상징적으로 알 수 있네요.

수원 칠보산풍물마당에 참여하다

춘영 다음으로, 수원칠보산풍물마당에 참여하게 된 계기를 말씀해 주세요. 형님이 어떻게 참여하게 됐는지?

순주 이 동네는 교육공동체 커뮤니티가 막강해. 그러니까 공동육아를 목적으로 하는 커뮤니티가 다양하게 있어. 첫 번째가 '사이 좋은 방과후'라고 방과후학교가 있었어. 내가 속해 있던 데가 그 방과후지. 여기가 사실은 활동하는 커뮤니티 중에서 제일 센 데야. 이거 전에는 '사이좋은 어린이집' 공동육아를 했는데, 나는 그 시절에는 결합을 안 했어. 방과후부터 결합했지. 그 이전 세대들이 씨앗을 뿌리고 키워 오고 있었던 거야. 2001년경에 시작했어. 내가 결합한 건 2008, 2009년도. 거기서 풍물이 필요해서 다른 패를 초청해 오거나 자기들이 직접 가서 전수관에서 배워 오기도 하더라고, 우리 풍물패 부쇠 지리산이 그 역할을 했지. 이 공동체를 운영하는 데 굿적인 요소를 잘 활용한 주축은 지리산이지. 그렇게 해서 코흘리개 아이들 장구 가르치고, 방과후 교사들이랑 일 년에 한 번 한가위 강강술래도 꾸리고, 그 이전 단계도 있지. 그건 내가 잘 모르고 몇 년 동안은 학교에서 하지 않고 진짜 우리 공동체 안에서만 한가위 활동을 했던 사람도 있고. 내가 뒤늦게 와서 내 옛날이야기는 잘 못하지. 그냥 경기문화재단 다니고 있다, 풍물 친다는 얘기만 좀 했어.

춘영 형님이 이 동네 들어온 거는 이 상황을 알고 온 게 아니잖아요?

순주 몰랐지. 목적의식적으로 들어 온 건 아니야. 그런데 결국 나한테 풍물을 가르쳐 달라고 얘기가 온 거지. 지리산이 나를 알아본 거야. 필봉전수관을 갔을 때, 옛날 조교 선생님을 하던 분이란 걸 알게 된 거지.

춘영 지리산이 필봉농악전수관을 간 거네요. 형의 존재를 이미 알고 있었고 필봉보존회에서는 전수조교가 있는데….

순주 지리산한테 나중에 들은 바로는, "우리 동네에 이런 분이 온 것은 큰 행운이니 배워 봅시다." 하고 설득을 했대. 그래서 아이들이랑 일주일 한 번씩 저녁에 경로당에 모여서 연습을 시작했지. 그때는 본격적으로 이 동네에서 풍물패를 해야겠다는 마음을 안 냈을 때니까. 그냥 초청받아서 가르쳐 주는 정도였는데, 본격적으로 마음을 낸 게 아마 1년쯤 있다가 동네에서 "풍물패를 제대로 해 봅시다."라고 이야기를 하고, 동네 사람들이랑 풍물패를 꾸리기 시작했지. 공식적으로 이름을 낸 건 아니었고 동아리도 아니고 그냥 강습 수준으로 시작했는데, 한 계기가 된 게 한가위를 준비하려면 한두 달 정도는 배워야 하는데, 부모들이, 어른들이 와서 배우는 데 체계도 없고 숙성도 안 돼서 필요한 가락 한두 개 배워 가지고 길놀이 하는 수준이니 굿판이 안 만들 어지는 거지. 내가 몇 년 동안 놓고 있던 풍물을 다시 잡게 된 계기가 이 사람 들이랑 해서 동네에서 굿판을 제대로 만들어야겠다. 분위기도 좋으니까. 그 렇게 해서 시작을 했던 게 결국 강습을 체계적으로 하게 된 거지.

춘영 흐름을 보면, 유찬이랑 채연이가 공동육아, 방과후학교 들어가는 것이 인연이 된 셈이죠? 여기 오면서 공동육아가 있던 걸 알고 바로 방과후에 참 여하게 된 거죠?

순주 그렇지.

춘영 그다음에 그 전부터 방과후공동체가 있는 걸 알게 된 거고?

순주 응, 그렇지.

춘영 예, 잘 이해했습니다.

순주 그때 나는 내 아이들도 가르치겠다 해서, 유찬, 채연이도 같이 풍물 배 워라, 이렇게 된 거지.

춘영 일석이조, 삼조 그랬던 거죠? 그렇게 해서 시작했는데, 2018년 현재, 형님이 현재 수원칠보산풍물마당 상쇠로서 임하는 자세는? 어떤 바람을 가 지고, 어떤 마음으로 임하고 있다….

순주 나는 상쇠 노릇보다는 기획자 같은 역할을 해. 내가 다 할 수 없을 뿐만 아니라 공동체 내에서 어떤 형태로 옛날에 두레 조직처럼 굿판을 만들어 나 가는 사람들을 조직화할 것인가 하는 관점이 있지. 상쇠가 전권을 쥐고 이끌 어 가는 방식은 무리가 있더라고. 상쇠는 굿을 기획하는 사람으로서 상쇠, 굿 을 지휘하는 사람으로 음악가, 굿을 조직하는 사람으로서의 조직가 이 역할

2019년 6월 칠보산 청개구리논 모내기 행사 길놀이

을 다 해야 되겠더라고. 그런데 생활풍물에서 이게 다 안 돼. 혼자서 아무리 뛰어나고 조직적으로 활동을 잘해도, 나는 그걸 잘 못 하기는 하지만, 그런 거를 한꺼번에 잘해 낸다는 것은 시간도 엄청 투자해야 되고 열정도 쏟아야 되고, 역량도 대단히 뛰어나야 되는 거란 말야. 그래서 나는 그렇게 하면 안 되겠다 생각하고 우리가 마음과 시간을 낼 수 있는 만큼을 공유해서 만들어 가는 풍물패가 되게 하려는 거지. 전위적인 한 사람이 희생하며 고통스럽게 이끌어 가면서 힘들어하는 거 많이 봤잖아? 처음 2~3년은 진짜 내가 주도하고 사람들한테 연락도 하고 가르치는 것도 내가 다 하고, 운영도 내가 다 하는 식으로 해 봤는데 도저히 안 되는 거야. 그런 과정에서 나도 많이 깨우친 게, 전문 풍물인으로 살면서 대학생을 가르치던 때 버릇이 남아 있었던 거야. 그런데 생활풍물 하는 사람들한테 똑같이 하니까 이 사람들이 부담스러워하는 거야. 예를 들면 전수할 때는 가락이 하나 안 되면 옆에서 붙잡고 될 때까지 가르치잖아? 그런 게 여기서는 안 되는 거야. 그 사람 마음은 요만큼이고 상쇠가 가르치는 마음이 이만큼 돼 가지고, 이 사람 마음을 이만큼까지 불리는 작업이 단기간에 되는 게 아니야.

춘영 무슨 말인지, 어떤 의도로 말씀하시는지 알겠습니다.

순주 그래서 그 마음을 접고, 길게 보고 가자, 해서 10년 뒤에도 이걸 계속하고 있는 게 제일 중요하다, 그다음에 지금 하고 있는 사람은 그때까지 같이 간다는 목표를 세운 거야.

춘영 예, 그게 유효했네요. 전략적으로 아예 긴 전망을 가지고 시작한 거.

순주 그래야 나도 상처 안 받고, 그들도 부담 안 되지.

춘영 일단 오늘 형님 강습하는 모습을 본 느낌으로는, 타법 하나, 갠지갱 넘어가는 거, 짝드름이랑 아이들이 대박 빵빵 치는 거 보면서 몇 년 전과 또 다른 감동, 울림이 있었어요. 그런 것들이 쌓여 가면서 자연스럽게 형성되는 거죠. 자연스럽게 아이들이 그런 마음을 내게 된 거죠.

순주 오늘도 그 얘기하잖아? 옛날 휘모리 가르친다고. 길게 보고 가니까 가락 진도를 못 나가. 기본 타법들만 하고, 한 2, 3년은 채굿 중심으로 하는 거야. 대학교 때는 한 학기에 영산까지 다 나가잖아? 우리가 영산 한 게 작년부터 했거든. 한 학기에 했던 거를 쭉 늘린 거야. 그러니까 연습할 때도 가락이 틀렸니 맞니가 아니라 대박을 세게 쳐라, 이런 얘기들을 많이 하지.

춘영 기획자로서 여러 가지를 시도해 보면서 길게 본다…. 그럼에도 불구하고 상쇠가 없으면 안 되는 거잖아요? 아까 얘기한 것처럼 지리산이 형님이 없으면 대신한다고 하더라도, 이게 유지되기 위해서는 일상적인 강습이 필요하잖아요. 강습이 일상이고 곧 생활이죠. 그런 점에서 형님한테 분명히 강점이 있다고 봐요. 아이들이 오는 이유. 형님이 처음엔 초등학교 강습도 하고, 이원적으로 했는데, 그 과정과 현재 상황을 좀 이야기해 주시죠.

순주 지금은 어른들이 자기 시간을 내고 힘을 내는 단계까지 왔지만, 우리도 힘든 시기가 있었지. 초기에는 어른들은 한가위 때나 필요하면 조금 연습하는 정도였는데, 풍물패가 제대로 되려면 공간도 필요하고, 풍물을 조직하고 운영할 수 있는 운영진도 필요하잖아. 그런 거를 형성하는 과정이었던 거지. 그거를 내가 "합시다." 하고 독려해서 되는 게 아니잖아? 결국은 내가 스스로 하는 거였어. 여름이고 겨울이고 상관없이 무조건 토요일 아침 9시 반이면 학교에 가서 문 열고 청소하고 아이들과 풍물 하는 거를 꾸준히 한 거야. 그거를 5년 정도 하니까 사람들이, "푸진굿 완전히 진국이다."라고 표현하더라고, 처음엔 한 2, 3년 하다가 자기 풀에 떨어지겠지 했대. 삶터 추장은 막 떠돌아다녔단 말이야. 열정은 있어서 도시에서 자기 문화활동하는 사람들이 뭔가를 하고 싶긴 한데 여기저기 트렌드 따라 왔다갔다하면서 진득하게 못 했거든. 그런 사람들이 많아 우리 동네에. 그런데 사람들이 나를 보고 있었던 거 같아. 처음에 공간이 구비가 안 됐으니까, 학교를 치고 들어가서 방과후교실이란 이름으로 무료 봉사를 한 거지. 학교는 일단 들어가면 민원이 없고 제일 안전한 공간이니까. 그게 풍물 치는 사람들의 가장 큰 고민이잖아? 그렇게 학교에서 2, 3년 하는 걸 보더니 몇 분이 내 마음을 알아주기 시작한 거야. '야 푸진굿이 지금 장난치는 게 아니구나.' 그리고 '진지하게 공동체와 풍물을 함께 고민하고 있구나.' 그다음에 '정말 좋아하는구나.' 이런 정도로 이해해 주기 시작하는 거야.

공동육아, 초등학교 풍물 그리고 마을 풍물

춘영 사실은 유찬이가 이 초등학교에 다닌다는 게 큰 계기가 되지 않았나요?

순주 내가 학부모였으니까.

춘영 그러니까 학부모이면서도 형님이 상촌초등학교에서 강습을 하는데, 정말 그게 생활이거든요. 초등학교는 제도권이고, 시민 양성 기초 교육기관인데, 우리집 아이들이 초등학교에 다니니까 여러 가지가 해결되는 거잖아요?

순주 그리고 풍물패의 핵심은 교육 활동이라고 봐. 전승 활동이지. 그게 또다른 생활문화에도 똑같이 적용되는 건데, 기본이 교육이에요. 교육 활동이 체계가 잡혀 있고 그 안에서 강사와 피교육자가 함께하는 체계가 안 잡히면 문화 활동이 이루어질 수가 없는 거지. 그래서 교수해 주는 사람의 자세, 열정, 그 마음을 내는 게 잘 맞아떨어졌던 거지. 내 아이가 다니는 학교에서 공간을 빌려서….

춘영 공인된….

순주 그다음에 거기를 아이만 활용하는 게 아니라 동네 사람들이 학교 안으로 들어가서 바깥으로 열어 내는 역할도 하게 된 거지.

춘영 그야말로 전위의 공간이에요. 어떻게 보면 전투적인 공간이 된 거예요. 저도 그 점을 더 잘 이해하기 위해서 질문한 거예요? 상촌초등학교 방과후수업을 긴 안목과 비전을 가지고 성실하게 해냈고, 그 공간에서 지금 수원 칠보산풍물패가 활동을 했었던 거죠.

순주 아니, 오전에 애들하고 같이. 처음 한 타임은 초급반. 그다음은 중급반.

춘영 초등학생만 하는 게 아니라 어른들도 같이하는 건데, 학교에서 인정을 해 준 거예요? 아, 대단하네요!

순주 그렇지. 처음에는 학부모라 하더라도, 학교 안에서 활동하는 거에 대해서 되게 불안해했지….

춘영   예, 당연히 그럴 수 있죠. 아이들과 뭘 하는 게 통제가 안 되니까.

순주   자기들은 방과후라고 생각했는데 이게 마을 활동처럼 돼 버리니까. 그리고 우리가 대충 뭉개고 들어간 것도 있지. 한 시간은 아이들 방과후 시간을 하고 한 시간은 아이들과 어른들 중급반을 하겠다, 그래서 토요일 아침 9시 반부터 11시 반까지 두 강좌를 운영한 거지.

춘영   어떻게 보면 요즘 유행하는 마을학교, 학교를 중심으로 한 마을공동체, 이런 것의 선진적인 모델이라고 할 수 있겠어요.

순주   지금 우리 풍물패와 공유, 고민은 안 하고 있지만 내가 가진 비전은 마을학교야. 지금은 메이커 운동이라고 사부작거리고 만드는 거, 창작하는 모든 활동을 메이커 스페이스라고 얘기하는데, 그걸 우리말로 하면 마을학교야. 공간과 내용과 교육이 전 세대에 걸쳐서 이루어지는 공간, 이게 마을학교거든. 그 전형을 이 동네에서 만들어 봐야겠다는 생각을 가지고 있지.

춘영   이제 1기, 2기를 넘어서, 풍물패를 기반으로 한 다른 여러 활동, 만드는 활동이나 단체 활동 등의 총체적인 활동을 확장하고 생활화한다는 전망을 가지고 있는 거죠? 그런 형님의 시대의식을 기본적으로 공감할 수 있을 것 같아요. 그런 문제의식을 회원들과 공유하고 있진 않지만….

순주   조금씩 옆구리 찔러 보는 정도 수준으로는 가고 있지. 이렇게 세월이 가면 이 마을 교육공동체에서 자란 아이들이 청년이 될 거고, 지금 우리집 아이들도 청년이 되어 가고, 그리고 바깥에 나가서 활동하다 다시 돌아오는 아이들도 있을 거고. 이 동네 사람들이 이사도 잘 못 가. 이 커뮤니티 때문에. 어차피 늙을 때까지 있을 거라고 합의하지는 않았지만, 그런 사람들이 모여서 살고 있단 말이야. 그래서 마을학교 형태로 커뮤니티를 만들어 보면 어떨까, 하고 생각하게 됐지. 교육공동체 경험이 있기 때문에 충분히 가능할 거라는 거지. 그래서 도토리교실이나 선진적인 사람들이 나서서 하는 게 아니고, 그냥 내가 수요자이면서도 제공자가 되는, 내가 생산 공급도 하고 향유도 하는 그런 공간, 그런 학교.

춘영 이걸, 2001년에 시작했다고 한다면 조금 있으면 20년이잖아요? 10년만 더 버티면 여기서 배웠던 공동육아 세대들이 다시 돌아오는 거죠. 그때는 새로운 사람들이 유입되지 않더라도 그 30대, 40대들이 지금 현재 주도 세력들과는 다르게 새로운 지평을 열어 나갈 거란 상상을 해 봐요. 지금 중요한 건 그 공동육아 세대가 다시 돌아올 수 있는 공동체를 유지하면서, 여기서 새로 커피집이라든지 공작소라든지 뭐든 새로운 모델을 계속 시도할 수도 있고요.

순주 그렇지. 또 내용적으로는, 교육공동체에 있는 아이들만 오는 게 아니야. 지금 오는 애들은 교육 공동체 소속 아이들도 있지만 우리가 공연을 보고, 엄마 손 잡고 온 애들도 있어요. 교육공동체로 기본틀은 짰지만, 우리 활동의 영향권은 이만큼 넓어져 있어. 이 마을 안에서 풍물패의 위상과 역할은 진짜 마을 풍물패라는 데 있어.

춘영 풍물패만 있는 게 아니라.

순주 교육공동체 자기들만의 리그가 아니고 동네 사람들과 함께한다는 것을 보여주고 있지. 오늘도 중요한 사건이 있었지. 1단지 경로당이 우리 동네에서는 제일 세고, 제일 보수적인 데야. 마을공동체 활동할 때, '왜 저런 것들이 우리 동네 와서 풍물패 활동을 하냐?'고 이상한 눈으로 쳐다보는 분이 가장 많은 곳이 이 1단지야. 그런데 우리가 1단지 경로당으로 들어갔잖아? 처음에는 이상하게 보더니, 오늘 봤다시피 수박을 갖다 주시잖아? 풍물패가 동네를 변화시키는 거야. 나는 오늘 수박 갖다 주신 일은 아주 큰 사건이라고 생각해.

춘영 저도 느꼈어요. 형이 말한 "이런 때도 오네!" 그런 거죠. 수원칠보산 풍물마당 초등학교 강습은 공간이 없어서 학교에서 나오게 된 건가요?

순주 학교가 오래돼서 공사도 해야 되고, 또 토요 방과후가 예산 때문에 운영을 전체적으로 못하게 됐다고 하시더라고. 그래서 바깥으로 나온 거지.

춘영 예, 지금 토요일은 일 년 내내 거의 안 쉬고 하잖아요? 그에 임하는 형님의 마음, 아니면 사람들이 여기 오는 이유가 있을 거 아니에요?

순주 뭔가 꾸준히 한다는 건 되게 중요한 거야. 회원이 자기 사정 때문에 빠진다고 하더라도 언제나 토요일 아침에 거기 가면 풍물 소리가 들린다는 믿음, 그게 있어야 돼. 비가 오나 눈이 오나 토요일 아침에 거기 가면 풍물이 된다는 것을 정확하게 동네 사람들한테 인식시키는 게 되게 중요했어. 같이하는 사람들도 역할 분담을 잘해 줬지만, 어찌 됐든 꾸준히 쌓아 가는 작업을 하는 거지. 토요일 아침에 자기 아이하고 손 잡고 와서 뭔가 할 수 있는 곳. 그래서 가족 회원들도 있고, 가능하면 같이 나와서 해야 된다….

춘영 지리산네 경우처럼 토요일 오후에, 2017년에는 부인인 풀잎이 하고 2018년에는 네가 하고…. 가족 회원이 몇이나 돼요?

순주 부부가 나오는 경우, 아이 손잡고 오는 경우 해서 전체 회원은 50명 정도 되는 거 같아.

춘영 최소 30~40명 정도.

순주 그 사람들은 되게 오래됐어. 풍물패 하다 보면 휴지기도 있게 마련이잖아….

춘영 애들 고등학교 간다. 어디를 보낸다. 해외로 간다….

순주 우린 그런 거에 전혀 구애받지 않는 풍물패지.

춘영 결속력은 크고, 압박감은 최소화하는?

순주 그게 생활풍물패의 관건이라고 생각해. 부담 주지 않는 거. 그리고 풍물 공연도 전통풍물 하다 보면 따져야 될 게 많잖아? 머리부터 발끝까지….

춘영 그런 형식과 마음 부담은 최소화하면서….

순주 최소화하는 거지. 형식을 자꾸 얘기하다 보면 실제 집중해야 될 부분을 자꾸 놓치니까. 형식화되면 제일 먼저 마음이 떠요. 그래서 둥둥 떠다니는 사람이 생겨. 실제로 굿 가락이나 협화하는 마음에 집중해야 되는데, 형식에 집중하다 보면 문제도 많이 발생하고…. 이런 건 우리가 잘 알잖아?

춘영 기성세대가 아닌, 유찬이 앞뒤로 해서 유청소년 아이들은 어떤가요? 여기에 참여하는 마음, 어떤 매력이 있어서 참여하나?

순주 지금 이미 청년이 돼서 군대 간 20대 애들도 있고, 우리 3징이 대학교 가는 스무 살이 됐지. 걔는 매주 나오지는 못해. 걔가 하자센터 인턴십을 하고 있어서….

춘영 하자센터에서 상근, 인턴십 하는 중?

순주 그런데 그런 친구는 공연 있을 때는 꼭 나오지. 그러니까 마을풍물패의 일원이 된 거야. 그다음에 중학교 다니니까 게으른 친구도 있고, 공연하자 그러면 게으른 친구들도 있고, 유찬이나 두혁이처럼 열심히 하는 친구도 있지.

춘영 제가 볼 때 형님도 아직 젊기 때문에 10년만 버티면 아까 얘기한 전망도 가질 수 있는 거잖아요? 여기서 정체가 되는 게 아니고 발전이 되지.

순주 "인생이 뭐 별거 있냐?"라고 얘기하잖아? 시간 빨리 가잖아? 그 빠른 시간 동안 뭐 해 놨지? 아무것도 벌어 놓은 건 없어. 그런데 남은 거는 좋아하는 사람들이랑 함께했던 시간인 것 같아. 그게 나이테처럼 한 줄이 그어지는 거라. 애들 자라는 거 보면 되게 성공적으로 살았다, 이런 생각이 들 때가 많아.

춘영 애들이 건강하면 돼요.

순주 그렇지. 지금은 초등학교 3, 4학년이 오는 경우도 있고, 그다음에 중학생들도 있고, 고등학생들. 이제 두혁이가 고등학생이 되고, 우리 유찬이가 중3, 내년에 고등학생이고….

춘영 그렇다니까요. 우리 큰애랑 두 살 차이.

순주 그래서 그런 애들이 계속 자라면, 아이들 입장에서 보면 "내가 어릴 때 풍물패가 있었고 졸졸 따라다녔다. 내가 어렴풋이 두레 활동을 했는데, 내 인생에 큰 자양분이 됐더라." 하고 얘기할 수 있지 않을까?

지금 여기 도시의 풍물굿 양식을 실현하다

춘영 예, 동감입니다. 이제 풍물 양식 얘기로 넘어가 볼게요. 전수관에서 볼 때 풍물 양식에 대해서 형님이 고민을 정말 많이 했죠. 앞에서 유연성을 말씀하셨는데, 모르고 유연하면 떠다니는 거예요. 알기 때문에 수시변통을 하고 뺄 거 빼고 끊임없이 새롭게 조직하는 거거든요. 그런 측면에서 봤을 때 전수관과 다르게 여기서 강습할 때 풍물굿 장단 얘기하는 것이 어떻게 색다르게 한다, 그런 걸 말씀해 주신다면?

순주 강습할 땐 크게 다르진 않아. 그런데 공연할 때 우리 마을만의 형식을 갖춰 나가는 걸로 보자면, 첫 번째는 일단 옛날에 했던 12시간짜리 전통 마을굿을 여기서 다 할 순 없잖아. 잡색도 있고, 뒷굿도 하는 그런 거를 할 만한 판 자체가 안 만들어지는 거야. 사람들은 아직도 그냥 악기를 치고 뺑글뺑글 도는 거라고 생각하는 거지. 우리 전망은 앞으로 10년쯤 더 하면 뒷굿도 하고, 잡색도 좀 생기지 않을까 하는 정도야. 그런데 지금은 그런 앞굿, 뒷굿 맥락을 가르치면서 진행하는 게 아니고, 기본적으로 악기 다루는 방법과 그다음에 신나게 노는 방법, 그리고 듣는 방법과 치는 방법, 이런 것들만 해도 바빠.

춘영 저는 여러 세대를 아우를 수 있는, 수시변통을 해서 여기에 맞는 방식으로 노력해서 만들어 가고 있다는 점에 방점을 찍는 거예요.

순주 그렇지. 생활풍물 하는 사람들은 기량 욕심이 많지 않아. 일단 참여하는 거, 그다음에 같이 공연이라도 할 수 있는 계기, 이런 것들이 더 중요하고 어울리는 것을 더 중요하다고 생각하지, 기량 올려서 연풍대를 뺑글뺑글 잘 돌겠다고 생각하지 않아. 실제로 내가 설장구 한 시즌쯤 강습해 봤어. 그런데 기량이 잘 안 올라와. 그리고 결과도 다르고. 그래서 기량 중심으로 가는건 아니라는 걸 절감했지. 어느 수준까지는 계속 학습해야 되겠지만, 학습하는 것과 기량이 올라가는 것은 다르다는 걸 알게 됐지.

춘영 공연할 때 복식을 왜 갖추지 않는 건지?

순주 어떤 것 같은데?

춘영 저는 긍정적으로 봐요. 이것저것 지켜야 될 게 많으면 힘들어지죠. 못지키면 어렵고. 양식을 최소화한다는 말에 공감하면서 여쭤보는 거예요.

순주 그건 생활풍물뿐만 아니고 전통을 해석할 때 현재성이란 거를 우리 교수자들이 잘 이해해야 되는데, 어떤 분은 그런 형식을 가르쳐야 한다고 생각하는 거 같아. 사실 그거는 아니거든. 맥락을 가르쳐야지. 그런데 고깔을 어떻게 써야 되고, 신발은 어떻게 신어야 되는지를 가르친다고 생각하고 그것이 제대로 된 전승이라고 생각하는 순간에 가르치는 사람이나 배우는 사람이 서로 부담이 되는 거지. 내가 설명을 잘하고 있나? 그거는 생활굿을 바라보는, 또 접하는 태도는 아닌 것 같다는 거지.

춘영 제가 이걸 왜 여쭤보냐면, 사실 이런 사례가 많지 않아요. 다른 곳은 형님이 말씀하셨던 형식적인 얘기를 많이 해요. 하지만 저는 21세기에는 풍물복식도 상징적으로 몇 개만 맞추는 식으로 새롭게 할 수 있다고 보는 거죠. 예를 들면, 작년에 머리핀을 만들어서 강강술래 하는 사람들이 다 머리에 달았던 것도 그 정도의 공통분모로 '우리는 풍물 하는 사람이야. 강강술래 하는 사람이야.'하는 걸 통일적으로 보여주면 되지, 옷을 다 맞춰 입는 것은 오히려 그 현장에 맞지 않는다는 거죠. 이런 사례를 만나기 어렵기 때문에 여쭤보는 거예요.

두레, 풍물굿과 공동체의 시대의식

춘영 이제 시대의식 이야기로 넘어갑시다. 지난번에 두레라는 키워드를 가지고 형님이 지향하는 세계를 말씀하셨던 부분이, 생각했던 것보다 크고 옛날 두레가 아니라 현대의 두레라는 느낌이 들어서 굉장히 좋았거든요. 주제가 시대의식인데 형님이 살아온 삶이나 지향들, 시대의식이 선명한 것처럼 느껴져요. 굿을 중심으로 한 공동체성 그런 의미에서의 두레 부분을 얘기해주세요.

순주 사실 생산 활동하고 연관되지 않으면 두레라고 얘기를 못 하잖아? 그러니까 생산과 놀이가 결합된 형태의 공동체를 두레의 기반으로 얘기하는데, 전통 농경사회 마을단위에서 그걸 구현해 왔던 거지. 지금은 그렇지 않지. 지금 사람들이 '마을만들기'를 얘기하지만 그 핵심이 노동과 결합된 건 아니잖아? 그냥 체험 기반, 요즘엔 겨우 교육 기반까지는 같이 가는 거 같아. 그런 정도의 공동체거든. 지금 사회 구조적으로 내가 사는 곳에서 노동하고 문화를 즐기고 같이 굿도 하면 좋지만 그렇지 않잖아? 사는 곳은 경기도, 일터는 서울, 여가 활동은 또 교외로 나가서 하고 그런단 말이야. 전통적인 마을에서 하는 두레는 애초에 가능하지 않은 거지. 그래서 새롭게 해석할 필요가 있다고 보는 거지.

춘영 두레를 현대에 맞게 해석한다는 것보다도 제가 볼 때 형님과 저의 공통된 문제의식은 현대사회가 인간성이 황폐해지거나 소외가 만연한 속에서 그래도 사람들이 더불어 살아가야 한다면, 놀이가 있고 예술이 그 역할을 할 수 있지 않나 하는 거죠. 옛날의 두레가 발전된 게 아니라 이 아파트 천지의 도시사회라고 하더라도 사람이 사람답게 살 만한 곳으로 만들어 가는 건 파편화되는 인간을 묶어 주는 두레정신, 두레문화가 아닐까, 그것을 지금 여기서 만들어 가는….

순주 그러긴 한데 풍물굿패를 조직하다 보면 사실은 두레 조직처럼 강력하진 않잖아?

춘영 옛날 두레처럼? 옛날 두레는 생활과 일치된 거고, 옆집 숟가락이 몇 개인지까지 알고, 함께 싸우고, 함께 사는 완전한 정주공동체였던 건데….

순주 두레 조직의 굿은 상당히 의무적인 마을굿이었어. 선생님한테 들은 말이지만 치배 하나가 빠지면 안 되는 거야. 마을이라고 해야 몇 명이나 돼? 마을에서 굿을 하고 풍물을 하려면, 옛날에 200명 정도라면 60호 정도는 되야 하는데, 그렇게 큰 마을이 옛날에 있었을까? 그 안에서 자기 배역이 있고 자기 역할이 있는데. 그러니, 거의 빠짐없이 의무적으로 참가해야 되는 거였지. 그런데 사실 지금 두레 마을 풍물을 하면서 '내가 빠지면 안 돼.' 혹은 '마을에서 결속을 꼭 해야 돼.' 이렇게 생각하지는 않지. 그냥 문화두레 정도지. 예술두레, 문화두레 성격. 옛날처럼 노동 기반으로 집단노작을 하고, 또 노동에 필수적인 절기의 행사나 절기 굿 하는 것과는 다르잖아? 그래서 좀 느슨하지. 두레를 흉내내는 거지. 지금 우리가 운동 방향을 잡을 때 생산기반, 노동기반 두레를 복원하자고 할 수 있을까? 그보다는 생활기반 두레풍물패, 두레문화 조직 이런 것들을 실험적으로 해 보는 거지. 우리 동네에서 지금 하는 작업도 크게 보면 예술이고 예술노작인데, 두레를 지향하는 그런 작업들을 한다고 보는 거지.

춘영 예술노작은 가능하겠네요. 아까 메이커 스페이스를 기준으로 하면, 거꾸로 원시공동체로 돌아가야 되는 거야. 두레를 복원하려면. 그거는 시대적으로 맞지 않는데….

순주 김원호 씨가 한 실험 하나가 인위적인 공동체성을 만들어서 그 안에서 풍물패를 꾸리려고 했던 것도 있잖아? 그건 자기 같은 뜬패를 공동체 내로 이식하는 거였지….

춘영 그건 제가 잘 몰라서요. 어쨌든 방향 설정에서 지금 말씀하시는 문화두레니, 예술두레가 유효하다고 봐요. 10년 뒤를 봤을 때 다음 세대 친구들이 이 문화두레 예술두레 속에서 다양한 예술 생산 활동을 한다면, 또는 교육 활동을 한다면, 새로운 형태의 생산두레공동체도 가능할 것 같아요.

순주 그렇지. 요즘에는 콘텐츠 생산도, 생산 활동이니까. 지금 우리가 하는 것도 새롭게 만들어 온 것이고, 앞으로도 계속 만들어 가야 한다고 봐. 그다음 시대정신이라고 한다면, 어쨌든 여러모로 척박한 한국사회 상황에서 굿의 특성을 지키고 가꾸는 것이 우리 작업이라고 봐. 오늘의 마을인 아파트공동체 중심 사회에서 그나마 몇 안 되는 마을공동체 두레를 우리가 하고 있는 거지.

춘영 성미산공동체, 큰들같이 없지는 않아요. 이 프로젝트에서도 그런 현장을 소개하려고 했어요.

순주 시대정신이라고까지 거창하게 할 건 없지만 '이왕 마음을 냈으니 잘해 보자.' 하는 건 있어. '건강하게, 꾸준하게 잘해 보자.' 하는 생각이 우리 패 안에는 있지. 뚜렷한 방향을 정하고 달려간다기보다, 최대한 자연스럽게 하면서 그 안에서 굿을 조직하는 사람, 헌신하는 사람도 생기고, 그렇게 하다 보면 뛰어난 기량을 가진 아이도 생기고 이런 거지. 내가 내 열정을 못 이겨서 2, 3년 하고 빠지는 방식이 아니고 뿌리를 내리고 내 삶 속에서 좀 싫어도 꾸

2017년 10월 칠보산 청개구리논 벼베기 행사 길놀이

준히 하고, 좋아서도 하는 그런 마음이면 되는 것 같아. 바깥에서 보기로는 칠보산에 갔더니 훌륭한 풍물패가 있다면서, 학술적으로 마을공동체의 새로운 원형이라고 얘기도 하지만, 사실 우리 스스로는 그런 사명감을 가지고 하는 건 아냐.

춘영 칠보산풍물마을과 시대의식에 대해서 말씀을 나누고 있는데, 이명박-박근혜 정부 당시 문화예술이 위축된 것은 분명한 것 같아요. 게다가 세월호를 계기로 해서 전국 공연이 거의 없었고, 수년 동안 국가 지원이나 사회 분위기가 암울했던 시기가 있었어요. 칠보산공동체도 전체 사회 흐름과 무관할 수 없다고 했을 때, 지금 황순주라는 굿쟁이가 현재의 정치사회적인 흐름을 풍물굿과 연관해서 어떻게 진단하고 있는지 얘기해 주세요. 풍물굿과 연관해서 시대가 어디로 어떻게 가고 있다는 예감이 있나요?

순주 뭐가 있을까? 나는 동시적으로 다 각(覺)을 하는 시대라고 봐. 깨달음, 각성. 외국에 나가 보면 정치 사회의 형태가 형식적으로 양적으로 풍부하고 다양하고, 여러 갈래의 사례들이 많잖아? 그거에 비하면 우리는 민주주의만 하더라도 아주 길어야 120년? 근대 시민이 나타난 것도 120년밖에 안 됐지.

춘영 동학을 포함해서 120년인 거죠?

순주 그 속에서 식민지 시기도, 엄청난 전쟁도, 또 폭압적인 독재 시기도 거쳤지. 그러면서 문화를 일부 지역이나 특정 집단이 전용하고 악용해서 선전 도구로 활용하기까지 하는 아픈 경험도 거쳤지. 대표적인 게 '국풍81.' 프로파간다의 시대지. 그때도 풍물굿이 동원과 선전 수단으로 쓰였지. 굿 본연의 공동체성이나 신명을 가지고 시대에 복무하지 못했단 말이야. 근데 어쨌든 여기까지 왔어. 세월호 얘기도 했지만 굿이란 슬픔까지도 충분히 다 담아 낼 수 있는 맥락들이 다 있는데, 그걸 우리가 동시대적으로 각(覺)하는 거 같아. 엄청난 거지. 사람들이 이제는 내가 뭔가 하고 싶다는 걸 자각하고, 또 하고 싶은 걸 해야겠다고 작심하는 이런 것들이 확산되는 것 같아. 풍물 하는 사람도 보면 아주 어린 시절부터 하기도 하고, 꽤 나이 드신 분들이 이제야 하시는 경우도 보잖아? 마음들도 열리는 거 같아. 풍물 대하는 게 옛날에 운동권 논리나 이념적 논리로 부침이 많았잖아? 이제는 그런 것들도 많이 없어지고 사람들이 문화적으로 마음을 내는 시기? 여유도 좀 생기고 그래서 하기가 조금은 편해졌다는 생각이 들어. 몇 년 전만 해도 학교는 굉장히 보수적인 공간이어서 거기서 풍물 한다고 하니까 선생님들도 "선생님 옛날에 무슨 활동 하셨어요?" 그랬는데, 이제는….

춘영 혹시 애들한테 '이상한 것'을 주입하지 않을까 그런 우려를 한 거죠?

순주 그렇지. 그런데 이젠 많이 편해진 것 같아. 시대정신? 예전에 비하면 사람들이 좀더 적극적으로 풍물을 포함해서 다양한 문화, 예술을 해 보려고 하고 직접 참여해서 동네 민주주의, 마을 민주주의를 만들어 가려는 모습도 보이고…. 그런 건 희망적이지. '세월호'를 얘기하긴 어렵다.

춘영 세월호는 한 사건이 전체적인 영향을 미친다는 측면에서 말씀드린 거예요. 그 속에서 형님은 시대와 조건을 정확하게 인식하고 비전과 전망을 제시하고 회원들과의 눈높이를 맞추면서 활동했다고 이해하거든요.

순주 거창하지가 않아. 뭔가 정해 놓고 가기보다, 한 생을 재밌게 살아 내는 작업인 거지. 굿쟁이로서. 살아가는 방법은 여러 가지가 있지만, 굿쟁이로서 더불어서 함께 좋아하는 작업을 하는 것. '좋아하는 사람과 좋은 마을에서, 그 시공간을 함께 채워 가는 작업'을 한다는 단순한 소망에서 출발한 거고, 내가 어릴 때부터 여러 선배들에게 세례받았던 굿쟁이로서의 삶을 그냥 오롯이 뒤뚱뒤뚱 살아 내는 게, 내 목표인 거 같아.

춘영 그 목표와 굿쟁이라는 말씀 100% 동감합니다. 형님 자리에서 형님 역할에 충실한 거라고 생각해요. '푸진 굿 푸진 삶', 형님이 어떻게 이해하고 있는지 설명해 주세요. 형님의 명제이면서 큰 좌표가 되는 것이라고 이해하는데, 그걸 보통 회원들한테 어떻게 설명하는지….

순주 어렵게 얘기하면 화려하지만 넘치지 않고, 검소하지만 부족하지 않고 이런 거지.

춘영 유교에서 말하는 애이불비….

순주 그냥 선생님 말씀을 내가 줄인 거지. 그때가 선생님 돌아가시고 첫 추모굿을 준비할 때니까.

춘영 1996년?

순주 그래. 선생님 돌아가시고 첫 추모굿을 준비하는데 당시 제자들이 "굿은 푸지게 쳐야 혀. 삶의 전부인 것처럼." 이라고 하는 선생님 말씀을 그대로 따라서 쓰더라고. 그런데 나는 기획자니까 '이건 대중에게 전달하기에 너무 길고 모호하다. 그리고 너무 낭만적으로 느껴진다.' 생각해서 풍물의 대중화 전략 측면이나 전수관에서도 모토로서 작동하려면 좀 다듬어야겠다고 생각한 거지. 그리고 리듬도 있고, 젊은 감각도 담아서. 그래서 며칠을 고민하면서 썼다 지웠다 썼다 지웠다 하면서, '아 선생님은 푸진 굿을 얘기하시고, 또 그렇게 살아가는 건 푸진 삶이 되겠구나.' 해서 정리된 게 '푸진 굿, 푸진 삶'이지. 요즘은 푸진 삶이 먼저인가 푸진 굿이 먼저인가, 이런 고민도 하기는 해. 뭘 전제로 해서 뭘 기반으로 굿과 삶이 공존하는지? 그 고민을 붙잡고 있는데, 결국은 병존하는 거겠지.

춘영 굿과 삶을 하나로 보려고 하는 것 자체가 대단히 소중한 거라고 생각해요. 삶 안에 굿이 들어가 있는데 굿이 뭐냐 다시 물어보는 거죠. 제가 철학을 해 보니까 철학은 다시 물어보는 거예요. 사람이 뭐냐? 사람다운 게 사람이다. 그럼 사람다운 게 뭐냐 하는 식으로 끊임없이 물어보는 거거든요. 형님 말씀이 깊이 공감이 되네요. 선생님께서 "굿은 푸지게 치는 것이여. 삶의 전부인 것처럼." 이런 말씀을 하셨을 때 그 당시에 형은 어떤 걸 느꼈는지?

순주 최근에 페이스북에 글도 올렸는데, 선생님은 제자들이 알 거라고 생각하고 그렇게 얘기하지는 않았을 거야. 많은 제자들이 납득하지 못했거든. "전업 굿쟁이로서 굿을 치지 마라. 돈벌이 수단으로 굿을 안 쳤으면 좋겠다." 이런 얘기를 늘 하셨잖아? 제자들은 선생님 밑에서 이름 하나 올리고 이수자라도 돼 보려고 왔는데, 그런 말씀을 누가 납득했겠어? 그런데 살아 보니까, 20, 30년 지나고 보니까 내가 돈벌이로 갔으면 되게 후회하거나 도중하차했겠다는 생각이 들더라고. 오히려 이런 곳에서 좀 느리게 사는 거, 잘 짜여진 동지들하고 굿패를 꾸리고 살지는 못하지만 좀 천천히 살면서 즐기는 삶도 굿쟁이로서의 삶이 아니라고 얘기할 수 없다는 걸 깨닫지. 아 선생님이 멀리 내다보셨지만 이게 나중에 대중화되면, 두레굿이 새로운 형태로 공동체에 반영이 되고, 어떤 형태로든 굿적인 양식이나 내용이 창조될 것을 예감하셨던 건 아닐까 이런 생각이 드는 거지. 그랬을 때 선생님한테 배운 제자들이 자기가 사는 곳에서 굿쟁이로서 오롯이 잘 살아가는 모습을 바랐던 건 아닌가?

전통문화와 무형문화재 제도, 정책에 대하여

춘영 제가 형도 보고, 호인이 형, 정우 형도 계속 보잖아요? 그런데 형님들처럼 선생님 말씀을 잘 이해하고 있는 제자들이 생명력 있게 굿쟁이로서의 삶을 살아가는 것 같아요. 지금 전업으로 하는 다른 선배들을 다 만난 건 아니지만 현시점에서 볼 때…. 무형문화재 제도나 정책에 대해서 어떻게 생각하세요?

순주 그 맥락에서 앞 이야기를 이어서 하자면, 선생님이 "굿을 직업으로 삼지 마라." 이렇게 얘기했는데, 지금 무형문화재 선생님은 어쨌든 "내 제자로 들어와서 그 안에서 벌어먹고 살아라." 이렇게 얘기한단 말이야. "내가 무얼 해 줄 테니, 너는 무얼 해 다오." 하는 식으로 계약 관계 안에 있다 보니까 본질이 사라지고, 선생님에 대한 충성, 자기희생만 남아 있는 거지. 경기도 무형무화재 경기소리 하시는 분이 어느 날 하소연을 하시는데, "내 제자들이 카페에서 아르바이트하고 있다. 내가 못 보겠다." 이러시더라고. 나는 '카페에서 아르바이트할 수도 있다. 그걸 하면서도 소리를 할 수 있는 세상이 오면 좋은 거 아닌가.' 하는 입장인데, 선생님 입장에서는 자기 제자들은 그냥 소리에만 전념해 줬으면 좋겠다는 거야. 그런 점에서는 무형문화재 제도가 오히려 우리 문화 기반을 굳건히 하고 넓혀서 시민사회로 뿌리내리는 데 반작용을 하고 있는 거야. 제자들 먹여 살리기 바쁜 거야. 나는 그게 방향이 바뀌어야 된다고 생각하거든. 우리 선생님이 30년 전에 얘기했듯이 "네가 굳이 이걸 배우더라도 이거를 전업하지 말고 네 직장을 가지고, 네 직업을 가지고 좋아하면서 살면 좋겠다."고 하신 그 말씀이 맞다고 봐. 그런 입장에서 보면 풍물도 문화재를 군이 지정할 필요가 없다고 봐. 보호해야 될 필요가 없다고 봐. 이미 많이 대중화됐고...

춘영 사실 문화재청이나 문화재위원들이 보면 살풀이 등 이미 대중화된 많은 종목들이 있어요.

순주 판소리, 가야금….

춘영 살풀이, 태평무, 승무 등은 워낙 대회도 많이 하고 많이들 추기 때문에 누구 한 사람 지정한다는 것 자체가 어불성설이고 그래서 이미 대중화된 것들은 빼자. 그런 논의를 한 지 오래됐죠.

순주 그리고 새로운 문화재 지정도 안 했으면 좋겠다는 거지. 뭐 지방문화재니 국가무형문화재니 이렇게 층위를 나누기 시작하더니 요즘은 세계무형유산 몇 호가 나오고…. 왜 그 안에서 위계를 만드는 건지, 문화가 위계가 있는 건가?

춘영 예, 동감입니다. 문제는 거기서 권위와 권력이 생긴다는 거예요. 유교문화가 위계와 계층과 계급을 강조하면서 사회질서를 형성해 나가는 건데, 굿문화는 그게 아니거든요. 끊임없이 질서와 위계를 깨 나가서 난장 속에서 확 갈아엎어 버리는, 그런 것이 굿문화이고 풍물굿문화의 핵심인데….

순주 전통문화는 아직도 민족주의, 국가주의 체계 안에 있다는 거죠.

춘영 국가주의하의 보호. 그래도 저는 좀더 구체적으로 폐해는 뭔지, 그중에서도 좋은 점은 없는지를 묻고 싶어요. 풍물굿쟁이가 풍물 세계 안에만 있지, 사회나 시대가 어떻게 흘러가고, 문화 지형이 어떻게 바뀌어 가는지, 그 안에서 전통문화, 풍물굿문화가 어디에 놓여야 하는지, 교육이나 다른 예술과는 어떻게 관계 맺어야 하는지, 이런 고민을 하는 사람이 많지 않아요. 그러면서도 공통적인 의견은 무형문화재 제도가 사실은 불가피하지 않냐, 필요악이지 않냐, 이렇게 얘기를 하면서, 폐해도 많이 얘기하는 편이에요.

순주 이게 여러 갈래로 파급이 되는데, 특히 국악강사 풀제로 대두되는 예술강사 문제, 또 그걸 일자리 문제로 접근하는 방식, 새로운 세대 교수자들을 일거리 찾는 노동자로 생각하고 문화 전승자로 생각하지 않는 문제가 정책적으로 발생하고 있고, 또는 지방문화재로 있다가 국가지정문화재로 되면 마치 승진한 것처럼 생각해. 문화를 계급화하는 거지. 예전에 문화민주화 시대에는 남아 있는 좋은 문화를 전달하기만 해도 좋은 문화정책이었는데 요즘은 그렇지 않거든. 내가 사는 곳에서 스스로 생산하고 즐기고 전파하고 또 나누면 되는 거거든. 칠보산풍물패는 말하자면 문화민주주의 방식으로 접근하는 거지.

춘영 이 부분은 문화연대에서 고민을 많이 했어요. 사실은 전통문화 쪽에서도 옛날 김지하 선생님처럼 고유한 담론을 구성하면 되는데, 문화연대는 서구 이론을 바탕으로 하다 보니까 우리의 실정과 동떨어지는 부분이 있는 거죠. 그런데 우리 안에서 담론이 형성되지 않고 전체를 조망하는 실천가, 활동가가 없는 게 문제예요. 앞으로 계속 형을 찾아와서 함께 얘기해야겠다는 생각이 드네요.

순주 내가 한번 물어보고 싶은데, 너는 굿이 어떤 식으로 우리 사회에서 작동했으면 좋겠어?

춘영 굿이요?

순주 아직도 나는 한국사회에서 종교적인 문제가 첨예하게 대립하고 있다고 봐. 길놀이 할 때, 나무에 절하면 우상숭배 아니냐고 하는 사람도 있어.

춘영 저는 끝까지 싸워야 한다고 보는데, 그건 아까 모내기 얘기할 때 나무에 절하는 거랑 비슷한 행위잖아요? 그 절하는 마음이 좋았던 게, '우리가 먹고사는 것은 산과 공간, 생태계가 있기 때문에 가능하다는 것을 확인하는 것, 그렇게 생명의 범위와 문화예술 활동의 범위를 넓고 깊게 바라보고 있구나.' 하는 생각이 들어서 반가웠거든요. 그러니 이건 싸워야 하는 문제지 힘드니까 방향을 선회해야 하는 문제라고 생각하지 않아요. 이건 이기고 지는 문제가 아니라 내가 처한 위치에서 내 이야기를 계속하는 거예요. 저는 이 작업에서 상쇠 30명과 이야기하면서 굿이 뭐라고 생각하는지를 계속 물어봐요. 형님이랑 한 얘기에도 그 해답이 곳곳에 녹아들어가 있다고 보고, 그럼에도 불구하고 또 굿이 뭐냐? 저는 형과 굿에 대한 공감대가 있다고 보는데, 즉 생태, 생명, 신명, 영성 이런 것들이 포함되는 것을 느껴요. 굿을 하면서, '아, 이 사람과 내가 하나구나', 그런 걸 서로 느끼거든요. 그래서 저는 직관적이고 경험적인 확신이 있는 거 같아요. 이론화는 추후 문제죠. 그것이 너무 종교적이 아니냐고 얘기할 수도 있지만, 나는 종교가 아니고 그 자체로 문화요 예술이라고 생각하죠. 제 생각은 그래요.

순주 어렵게 얘기하자면 하루 종일도 어렵게 얘기할 수 있어. 그런데 오롯하게 면면히 지켜 가는 사람들의 역할이 있는 거야. 학자일 수도 있고 굿쟁이일수도 있고, 반굿쟁이일 수도 있고, 뜬쇠일 수도 있고, 두레일 수도 있어. 담는 그릇은 다를 수 있지만, 중요한 건 오롯이 이어 가야 한다는 거. 옛날 같으면 아주 선진적인 무당을 통해서 전승이 돼 왔지. 나는 그래서 무형문화재 제도나 정책이 그러한 정신에 반하는 것은 바로잡을 필요가 있겠다는 거지. 어떻게, 누가? 나는 결국 대중의 힘에 기대야 한다고 보고 그 작업을 하고 있다고 생각해.

춘영 지금 그 말씀이 참 반갑고 감사하네요. 저는 전통연희 페스티벌이나 한국민속예술경연대회, 예술축제의 현장에는 브로커들이 있어서 오히려 수세적이고 방어적으로 행사를 한단 말이에요. 적극적으로 홍보도 안 하고 강강술래도 될 수 있으면 짧게 하고 그런 거를 기술적으로 처리하는….

순주 도둑놈들이지.

춘영 도둑놈이죠. 이 작업은 그런 부분들과 전면전의 성격이 있어요. 그래서 국가무형문화재 상쇠는 제외를 시켰어요. 일부 건전하고 의미 있는 지방 무형문화재 몇 분을 소개한 거죠.

순주 그래서 오늘 우리의 원초적인 질문은 상쇠론이잖아? 우리가 모델로 삼을 만한 상쇠는 많지. 기능적으로 아주 뛰어난 상쇠도 있는 거고, 굿패를 조화롭게 운영하는 조직하는 상쇠…. 이게 복합적으로 다 들어 있어요. 풍물굿패의 상쇠라면…. 그러니까 오케스트라의 지휘자, 또 모금이나 후원을 받아내는 펀드매니저, 훌륭한 교사, 정치적인 마을 민주주의 지도자의 역할 등을 두루 하는 거지. 그래서 지금 시대 풍물굿패의 상쇠론을 다 미시적으로 뜯어볼 수는 없지만, 내가 볼 때는 이 마을공동체 안에서는 분화가 되는 거야.

춘영 예, 상쇠의 역할이 여기서는 지리산이 하는 역할이 있고….

순주 반달곰이 하는 것도 있고, 총무가 하는 것도 있고, 그런 것들이 잘 분화가 되어 가고 있어.

춘영 형님이 분화를 잘 이끌어 주신 거죠. 자연스럽게….

순주 나는 기획자로서 상쇠 역할을 하는 것 같아. 내가 기량이 특별히 뛰어난 것은 아닌 것 같고, '마을을 혁신하겠다'는 큰 뜻을 품은 것도 아니고 서로가 조금씩 마음을 내다보니까 역할이 나눠졌지. 그리고 두 번째는 지원을 받는 문제. 이 문화민주주의 시대에 우리가 국가 지원, 공공 지원을 받으면서 문화 활동을 해야 되나 하는 의문이 들어. 나는 '안 받으면 좋겠다.'는 주의야. 자생, 자활, 자립 이런 단계가 있을 텐데, 풍물패가 그래도 자생하기도, 자활하기도, 자립하기도 좋은 구조야. 일단 물적 기반의 핵심이 사람이기 때문에 마음만 먹으면 큰돈 안 들이고 충분히 운영할 수 있고, 전승될 수 있는 구조를 가지고 있지. 그러다 보니까 필요 없는 굿 양식들은 배제하게 되더라고. 그걸 배제하면 돈이 사실 많이 안 들어. 예를 들어 '정기 공연.' 정기 공연이 뭐가 필요 있어? 정기 공연 하려면 비싼 부포 써야지, 옷 해 입어야지, 신발 맞춰야지, 굿상도 차려야 되지…. 그런데 정기 공연을 포기하면 이런 게 없어지는 거야.

춘영 그런 판단이 저는 탁월하다고 보는 거예요. 그래서 21세기 풍물굿 상쇠론이라고 하는 거예요. 21세기 사물놀이 상쇠론이라 그러면 무대 위에서 다른 맥락이 없는 공연만 하면 되는데, 저는 그거 하려고 전국을 돌아다니면서 이 작업을 하는 건 아니거든요. 이 시대의 상쇠는 각 부분이 분화될 가능성이 있고, 한 사람이 상쇠의 모든 기능을 충족할 수 없으면 나누면 되는 거거든요. 풍물굿을 아주 섬세하게 썰어서, 하나하나 분석해서 보는 거예요.

순주 문화 민주주의 시대에 풍물패가 돌아가는 고유한 동작 원리가 있었어. 그 원형을 가지고 오면 우리만의, 꼭 굿이 아니더라도 생활권역 안에서 문화 민주주의를 구현할 수 있는 것들이 나오는 것 같아. 나는 그걸 굿패에서 보거든. 그 작동 원리가 있어. 상쇠가 모든 걸 좌지우지하지 않는 것도 하나고….

춘영 이제 끝으로 오늘날 엄청 발달한 매체를 풍물굿이 어떻게 활용할 것이냐 하는 부분이에요. 풍물굿과 매체의 관계. 저는 페이스북과 풍물굿이 닮은 점이 있다고 보는데, 하나는 끊임없이 이어진다는 거. 그것을 연대, 유대, 그물망이라고 보면, 이 매체를 통해서 다른 사람과 내가 이어져 있다는 걸 거의 동시대, 동시간대로 확인하는 거거든요.

순주 페이스북은 이야기 판굿 같은 거야. 굿적인 요소 중에서 춤도 있고, 음악도 있고, 광대도 있고, 텍스트도 있고, 영성도 있다면, 굿 한판 치기 전 마음을 모으는 단계, 그리고 굿을 치고 나서 풀어내는 단계 같은 거지. 이야기 판굿이라고. 너 양순용 선생님 이야기 판굿 했던 거 기억나지? 그리고 전수관에서 굿 치고 나서 밤새 술 먹고 이야기 나누고 뒷풀이했던 거. 또 굿을 준비하면서 마음을 모으는 여러 가지 장치들이 있잖아? 고깔 만들고, 옷 다리고…. 그런 걸 요즘엔 매체가 도와주고 있다고 생각해. 이 광대한 도시 곳곳에서 어떤 풍물패가 활동하고 있는지 알려 줘서, 자극받기도 하고 자극을 주기도 하지. 풍물판에서 미처 다하지 못 한 얘기를 카톡이나 SNS를 통해서 풀어 나가기도 하고….

춘영 카페, 인스타그램 그런 것들을 활용해서 못 한 얘기들을 공유하는 게 이야기 판굿이다? 예 좋습니다. 오늘은 여기까지 할까요?

순주 좋아. 고생한다. 하하하.

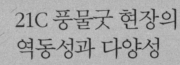

보론

21C 풍물굿 현장의
역동성과 다양성

- 전국 풍물굿 상쇠와 단체의 활동을 중심으로*

* 권 2에서 21세기 풍물굿 상쇠 담론을 다룬다.

1. 들어가는 글

농악·풍물굿[1]은 한민족의 대표적인 기층 오락, 예술이다. 전통적으로 민간에서는 세시풍속으로 일 년의 각 절기에 맞춰 다양한 쓰임새와 목적으로 농악·풍물굿을 놀았다. 농악·풍물굿은 그 양식 안에 음악, 무용, 연극, 놀이, 종교, 군사, 교육, 사회, 문화 등의 요소가 망라된 총체적인 문화이다. 한편 무형문화재 정책과 제도가 생긴 이래 국가무형문화재와 지방무형문화재가 40여 단체 지정되었으며, 2014년에는 '농악'이 유네스코 인류무형유산 대표목록에 등재되었다.[2] 무형문화재 정책과 제도는 전통문화가 급격하게 사라지거나 사회가 근대화, 산업화, 도시화되는 과정의 반동적 산물이다. 지금까지 농악·풍물굿은 이러한 무형문화재 혹은 전통이라는 범위와 범주에서 연구되었다.

---

1 농악과 풍물굿의 명칭 논란은 오래되었고 현재진행형이다. 전통적으로 농악 혹은 풍물굿 범주에 속하는 연희의 명칭은 지역과 기능 및 목적에 따라 다양하였다. 따라서 이러한 다양한 용어를 통일할 것인가, 아니면 그대로 사용할 것인가에 대한 다양한 주체들의 판단이 선결과제이다. 본고에서는 기존 농악과 풍물굿이란 학술용어 중에서 '풍물굿'이란 단어를 지속가능하고 미래지향적인 관점에서 선택적으로 사용한다. 다만 국가무형문화재와 유네스코 인류무형유산에서 공식적으로 '농악' 명칭을 쓰기 때문에 필요에 따라 농악이란 용어를 병기한다.

2 조춘영, 「양주농악의 현대적 가치와 의미」, 무형유산포럼 엮음, 『무형문화유산의 지속성』, 민속원, 2017년, 241쪽.

그러나 농악·풍물굿은 21세기 현대 도시사회 속에서도 현재적이며 실제적인 기능과 역할을 수행하며 존재하고 있다.[3] 그리고 다른 개별 장르들에 비해 다양한 시공간에서 다양한 기능과 목적으로 연행되는 것을 볼 수 있다. 다만 농악·풍물굿 연구 토대와 연구자들의 시각이 이러한 전체적인 실상을 담아 내기에는 여러 한계와 제한점이 있다. 이 프로젝트는 농악·풍물굿이 현대사회의 어떠한 시공간에 존재하고 있으며 어떠한 주체에 의해, 어떠한 맥락에서 연행되고 있는지 전국적인 실상을 파악하고자 하는 욕구와 의지에서 시작한다.

하지만 이러한 연구 작업은 농악·풍물굿의 현장을 잘 알고 있는 입장에서 막막하기만 하다. 농악·풍물굿이 연행되는 현장이 한반도 전역을 넘어 미국,[4] 중국,[5] 일본,[6] 유럽 등 해외에도 존재하며, 연행 건수가 방대하고 형태와 양식도 다양하기 때문이다. 그래서 전략적 방편으로 전국 풍물굿 단체의 상쇠를 찾아가 이야기를 나누는 면담(인터뷰) 방식을 선택했다. 왜냐면 그들의 경험을 통해 해당 지역과 주변의 농악·풍물굿 현황 및 활동 내용을 들을 수 있고, 이를 전체적으로 수합하면 전국 농악·풍물굿의 실상을 유의미하

---

3 현대사회에서 현재의 문화로 기능하는 전통공연예술은 여러 가지다. 판소리, 국악관현악, 산조, 탈춤, 창작무용과 무속굿이 그것이다. 또 창작판소리와 새판소리가 창작되고 있으며 또랑광대들의 활동도 있다. 국악관현악이라는 이름으로 새로운 작품이 끊임없이 만들어지고 있다. 기존의 산조 작품 외에 장구산조, 기타산조와 산조 콜라보레이션이 있다. 창작탈춤과 마당극이 지속적으로 공연되고 있다. 전국의 신당에서는 신도들의 의뢰에 의해 종교적 역할로서의 굿판이 지속적으로 이루어지고 있다.

4 2000년 현재 미국에서는 100여 개의 풍물패가 활동하고 있는 것으로 조사되었다. 권혜련, 「미국에서의 풍물: 그 뿌리와 여정」, 『음악과 문화』 제5호, 세계음악학회 엮음, 2001년 참고.

5 강춘화, 『중국 조선족 농악의 변천과 음악적 특징』, 민속원, 2016년 참고.

6 허정주, 「인류무형문화유산으로서 한국 농악/풍물굿의 해외 전파·전승 양상」, 『비교민속학』 59호, 비교민속학회, 2016년 참고.

도표 1. 농악 국가와 지방 무형문화재 현황

구분	명칭	비고	명칭	비고
국가무형 문화재, 시도무형 문화재	진주삼천포농악	11-1호	고산농악	대구시 제 1호
	평택농악	11-2호	날뫼북춤	대구시 제 2호
	이리농악	11-3호	욱수농악	대구시 제 3호
	강릉농악	11-4호	천왕메기	대구시 제 4호
	임실필봉농악	11-5호	구미무을	경상북도 제 40호
	구례잔수농악	11-6호	경산보인농악	경상북도 제 41호
	김천빗내농악	11-7호	부산농악	부산시 제 6호
	남원농악	11-8호	함안화천농악	경상남도 제 13호
	갑비고차농악	인천시 제19호	부안농악	전라북도 제 7호
	강화용두레질소리	인천시 제12호	정읍농악	전라북도 제 7-2호
	광명농악	경기도 제20호	고창농악	전라북도 제 7-6호
	양주농악	경기도 제46호	김제농악	전라북도 제 7-3호
	안성남사당풍물놀이	경기도 제21호	익산성당포구농악	전라북도 제 7-7호
	대전웃다리농악	대전시 제1호	곡성죽동농악	전라남도 제 7호
	청주농악	충청북도 제1호	우도농악	전라남도 제 17호
	부여세도두레풍장	충청남도 제28호	진도소포걸군농악	전라남도 제 39호
	제천오티별신제	충청북도 제8호	화순한천농악	전라남도 제 6호
	평창둔전평농악	강원도 제15호	완도장좌리 당제당굿	전라남도 제 28호
	원주매지농악	강원도 제18호	고흥월포농악	전라남도 제 27호
	동해망상농악	강원도 제15-3호	광산농악	광주시 제 8호

게 파악할 수 있기 때문이다. 이를 통해 농악·풍물굿의 현대적, 현재적 가치와 의미를 담론화할 수 있을 것으로 기대한다.

2. 근현대 풍물굿 활동의 다양성

근대 이전 전국의 마을과 장터에서 울려 퍼지던 풍물굿 소리는 일제강점기와 근대 산업화 시기를 거치면서 축소되고 위축되는 양상이 뚜렷했다.[7] 이는 한국사회 전체의 흐름과 관련되며, 전통문화 전반의 상황과 다르지 않다. 그럼에도 불구하고 풍물굿은 현재까지 살아 움직이고 있다. 풍물굿이 놓인 자리에서 어떠한 모습으로 변화, 발전해 왔는지 간략하게 살펴보도록 한다.

일제강점기와 1950~1960년대 초까지 전국의 마을에서는 당산굿, 서낭굿, 성황제 등 마을굿으로서 풍물굿이 여전히 존재했다. 동시에 협률사, 신청이나 포장걸립의 형태로 전문예인, 전업적 연희단체에 의해 풍물굿 공연이 활발히 이루어졌다. 이때 활동했던 단체들이 남사당(민속극회 남사당), 임방울 협률사, 숫대쟁이패, 여성농악단 등이다. 이런 전문, 전업적 공연 풍물굿의 흐름을 이어받아 78년 '사물놀이'라는 무대음악예술 양식이 등장한다. 사물놀이는 이후 전국적으로 확산되고, 세계 순회공연과 음반작업을 통해 세계적으로도 폭발적인 주목을 받는다.

비슷한 시기 전통문화운동 진영의 탈춤부흥운동을 이어받아 두레문화, 공동체문화로서 마을굿과 풍물굿이 새롭게 주목받게 된다. 1980년대 초반을 기점으로 전국 주요 대학에서는 풍물동아리가 우후죽순처럼 생기더니 몇 년 후에는 각 대학의 단과대학이나 과마다 수많은 풍물동아리[8]가 창립되었다. 당시 대학 풍물패의 주요 활동은 집회풍물, 데모풍물로 불리는 소위 운동권 풍물 활동이 대다수였다. 이러한 흐름의 연장에서 전국의 노동조합이나 민주시민사회 단체에서도 풍물모임이 만들어진다. 그러니까 대한민국 농악ㆍ

---

7 손우승, 「일제강점기 풍물의 존재 양상과 성격」, 『실천민속학연구』 제9호, 실천민속학회, 2007년 참고.
8 중앙 풍물동아리가 있고 단과대 풍물패, 과 풍물패가 연쇄적으로 창립되어 대학마다 많게는 수십 개 풍물패가 활동하는 경우도 있었다.

풍물굿의 역사는 1980년대 대학 사회에서 전통문화, 공동체문화 복원을 부르짖으며 첫 번째 재생기[9]를 맞이하게 되는 것이다. 한편 사물놀이의 인기와 풍물굿의 저변 확대에 힘입어 유치원을 포함해 초중고등학교 수업(정규, 비정규)에 사물놀이, 풍물놀이가 편입되어 수많은 풍물 수업과 풍물반이 생겨난다. 한때는 전국의 모든 학교에서 장구, 꽹과리가 구비되지 않는 경우가 드물었다.

대한민국의 풍물굿 재생기와 비슷한 시기 미국과 일본에서도 다양한 단체들이 사물놀이, 풍물굿 모임을 시작한다. 연구된 바로는 미국에서 활동하고 있는 풍물 단체가 100여 개에 이른 시기도 있었다. 중국 내에서는 이와 다른 맥락에서 소수민족의 문화, 지역공동체문화로 농악, 농악무가 지속적으로 연행되었으며, 국가에 의해 '농악무'가 제1기 국가급비물질문화유산(한국의 국가무형문화재)으로 지정되었고, 유네스코 인류무형유산 대표목록에 등재되었다.

1990년대 후반에는 사물놀이의 성과를 기반으로 한국예술종합학교 전통예술원에 전통연희 전공이 개설되고 이후 몇 개 대학에서 비슷한 학과(전공)가 운영되고 있다.[10] 이 전공에서 배출된 졸업생들이 현재 사물놀이, 전통연희, 전통공연예술, 풍물굿 전문 단체를 설립하여 이 문화의 대중화, 예술화, 세계화를 선도하고 있다.

---

9 박홍주, 「1980년대 전반기 서울 지역의 풍물운동계열 작품에 나타난 굿성 연구」, 『실천민속학연구』 제23호, 실천민속학회, 2014년 참고.
10 한국예술종합학교 전통예술원 전통연희 전공, 세한대학교 전통연희학과, 부산예술대학교 전통연희학과(2013년 한국음악과로 변경), 중앙대학교 전통예술학부 연희예술 전공, 동아방송예술대학교 연희연기전공, 원광디지털대학교 전통공연예술학과, 국민대학교 종합예술대학원 전통연희 전공.

이 외에 주목해야 할 현장이 농악·풍물 경연대회다. 일제강점기 이후 농악경연대회[11]는 다양한 이름으로 전국적으로 치러지고 있으며 최근까지도 새로운 농악경연대회가 생겨나고 있다. 한국민속예술축제나 전주대사습에서도 농악·풍물굿이 주요 종목이며, 출연 팀의 다수를 차지하지만 '농악경연대회'라는 이름을 내걸고 농악·풍물굿 종목만으로 치르는 대회도 주목이 된다. 이 외에도 육군, 공군, 해군, 해병대 등에 군악대가 존재하며 각 군부대에서 풍물동아리가 활동하고 있다. 각종 세계 군악대 경연대회에서 사물놀이, 풍물굿이 포함된 대한민국 군악대는 호평을 받고 있다.

3. '21세기 풍물굿 상쇠론' 프로젝트 개괄

대학 풍물동아리에서 풍물굿을 시작한 필자는 국가무형문화재 임실필봉농악을 처음으로 접했지만 도시사회 속에서 정월지신밟기, 단오굿과 집회풍물굿 등을 경험하면서 '지속가능한 대안문화'로서 풍물굿에 주목하였다. 동시에 풍물굿의 토대와 뿌리를 이루는 마을굿의 현장도 경험하였다. 예컨대 전라남도 서남해안 지역에서 연행되는 '군고'가 최근까지 마을굿의 맥락에서 연행되는 현장을 목격하였다. 이러한 경험 속에서 풍물굿이 정말 지속가능한 대안문화인지, 과연 그것이 가능한 일인지 화두로 삼고 연구를 진행하고 있다.

이런 와중에 2016년 박근혜 정부 비선실세 국정농단이 드러나고 세계적으로 유례가 없는 촛불집회가 진행되었다. 특히 광화문 촛불집회 현장에서 풍

---

11 강원호,「일제강점기 농악경연대회 관련 신문기사」,『강원민속학』25호, 강원민속학회, 2011년 참고.

물굿 진영은 광화문 천막과 더불어 상당한 역할을 수행하였다. 이 과정을 기록, 연구한 작업이 『촛불시민혁명 풍물굿에 대한 기록과 담론 새 나라로 가는 길굿』[12]으로 출간되었다. 2년에 걸친 작업으로 노하우와 자신감을 얻게 되어 '이후 풍물굿이 나아갈 방향, 이 시대 풍물굿의 놓일 자리'라는 새로운 화두를 가지고 풍물굿 활동의 중추적 인물인 상쇠를 찾아가기로 했다. 2018년 2월 4일 프로젝트를 시작하며 아래와 같은 출사표를 페이스북에 공개하였다.

<21세기 풍물굿 상쇠론>

상쇠는 누구이며 어떤 존재인가?

상쇠는 풍물굿 문화의 꽃이다. 20세기 이후 21세기는 풍물굿이 급격하게 탈맥락, 재맥락화되어 가는 과정이다. 20세기 이전 풍물굿은 마을굿이라는 토대와 맥락에 기반한다. 20세기 후반 여성농악단과 사물놀이, 대학 풍물굿 운동과 공동체성, 국가지방무형문화재 등을 축으로 명맥을 유지하고 있다.

21세기에 들어와도 풍물굿은 죽지 않고 새로이 재창조되어 깊어지며 넓어지고 있다. 촛불시민혁명 과정에서 풍물굿이 한 역할을 수행했다. 10여 개 대학 전통연희과에서 전공자들이 풍물굿을 공부하고 졸업한다. 무형문화재 지정을 준비하고 있는 지역풍물굿, 토박이풍물굿이 여전히 산재하고 있다. 풍물굿은 이 시대 그리고 21세기를 살아가고 있다.

이러한 풍물굿의 저력과 생명력은 어디서 나오는 것일까? 미리 답을 준비하지는 말자. 아직 굿 담론, 풍물굿 담론, 예술과 전통문화에 대한 인

---

12 조춘영, 『촛불시민혁명 풍물굿에 대한 기록과 담론 새 나라로 가는 길굿』, 민속원, 2018년.

식이 제한되어 있고 왜곡되어 있다. 하지만 풍물굿 연구자, 담론가로서 이 시대 풍물굿 현장을 기록하고 풍물굿쟁이의 소리를 담아야 할 책무와 의지가 뚜렷하다. 다음 세대에게 풍물굿 문화를 이어 줄 '다리 공덕'이 필요하다.

상쇠는 풍물굿에서 없어서는 안 될 존재이다. 굿을 지휘하고 일구어 내는 굿쟁이, 예술가이자 조직의 리더이자 선일꾼이다. 나아가 이 시대, 21세기 풍물굿 상쇠는 더이상 과거와 전통 패러다임에 묶일 수 없다. 상쇠는 시대를 읽고 예술문화를 말하며 지역과 생명공생체를 이끌어 가야 할 감수성과 역량을 키워야 한다.

전국에 얼마나 많은 상쇠가 있을까? 풍물굿패의 수만큼, 그 이상이 활동하겠지. 그렇다면 이 시대, 21세기 상쇠론은 어떻게 담아 내고 펼칠 것인가? 역시 현장에서 답을 물을 수밖에 없다. 그렇다. 세계 전국 지역 지방 마을 현장의 상쇠를 찾으러 떠나야겠다. 이 시대, 21세기 상쇠를 찾으러 떠나야겠다.

촛불시민혁명 풍물굿 기록과 담론 작업의 경험과 자신감, 구미 무을농악 전수를 다녀오며, 특히 20대 상쇠님을 만나며

2018년 2월 4일 마음을 먹다.

생활 현장에서, 예술 현장에서, 투쟁의 현장에서 그리고 교육 현장에서 풍물굿이 울리고 있는데, 과거와 전통의 패러다임으로는 풍물굿의 현재를 담아 낼 수 없다. 그래서 전국에서 활동하는 풍물패와 풍물굿의 실상을 자세히 들여다보고 싶었다. 풍물굿 단체의 수장인 상쇠들의 실천 활동과 고민을 들어 보고 싶었다. 그래서 현장에서 답을 구하고자 전국 방방곡곡의 상쇠를 찾아 나섰다. 먼저 상쇠에게 무엇을 물어볼 것인가를 나열해 보았다.

〈21세기 풍물굿 상쇠론 질문지〉

· 살아온 내력은?
· 풍물굿 경력은?
· 대회 수상 경력은?
· 지역과 마을에 대해.
· 본래 전공은?
· 다른 장르 문화예술 전반에 대한 경력이나 학습활동이 있다면?
· 스승이 있다면 어떤 스승께 어떤 내용을 배웠나?
· 거쳐 온, 현재 활동하는 풍물굿 관련 단체는?
· 위 단체의 성격은?
· 단체가 활동해 온 내용은?
· 인생에서 가장 인상적이거나 의미 있는 굿판은?
· 상쇠가 어떻게 되었나?
· 윗대 상쇠는 어떤 사람이었나?
· 상쇠와 단체가 활동해 온 내용(분류해서 자세히)은?
· 상쇠의 역할은 뭐라고 생각하나, 21세기 미래의 풍물굿 상쇠는?
· 풍물 명칭에 대한 생각은, 지금 하고 있는 그 일을 뭐라고 부르나?
· 꽹과리라는 악기는, 내가 대하는 자세는, 꽹과리 성음은?
· 연행하는 풍물굿 판제의 구성과 좋아하는 장단은?
· 풍물굿 활동의 어려움은?
· 상쇠 수업, 상쇠 수련, 상쇠의 지향, 상쇠와 단체(풍물패)의 관계는?
· 본인 단체, 현재 단체의 상쇠 계보는?
· 상쇠의 덕목 세 가지는?
· 재미있는, 독특한 상쇠 문화가 있다면?
· 상쇠로서의 본인의 강점과 약점은?
· 무형문화재 제도와 정책에 대한 생각은?
· 시대의식, 이 시대 풍물굿의 과제는?
· 풍물굿의 시대적 역할, 풍물굿이 놓일 자리는?
· 이 작업에 대한 메타적(비판적, 객관적) 생각은?
· 이 작업 결과물에 대하여.

대략의 질문 내용은 이 프로젝트를 결심한 날 기획안을 쓰면서 자연스럽게 나왔다. 한 달 정도 프로젝트 실행계획안을 정리하고 상쇠를 섭외하고 실무 준비를 하면서 질문지는 조금씩 새롭게 정리되었다. 질문지는 섭외한 상쇠에게 면담 1~2주 전에 메일로 전달해 주었다. 전국 30여 명을 면담할 계획을 하였으니 한 번에 끝낼 수밖에 없었다. 그래서 면담 전에 충분히 고민하고 정리할 시간이 필요하다고 판단했다.

질문의 내용을 분류해 보면 다음과 같다.

① 상쇠 본인의 인생 내력과 풍물굿 경력

② 상쇠가 속한 단체의 풍물굿 활동

③ 단체에서 상쇠가 된 절차와 과정

④ 예술 양식으로서 풍물굿의 성격과 명칭 담론

⑤ 상쇠의 주요 굿물인 꽹과리와 부포

⑥ 이 시대 상쇠의 역할과 덕목

⑦ 무형문화재 및 예술 정책과 제도

⑧ 풍물굿이 놓일 자리와 상쇠의 시대의식

위와 같은 내용을 중심으로 질문을 이어 가되 독특하고 재미있는 상쇠의 인생 내력이나 지역의 고유한 특성 그리고 특별하게 소개하고 싶은 단체의 실천 활동들은 면담 현장의 상황에 따라 유연하게 이야기를 진행해 나갔다. 출판 후반 작업(편집, 수정, 교정 등)이 있기 때문에 가능한 길게 인터뷰를 진행했고 5시간 이상 진행한 경우도 몇 차례 있었다.

4. 전국의 상쇠 면담자 선정에 대하여

대다수 민속학자나 풍물굿 연구자들이 '전통문화'라는 범주 속에서 풍물굿을 바라본다. 풍물굿 연구의 결과물은 무형문화재 정책이나 제도에 포함된 일부 단체들 혹은 전통마을풍물굿으로 한정된다. 연구자는 이러한 흐름에서 새 길을 내고 이 시대 담론, 시대의식이라는 지평에서 풍물굿을 바라본다. 그래서 20세기 풍물굿이 아니라 '21세기 풍물굿', 즉 풍물굿의 현재와 미래를 조망하고자 한다. 여기에 초점을 맞추고 이런 관점에서 활동을 해 오고 고민해 온 것으로 보이는 상쇠들을 찾았다. 25년 풍물굿 활동을 통해 평소에 존경해 오고 눈여겨보았던 상쇠들을 세상에 소개해 담론을 만들어 보고자 하였다.

그리고 중요한 점은 본인이 속한 단체에서 분명하게 대표성(정통성)이 있는지 확인하였다. 대내외적으로 대표성이 있어야 단체의 상쇠로서 한 이야기에 책임을 질 수 있기 때문이다. 예를 들어 단체에 다른 상쇠나 대표가 있으면 발언하면서 눈치를 볼 수도 있고 외부 시선을 과도하게 의식할 수도 있다.

전국의 풍물굿 단체 중 국가무형문화재 지정 단체는 애초에 배제하였다. 국가무형문화재 보존회에 대한 연구도 이미 많거니와 1960년대 만들어진 무형문화재 정책에 의해, 보호 및 보존 활동이 주를 이루기 때문이다.

이렇게 초기 기획 단계에서 30명의 상쇠 명단을 작성해 놓고 프로젝트를 진행하며 더하기도 하고 요청에 의해 빼기도 하는 과정을 거쳤다. 결과적으로 전국에서 상쇠 25명으로 면담을 마무리하였지만, 여러 이유로 빠지게 된 상쇠가 5명이 있어 아쉬움이 남는다.

전국의 많은 풍물굿 단체 상쇠 가운데 면담 대상자를 선정하면서 균형감을 잃지 않으려 애를 썼는데 지역(권역), 성별, 연배, 판제, 단체의 성격을 두루 안배하여 선정에 신중을 기하였다.

전국의 모든 상쇠를 다 만날 수 없는 상황이라면 기준을 마련하고, 선택과 안배를 거쳐, 가능한 경우와 사례를 추리지 않을 수 없었다. 이렇게 진행된 전국의 상쇠 25명의 현황과 주요 활동 내용을 다음과 같이 도표로 정리하였다.

도표 2. 21세기 상쇠론 면담자 활동 내용 분류

	성	이름	지역	판제	주요 활동 내용	문화재
1	남	김영윤	경북 구미	구미 무을농악	• 판굿 공연 • 정월보름 지신밟기	지방
2	남	김태훈	경북 청도	청도 차산농악	• 판굿 공연 • 전수관 운영	지방
3	남	정동찬	전남 나주	남원농악, 사물놀이	• 판굿 및 사물놀이 공연 • 전립 캠프	
4	남	최용	전남 영광	영광 우도농악	• 마을굿축제 • 정월보름 지신밟기 • 판굿 공연 • 전수관(해외 전수) 운영	지방
5	남	이승철	전북 진안	진안 중평농악	• 마을굿(정월보름) • 백중 술멕이굿 • 걸립굿 • 전수관 운영	신청-탈락
6	남	김태훈	광주	남원농악, 좌도굿	• 판굿 공연 • 5.18전야제 오월풍물굿	
7	남	임승환	강원 원주	고창농악, 우도농악	• 판굿 공연 • 부포, 소고 개인놀음	
8	남	손웅	전남 여수	여수 삼동매구, 사물놀이	• 판굿 및 사물놀이 공연 • 지역 축제	신청 예정
9	남	김명수	전남 순천	필봉풍물굿, 사물놀이	• 판굿 공연 • 정월보름 지신밟기 • 지역 집회풍물	
10	남	김인수	부산	달성 다사농악, 사물놀이	• 판굿 및 사물놀이 공연 • 집회풍물 • 전수 활동	

	성	이름	지역	판제	주요 활동 내용	문화재
11	남	이찬영	인천	우도판제, 사물놀이	· 판굿 및 사물놀이 공연 · 집회풍물	
12	남	박희정	경기 김포	우도판제, 김포들가락	· 김포 판굿 공연 · 정월보름 지신밟기 · 집회 및 창작 풍물 · 대학생 전수	
13	여	이명숙	인천 부평	웃다리판제, 사물놀이	· **구립풍물단 공연** · **부평풍물대축제 참여**	
14	남	배관호	대구 달성	달성 다사농악	· 판굿 및 사물놀이 공연 · 개인놀음(북) · 전수 활동	신청-탈락
15	남	이성호	경기 수원	우도판제	· 판굿 공연 · 정월보름 지신밟기 · **대동놀이** · 집회풍물	
16	여	이명훈	전북 고창	고창농악	· 판굿 및 창작풍물 공연 · 정월보름 지신밟기 · **읍면동농악경연대회 주최** · 전수관 운영	지방
17	여	배정미	경기 고양	필봉풍물굿, 군고, 나금추 판제	· **지역공동체풍물굿** · 정월보름굿 · 우도판제 공연	
18	남	편열우	전남 고흥	고흥 월악당산굿	· 마을굿(정월, 백중, 동지) · 판굿 공연 · 전수 활동	신청 예정
19	남	황길범	인천 강화	강화열두가락농악	· 판굿 공연 · 마을 및 지역 풍물굿 · 전수 활동	지방
20	남	임인출	경기 성남	우도판제, 사물놀이	· 도시 마을굿 · 판굿 및 사물놀이 공연 · 집회풍물 · **세시절기굿(보름, 삼짓날, 단오, 백중, 가을걷이)**	
21	남	민재경	서울 성북	필봉풍물굿	· 판굿 공연 · **연등축제 풍물 길굿** · 도시마을굿(정월보름)	

	성	이름	지역	판제	주요 활동 내용	문화재
22	남	황순주	경기 수원	필봉풍물굿	• 도시마을공동체굿 • **추석 대동 강강술래** • 마을공동체 행사(모심기, 벼베기 풍물)	
23	남	구자호	경기 부천	필봉풍물굿, 사물놀이	• 도시마을굿 • 정월보름 지신밟기 • 판굿 공연 • 집회 및 창작풍물	
24	여	한춘녀	강원 춘천	춘천 뒤뚜루농악	• 판굿 공연 • 마을, 지역 풍물굿	신청-심사중
25	남	김용범	서울 은평	호남 우도, 좌도판제	• 도시마을굿 • 정월보름 지신밟기 • 판굿 공연 • 집회 및 창작풍물	

* 굵은 글씨는 단체의 주요 굿판 및 대표 레퍼토리

5. 전국 풍물굿 단체의 활동 현황과 유형 분류

면담 내용 중 일부가 현재 상쇠가 활동하는 단체의 활동 내용을 소개하는 것이다. 단체의 태생부터 현재까지 중요한 행사와 굿판 그리고 일 년 중의 주요 활동 내용을 들으며 활동 범주를 분류하고 정리해 나갔다. 21세기 풍물굿 상쇠론을 통해 대표적인 전국의 상쇠들을 만나 면담을 나누면서 참으로 다양한 풍물굿 단체와 활동들이 존재하는 것을 확인했다. 기존에 없었던 많은 풍물굿판이 새로운 시공간 속에서 자리잡아 가고 있으며, 또한 새로운 시대에 발맞춰 예비하는 풍물굿쟁이도 있었다. 결과적으로 이런 노력 덕분에 전국 어디서나 사물놀이, 풍물굿 소리를 친숙하게 들을 수 있다.

한편 기존 농악·풍물굿 연구가 현재의 관점에서 그리고 전국적인 범위에서 진행된 바는 많지 않다. 그 어려운 이유는 한두 가지로 설명할 수 없다. 확실한 것은 더 늦기 전에 농악·풍물굿의 전국적인 현황을 전체적으로 조망하고 구체적인 현장으로 깊이 들어가야 할 때라는 점이다. 그 필요성 중 하나가 '한국무형문화유산 전수조사' 사업이다. 유네스코 인류무형유산 정신에 의하면 '무형유산'은 당대의 시민, 당대의 공동체와 더불어 창조, 향유, 발전되어야 한다.[13] 최근 개정된 국가무형문화재법에 의하면 무형문화재의 국민 향유권이 더욱 강조되고 있다.

그렇다면 무형문화재로 지정되지 않은 농악·풍물굿 활동의 가치와 의미도 조명되어야 할 것이다. 최근 '김치 담그기'와 '씨름'이 국가무형문화재로 지정되며 특정 단체나 인물이 아닌 문화 전반을 존중한 것은 시사하는 바가 크다. 이제 농악·풍물굿의 다양한 현장들도 주요한 한국무형문화유산으로서 전국적 차원에서 전수조사가 필요하다. 그 사업의 사전 작업으로 농악·풍물굿 단체를 어떻게 분류하며, 활동 내용은 어떤 범주로 묶을 것인지 논리적이고 체계적인 틀거리가 필요하다. 이러한 문제의식과 전국의 상쇠 25명의 면담 내용을 바탕으로 풍물굿 단체의 활동을 분류해 보고 나아가 풍물굿 단체의 유형도 성격에 따라 분류해 보기로 한다.

1) 풍물굿 단체의 활동 분류

풍물굿은 양식의 특성상 공연의 형태를 띤다. 음악과 소리와 춤이 융합하

---

13 이러한 방향성은 유네스코 정신을 언급하지 않더라도 무형문화유산의 지속을 위해 절실하다. "무형유산 전승에 있어 일반 대중의 중요성은 유네스코 무형문화유산보호협약에도 명시되어 있다. 협약의 제14조에는 무형유산에 대한 사회적 인식을 높이기 위해 일반 대중, 특히 젊은 세대를 대상으로 하는 교육과 홍보의 필요성이 기술되어 있다. … 현재 무형유산의 전승 단절 위기 문제를 극복하고 지속적인 전승을 위해서는 무형유산의 변화, 재창조, 대중화를 통한 수요 활성화가 필요하다." 오정심, 「무형유산의 지속적 전승을 위한 통합적 접근」, 무형유산포럼 엮음, 『무형문화유산의 지속성』, 민속원, 2017년, 95~96쪽.

여 총체공연예술의 특성을 보이되 콘텍스트, 즉 맥락을 전제한다. 현대 대중문화에서 가수가 녹음을 하여 앨범을 내는 것과, 무대 위에서 노래를 부르는 것과, 뮤직비디오를 만들어 노래를 알리는 것이 다르듯이 풍물굿은 텍스트의 기저에 콘텍스트가 존재한다. 이는 전통의 마을에서 풍물굿이라는 문화가 일상생활과 세시절기의 풍속에서 다양한 기능과 역할을 했다는 것과 뿌리를 같이한다. 현대의 풍물굿도 다양한 공간에서 다양한 기능과 역할을 수행하고 있다. 전국 풍물굿 단체들이 어떤 활동을 하고 있는지 내용을 분류하여 살펴본다.

① 공연 활동

가장 기본적인 공연 활동은 판굿 공연을 위주로 한 정기발표회를 들 수 있다. 이는 타 공연예술 장르의 공연과 크게 다르지 않게 단체의 예술적 기량과 예능을 관객에게 선보이는 것이다. 이 공연 활동에는 사물놀이, 모둠북, 난타를 포함하기도 한다. 또 풍물굿과 연극적 요소를 결합하여 창작한 마당극, 풍물극, 창작연희극이 포함된다. 현대의 풍물굿 단체들이 광범위하고 보편적으로 벌이는 활동이라 할 수 있다. 다음으로 소개하는 활동들은 풍물굿 악기를 두드리며 벌이는 공연적 요소를 포함하지만 각각의 맥락을 중심으로 분류해 보았다.

② 교육 활동

풍물굿은 다양한 장르의 예능이 필수적이며 일부 기능 문화와 정신문화를 포함하고 있어 교육하여 전승, 전파할 내용이 많다. 전통의 마을풍물굿에서도 어른에서 다음 세대에게 구전심수하여 생활 속에서 교육적 내용들이 전승되었다. 그리고 현대 대다수의 단체와 많은 풍물굿쟁이들은 여러 형태의 교육을 받기도 하고 교육을 수행하기도 한다. 이러한 교육 활동의 내용과 방식, 규모도 여러 가지가 있는데 전수, 전승, 강습, 수업, 개인레슨 등으로 구분할 수 있겠다. 물론 교육 주체나 대상자에 따라 또 다른 분류가 가능할 것이다.

③ 지역 활동

전통사회에서 풍물굿이 전승, 향유되는 토대는 마을이었으며, 20세기 중후반까지도 전국의 마을에서는 수시로 풍물굿을 했다. 21세기로 넘어오면서 전통의 마을이 붕괴되고 도시화, 산업화가 진행되어 풍물굿은 도시에서 새롭게 자리를 잡아 가고 있다. 여기서 지역 활동이란 마을, 고을, 도시 등 범위에 상관없이 내가 생활하고 생계를 유지하며 사회적 관계를 맺는 공간, 장소에서의 활동을 말한다. 풍물굿 단체들은 풍물굿을 가지고서 풍물굿문화를 통해 다양한 지역 활동을 펼쳐 왔다. 지역의 크고 작은 문제가 생겼을 때 지역의 타 단체와 연대하여 문제를 해결해 온 경우가 많다. 전라도 순천만, 영광핵발전소, 성주 싸드 지역은 축제, 문화 등과 같이 지역문화를 선도하는 경우도 있다. 지역의 중요한 행사나 대소사가 있을 때도 길놀이나 판굿 공연을 통해 지역민들이 즐기며 소통할 수 있도록 판을 벌인다. 인천시에는 5개 구 가운데 4개 구에 구립풍물단이 있는데 구청에서 예산을 지원하여 지역 행사나 문화예술축제에 참여하고 있다. 부평구에는 특별하게 22개 동풍물단이 활동하고 있으며 부평풍물대축제가 23년째 이어지고 있다.

지역 활동에는 마을굿 정신, 두레문화를 뿌리에 둔 '공동체 활동'도 포함된다. 수원칠보산풍물마당, 순천 놀이패 두엄자리, 일산여성민우회 풍물패 함께누리, 마포 성미산풍물패, 부천 풍물패 타락 등은 풍물굿의 공동체성, 공동체문화를 의식적으로 가꿔 오고 실천해 온 단체들이다.

④ 사회 역사 활동

1980년대 공동체문화 부흥과 대학생 풍물굿 운동이 형성, 확산될 때 그 주체들은 이 사회와 역사의 진보, 개혁에 대한 분명한 의식이 있었다. 1980~1990년대 노동운동과 시민운동 진영에서는 산하에 풍물굿패가 하나씩은 있었고 시위의 현장에 꽹매기, 북 소리는 빠지지 않았다. 이러한 흐름 속에서 풍물굿패가 성숙, 발전해 왔다. 사회와 역사의 현실에 눈감지 않고 시민 주체로서 다양한 실천들을 이어 왔다. 최근에는 세월호 참사와 박근혜 대통령 국정농단 촛불시민혁명의 과정에서 풍물굿 진영은 적극적이고 주체적이며 예술적으로 대응하였다. 이러한 문제의식은 1980년대 초중반 풍물패들의 한결같은 현상이었는데 2000년으로 넘어오면서 전반적으로는 온건해지고 다양하게 활동하며 지역화한 경향이 있다. 그럼에도 불구하고 풍물굿 단체들의 사회역사적 활동은 끊임없이 이어지고 있다.

2) 21세기 풍물굿 단체의 성격 분류

기존 연구 성과와 현장 경험을 바탕으로 농악·풍물굿 단체의 유형 분류를 하나의 시안으로서 제시한다. 앞서 21세기 상쇠론에서 면담한 상쇠들은 어떤 단체와 관련하여 활동하는지 간략하게 도표[14]에 포함하였다.

---

14 조춘영, 「양주농악의 현대적 가치와 의미」, 무형유산포럼 엮음, 『무형문화유산의 지속성』, 민속원, 2017년, 243쪽.

도표 3. 농악 · 풍물굿 단체 유형 분류

범주	분류	사례	21C 상쇠와 연계	건수
전통, 무형 문화재 맥락	무형문화재(향토문화재 포함)	임실필봉농악, 고창농악, 청도 차산농악, 동두천이담농악…	1, 2, 4, 9, 16, 19, 20, 21, 22, 23	40
	미지정 마을, 지역 농악[15]	진안중평굿, 춘천뒤뚜루농악, 달성다사농악, 여수삼동매구, 고흥월악당산	5, 8, 10, 14, 18, 24	40
	토박이 농악	순천평사리농악, 합천대평군물, 해남묵동마을굿, 원주보론리농악	9, 12, 17	50
	읍면동 농악[16]	고창마을농악, 김천마을농악, 정읍마을농악…	1, 13, 16, 19, 21	280
근현대, 전문가 맥락	남사당 계열	민속극회 남사당, 솟대쟁이패	4, 14	1
	여성농악단 및 민속 촌농악단	호남여성농악단보존회, 남원여성농악단, 춘향여성농악단, 민속촌농악단	16, 17	2
	사물놀이	사물놀이, 한울림, 두레, 뿌리패, 광대, 뜬쇠, 광개토사물놀이…	3, 8, 9, 10, 14, 20, 23	100
	전문 연희단체	더굿, 음마갱깽, 유소, 유희, 신명누리…	3, 12, 13, 16	50
현재, 사회적 맥락	사회패, 동호인 풍물패	터울림, 한풀, 버둘림, 소리결…	9, 11, 15, 17, 20, 21, 23	100
	지역주민센터 강습회[17]	○○동 주민자치센터 풍물반	2, 5, 9, 16, 19, 20	300
	대학생 풍물패	○○대학교 ○○동아리	1, 2, 5, 10, 12, 14, 15, 16, 20, 21	1000
	유치, 초, 중등 교육 풍물패	○○학교 풍물패	16, 20, 22, 23, 24,	300
	지자체 설립 단체	부평구립풍물단, 정읍시립농악단, 부안군립농악단, 속초시립풍물단…	3, 11, 13	10
	해외	중국조선족풍물패, 미국풍물패, 일본풍물패 등 해외풍물패…	4, 7, 10, 12, 13, 15	100

---

15 김포농악, 포천농악, 아산농악, 춘천뒤뚜루농악, 정선농악, 논산두레농악, 김해삼정걸립농악, 진안중평굿, 고흥월악당산굿, 익산성당포농악, 합천군진농악, 달성다사농악, 광주광지원농악, 여수삼동매구, 수원농악, 광주무등산농악.

16 고창, 김천(21), 정읍, 남원(18), 군산(25), 영주, 춘천, 강릉, 진주(30), 익산, 평택, 경산, 김해, 안동, 영천, 서산(15), 이천, 김제, 여수, 나주, 화성(24), 사천, 순천, 충주, 밀양, 안동(24), 부평(22).

17 한 사례로 전주 시내 33개 주민센터 가운데 15곳에서 농악을 강습하고 있다. 김선태, 도시농악의 두 얼굴, 『무형문화유산의 지속성』, 무형유산포럼 엮음, 민속원, 2017년, 243쪽.

범주	분류	사례	21C 상쇠와 연계	건수
기타	민주시민, 노동자풍물패, 국군군악대	수원노동자풍물패, 인천노동자풍물패협의회, 오월풍물단, 육군군악대…		50

6. 풍물굿 현장의 시대 담론 : 풍물굿이 놓일 자리

　도시공동체 속에서의 마을굿을 지향하며 이를 실천하는 모습을 다양하게 볼 수 있었다. 대다수의 도시 풍물굿패는 정월보름을 전후하여 지역, 마을, 시장, 주택가 지신밟기(마당밟이, 걸립)를 진행한다. 작은 동, 마을 단위로 작은 잔치를 여는 인천 더늠과 광주 굴림풍물패는 이웃 주민들 생활 속으로 깊숙이 들어가 있다. 또 공동육아나 아이들 교육과 연계하여 여러 세대가 어울리는 풍물굿의 사례도 있다. 고양 여성민우회 함께누리의 보름굿과 수원 칠보산풍물마당의 모심기, 벼베기 풍물굿이 모범적이다. 한편 인천 부평의 부평풍물대축제는 22개 동풍물단과 부평구립풍물단과 부평삼산두레라는 삼각편대가 주요한 주체이자 중심축이다. 8차선 부평대로를 이틀 동안 완전히 막고 다양한 생활예술문화와 풍물굿이 어우러지는 난장굿은 주목할 필요가 있다.

　집회풍물의 정점으로 촛불집회와 촛불시민혁명에서 풍물굿의 역할을 소개하지 않을 수 없다. 촛불집회 초반 이후 광화문에는 풍물굿의 소리가 멈춘 적이 없으며, 2016년 12월 3일에는 한 달여 준비 끝에 '풍물인시국선언'을 풍물굿 진영에서 독자적으로 선포하였다. 이후 촛불집회 마지막 회까지 수많은 풍물굿패 단체와 풍물굿쟁이들이 시민들과 어울리며 역사의 현장에 힘찬 기운을 북돋아 주었다. 이 과정에서 이 시대 풍물굿의 양식이 여럿 창조되었는데 촛불 비나리, 도깨비굿, 대동강강술래, 길놀이난장굿과 정화수의례[18]가 향후 발전 가능성을 보여주었다. 이후 대한민국의 역사에서 풍물굿 장르와 진영이 예술로서, 집회문화로서 나아갈 한 방향을 제시하였다고 평가할 수 있다.

그리고 마지막으로 해외풍물굿패와 중국 농악무의 활동을 주목하고 활용할 필요가 있다. 현재 사물놀이는 전 세계 170여 개국에서 공연되고 있으며, 풍물굿도 주요 국가를 중심으로 상당히 많이 전파된 상황이다. 중국 조선족은 연변 지역을 중심으로 여러 양식의 농악문화를 지속, 발전시켜 나가고 있다.[19] 북한에서도 소수이기는 하지만 농악문화가 여전히 살아 있다. 이에 대해 새롭게 환기하고 이후 어떻게 연결하고 연대할 것인지를 고민해야 한다. 현재 급속도로 진척되고 있는 남북통일의 기운에 농악, 풍물굿 문화가 충분히 한몫을 할 수 있다. 우리 동포의 공통분모에 아리랑만 있는 것이 아니라 농악, 풍물굿도 있다. 미국 풍물 단체인 풍물인스티튜트의 제안으로 몇 년 동안 진행된 8 · 15 광복절 '얼씨구 프로젝트'는 미국, 중국, 일본, 한국에서 세계 한민족의 결속과 단합을 꿈꾸었다.[20] 풍물굿 영역에서나 국가 차원에서

18 조춘영,『촛불시민혁명 풍물굿에 대한 기록과 담론 새 나라로 가는 길굿』, 민속원, 2018년 참고.
19 강춘화,『중국 조선족 농악의 변천과 음악적 특징』, 민속원, 2016년.
20 2018년 한국풍물굿학회 학술대회에서는 풍물굿의 국제 교류에 대하여 미국, 일본, 호주, 중국 4개국 관련 4명의 논문 발표가 있었다. 김동원,「풍물굿의 국제적 소통에 대하여」,『2018 필봉마을굿축제. 한국풍물굿학회 학술세미나 풍물굿의 생태성 자료집』, 한국풍물굿학회, 2018년; 가미노 치에,「한일 지역 전통예능의 비교 및 한일 교류 현장에서 본 농악의 활용 가능성」,『2018 필봉마을굿축제. 한국풍물굿학회 학술세미나 풍물굿의 생태성 자료집』, 한국풍물굿학회, 2018년; 김지혜,「재 호주 한인 사회에서 풍물굿의 존재와 사회적 의미」,『2018 필봉마을굿축제. 한국풍물굿학회 학술세미나 풍물굿의 생태성 자료집』, 한국풍물굿학회, 2018년; 홍미선,「조선족 농악무에 대한 고찰」,『2018 필봉마을굿축제. 한국풍물굿학회 학술세미나 풍물굿의 생태성 자료집』, 한국풍물굿학회, 2018년.

이러한 국제 교류, 한민족의 하나 되기 프로젝트를 준비할 때가 되었다.

전통적 맥락 혹은 무형문화재의 국가주의가 담아 내지 못하는 풍물굿 활동들이 많다. '21세기 풍물굿 상쇠론' 연구 중에 만난 전국의 상쇠들은 당대의 맥락과 해당 지역의 조건 속에서 새로운 지향점을 가지고 벌이는 풍물굿에 대해 증언하고 있다. 이 가운데 새롭게 자리잡아 가고 있는 지속가능하고 의미 있는 풍물굿을 소개한다.

가장 먼저 빼놓을 수 없는 풍물굿 현장은 대학생 동아리 풍물굿이다. 대다수 무형문화재 단체들은 대학생 전수를 진행한다. 여기에서 대학생들은 풍물굿을 접하는 동시에 풍물굿 문화 전반을 수동적으로 혹은 능동적으로 전승, 창조, 발전, 전파시키고 있다. 이들이 졸업 후 사회 속에서 지속적으로 풍물굿을 연행, 향유하는 경우도 상당수 있다.

지역의 읍면동 농악경연대회를 다시 주목한다. 전국의 읍면동농악경연대회는 현재 파악된 것만 28개 시군에서시행한다. 한 지역당 10~25개 읍면동 풍물패가 나오니 규모나 내용에서 대단한 현상이 아닐 수 없다. 읍면동농악경연대회는 대회일 수도 있고, 지역 축제일 수도 있고 한마당 마을잔치일수도 있다. 사실 대다수 도시에서도 주민자치센터의 대표적인 프로그램인 풍물, 사물놀이패를 조직하여 동풍물경연대회, 동풍물축제를 기획할 수도 있을 것이다.

위 두 사례로 보면 광역지자체, 지역보다 더 작은 단위인 읍면동이라는 이웃과 마을 속에 풍물굿(단체)이 깊숙이 들어가 있는 현상을 볼 수 있다. 이는 마을풍물굿, 두레굿의 본래적 기능을 회복하자는 실천이다. 사회가 공생하고 공존하는 공동체라는 것을 일깨우는 역할을 풍물굿이 맡아 가고 있다.

하늘 땅을 열어라, 캥~마주깽 놀아라

등록 1994.7.1 제1-1071
1쇄 발행 2019년 12월 31일

지은이   조춘영
펴낸이   박길수
편집장   소경희
편 집   조영준
관 리   위현정
디자인   이주향
펴낸곳   도서출판 모시는사람들
         03147 서울시 종로구 삼일대로 457(경운동 수운회관) 1207호
전 화   02-735-7173, 02-737-7173 / 팩스 02-730-7173
홈페이지   http://www.mosinsaram.com/

인 쇄   (주)성광인쇄(031-942-4814)

배 본   문화유통북스(031-937-6100)

값은 뒤표지에 있습니다.
ISBN   979-11-88765-60-7   03380

* 잘못된 책은 바꿔드립니다.
* 이 책의 전부 또는 일부 내용을 재사용하려면 사전에 저작권자와 도서출판
모시는사람들의 동의를 받아야 합니다.

이 도서의 국립중앙도서관 출판예정도서목록(CIP)은 서지정보유통지원시스템
홈페이지(http://seoji.nl.go.kr)와 국가자료공동목록시스템(http://www.nl.go.
kr/kolisnet)에서 이용하실 수 있습니다.(CIP제어번호:CIP2019052407)

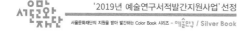

'2019년 예술연구서적발간지원사업' 선정
서울문화재단의 지원을 받아 발간하는 Color Book 시리즈 - 예술연구 / Silver Book